Der Widerspruch zwischen dem Cloud Act und der DSGVO – ein organhaftungsrechtliches Konzept zum Vorstandshandeln

Europäische Hochschulschriften Recht

European University Studies in Law

Publications Universitaires Européennes de Droit

Band/ Volume **6688**

Vinia Dora Tepel

Der Widerspruch zwischen dem Cloud Act und der DSGVO – ein organhaftungsrechtliches Konzept zum Vorstandshandeln

PETER LANG

Bibliografische Information der Deutschen Nationalbibliothek
Die Deutsche Nationalbibliothek verzeichnet diese Publikation in der Deutschen Nationalbibliografie; detaillierte bibliografische Daten sind im Internet über http://dnb.d-nb.de abrufbar.

Zugl.: Kiel, Univ., Diss., 2022

D 8
ISSN 0531-7312
ISBN 978-3-631-87761-6 (Print)
E-ISBN 978-3-631-88597-0 (E-PDF)
E-ISBN 978-3-631-88598-7 (EPUB)
DOI 10.3726/b20076

Peter Lang – Berlin · Bern · Bruxelles · New York · Oxford · Warszawa · Wien

Diese Publikation wurde begutachtet.

www.peterlang.com

Für Mathias

Vorwort

Die vorliegende Arbeit wurde von der Rechtswissenschaftlichen Fakultät der Christian-Albrechts-Universität zu Kiel im Wintersemester 2021/2022 als Dissertation angenommen.

Mein herzlicher Dank gilt meinem Doktorvater, Herrn Prof. Dr. Timo Fest, für die Betreuung und Unterstützung bei der Entstehung dieser Arbeit. Herrn Prof. Dr. Joachim Jickeli danke ich für die zügige Erstellung des Zweitgutachtens.

Besonderer Dank gebührt meinen Eltern, Heidi und Michael Tepel, die mir das Studium der Rechtswissenschaft erst ermöglicht haben und mich stets darin bestärkten, meinen Weg zu gehen.

Danken möchte ich zudem meinem Verlobten, Mathias Stach, für seine bedingungslose Unterstützung und seinen unendlichen Rückhalt. Ihm ist diese Arbeit gewidmet.

Inhaltsverzeichnis

Abkürzungsverzeichnis

a. A.	andere/r Auffassung/Ansicht
a. F.	alte Fassung
ABl.	Amtsblatt
Abs.	Absatz/Absätze
AEUV	Vertrag über die Arbeitsweise der Europäischen Union
AG	Die Aktiengesellschaft
AktG	Aktiengesetz
Allg.	Allgemeine/s/er
Alt.	Alternative
Anm.	Anmerkung
ArbR-HdB	Arbeitsrechts-Handbuch
Art.	Artikel
AT	Allgemeiner Teil
Att'y Gen.	Attorney General
Aufl.	Auflage
AuR	Arbeit und Recht (Zeitschrift)
AVR	Archiv des Völkerrechts (Zeitschrift)
AWS	Amazon Web Services
Az.	Aktenzeichen
BAGE	Entscheidungen des Bundesarbeitsgerichts (Entscheidungssammlung)
BAnz	Bundesanzeiger
BayernLB	Bayerische Landesbank
BB	Betriebs-Berater – Zeitschrift für Wirtschaft und Recht (Zeitschrift)
BCR	Binding Corporate Rules
Bd.	Band/Bände
BDSG	Bundesdatenschutzgesetz
BeckOGK	Beck'scher Online Großkommentar
BeckOK	Beck'scher Online Kommentar

BeckRS	Beck-Rechtsprechung (Datenbank)
Begr.	Begründer
BfDI	Bundesbeauftragter für den Datenschutz und die Informationsfreiheit
BGB	Bürgerliches Gesetzbuch
BGBl.	Bundesgesetzblatt
BGH	Bundesgerichtshof
BGHZ	Entscheidungen des Bundesgerichtshofes in Zivilsachen (Entscheidungssammlung)
BIC	Bank Identifier Code
BMBF	Bundesministerium für Bildung und Forschung
BR-Drucks.	Bundesratsdrucksache
Brit YB Int'l L	British Year Book of International Law
BT-Drucks.	Bundestagsdrucksache
BVerfG	Bundesverfassungsgericht
BVerfGE	Entscheidungen des Bundesverfassungsgerichts (Entscheidungssammlung)
BVerwG	Bundesverwaltungsgericht
bzgl.	bezüglich
bzw.	beziehungsweise
C2B	Consumer-to-Business
Case W. Res. J. Int'l L.	Case Western Reserve Journal of International Law (Zeitschrift)
CCZ	Corporate Compliance Zeitschrift
CFR	Code of Federal Regulations
Cir.	Circuit
Cloud Act	Clarifying Lawful Use of Data Act
CNIL	Commission Nationale de l'Informatique et des Libertés
CNN	Cable News Network (US-amerikanischer Fernsehsender)
Co2	Kohlenstoffdioxid
Cornell L. Rev.	Cornell Law Review (Zeitschrift)
Corp.	Corporation
CR	Computer und Recht (Zeitschrift)
CRi	Computer Law Review International (Zeitschrift)

d. h.	das heißt
DaimlerCrysler	DaimlerCrysler AG (heutige Daimler AG)
DatenschutzR	Datenschutzrecht
DB	Der Betrieb (Zeitschrift)
ders.	derselbe/dieselbe
DoT	U.S. Department of Transportation
DSGVO	Datenschutzgrundverordnung (Verordnung (EU) 2016/679 des Europäischen Parlaments und des Rates vom 27.4.2016 zum Schutz natürlicher Personen bei der Verarbeitung personenbezogener Daten, zum freien Datenverkehr und zur Aufhebung der Richtlinie 95/46/EG)
DSK	Konferenz der unabhängigen Datenschutzbehörden des Bundes und der Länder
DSRITB	Tagungsband der Deutschen Stiftung für Recht und Informatik
DSRL	RL 95/46/EG des Europäischen Parlaments und des Rates vom 24.10.1995 zum Schutz natürlicher Personen bei der Verarbeitung personenbezogener Daten und zum freien Datenverkehr
DuD	Datenschutz und Datensicherheit (Zeitschrift)
E-Evidence	Electronic evidence
EDSA	Europäischer Datenschutzausschuss
eG	eingetragene Genossenschaft
EGBGB	Einführungsgesetz zum Bürgerlichen Gesetzbuche
EGGmbHG	Einführungsgesetz zum Gesetz betreffend die Gesellschaften mit beschränkter Haftung
Einf.	Einführung
Einl.	Einleitung
EMRK	Konvention des Europarates zum Schutz der Menschenrechte und Grundfreiheiten
ErwGr	Erwägungsgrund/Erwägungsgründe der DSGVO
etc.	et cetera
EU	Europäische Union
EU-Kommission	Europäische Kommission
EuG	Gericht der europäischen Union
EuGH	Europäischer Gerichtshof

EUR	Euro (Währung)
EUV	Vertrag über die Europäische Union
EuZW	Europäische Zeitschrift für Wirtschaftsrecht (Zeitschrift)
EWiR	Entscheidungen zum Wirtschaftsrecht (Zeitschrift)
EWS	Europäisches Wirtschafts- und Steuerrecht (Zeitschrift)
f.	folgende (Singular)
FAQ	Frequently Asked Questions
FBI	Federal Bureau of Investigation
FDP	Freie Demokratische Partei
ff.	folgende (Plural)
FISA	Foreign Intelligence Surveillance Act
Fn.	Fußnote/n
FS	Festschrift
FTC	U.S Federal Trade Commission
Gesamt-Hrsg.	Gesamtherausgeber
GesR	Gesellschaftsrecht
GG	Grundgesetz
ggf.	gegebenenfalls
GmbH	Gesellschaft mit beschränkter Haftung
GmbHG	Gesetz betreffend die Gesellschaften mit beschränkter Haftung
GmbHR	GmbH-Rundschau (Zeitschrift)
GoA	Geschäftsführung ohne Auftrag
GRCh	Charta der Grundrechte der Europäischen Union
GroßKommAktG	Großkommentar zum AktG
GRUR	Gewerblicher Rechtsschutz und Urheberrecht (Zeitschrift)
GRUR Int.	GRUR International, Journal of European and International IP Law (Zeitschrift)
GWB	Gesetz gegen Wettbewerbsbeschränkungen
h. M.	herrschende/n/r Meinung
Hdb.	Handbuch
HKK-BGB	Historisch-kritischer Kommentar zum BGB
HmbBfDI	Hamburgische Beauftragte für Datenschutz und Informationsfreiheit

Hrsg.	Herausgeber
HS.	Halbsatz
i. d. R.	in der Regel
i. R. e.	im Rahmen eines/einer
i. R. v.	im Rahmen von/vom
i. S. d.	im Sinne des/der
i. S. v.	im Sinne von
i. V. m.	in Verbindung mit
ICJ	Internationale Court of Justice
ICO	Information Commissioner's Office
Int'l J.L. & Info. Tech	International Journal of Law and Information Technology (Zeitschrift)
IPR	Internationales Privatrecht
ITRB	IT-Rechtsberater (Zeitschrift)
J. Pub. L.	Journal of Public Law (Emory Law Journal) (Zeitschrift)
JR	Juristische Rundschau (Zeitschrift)
JRP	Journal für Rechtspolitik (Zeitschrift)
JuS	Juristische Schulung (Zeitschrift)
JZ	Juristen-Zeitung (Zeitschrift)
Kap.	Kapitel
KapGesR	Kapitalgesellschaftsrecht
KG	Kammergericht
KGaA	Kommanditgesellschaft auf Aktien
KK-OWiG	Karlsruher Kommentar zum Gesetz über Ordnungswidrigkeiten
KMU	Kleinstunternehmen, kleine und mittlere Unternehmen
KölnKommAktG	Kölner Kommentar zum Unternehmens- und Gesellschaftsrecht
KSzW	Kölner Schrift zum Wirtschaftsrecht (Zeitschrift)
LAG	Landesarbeitsgericht
Law & Pol'y Int'l Bus.	Law and Policy in International Business (Zeitschrift)
LfDI	Landesbeauftragter für Datenschutz und Informationsfreiheit Baden-Württemberg
LG	Landgericht

lit.	littera
LK-StGB	Leipziger Kommentar zum Strafgesetzbuch
Ltd.	Limited
m. Anm.	mit Anmerkung
m. w. N.	mit weiteren Nachweisen
MAN	MAN SE
MHLS	Kommentar zum Gesetz betreffend die Gesellschaft mit beschränkter Haftung
Mich. L. Rev.	Michigan Law Review (Zeitschrift)
Mio.	Million/en
MLAT	Mutual Legal Assistance Treaty, Abkommen zwischen der EU und den USA über Rechtshilfe, Amtsblatt Nr. L 181 v. 19.7.2003
MMR	Multimedia und Recht (Zeitschrift)
Mrd.	Milliarde/n
MüKo AktG	Münchener Kommentar zum AktG
MüKo BGB	Münchener Kommentar zum BGB
MüKo GmbHG	Münchener Kommentar zum GmbHG
MüKo StGB	Münchener Kommentar zum StGB
MünchHdbAG	Münchener Handbuch des Gesellschaftsrechts
NJOZ	Neue Juristische Online-Zeitschrift
NJW	Neue Juristische Wochenschrift (Zeitschrift)
NJW-RR	Neue Juristische Wochenschrift Rechtsprechungs-Report (Zeitschrift)
NK-Komm	Nomos Kommentar zum BGB
NK-StGB	Nomos Kommentar zum StGB
No.	Number
Nr.	Nummer
NVwZ	Neue Zeitschrift für Verwaltungsrecht
NVwZ-RR	Neue Zeitschrift für Verwaltungsrecht Rechtsprechungs-Report (Zeitschrift)
NZA	Neue Zeitschrift für Arbeitsrecht (Zeitschrift)
NZG	Neue Zeitschrift für Gesellschaftsrecht (Zeitschrift)
NZKart	Neue Zeitschrift für Kartellrecht (Zeitschrift)

OECD	Organisation für wirtschaftliche Zusammenarbeit und Entwicklung
OLG	Oberlandesgericht
OWiG	Ordnungswidrigkeitengesetz
PinG	PinG Privacy in Germany (Zeitschrift)
RabelsZ	Rabels Zeitschrift für ausländisches und internationales Privatrecht (Zeitschrift)
RdC	Académie de droit international, Recueil des cours (Zeitschrift)
RDV	Recht der Datenverarbeitung (Zeitschrift)
RIW	Recht der Internationalen Wirtschaft (Zeitschrift)
RL	Richtlinie
Rn.	Randnummer(n)
Rom-I-VO	Verordnung (EG) Nr. 593/2008 des Europäischen Parlaments und des Rates vom 17. Juni 2008 über das auf vertragliche Schuldverhältnisse anzuwendende Recht (Rom I), ABl. Nr. L 177.
S.	Seite
S.D.N.Y.	United States District Court for the Southern District of New York
SaaS	Software as a Service
SAE	Sammlung Arbeitsrechtlicher Entscheidungen (Entscheidungssammlung)
SCA	Stored Communications Act
SDNY	Southern District of New York
SE	Societas Europaea (Europäische Gesellschaft)
Sec.	Section
Siemens	Siemens AG
sog.	sogenannte/r/s
Stan. L. Rev.	Stanford Law Review (Zeitschrift)
StGB	Strafgesetzbuch
StPO	Strafprozessordnung
StrafR AT	Strafrecht Allgemeiner Teil
SWIFT	Society for Worldwide Interbank Financial Telecommunication
ThyssenKrupp	Thyssenkrupp AG

u. a.	unter anderem
u. U.	unter Umständen
U.S.C.	United States Codes
UMAG	Gesetz zur Unternehmensintegrität und Modernisierung des Anfechtungsrechts vom 22.9.2005, BGBl. S. 2802.
UN-Charta	Charta der Vereinten Nationen
USA	United States of America (Vereinigte Staaten von Amerika)
USD	United States Dollar (Währung)
v.	von/vom
VersR	Versicherungsrecht (Zeitschrift)
vgl.	vergleiche
VO	Verordnung
Vol.	Volume
Vorbm.	Vorbemerkung
VuR	Verbraucher und Recht, Zeitschrift für Wirtschafts- und Verbraucherrecht (Zeitschrift)
VVaG	Versicherungsverein auf Gegenseitigkeit
VW	Volkswagen (Automobilhersteller)
VwGO	Verwaltungsgerichtsordnung
VwVfG	Verwaltungsverfahrensgesetz
Wash. L. Rev.	Washington Law Review (Zeitschrift)
Wis. L. Rev.	Wisconsin Law Review (Zeitschrift)
WM	Wertpapier-Mitteilungen – Zeitschrift für Wirtschafts- und Bankrecht (Zeitschrift)
WuW	Wettbewerb und Recht (Zeitschrift)
z. B.	zum Beispiel
ZaöRV	Zeitschrift für ausländisches öffentliches Recht und Völkerrecht (Zeitschrift)
ZD	Zeitschrift für Datenschutz (Zeitschrift)
ZD-Aktuell	Newsdienst Aktuell der Zeitschrift für Datenschutz (Zeitschrift)
ZEuS	Zeitschrift für Europarechtliche Studien (Zeitschrift)
ZGR	Zeitschrift für Unternehmens- und Gesellschaftsrecht (Zeitschrift)

ZHR	Zeitschrift für das gesamte Handelsrecht und Wirtschaftsrecht (Zeitschrift)
ZIP	Zeitschrift für Wirtschaftsrecht (Zeitschrift)
ZJS	Zeitschrift für das Juristische Studium (Zeitschrift)
ZRP	Zeitschrift für Rechtspolitik (Zeitschrift)
ZStW	Zeitschrift für die gesamte Strafrechtswissenschaft (Zeitschrift)
ZWeR	Zeitschrift für Wettbewerbsrecht (Zeitschrift)

Einleitung

Die Haftung eines Unternehmens und deren Leitungsorgane stehen regelmäßig im Fokus der Öffentlichkeit. Neben Korruptionsskandalen prominenter Unternehmen,[1] Unternehmensinsolvenzen, aber auch der CO_2-Manipulation des VW-Konzerns sind Verstöße gegen Datenschutzbestimmungen[2] regelmäßig Gegenstand medialer Berichterstattung.[3] Dabei entfacht immer wieder die gesellschaftliche Debatte über die Haftung der betroffenen Unternehmen und eine entsprechende Inanspruchnahme der Organe für Schäden wegen Gesetzesverstößen durch das Unternehmen und damit verbundene Strafverfahren. Neben gesellschafts-, steuer- und kapitalmarktrechtlichen Pflichten,[4] öffentlich-rechtlichen Anforderungen[5] sowie vielfältigen wirtschaftsrechtlichen Pflichten,[6] werden auch im Bereich des Datenschutzes immer weitreichendere Anforderungen an Unternehmen gestellt.[7] Dieses Phänomen ist nicht zuletzt die Konsequenz aus der immer stärker wachsenden

---

1 Prominente Fälle sind etwa BayernLB, DaimlerChrysler, Ferrostaal, MAN, Siemens und ThyssenKrupp.

2 Zu erwähnen sind insbesondere Verstöße gegen die DSGVO durch den Telekommunikationsanbieter 1&1 Telecommunication SE, die Wohngesellschaft Deutsche Wohnen SE und das Lieferdienstunternehmen Delivery Hero Germany GmbH.

3 „Millionenbußgeld gegen 1&1 verhängt", in: Zeit Online vom 9.12.2019, abrufbar unter: https://www.zeit.de/digital/datenschutz/2019-12/datenschutz-1-und-1-telekommunikation-interent-bussgeld, letzter Aufruf: 14.9.2021; „Millionen-Bußgeld gegen Deutsche Wohnen war erst der Anfang", Lauterbauch, in: Die Welt vom 08.11.2019, abrufbar unter: https://www.welt.de/regionales/hamburg/article203199948/Datenschutzgrundverordnung-Millionen-Bussgeld-gegen-Deutsche-Wohnen-war-erst-der-Anfang.html, letzter Aufruf: 14.9.2021; „Lieferdienst muss 195.000 Euro Bußgeld bezahlen", Tremme, 19.9.2019, abrufbar unter: https://www.golem.de/news/datenschutzverstoesse-lieferdienst-muss-195-000-euro-dsgvo-bussgeld-bezahlen-1909-143973.html, letzter Aufruf: 14.9.2021.

4 *Fleischer*, DB 2014, 1971; *ders.*, NJW 2009, 2337; *Semler*, Leitung und Überwachung der AG, 1996, Rn. 60 f.

5 *U. H. Schneider*, in: Scholz, GmbHG, 11. Aufl., § 43 Rn. 13, der von einer „Überlast an öffentlich-rechtlichen Pflichten" und einer damit einhergehenden „Kriminalisierung der Unternehmensleitungen" spricht.

6 *Haas*, Geschäftsführerhaftung und Gläubigerschutz, 1997, S. 181; *U. H. Schneider*, in: Scholz, GmbHG, 11. Aufl., § 43 Rn. 357 f.; *ders.*, in: FS 100 Jahre GmbHG, 1992, S. 473; *U. H. Schneider/Brouwer*, in: FS Priester, 2007, S. 716.

7 Allgemein zu der „schwierig zu bewältigenden Gesetzgebungsflut", *Sieg/Zeidler*, in: Hauschka, Corporate Compliance, § 3 Rn. 32.

Globalisierung, die insbesondere durch neue Technologien im Kommunikations- und Informationswesen stetig gefördert wird. Die aus der Globalisierung resultierende internationale Verflechtung von Unternehmen lässt die Anforderungen an diese und die damit verbundenen Haftungsrisiken für deren Leitungsorgane stetig wachsen. Unternehmen und deren Leitungsorgane sehen sich mit einer signifikant steigenden Zahl rechtlicher Verpflichtungen konfrontiert, die mit einer erheblich erhöhten Haftungsgefahr einhergehen.[8] Gleichzeitig steigen die Sanktionen für die Nichteinhaltung dieser Pflichten, wie die immer höher werdenden Bußgelder für datenschutzrechtliche Verstöße veranschaulichen.

Der Datenschutz ist durch immer neu erscheinende Technologien und der damit einhergehenden produzierten Datenmenge Gegenstand intensiver rechtlicher und außenrechtlicher Diskussionen. Die Entwicklung der digitalen Wirtschaft hat zu einem exponentiellen Anstieg der Quantität, Qualität, Vielfalt und Art der Tätigkeiten im Bereich der Datenverarbeitung geführt.[9] Für den durchschnittlichen EU-Bürger gehört die Inanspruchnahme elektronischer Kommunikationsdienste mittlerweile zum Alltag und ist nicht mehr wegzudenken. Bei Quantifizierung des wirtschaftlichen Wertes personenbezogener Daten ist festzustellen, dass dieser in den letzten Jahren erheblich zugenommen hat. Bereits im Jahre 2011 wurden die Daten von EU-Bürgern auf einen Wert von 315 Mrd. EUR geschätzt.[10] Aufgrund des jährlichen Anstiegs ist nunmehr im Jahre 2020 von einem Wert von nahezu einer Billion EUR auszugehen.[11] Das prognostizierte Wachstum der weltweit generierten Daten liegt bei jährlich um die 40 %.[12] Die fortschreitende technologische Entwicklung und die damit einhergehende zunehmende Nutzung elektronischer Kommunikations- und Datenverarbeitungsdienste, die durch jüngste Entwicklungen einen erheblichen Aufschwung erfahren hat, haben dazu geführt, dass der internationale Datentransfer unabdingbar geworden ist. Er bildet einen integralen

8 Vgl. hierzu *Bellen/Stehl*, BB 2010, 2579; *Buchta*, DB 2006, 1939; *Decker*, GmbHR 2014, 72; *Freund*, GmbHR 2011, 238; *Graumann*, ZGR 2011, 293; *Hemeling*, ZHR 175 (2011), 368, 369 f.; *Holle*, AG 2016, 270; *Krieger*, ZGR 2012, 496; *Lutter*, in: Krieger/U. H. Schneider, Hdb. Managerhaftung, § 1 Rn. 10, 11; *Rieder/Holzmann*, AG 2011, 265, 266; *Spindler*, in: MüKo AktG, § 93 Rn. 105.

9 Mitteilung der Kommission an das EU-Parlament und den Rat, Wiederherstellung des Vertrauens beim Datenaustausch zwischen der EU und den USA vom 27.11.2013, COM (2013) 846 final, S. 3.

10 *Boston Consulting Group*, "The Value of our Digital Identity", 11.2012, S. 101.

11 *Boston Consulting Group*, "The Value of our Digital Identity", 11.2012, S. 101.

12 *McKinsey*, "Big data: The next frontier for innovation, competition, and productivity", 2011, S. 4, abrufbar unter: https://www.mckinsey.com/~/media/McKinsey/Business%20Functions/McKinsey%20Digital/Our%20Insights/Big%20data%20The%20next%20frontier%20for%20innovation/MGI_big_data_exec_summary.ashx, letzter Aufruf: 14.9.2021.

Bestandteil des heutigen Lebens. Diese Entwicklung hat zu einem erheblichen Bedeutungszuwachs der transatlantischen Datenübermittlung geführt. Die zentrale Stellung von US-Unternehmen in der digitalen Wirtschaft,[13] aber auch die Abwicklung eines Großteils der elektronischen Kommunikation über den transatlantischen Datenverkehr und das Volumen der elektronischen Datenströme zwischen der EU und den USA spielen dabei im Hinblick auf den Datenschutz eine immer wichtiger werdende Rolle.[14] Starke Datenschutzbestimmungen sind nicht nur aufgrund des rasanten Wachstums mittlerweile unerlässlich, um das Grundrecht auf informationelle Selbstbestimmung, das den Schutz personenbezogener Daten umfasst, zu gewährleisten. Sie sind von zentraler Bedeutung für eine funktionierende demokratische Gesellschaft und ein wichtiger Bestandteil einer zunehmend datengesteuerten Wirtschaft. Viele Länder haben deshalb umfassende Datenschutzbestimmungen verabschiedet oder sind dabei, diese zu verabschieden.[15] International tätige Unternehmen müssen sich dabei immer mehr mit Datenschutzgesetzen unterschiedlicher Staaten und deren Offenlegungsanforderungen von Informationen auseinandersetzen und sind dabei den entsprechenden Risiken ausgesetzt.[16]

---

13 Laut der Mitteilung der Kommission an das EU-Parlament und den Rat, Wiederherstellung des Vertrauens beim Datenaustausch zwischen der EU und den USA v. 27.11.2013, COM (2013) 846 final, S. 3, belief sich beispielsweise die Gesamtzahl der „Unique Visitors“ bei Hotmail, Google Gmail und Yahoo! Mail aus europäischen Ländern im Juni 2012 auf mehr als 227 Mio. und lag damit über der aller anderen Anbieter. Die Gesamtzahl der europäischen Unique Visitors, die im März 2012 Facebook und Facebook Mobile aufgerufen haben, betrug 196,5 Mio. Damit war Facebook das größte soziale Netzwerk in Europa. Google ist mit einem Anteil von 90,2 % der weltweiten Internetnutzer die führende Internetsuchmaschine. Der mobile Nachrichtendienst aus den USA, Whats App, wurde im Juni 2013 von 91 % der deutschen iPhone-Nutzer verwendet.

14 Mitteilung der Kommission an das EU-Parlament und den Rat, Wiederherstellung des Vertrauens beim Datenaustausch zwischen der EU und den USA v. 27.11.2013, COM (2013) 846 final, S. 3.

15 Zur Aufzählung der mittlerweile mehr als 60 Ländern *Kuner*, OECD Digital Economy Papers, No. 187, 2011, S. 18; vgl. auch *TMT Team Trilegal*, CRi 2020, 1 zu Indiens Gesetz zum Schutz personenbezogener Daten, das auf der DSGVO basiert.

16 In diesem Sinne auch *Determann/Nebel*, CR 2018, 408, der von einer entsprechenden Dynamik der Länder spricht, die die internationale Vernetzung und das Cloud Computing behindere und die herkömmlich auf Freihandel bestrebten USA irritiere.

A. Problemstellung

Der am 22.3.2018 verabschiedete Cloud Act, der eine neue Rechtsgrundlage für den internationalen Datenzugriff US-amerikanischer Behörden gegenüber ausländischen Unternehmen schafft, stellt eine weitere Bedrohung für die Integrität des europäischen Datenschutzes dar. US-amerikanischen Strafverfolgungsbehörden bietet der Cloud Act die rechtliche Grundlage für weitreichende Zugriffe auf Daten von Personen, die von privaten Unternehmen auch außerhalb der USA gespeichert werden. Diese Zugriffsmöglichkeit wurde unilateral und ohne Rückgriff auf Rechtshilfeabkommen geschaffen,[17] durch die für angemessene Garantien gesorgt und die gerichtliche Zuständigkeit der Länder geachtet wird, in denen die Informationen gespeichert sind. Der Cloud Act wirft die Frage auf, inwieweit die dort enthaltene Regelung mit der seit dem 25.5.2018 in Deutschland anwendbaren DSGVO in Einklang gebracht werden kann. Die DSGVO löst die DSRL aus dem Jahr 1995 ab und regelt den Datenschutz für alle EU-Mitgliedstaaten weitgehend einheitlich und verbindlich. Zwar kann konstatiert werden, dass mit der DSGVO auf europäischer Ebene die unterschiedlichen Umsetzungen und Auslegungen der DSRL zwischen den Mitgliedstaaten bereits erheblich verringert wurden.[18] Doch schafft diese im Hinblick auf den kürzlich verabschiedeten Cloud Act neue Unsicherheiten für global aufgestellte Unternehmen.[19]

Nach § 93 Abs. 1 Satz 1 AktG haben die Vorstandsmitglieder dieser Unternehmen bei ihrer Geschäftsführung die Sorgfalt eines ordentlichen und gewissenhaften Geschäftsleiters anzuwenden. Entsprechendes gilt für den Geschäftsführer gemäß § 43 Abs. 1 GmbHG. Den Geschäftsleiter treffen dabei verschiedene Verhaltenspflichten. So haben sich die Geschäftsleiter bei ihrer Amtsführung stets rechts- und gesetzestreu zu verhalten. Diese sog. Legalitätspflicht besteht aus einer internen Pflichtenbindung, die durch Gesetz, Satzung und Geschäftsordnung konkretisiert wird, und einer externen Pflichtenbindung, die sich aus Rechtsvorschriften außerhalb des Aktienrechts ergibt.[20] Nicht von der Legalitätspflicht umfasst

---

17 Z. B. das Abkommen zwischen der EU und den USA über Rechtshilfe, Amtsblatt Nr. L 181 vom 19/07/2003 S. 34–42.

18 Zu den unterschiedlichen Umsetzungen und Auslegungen der Datenschutzrichtlinie vor Erlass der DSGVO *Deutlmoser/Filip*, ZD-Beilage 2012, 1, 2.

19 Das EU-Parlament hat sich in seiner Stellungnahme vom 5.7.2018 angesichts der Verabschiedung des Gesetzes über die Klarstellung der Nutzung von Daten im Ausland besorgt erklärt und hervorgehoben, dass der Cloud Act schwerwiegende Folgen für die EU haben könnte, da er einschneidenden Charakter trägt und sich Widersprüche zu den Datenschutzvorschriften der EU ergeben könnten, Entschließung des Europäischen Parlaments vom 5.7.2018 zur Angemessenheit des vom EU-US-Datenschutzschild gebotenen Schutzes (2018/2645(RSP)), Nr. 27, abrufbar unter: http://www.europarl.europa.eu/doceo/document/TA-8-2018-0315_DE.pdf?redirect, letzter Aufruf am 14.9.2021.

20 *Abeltshauser*, Leitungshaftung im Kapitalgesellschaftsrecht, 1988, S. 205.

sind nach zutreffender h. M. hingegen vertragliche Pflichten.[21] Die Geschäftsleiter sind jedoch nach der allgemeinen Schadensabwendungspflicht auch dazu verpflichtet, Schäden von der Gesellschaft abzuwenden. Das diffizile Pflichtengefüge des Leitungsorgans birgt das rechtliche Problem in sich, dass sich Leitungsorgane in dem Dilemma befinden, entweder gegen die Bestimmungen des Cloud Act oder der DSGVO zu verstoßen. Sie sind damit einer Zwangslage ausgesetzt, nicht mehr zu wissen, welches Recht sie befolgen sollen.

Die bestehende Zwangslage lässt sich am besten anhand eines hypothetischen Beispielfalles veranschaulichen:

Eine US-amerikanische Behörde ermittelt im Rahmen eines US-amerikanischen Strafermittlungsverfahren gegen eine natürliche Person wegen des Verdachts auf Korruption. Im Rahmen dieses Strafermittlungsverfahrens fordert die zuständige US-amerikanische Behörde ein in Form einer nach deutschem Recht errichteten Kapitalgesellschaft organisiertes Technologieunternehmen mit Sitz in Deutschland unmittelbar zur Offenlegung von E-Mails auf, die personenbezogene Daten enthalten. Weigert sich die Gesellschaft, dieser Offenlegungspflicht nachzukommen, droht ihr ein empfindliches Bußgeld wegen Verstoßes gegen 18 U.S.C. §§ 2703, 2713. Art. 44 DSGVO hingegen untersagt explizit die Offenlegung personenbezogener Daten in ein Drittland wie die USA. Kommt die Gesellschaft der Offenlegungspflicht nach, droht ihr daher ein Bußgeld nach Art. 83 Abs. 1, 2, 5 lit. a und c DSGVO i. V. m. Art. 41 BDSG. Der Geschäftsleiter des mit der Offenlegungspflicht adressierten Unternehmens muss sich daher zwischen beiden Pflichten entscheiden, was ihn in eine Zwangslage versetzt. Denn zum einen unterliegt er als Geschäftsleiter der Legalitätspflicht, die es gebietet, sich stets rechts- und gesetzestreu zu verhalten. Zum anderen ist er nach der allgemeinen Schadensabwendungspflicht gehalten, Schäden von der Gesellschaft abzuwenden.

Mit dem Erlass des Cloud Act hat sich die bereits bestehende rechtspolitische Diskussion über den Konflikt zwischen deutschem bzw. europäischem Datenschutzrecht und US-amerikanischen Offenlegungspflichten personenbezogener Daten zugespitzt[22] und die Spannungen im transatlantischen Rechtsverkehr verschärft. Das Problem ist dabei von herausgehobener global wirtschaftlicher Bedeutung. Grenzüberschreitende Datenflüsse sind für die Ausweitung des internationalen Handels und der internationalen Zusammenarbeit essentiell.[23] Die Komplexität der Regeln über den internationalen Transfer persönlicher Daten

---

21 Statt vieler *Bicker*, AG 2014, 8, 9; *Binder*, AG 2008, 278, 279; *Fleischer*, ZIP 2005, 141, 144, 148; *Hopt/Roth*, in: GroßKommAktG, § 93, Rn. 148; *Spindler*, in: MüKo AktG, § 93 Rn. 105; *Thole*, ZHR 173 (2009), 504, 518 f.

22 So auch *Lejeune*, ITRB 2018, 118 f.

23 ErwGr 101; die ErwGr der DSGVO beinhalten die Gründe, warum die Artikel der DSGVO aufgenommen und die Ziele, die mit der Formulierung der Artikel der EU-Verordnung verfolgt wurden. Sie ergeben sich aus der allgemeinen Verpflichtung zur Begründung von EU-Rechtsakten, vgl. Art. 296 Abs. 2 AEUV.

und Widersprüchlichkeiten der jeweiligen Rechtslage des Landes korrelieren mit einer Behinderung der Geschäftstätigkeit der Wirtschaftsakteure, was im Zweifel zu einer Hemmung des Wachstums des Welthandels führen kann.[24] Insbesondere im Hinblick auf das nach der DSGVO zu verhängende Bußgeld, das mittlerweile in Millionenhöhe liegen kann,[25] ist ein präziser und handhabbarer Rechtsrahmen erforderlich, um Unternehmen nicht unverhältnismäßigen Risiken auszusetzen. Es bestehen nicht zu unterschätzende Haftungsrisiken für die betroffenen Unternehmen und deren Leitungsorgane.

Die entstandene Problematik erfordert neben einer Klarstellung des bestehenden Widerspruchs zwischen europäischem und US-amerikanischem Recht auch einen Ansatz für Unternehmen, diesen Konflikt zu bewältigen. Bisher fehlt es an einer praktikablen Lösung für Unternehmen, diesen Widerspruch aufzulösen. Trotz der praktischen Bedeutung dieser Frage für Unternehmen und den globalen Wirtschaftsverkehr ist das Thema des Datentransfers in die USA aufgrund einer behördlich angeordneten Offenlegungspflicht, die im Widerspruch zu europäischen Datenschutzrecht steht, bisher nicht hinreichend geklärt und mit erheblichen Unsicherheiten verbunden.[26] Dies zeigt auch eine Einschätzung der Bundesregierung aus dem Jahre 2019 bezüglich der Rechtssicherheit für Unternehmen.

Auf die Frage, die im Rahmen einer Reihe schriftlicher Fragen zur Beantwortung an die Bundesregierung von dem Abgeordneten Jimmy Schulz (FDP) gestellt wurde, wie die Bundesregierung die Rechtssicherheit für Unternehmen einschätzt, die aufgrund des Cloud Act verpflichtet werden können, personenbezogene Daten, die in Europa gespeichert sind, ohne Rechtshilfeersuchen an US-Behörden herauszugeben oder ihnen Zugang dazu zu gewähren und wie sie betroffene Unternehmen in der individuellen Evaluierung ihrer datenschutzrechtlichen Rechtslage unterstützen,[27] antwortete der Parlamentarische Staatssekretär Christian Lange: *„Es ist grundsätzlich Aufgabe der betroffenen Unternehmen, die betreffenden datenschutzrechtlichen Anforderungen zu kennen und einzuhalten. Dass Unternehmen im Einzelfall widersprechenden Rechtsverpflichtungen nach dem Cloud Act einerseits und europäischen Rechtsvorschriften wie der DSGVO andererseits ausgesetzt sind, erscheint möglich“*[28].

Die Antwort der Bundesregierung aus dem Jahr 2019 beschreibt sehr treffend das bestehende Dilemma und die damit verbundene Rechtsunsicherheit, in dem sich Unternehmen und deren Leitungsorgane befinden, die sowohl in den Anwendungsbereich der DSGVO als auch des Cloud Act fallen. Diese sind, trotz der

---

24 Vgl. *Deutlmoser/Filip*, ZD-Beilage 2012, 1, 2 zu amerikanischen (e-)Discovery-Pflichten.

25 Näher hierzu Erster Teil, B. VI. 2.

26 Verdeutlicht wird dies durch das jüngst entschiedene Urteil des EuGH, Urteil v. 16.7.2020 – C-311/18 – Schrems II, NJW 2020, 2613.

27 BT-Drucks. 19/10303, S. 24.

28 BT-Drucks. 19/10303, S. 24.

bestehenden Unsicherheiten in der Jurisprudenz, mit der Lösung dieses Konflikts weitgehend auf sich allein gestellt, aber dennoch einer vollumfänglichen Haftung ausgesetzt.

B. Ziel der Untersuchung

Es ist keine Besonderheit, dass Offenlegungspflichten von Daten mit Datenschutzgesetzen unterschiedlicher Staaten kollidieren. Insbesondere im deutsch-amerikanischen Rechtsverkehr ist der transatlantische Justizkonflikt altbekannt und bereits seit vielen Jahren existent.[29] Dies ist nicht zuletzt auf rechtskulturelle, ökonomische und rechtspolitische Differenzen zwischen den USA und der restlichen Welt zurückzuführen.[30] So stehen beispielsweise im Rahmen von US-amerikanischen eDiscovery-Verfahren[31] Unternehmen regelmäßig vor der Schwierigkeit, den scheinbar widersprechenden Anforderungen in Bezug auf den europäischen Datenschutz gerecht zu werden.[32] Während das Verfahren der *pre-trial discovery* nach US-amerikanischem Vorbild die Offenlegung aller im weitesten Sinne für den Fall relevanten Unterlagen eines Unternehmens noch vor dem eigentlichen Prozess verlangt, schränkt der Datenschutz nach europäischem Vorbild eine solche Offenlegung massiv ein. Gleichzeitig wird US-Unternehmen jedoch von US-Gerichten untersagt, Daten an deutsche Behörden herauszugeben.[33]

Der Cloud Act unterstreicht einmal mehr das Charakteristikum der US-amerikanischen Außenpolitik, amerikanische Interessen durch unilateralen Druck auf politische Entscheidungsträger anderer Staaten sowie durch extraterritorial wirkende Verhaltensanordnungen für Privatunternehmen zu beeinflussen.[34] Entsprechende Entwicklungen wurden in der Rechtswissenschaft bisher überwiegend aus völkerrechtlicher Sicht im Lichte der Ausübung extraterritorialer Jurisdiktion

29 Allgemein zum Justizkonflikt zwischen den USA und Europa *Schlosser*, Der Justizkonflikt zwischen den USA und Europa, S. 7 ff.; zum sog. deutsch-amerikanischen Justizkonflikt, *Schütze*, RIW 2004, 162 ff.

30 Instruktiv dazu *Hess*, AG 2006, 809, 810.

31 Discovery-Verfahren sind im US-Recht ähnlich einem Beweisermittlungsverfahren der Verhandlung vorgeschaltet, die dazu dienen, verfahrenserhebliche Beweise zu ermitteln und sicherzustellen. Handelt es sich dabei um elektronisch gespeicherte Informationen spricht man von eDiscovery, zur Problematik im Zusammenhang mit der sog. Pre-Trial Discovery *Deutlmoser/Filip*, ZD-Beilage 2012, 1; *Flägel/v. Georg*, RIW 2013, 439.

32 *Hartmann*, Internationale E-Discovery und Information Governance, 2011, S. 24 ff.

33 So In Re Toft, 453 B. R. 186 (Bankr. S.D.N.Y. 2011).

34 *Vranes*, EuZW 2007, 325; *ders.*, JRP 2008, 38.

diskutiert.[35] Dabei stellt dies insbesondere international tätige Unternehmen vor Herausforderungen. Wie solche rechtlichen Konfliktsituationen über die Jurisdiktionsgrenzen hinaus aus Sicht des Unternehmens zu lösen sind, ist bisher – mit Ausnahme des Völkerrechts – kaum Gegenstand rechtswissenschaftlicher Diskussionen.[36] Demzufolge fehlt es an einem konkreten Handlungskonzept.

Ziel dieser Arbeit ist es zunächst einen Überblick über die einzelnen Regelungsgehalte des Cloud Act einerseits und der DSGVO andererseits zu geben und den daraus resultierenden Widerspruch herauszuarbeiten. Anschließend werden Lösungsmöglichkeiten untersucht, die geeignet sind, den Widerspruch als solchen aufzulösen. Die Arbeit soll eine praktische Anleitung bieten, die Unternehmen zum angemessenen Umgang mit den divergierenden Verpflichtungen aus dem EU-Datenschutzrecht und dem US-amerikanischen Cloud Act befähigt, wenn diese Adressaten einer Offenlegungspflicht gegenüber US-amerikanischen Behörden sind, gleichzeitig jedoch den Rechten und Pflichten der DSGVO unterliegen. Es versteht sich dabei von selbst, dass die rechtliche und rechtspolitische Diskussion um die Konfliktlösung im Falle divergierender Verpflichtungen im internationalen datenschutzrechtlichen Kontext auch mit dieser Arbeit nicht verstummen wird. Es werden sich in der Praxis immer neue rechtliche Herausforderungen stellen, auf die Gesetzgeber, Datenschutzaufsichtsbehörde, Rechtsprechung und Schrifttum erst mit zeitlicher Verzögerung reagieren können.

C. Eingrenzung des Untersuchungsgegenstands

Der Untersuchungsgegenstand dieser Arbeit beschränkt sich, ihrer praktischen Bedeutung geschuldet, überwiegend auf die Erörterung der Rechtslage für die deutsche Aktiengesellschaft. Nichtsdestotrotz wird die vorliegende Untersuchung aufgrund der ähnlichen Strukturen auf das Recht der deutschen GmbH immer wieder Bezug nehmen. Die Verantwortlichkeit und Haftung der Geschäftsführer wirft gleichartige Fragen auf wie die Haftung der Vorstandsmitglieder einer Aktiengesellschaft und ist in § 43 GmbHG auch ähnlich wie in § 93 AktG geregelt.[37] Gleiches gilt in Bezug auf die Übertragbarkeit der vorliegenden Untersuchung

35 Exemplarisch hierzu *Kment*, Grenzüberschreitendes Verwaltungshandeln, 2010, S.202 ff.; *Ohler*, Die Kollisionsordnung des Allgemeinen Verwaltungsrechts, 2005, S. 15 ff.

36 Im Allgemeinen *Mahret*, Pflichtenkollisionen von Geschäftsleitern, 2017, S. 1 ff.; im Hinblick auf das Dilemma im transnationalen Beweisverkehr *Bareiß*, Pflichtenkollisionen im transnationalen Beweisverkehr, 2014, S. 164 ff.; zur Pflichtenkollision im internationalen Kontext *Rowold*, Pflichten und Handlungsmöglichkeiten von Vorstandsmitgliedern bei internationalen Normenkonflikten, 2020 sowie *Seibt*, ZIP 2016, Beilage zu Heft 22, 73.

37 So auch *Raiser/Veil*, KapGesR, § 32 Rn. 75.

für andere Kapitalgesellschaften, namentlich für die Kommanditgesellschaft auf Aktien (KGaA), die eingetragene Genossenschaft (eG) und der Versicherungsverein auf Gegenseitigkeit (VVaG). Vom Untersuchungsgegenstand ausgeklammert wird das Konzernrecht, dass aufgrund seiner internen Struktur eine gesonderte Stellung einnimmt.

Die Offenlegung von Daten umfasst die Übermittlung, Herausgabe, Verbreitung oder eine andere Form der Bereitstellung. Irrelevant ist dabei, ob die Daten mündlich weitergegeben werden, ein Brief oder eine E-Mail versandt wird oder ob Daten im Internet anderen zur Kenntnis gegeben werden, wie z. B. durch zur Verfügung stellen eines Datenraums. Der Begriff der Offenlegung geht damit weiter als die Herausgabe von Daten, die die Verschaffung des unmittelbaren Besitzes an den Daten voraussetzt.

Die Untersuchung erfolgt überwiegend – bis auf wenige Ausnahmen – aus deutscher Sicht im Hinblick auf deutsche Unternehmen, die international über die Landesgrenzen hinweg in den USA tätig sind und damit der US-amerikanischen Jurisdiktion unterliegen. Es erschließt sich von selbst, dass die Rechtslage aus US-amerikanischer Sicht möglicherweise anders zu beurteilen sein wird. Lediglich in Bezug auf die Konfliktlösung im Außenverhältnis wird – soweit es angezeigt ist – ein Bezug zu amerikanischem Recht hergestellt.

D. Gang der Untersuchung

Verschiedene Rechtsordnungen unterschiedlicher Länder stehen zweifelslos im Widerspruch zueinander. Der Widerspruch zwischen dem Cloud Act und der DSGVO und das daraus resultierende Dilemma für Organwalter kann jedoch nur unter Bezugnahme des Hintergrunds dieses Konflikts sowie der datenschutzrechtlichen Leitbilder begriffen und so Lösungsansätzen zugeführt werden.

Die Untersuchung beginnt daher mit einer grundlegenden Darstellung beider Regelungswerke (Erster Teil). Gegenstand dieses Abschnitts ist zum einen eine detaillierte Ausführung zum Zustandekommen des Cloud Act und seines Regelungsgehalts. Zum anderen wird ein Überblick über die Regeln der DSGVO im Einzelnen und die Rechtsfolgen eines Verstoßes gegen die DSGVO im Allgemeinen gegeben. Die Darstellung beschränkt sich dabei auf die für die Untersuchung des Widerspruchs notwendigen Elemente und verzichtet im Übrigen auf eine umfassende Erörterung der weiteren, mit den Regelungswerken verbundenen Problemstellungen, auf die an entsprechender Stelle auf das vorhandene Schrifttum verwiesen wird.

Im Anschluss wird untersucht, inwieweit eine auf Grundlage des Cloud Act erzwungene Offenlegungspflicht personenbezogener Daten mit der DSGVO in Widerspruch steht (Zweiter Teil). Es folgt eine Auseinandersetzung mit den einzelnen Regelungen der DSGVO zur Datenübermittlung ins Ausland. Im Rahmen einer gutachterlichen Prüfung werden etwaige Möglichkeiten einer nach der DSGVO zulässigen Datenübermittlung in die USA näher untersucht.

Unter Zugrundelegung des dort gefundenen Ergebnisses erfolgt eine rechtliche Einordnung des Problemkomplexes (Dritter Teil). Zunächst wird der Widerspruch dem öffentlichen Recht zugeordnet. In einem weiteren Schritt wird die Extraterritorialität in den Blick genommen.

Letztlich mündet die Untersuchung in der Darstellung eines organhaftungsrechtlichen Konzepts (Vierter Teil). Dabei erfolgt eine strikte Trennung zwischen Außen- und Innenverhältnis, die auf die Besonderheit des Rechtsverhältnisses der Kapitalgesellschaften und das damit verbundene jeweilige komplexe Pflichtengefüge zurückzuführen ist. Im Rahmen des organhaftungsrechtlichen Konzepts werden zunächst die rechtlichen Konsequenzen im Falle des Widerspruchs zwischen dem Cloud Act und der DSGVO erörtert, bevor auf rechtliche Lösungsansätze *de lege lata* eingegangen wird. Im Zuge dessen werden bereits vorhandene rechtliche Mechanismen zur Auflösung des Widerspruchs im Außenverhältnis sowie mögliche Lösungsansätze zur Vermeidung des Widerspruchs im Vorfeld erörtert.

Unter Zugrundlegung des gefundenen Ergebnisses erfolgt ein Blick auf die Konsequenzen des Widerspruchs für das Leitungsorgan im Innenverhältnis. Dabei wird zunächst auf die haftungsrechtliche Einordnung des Widerspruchs eingegangen, um im Anschluss die Pflichtenkollision im Innenverhältnis konkret bestimmen zu können. Dem schließt sich eine Beurteilung der rechtlichen Haftungsrisiken des Geschäftsleiters im Innenverhältnis an.

Die Untersuchung schließt mit einer abschließenden Stellungnahme und einer Zusammenfassung der gefundenen Ergebnisse (Fünfter Teil).

Erster Teil: Grundlegung

Um den Widerspruch zwischen dem Cloud Act und der DSGVO aufzeigen und einer Lösung zuführen zu können, bedarf es zunächst einer Darstellung der jeweiligen Regelungswerke und deren rechtlichen Auswirkungen im Einzelnen.

A. Der Cloud Act

Unter Berücksichtigung der Ausgangssituation und der bisherigen Rechtslage in den USA, die für das Verständnis der nunmehr neuen Regelungen des Cloud Act elementar sind, erfolgt zunächst eine detaillierte Darstellung des Regelungsgehalts des Cloud Act und dessen rechtlichen Konsequenzen.

I. Ausgangssituation

Die transatlantische Datenübermittlung ist seit mehreren Jahren eine viel diskutierte Streitfrage und vermehrt Gegenstand des rechtswissenschaftlichen Diskurses. Sie betrifft in erster Linie Unternehmen, die auf beiden Seiten des Atlantiks tätig sind. *Wochner* stellte bereits 1980 fest: „Die dominierenden Benutzer und Anwender des grenzüberschreitenden Datenverkehrs sind die multinationalen Gesellschaften“[38]. Ähnlich äußerte sich auch *Ellger* und erklärte: „Wirtschaftsunternehmen gehören zu den wichtigsten und intensivsten Nutzern des grenzüberschreitenden Datenverkehrs“[39]. Die Übermittlung personenbezogener Daten stellt einen wichtigen und notwendigen Aspekt der transatlantischen Beziehungen dar. Sie ist integraler Bestandteil der transatlantischen Handelsbeziehungen, auch für neu entstehende digitale Geschäftsbereiche wie soziale Medien oder Cloud Computing, für die große Datenmengen von der EU in die USA fließen.[40] Sowohl europäische Unternehmen mit Niederlassungen in den USA als auch US-amerikanische Unternehmen mit europäischen Niederlassungen sind häufig Adressat von Offenlegungs- und Weitergabeverpflichtungen von US-Behörden oder US-amerikanischen Gerichten über Informationen im Zusammenhang mit Rechtsstreitigkeiten zivil-, straf- oder verwaltungsrechtlicher Art.[41] Rechtsgrundlagen

---

38 *Wochner*, Der Persönlichkeitsschutz im grenzüberschreitenden Datenverkehr, 1981, S. 4.

39 *Ellger*, Der Datenschutz im grenzüberschreitenden Datenverkehr, 1990, S. 76.

40 Mitteilung der Kommission an das EU-Parlament und den Rat, Wiederherstellung des Vertrauens beim Datenaustausch zwischen der EU und den USA v. 27.11.2013, COM (2013) 846 final, S. 2.

41 *Metz/Spittka*, ZD 2017, 361; vgl. auch die ausführliche Darstellung zum weltweiten Datenzugriff durch US-Behörden *Voigt*, MMR 2014, 158.

hierfür sind neben dem Cloud Act unter anderem der Patriot Act,[42] der FISA,[43] der SCA,[44] die US-amerikanischen Rechtsprechung zu *Bank of Nova Scotia Subpoena*[45] und entsprechende Einwilligungsanordnungen.[46] Europäische Unternehmen und in der EU niedergelassene US-Unternehmen können dementsprechend zur Datenübermittlung in die USA unter Verletzung von Rechtsvorschriften der EU und der Mitgliedstaaten verpflichtet werden und geraten auf diese Weise in das Spannungsfeld zweier im Widerspruch zueinander stehenden rechtlichen Verpflichtungen.[47] Dabei stellt sich die immer wiederkehrende Frage der Legitimation solcher Offenlegungs- und Weitergabeverpflichtungen, wenn sich die Informationen in der EU befinden. Jüngere Entwicklungen haben den Konflikt transatlantischer Datenübermittlung weiter verschärft. Einerseits setzte sich das US-Unternehmen Microsoft in einem öffentlichkeitswirksamen Verfahren gegen die Verpflichtung zur Wehr, E-Mails an US-Strafverfolgungsbehörden herauszugeben, was letztlich zum Erlass einer neuen Rechtsgrundlage im Cloud Act führte. Andererseits wurden die Regelungen der Datenübermittlung in Drittländer unter der nun geltenden DSGVO aktualisiert und die Sanktionen durchgreifend erhöht.

---

42 Zu den US-amerikanischen Ermittlungsbefugnissen nach dem Patriot Act im Zusammenhang mit Cloud Computing vgl. *Becker/Nikolaeva*, CR 2012, 170 ff.; *Schneider*, DSRITB 2012, 759 ff.

43 Der FISA ist ein vom Kongress der Vereinigten Staaten 1987 verabschiedetes Gesetz, dass die Auslandsaufklärung und Spionageabwehr der Vereinigten Staaten regelt. Er erlaubt unter bestimmten Voraussetzungen den Zugriff des FBI auf Nicht-US-Daten, sofern die Gefährdung der Sicherheit der USA zu befürchten steht, Sec. 702 FISA (50 U.S.C. § 1881a) sowie Sec. 215 FISA (50 U.S.C. § 1861).

44 Z. B. 18 U.S.C. § 2703(a) SCA.

45 Nach dieser Rechtsprechung sind Vorladungen gegenüber in den Vereinigten Staaten ansässigen Zweigstellen oder Tochtergesellschaften möglich, um Informationen eines Unternehmens zu erlangen, die außerhalb der Vereinigten Staaten von ausländischen Unternehmen mit inländischer Präsenz gehalten werden, United States v. Bank of Novia Scotia, 691 F.2d 1384 (11th Cir. 1982).

46 *Rath/Kuß/Maiworm*, CR 2016, 98, 99; *Zerdick*, in: Ehmann/Selmayr, Datenschutz-Grundverordnung, Art. 48 Rn. 2; so auch Orientierungshilfe Cloud Computing der Arbeitskreise Technik und Medien der Konferenz der Datenschutzbeauftragten des Bundes und der Länder sowie der Arbeitsgruppe Internationaler Datenverkehr des Düsseldorfer Kreises, Version 2.0, 9.10.2014, S. 19.

47 Mitteilung der Kommission an das EU-Parlament und den Rat, Wiederherstellung des Vertrauens beim Datenaustausch zwischen der EU und den USA vom 27.11.2013, COM (2013) 846 final, S. 6.

II. Bisherige Rechtslage in den USA

Anlass für den Erlass des Cloud Act und der damit einhergehenden neuen gesetzlichen Regelungen war der Rechtsstreit zwischen der US-Regierung und Microsoft, der internationale Aufmerksamkeit bekam.[48]

1. *Der Rechtsstreit in Sachen Microsoft*

Am 4.12.2013 wurde ein Durchsuchungs- und Beschlagnahmebeschluss der US-Behörde[49] gegenüber Microsoft erlassen. Der Beschluss bezog sich auf das Microsoft E-Mail-Konto eines Nutzers, dessen Inhalte die US-Behörde im Rahmen einer strafrechtlichen Ermittlung einsehen wollte. Hintergrund war der Verdacht, dass der Account für unlautere Geschäfte mit Narkotika missbraucht wurde.[50] Demnach sollte Microsoft bestimmte E-Mails, gespeicherte Dokumente sowie Metadaten – wie Adressbuch-Inhalte, Adresslisten, Postanschriften – seines Kunden herausgeben, der das elektronische Kommunikationssystem von Microsoft (Outlook) nutzte. Die entsprechenden Kundendaten waren unter anderem in einem Microsoft-Rechenzentrum in Irland gespeichert. Der Beschluss der US-Behörde gegenüber Microsoft wurde auf 18 U.S.C. § 2703 gestützt.

Hintergrund der Datenspeicherung in Irland war, dass Microsoft einen webbasierten E-Mail-Dienst besitzt und betreibt, der zu verschiedenen Zeiten unter verschiedenen Internet-Domainnamen existierte, darunter Hotmail.com, MSN.com und Outlook.com. Benutzer eines Microsoft E-Mail-Kontos können mit einem Benutzernamen und einem Passwort E-Mail-Nachrichten senden und empfangen sowie Nachrichten in personalisierten Ordnern speichern. Die Daten einer E-Mail-Nachricht umfassen Informationen wie die Nachricht und die Betreffzeile aber auch die Absenderadresse, die Empfängeradresse sowie das Datum und die Uhrzeit der Übertragung. Microsoft speichert E-Mail-Nachrichten, die von seinen Benutzern gesendet und empfangen werden, in seinen Rechenzentren. Diese Rechenzentren befinden sich an verschiedenen Orten sowohl in den Vereinigten Staaten als auch im Ausland. Wo die Informationen eines bestimmten Benutzers gespeichert werden, hängt zum Teil von einem Phänomen ab, das als „Netzwerklatenz“[51] bekannt

---

48 Assistant Att'y Gen. Peter Kadzik in seinem Brief an den Vizepräsidenten Joseph R. Biden, Präsident, United States Senate vom 15.7.2016, S. 3.

49 Durchsuchungsbeschluss (*Search Warrant*) des United States District Court vom 4.12.2013, abrufbar unter: https://blogs.microsoft.com/wp-content/uploads/sites/149/2014/11/government-warrant.pdf, letzter Aufruf: 14.9.2021; vgl. auch *Schröder/Spies*, ZD-Aktuell 2014, 04315.

50 *Lejeune*, ITRB 2018, 118, 119.

51 Die Netzwerklatenz steht für die Zeit, die ein Datenpaket oder eine Nachricht von der Anfrage beim Sender bis zum Empfänger benötigt. Sie bewegt sich normalerweise im

ist; da die Servicequalität abnimmt, je weiter ein Benutzer vom Rechenzentrum entfernt ist, in dem sein Konto gehostet wird, wird versucht, jedes Konto dem nächstgelegenen Rechenzentrum zuzuordnen. Dementsprechend kann Microsoft das Konto basierend auf dem Ländercode, den der Kunde bei der Registrierung eingibt, in das Rechenzentrum in Dublin migrieren. Wenn dies geschieht, werden alle Informationen, die mit dem Konto verbunden sind, von Servern in den Vereinigten Staaten gelöscht. Die Informationen, die bei der Datenmigration eines Kontos ins Ausland in den Vereinigten Staaten verbleiben, lassen sich in drei Kategorien einteilen. Erstens werden bestimmte Informationen in einem Datenlager[52] in den Vereinigten Staaten zu Test- und Qualitätskontrollzwecken gespeichert. Zweitens speichert Microsoft Adressbuch-Informationen über bestimmte webbasierte E-Mail-Konten in einer Adressbuch-Verrechnungsstelle. Schließlich werden bestimmte grundlegende Informationen über alle Konten, wie z. B. Name und Land des Benutzers, in einer Datenbank in den Vereinigten Staaten gespeichert.[53]

Microsoft gab die in den USA gespeicherten Nachrichten heraus, weigerte sich aber, die in Irland gespeicherten Daten an die US-Behörde herauszugeben. Zur Begründung führte Microsoft aus, dass ein US-Bundesgericht für den Erlass von Beschlüssen nach 18 U.S.C. § 2703 nicht zuständig sei, die außerhalb des Territoriums der USA belegene Informationen erfassen. Das Unternehmen legte daher am 18.12.2013 Rechtsmittel gegen den Beschluss ein und beantragte, die gerichtliche Anordnung wegen unzulässiger extraterritorialer Anwendung des US-Rechts für unwirksam zu erklären.[54]

In dem erstinstanzlichen Verfahren beim Bezirksgericht für den Southern District of New York (SDNY) lehnte der zuständige Richter Francis des SDNY das Ersuchen von Microsoft ab, den Durchsuchungs- und Beschlagnahmebeschluss aufzuheben.[55] Hierzu führte er aus, es sei mit der Struktur, der Rechtsgeschichte des 18 U.S.C. § 2703 und dessen praktischen Folgen unvereinbar, die Reichweite eines Durchsuchungsbeschlusses auf in den Vereinigten Staaten gespeicherte Daten zu beschränken. Vielmehr verpflichte ein solcher Beschluss den Empfänger, Informationen herauszugeben, die sich in seinem Besitz, Gewahrsam oder seiner

---

Bereich von Millisekunden. Ist die Verzögerung zu lang, kann sie die Kommunikation stören.

52 Das sog. *Data Warehouse* ist eine für Analysezwecke optimierte zentrale Datenbank, die Daten aus mehreren, in der Regel heterogenen Quellen zusammenführt.

53 Näher hierzu US-District Court Southern District of New York, Entscheidung (Richter James C. Francis IV, US Magistrate Judge) v. 25.4.2014 – 13 Mag. 2814, ZD 2014, 346 ff. m. Anm. *Schröder/Spies.*

54 *Lejeune*, ITRB 2018, 118, 119.

55 US-District Court Southern District of New York, Entscheidung (Richter James C. Francis IV, US Magistrate Judge) vom 25.4.2014 – 13 Mag. 2814 in ZD 2014, 346 ff. m. Anm. *Schröder/Spies.*

Kontrolle befinden, unabhängig vom Ort dieser Informationen. Der physische Standort solcher Informationen, auch wenn sich dieser im Ausland befinde, sei unerheblich, wenn der Empfänger über die praktische Fähigkeit zur Offenlegung der Informationen verfüge. Zwar bestehe grundsätzlich auch die Möglichkeit, die Offenlegung der streitgegenständlichen Daten im Wege eines Rechtshilfeabkommens[56] zu erwirken. Dies sei jedoch ein im Allgemeinen langsamer und mühsamer Prozess, da er die Zusammenarbeit zweier Regierungen erfordere. Darüber hinaus stehe die Ausführung eines entsprechenden Ersuchens in der Regel im Ermessen des jeweiligen Partners des Rechtshilfeabkommens.

Im Rahmen der von Microsoft eingelegten Berufung hob das zuständige Gericht, der Court of Appeals for the Second Circuit, im Juli 2016 das erstinstanzliche Urteil auf und verwies die Sache zurück an das Gericht erster Instanz mit der Maßgabe, die Anordnung insoweit für unwirksam zu erklären, als diese Microsoft verpflichte, Daten bzw. Informationen zu offenbaren, die sich in Irland befinden. Der amerikanische Kongress habe wohl kaum eine extraterritoriale Anwendung der Regelung aus 18 U.S.C. § 2703 beabsichtigt, ohne zumindest auf die absehbaren Konflikte mit den Rechtsordnungen anderer Staaten einzugehen.[57] Zudem sei ein Durchsuchungsbeschluss grundsätzlich auf Objekte begrenzt, die sich innerhalb der USA befinden und dazu bestimmt seien, die Privatsphäre des US-Bürgers zu schützen.[58] Die Vollstreckung des Beschlusses stelle demnach eine rechtswidrige extraterritoriale Anwendung des Gesetzes dar.[59]

Einen entsprechenden Antrag der US-Regierung auf Neuverhandlung der einstimmigen Entscheidung der Richterkammer vom 14.7.2016 wies das Plenum des

56 Abkommen zwischen der EU und den USA über Rechtshilfe, Amtsblatt Nr. L 181 v. 19.7.2003 S. 34–42, sog. MLAT.

57 "When interpreting the laws of the United States, we presume that legislation of Congress "is meant to apply only within the territorial jurisdiction of the United States", unless a contrary intent clearly appears (...). In line with this recognition, the presumption is applied to protect against unintended clashes between our laws and those of other nations which could result in international discord.", Court of Appeal for the Second Circuit v. 14.7.2016 – No. 14-2985 – Microsoft v. United States, CRi 2016, 118, 119, m. Anm. *Lejeune.*

58 "These amendments to the SCA are fully consistent with the historical role of warrants as legal instruments that pertain to discrete objects located within the United States and that are designed to protect U.S citizens`privacy interests", Court of Appeal for the Second Circuit v. 14.7.2016 – No. 14-2985 – Microsoft v. United States, CRi 2016, 118, 121, m. Anm. *Lejeune.*

59 "Having thus determined that the Act focuses on user privacy, we have little trouble concluding that execution of the Warrant would constitute an unlawful extraterritorial application of the Act.", Court of Appeal for the Second Circuit v. 14.7.2016 – No. 14-2985 – Microsoft v. United States, CRi 2016, 118, 124, m. Anm. *Lejeune.*

Berufungsgerichts am 24.1.2017 ab. Im Juni 2017 legte das *U.S. Department of Justice* beim *U.S Supreme Court* Berufung ein, mit der Frage, ob E-Mail-Provider auf Grundlage eines auf 18 U.S.C. § 2703 gestützten Beschlagnahmebeschlusses in der EU gespeicherte personenbezogene Daten gegenüber US-Behörden offenlegen müssen.

Nach Verabschiedung des Cloud Act machte das *U.S. Department of Justice* bekannt, dass bereits ein neuer auf den Cloud Act gestützter Durchsuchungsbeschluss erlassen worden sei und beantragte die Einstellung des Verfahrens vor dem *U.S. Supreme Court.* Microsoft stimmte dem Antrag auf Einstellung des Verfahrens zu.

2. Problemstellung nach bisheriger US-amerikanischer Rechtslage

Grundvoraussetzung für eine zulässige Offenlegungsverpflichtung personenbezogener Daten von einer US-amerikanischen Behörden gegenüber einem US-amerikanischen Unternehmen ist eine zulässige Rechtsgrundlage nach US-amerikanischem Recht. Kernpunkt des Rechtsstreits in Sachen Microsoft war die Frage, ob 18 U.S.C. § 2703 eine solche Rechtsgrundlage darstellt und den US-Behörden die Befugnis gibt, Informationen bzw. Daten herauszuverlangen, die auf Computersystemen außerhalb der USA gespeichert sind. Nach 18 U.S.C. § 2703 besteht für Anbieter elektronischer Kommunikationsdienste und Remote-Computing-Dienste[60] eine Offenlegungspflicht des Inhalts eines elektronischen Kommunikationsmittels, wenn ein (Durchsuchungs-)Beschluss entsprechend der amerikanischen Bundesstrafprozessordnung, eine Vorladung oder ein Gerichtsbeschluss vorliegt.[61]

Die Anordnung eines solchen Durchsuchungsbeschlusses nach 18 U.S.C. § 2703 durch das Gericht erfordert grundsätzlich einen hinreichenden Tatverdacht.[62] Es müssen spezifische Tatsachen nachgewiesen werden, auf Grund derer ein

---

60 Der Begriff des elektronischen Kommunikationsdienstes bedeutet „jeder Dienst, der ... Nutzern ... die Möglichkeit bietet, drahtgebundene oder elektronische Mitteilungen zu senden oder zu empfangen“, vgl. 18 U.S.C. § 2510(15) (2018), während der Begriff des Remote-Computing-Dienstes (auch „Computerferndienst“) die Bereitstellung von Computerspeicher- oder Verarbeitungsdiensten für die Öffentlichkeit mittels eines elektronischen Kommunikationssystems bedeutet, vgl. 18 U.S.C. § 2711(2), näher hierzu unter Erster Teil, A. III 3. a) aa) (1), (2).

61 "A governmental entity may require a provider of remote computing service to disclose the contents of any wire or electronic communication [...] if the governmental entity obtains a warrant issued using the procedures described in the Federal Rules of Criminal Procedure, [...] uses an administrative subpoena authorized by a Federal or State statute or a Federal or State grand jury or trial subpoena; or obtains a court order for such disclosure [...].“, vgl. 18 U.S.C. § 2703 (b) (1) (A), (B) (i, ii).

62 *Metz/Spittka*, ZD 2017, 361, 362.

hinreichender Verdacht dafür vorliegt, dass der Inhalt der elektronischen Kommunikation für das eingeleitete Strafverfahren von Bedeutung ist.[63] Ein solcher Nachweis erfolgt in der Regel durch eine eidesstattliche Erklärung, in der festgestellt wird, dass ein hinreichender Verdacht besteht, ein bestimmtes Verbrechen geschehen ist oder geschehen wird und der zu durchsuchende Ort, z. B. ein E-Mail-Konto, Beweise für diese bestimmte Tat enthält.[64] Ähnlich wie im deutschen Strafprozessrecht muss der der Anordnung auf Offenlegung zugrundeliegende Durchsuchungsbeschluss die zu durchsuchenden und zu beschlagnahmenden Daten genau beschreiben.[65] Sog. Angelausflüge, im Englischen *fishing expeditions* genannt, die dazu dienen, die Beweislage zu überprüfen, sind nicht zulässig.[66] Der Erlass einer entsprechenden Anordnung erfolgt durch einen Richter.

18 U.S.C. § 2703 selbst sieht dem Wortlaut nach weder eine extraterritoriale Anwendung vor noch erlaubt er diese. Daher war nicht klar, ob eine Offenlegung von im Ausland befindlichen Daten aufgrund einer entsprechenden Anordnung nach bisheriger Rechtslage der USA zulässig bzw. vorgeschrieben war. US-Gerichte vertraten zu dieser Frage widerstreitende Ansichten.[67] Mangels ausdrücklicher Regelung wurde bezweifelt, dass 18 U.S.C. § 2703 eine geeignete Rechtsgrundlage für eine Offenlegungspflicht von Informationen darstellte, die außerhalb der USA gespeichert waren. Die US-Regierung hingegen war der Ansicht, dass ein Zugriff von einem Computer, der sich auf amerikanischem Boden befindet, keinen extraterritorialen Akt darstelle, da hierdurch nicht in die nationale Souveränität eines anderen Staates eingegriffen würde.[68] Entscheidend sei nicht der Ort der

---

63 18 U.S.C. § 2703 (d); vgl. auch *Metz/Spittka*, ZD 2017, 361, 362.

64 White Paper des U.S. Department of Justice: Promoting Public Safety, Privacy, and the Rule of Law Around the World: The Purpose and Impact of the CLOUD Act, 4.2019, S. 8, abrufbar unter: https://www.justice.gov/opa/press-release/file/1153446/download, letzter Aufruf: 21.12.2020.

65 White Paper des U.S. Department of Justice: Promoting Public Safety, Privacy, and the Rule of Law Around the World: The Purpose and Impact of the CLOUD Act, 4.2019, S. 8.

66 White Paper des U.S. Department of Justice: Promoting Public Safety, Privacy, and the Rule of Law Around the World: The Purpose and Impact of the CLOUD Act, 4.2019, S. 8.

67 US-District Court Utah, Urteil vom 21.1.2010, MMR 2010, 275 m. Anm. *Spies/Schröder*; RIW 2010, 402 m. Anm. *Knöfel*; US-District Court, Southern District of California, Urteil vom 11.3.2013, ZD 2013, 271 m. Anm. *Spies*; *Lux/Glienke*, RIW 2010, 603.

68 Abschrift der mündlichen Verhandlung vom 27.2.2018, Microsoft v. United States, US No. 17-2, S. 7 Rn. 10 f, „(...) the basic rule of both domestic and international law is that when a court has personal jurisdiction over an individual before the court and issues an order requiring disclosure of information, that person must comply with the order regardless of where it has chosen to store the information over which it has control.", abrufbar unter: https://www.supremecourt.gov/oral_arguments/argum

Speicherung der Daten, sondern der Ort der Offenlegung und Beschlagnahme der Daten.[69] Microsoft hingegen berief sich darauf, dass 18 U.S.C. § 2703 nicht für die Offenlegung von im Ausland gespeicherten Daten gelte. Der Fokus liege auf dem Schutz der elektronischen Kommunikationsdaten und nicht auf der Aufdeckung von Straftaten. Eine entsprechende Auslegung des 18 U.S.C. § 2703, wonach die Preisgabe von Nutzerdaten, die außerhalb inländischer Server gespeichert sind, umfasst sei, überschreite die vom Kongress beabsichtigte Regelungsweite.[70]

Die bestehenden Unklarheiten führten zu erheblichen Rechtsunsicherheiten bei jenen Unternehmen, die Adressat einer entsprechenden Anordnung waren und ihre Daten außerhalb der USA, z. B. in der EU, gespeichert hatten.

III. Regelungsgegenstand des Cloud Act

Der Cloud Act trägt diesen Unsicherheiten Rechnung, indem er nun ausdrücklich Regelungen zu einer Offenlegungspflicht US-amerikanischer Behörden und den damit verbundenen internationalen Datentransfer trifft. Im Folgenden werden diese Regelungen dargestellt. Dabei wird zunächst der Hintergrund des Gesetzes beleuchtet, bevor auf den Anwendungsbereich und die unterschiedlichen Wirkungen des Gesetzes eingegangen wird. Um die praktische Relevanz zu verdeutlichen, erfolgt schließlich ein Überblick über die Rechtsfolgen im Falle einer Zuwiderhandlung gegen den Cloud Act.

1. Genese des Cloud Act

Der vom Kongress im März 2018 verabschiedete Cloud Act wurde im Rahmen eines 2232-seitigen Regierungsausgabengesetzes ohne jede parlamentarische Anhörung und innerhalb weniger Tage verabschiedet,[71] was bereits auf heftige Kritik stieß.[72]

---

ent_transcripts/2017/17-2_9pl4.pdf, letzter Aufruf: 14.9.2021; hierzu auch *Goeble/Scheuble*, ZD-Aktuell 2018, 06009.

69 Abschrift der mündlichen Verhandlung vom 27.2.2018, Microsoft v. United States, US No. 17-2, S. 7; *Goeble/Scheuble*, ZD-Aktuell 2018, 06009.

70 Abschrift der mündlichen Verhandlung vom 27.2.2018, Microsoft v. United States, US No. 17-2, S. 7.

71 Der Gesetzentwurf wurde am Mittwochabend vorgestellt, am Donnerstag von den Kammern verabschiedet und am Freitag, den 23.3.2018, von Präsident Trump unterzeichnet, gerade rechtzeitig, um eine Haushaltssperre (sog. *Government Shutdown*) zu verhindern.

72 *Hatmaker*, "As the CLOUD Act Sneaks into the Omnibus, Big Tech Butts Head with Privacy Advocate", TechCrunch v. 22.3.2018, abrufbar unter: https://techcrunch.com/2018/03/22/cloud-act-omnibus-bill-house/, letzter Aufruf: 14.9.2021; *Fox/Mattingly*, "Congress Passes $1.3 Trillion Spending Bill, Funds Government through September", CNN v. 23.3.2018, abrufbar unter: https://edition.cnn.com/

Das 1,3 Billionen Dollar Regierungsausgabengesetz von US-Präsident Donald Trump sieht eine Haushaltsplanung mit unterschiedlichsten Themen vor. Der Cloud Act befindet sich auf den letzten Seiten dieses Haushaltsgesetzes. Zweck des Cloud Act ist es, den rechtzeitigen Zugang zu elektronischen Daten, die sich im Besitz von Kommunikationsdienstleistern befinden, zu ermöglichen. Er spiegelt damit einen wesentlichen Bestandteil der staatlichen Bemühungen zum Schutz der öffentlichen Sicherheit und zur Bekämpfung schwerer Kriminalität und Terrorismus wider.[73] Der Cloud Act soll helfen, die rechtlichen Hemmnisse der US-Behörden zu überwinden, auf außerhalb der Vereinigten Staaten gespeicherte Daten zuzugreifen, die sich im Besitz, Gewahrsam oder in der Kontrolle von Kommunikationsdienstleistern befinden, die der Rechtsprechung der Vereinigten Staaten unterliegen.[74] Dem *U.S. Department of Justice* zufolge stellt der Cloud Act ein neues Paradigma dar. Es handele sich aus US-amerikanischer Sicht um einen effizienten, die Privatsphäre und die bürgerlichen Freiheiten schützenden Ansatz, um einen effektiven Zugang zu elektronischen Daten zu gewährleisten.[75]

2. *Anwendungsbereich des Cloud Act*

Der Cloud Act findet auf Unternehmen Anwendung, die den Gerichtsbarkeiten der Vereinigten Staaten unterliegen.[76] Dazu knüpft das Gesetz personenbezogen an alle *provider of electronic communication service or remote computing service [...] subject to jurisdiction of the United States* an. Umfasst sind von diesem schillernden Begriff in erster Linie US-amerikanische Unternehmen. Allerdings setzt die Anwendung US-amerikanischer Jurisdiktion nicht zwangsläufig eine Niederlassung des Unternehmens in den USA voraus. Auch europäische Unternehmen können der US-Jurisdiktion unterliegen und damit vom Cloud Act betroffen sein, wenn hinreichende Anknüpfungspunkte zu den USA bestehen.[77]

2018/03/22/politics/house-vote-spending-bill-omnibus-shutdown/index.html, letzter Aufruf: 14.9.2021; *Hirschfeld/Shear*, "Trump Signs Spending bill, Reversing Veto Threat and Avoiding Government Shutdown", N. Y. Times v. 23.3.2018, abrufbar unter: https://www.nytimes.com/2018/03/23/us/politics/trump-veto-spending-bill.html, letzter Aufruf: 14.9.2021.

73 Sec. 102 (1) des Cloud Acts, S. 2201.

74 Sec. 102 (2) des Cloud Act, S. 2201.

75 White Paper des U.S. Department of Justice: Promoting Public Safety, Privacy, and the Rule of Law Around the World: The Purpose and Impact of the CLOUD Act, 4.2019, S. 2.

76 Cloud Act Sec. 102 (2), S. 2201.

77 White Paper des U.S. Department of Justice: Promoting Public Safety, Privacy, and the Rule of Law Around the World: The Purpose and Impact of the CLOUD Act, 4.2019, S. 8.

a) *Begriff der US-Jurisdiktion*

Anders als im deutschen Recht[78] sind US-Gesetzen im Hinblick auf deren extraterritoriale Anwendung keine Grenzen gesetzt. Wie in den meisten US-Gesetzen bleibt auch im Cloud Act der geographische Geltungsbereich unbestimmt, sodass dessen genaue Reichweite jenseits der Landesgrenzen von US-Gerichten im Einzelfall festgelegt werden muss.

Maßgeblich für die Beurteilung durch amerikanische Gerichte, ob ein ausländisches Unternehmen der Gerichtsbarkeit der Vereinigten Staaten unterliegt, sind die sog. Mindestkontakte.[79] Die Gerichte beurteilen dies anhand einer faktenspezifischen Untersuchung, die sich auf die Art, Quantität und Qualität der Kontakte des Unternehmens mit den Vereinigten Staaten bezieht.[80] Je mehr ein Unternehmen sein Verhalten gezielt in die Vereinigten Staaten gelenkt hat, desto wahrscheinlicher wird ein Gericht feststellen, dass das Unternehmen der Gerichtsbarkeit der Vereinigten Staaten unterliegt.[81] Welche Anforderungen im Einzelnen an die Mindestkontakte zu stellen sind, ist von den US-amerikanischen Gerichten in der Vergangenheit unterschiedlich beantwortet worden.[82] So können sich diese für deutsche Unternehmen bereits daraus ergeben, dass das Unternehmen regelmäßig substantiell in den USA geschäftlich aktiv ist (*doing business*).[83] Nicht nur global agierende Wirtschaftsunternehmen, sondern auch kleinere, mittelständische Unternehmen, die etwa über das Internet, z. B. mit einer Website,[84] den US-amerikanischen Markt mitbedienen, können damit den Gerichtsbarkeiten der

---

78 Zur extraterritorialen Jurisdiktion Dritter Teil, B.

79 International Shoe Inc. v. Washington, 326 U.S. 310 (1945); ausführlich *Bernstein*, Gedächtnisschrift für W. Martens, 1987, S. 758; *Müller*, Die Gerichtspflichtigkeit wegen „doing business", 1992, S. 14; *Schack*, Einführung in das US-amerikanische Zivilprozessrecht, S. 26 f.

80 White Paper des U.S. Department of Justice: Promoting Public Safety, Privacy, and the Rule of Law Around the World: The Purpose and Impact of the CLOUD Act, 4.2019, S. 8.

81 White Paper des U.S. Department of Justice: Promoting Public Safety, Privacy, and the Rule of Law Around the World: The Purpose and Impact of the CLOUD Act, 4.2019, S. 8.

82 *Bettinger*, GRUR Int. 1998, 660, 661; zu einer Übersicht der US-amerikanischen Rechtsprechung *Casad*, Jurisdiction in Civil Actions, § 4.02[1][a], S. 4–22.

83 *Müller*, Die Gerichtspflichtigkeit wegen „doing business", 1992, S. 19 ff.; ausführlich zum Begriff des „doing business" so auch *Casad*, Jurisdiction in Civil Actions, § 4.02[1][a], S. 4–16.

84 Gemeint sind Webseiten, die aufgrund ihrer sprachlichen Gestaltung gezielt den US-amerikanischen Markt ansprechen, Online-Bestellungen ermöglichen und eine Belieferung in die USA anbieten.

Vereinigten Staaten unterliegen.[85] So legen US-amerikanische Gerichte dem Begriff der US-Jurisdiktion ein weitreichendes Verständnis zugrunde. In der Vergangenheit genügte bereits, dass das Unternehmen ein Produkt für den US-Markt entwickelt, in den USA wirbt, Kanäle für die regelmäßige Beratung von US-Kunden einrichtet oder über einen US-Händler an US-Kunden vermarktet.[86] Im Fall Plixer International, Inc. v. Scrutinizer GmbH bejahte der *United States District Court* in Maine seine Zuständigkeit für das deutsche Informationstechnologie-Unternehmen, nur weil das Unternehmen Transaktionen in die USA mit einem entsprechenden Umsatz tätigte, obwohl es ausschließlich Dienstleistungen auf einer Internetplattform und weder physische Lieferungen von Waren anbot noch eine physische Präsenz in den USA hatte.[87] Bei der Beurteilung, ob die Zuständigkeit des Gerichts für ein deutsches Unternehmen gegeben ist, greift das Gericht üblicherweise auf Kriterien zurück, welche vom *U.S. Supreme Court* erstmals in der Entscheidung World Wide Volkswagen v. Woodson entwickelt wurden.[88] Danach können Kontakte in die USA zuständigkeitsbegründend sein, wenn das Unternehmen zunächst eine Handlung ausführt, mit der es zielgerichtet das Privileg der Durchführung von geschäftlichen Aktivitäten in den USA nutzt.[89] Dies erfordert, dass das Unternehmen seine Aktivitäten in einer solchen Weise auf die USA gerichtet hat, dass es vernünftigerweise damit rechnen konnte, Adressat einer solchen Offenlegungsverpflichtung zu werden, welche auf den Aktivitäten in den USA beruhen muss.[90] Schließlich darf die Ausübung der *jurisdiction* den Grundsätzen des *fair play* und der elementaren Gerechtigkeit nicht widersprechen.[91]

b) Zwischenergebnis

Die Entscheidung, ob der Cloud Act auf ein bestimmtes europäisches Unternehmen anwendbar ist, bleibt der Beurteilung eines amerikanischen Gerichts vorbehalten. Im Lichte der Ausführungen kann jedoch konstatiert werden, dass sich der Anwendungsbereich des Cloud Act nicht nur auf Unternehmen erstreckt, welche in den USA niedergelassen sind, sondern auch auf europäische Unternehmen, die einen Bezugspunkt zu den Vereinigten Staaten aufweisen. Die US-amerikanische Rechtsprechung geht von einem sehr weiten Verständnis der US-amerikanischen Jurisdiktion aus und legt ihren Anwendungsbereich großzügig aus.

---

85 *Hess*, AG 2006, 809, 811; vgl. zur Zuständigkeit in Internetstreitigkeiten *Gottwald*, in: FS Geimer, 2002, S. 247 ff.

86 Asahi Metal Industry Co. v. Superior Court of California, 480 U.S. 102 (1987).

87 Plixer International, Inc. v. Scrutinizer GmbH, No. 18-1195 (1st Cir. 2018).

88 World Wide Volkswagen v. Woodson 444 U.S. 280 (1980).

89 World Wide Volkswagen v. Woodson 444 U.S. 280 (1980), "purposefully avails itself of the privilege of conducting business in the forum".

90 World Wide Volkswagen v. Woodson 444 U.S. 280 (1980).

91 World Wide Volkswagen v. Woodson 444 U.S. 280 (1980).

3. *Wirkung des Cloud Act*

Der am 22.3.2018 verabschiedete Cloud Act stellt eine Ergänzung des bestehenden SCA dar. Dieser wurde 1986 als Teil des *Electronic Communications Privacy Act of 1986* erlassen und war bisher in den 18 U.S.C. §§ 2701–2712 kodifiziert. Der Cloud Act ist kein eigenständiges, in sich abgeschlossenes Gesetzeswerk, sondern vielmehr ein Änderungsgesetz, das mehrere Regelungen des U.S.C. ändert. Er beinhaltet in Bezug auf die Offenlegungspflicht drei wesentliche Regelungen. Zentraler Regelungsgegenstand ist die Offenlegungspflicht von Informationen auf Anordnung von US-Gerichten, wenn sich das Unternehmen im Besitz, Gewahrsam oder in der Kontrolle dieser Informationen befindet, unabhängig von dem Speicherort dieser Daten (hierzu unter a). Darüber hinaus sieht der Cloud Act ein Beschwerdeverfahren vor, in welchem der Adressat einer entsprechenden Offenlegungspflicht einen Antrag auf Änderung oder Aufhebung dessen beantragen kann (hierzu unter b). Schließlich soll die Zusammenarbeit mit ausländischen Behörden verbessert werden, in dem der Cloud Act die Möglichkeit vorsieht, dass US-Unternehmen Anordnungen ausländischer Behörden auch ohne Rechtshilfeabkommen beantworten dürfen, sofern sog. Durchführungsabkommen (*executive agreements*) zwischen den USA und dem entsprechenden Staat geschlossen worden sind (hierzu unter c).

a) *Offenlegungspflicht*

Der Cloud Act erweitert den U.S.C. unter anderem um den neu zu Titel 18 Kapitel 121 U.S.C. hinzugefügten § 2713 in dem Abschnitt der erforderlichen Aufbewahrung und Offenlegung von Kommunikationsvorgängen und Aufzeichnungen dahingehend, dass US-Behörden die Offenlegung von auch in der EU gespeicherten personenbezogenen Daten von US-Unternehmen verlangen können.

Wörtlich heißt es:

„A provider of electronic communication service or remote computing service shall comply with the obligations of this chapter to preserve, backup, or disclose the contents of a wire or electronic communication and any record or other information pertaining to a customer or subscriber within such provider's possession, custody, or control, regardless of whether such communication, record or other information is located within or outside of the United States".

Nach Ansicht der US-amerikanischen Regierung war der Cloud Act eine bloße Klarstellung des bestehenden Rechts. Demnach war es bereits geltendes Recht, dass eine Partei eines US-amerikanischen Gerichtsverfahrens angewiesen werden kann, Informationen zu beschaffen, unabhängig davon, wo sich diese Informationen befinden.[92]

---

92 Hierzu bereits Erster Teil A. II. 2.

Der Cloud Act regelt nun ausdrücklich, dass US-amerikanischen Behörden oder Gerichte von Unternehmen in den USA die Offenlegung von außerhalb der USA befindlichen Informationen verlangen können und beseitigt somit die unter 18 U.S.C. § 2703 bestehenden Rechtsunsicherheiten.[93] Er ergänzt die Vorschriften der 18 U.S.C. §§ 2703 ff., wonach unter bestimmten Voraussetzungen Anbieter elektronischer Kommunikationsdienste und Remote-Computing-Dienste verpflichtet sind, entfernt gespeicherte elektronische Kommunikation offen zu legen. Nach 18 U.S.C. § 2703 können staatliche Stellen gegenüber dem Verantwortlichen unter den dort genannten Voraussetzungen die Offenlegung der vom Verantwortlichen gespeicherten Inhalte (*contents*)[94] sowie der Aufzeichnungen zur Kommunikation (*records*)[95] verlangen. Eine Offenlegungspflicht besteht, wenn entweder ein Durchsuchungsbeschluss (*warrant*) nach der amerikanischen Strafprozessordnung erlassen wurde, eine Vorladung (*subpoena*) oder ein Gerichtsbeschluss (*court order*) vorliegt.[96] Durch 18 U.S.C. § 2713, der auf die bereits bestehenden Regelungen verweist, schafft er in Verbindung mit den 18 U.S.C. §§ 2703 ff. eine rechtliche Grundlage für die Offenlegungsverpflichtung staatlicher Stellen gegenüber Verantwortlichen bezüglich außerhalb der USA gespeicherter Daten.

aa) Adressaten

Adressaten einer Offenlegungspflicht nach 18 U.S.C. §§ 2703, 2713 sind Anbieter elektronischer Kommunikationsdienste sowie sog. Remote-Computing-Dienste, was insbesondere Cloud Anbieter erfasst, die US-Recht unterfallen. Wenngleich es an einer konkreten Definition der in 18 U.S.C. § 2713 in Bezug genommenen elektronischen Kommunikations- und Remote-Computing-Dienste fehlt, dürfte dies neben dem Bereich der elektronischen Kommunikation jedenfalls auch Cloud-Computing-Dienste umfassen.[97] Ein auf der Rechtsgrundlage der 18 U.S.C. §§ 2703, 2713 erlassener Durchsuchungsbeschluss könnte sich daher nicht nur an Internetunternehmen wie Google und Amazon oder soziale Netzwerke wie Facebook, Instagram und Twitter richten. Auch Cloud-Technologie-Anbieter, Domain-Registrierungsstellen und Betreiber digitale Marktplätze, die Konsumenten und Händlern peer-to-peer-Transaktionen ermöglichen, sind potenzielle Adressaten eines auf Grundlage des Cloud Act erlassenen Durchsuchungsbeschlusses.[98]

---

93 Erster Teil A. II. 2.

94 18 U.S.C. § 2703 (a), (b).

95 18 U.S.C. § 2703 (c).

96 Hierzu auch Erster Teil A. II. 2.

97 *Gausling*, MMR 2018, 578, 579; *Lejeune*, ITRB 2018, 118, 120.

98 *Cording/Götzinger*, CR 2018, 636, 637.

(1) Anbieter elektronischer Kommunikationsdienste

Der Begriff des Anbieters elektronischer Kommunikationsdienste wird in 18 U.S.C. §§ 2703, 2713 selbst nicht definiert. 18 U.S.C. § 2510 (15) definiert den Begriff des Anbieters elektronischer Kommunikationsdienste als jeden Dienst, der den Benutzern die Möglichkeit bietet, drahtgebundene oder elektronische Mitteilungen zu senden oder zu empfangen. Die US-amerikanische Rechtsprechung hat den Begriff in der Vergangenheit weit ausgelegt und auch auf Unternehmen angewandt, die ihren Mitarbeitern elektronische Kommunikation anbieten, unabhängig von der primären Funktion des Unternehmens. Neben Telefongesellschaften und Unternehmen für elektronische Post,[99] wurden beispielsweise auch eine Versicherungsgesellschaft, die den Mitarbeitern einen E-Mail-Dienst anbot,[100] eine Stadt, die ihren Polizeibeamten einen Pager-Dienst anbot,[101] oder eine Fluggesellschaft, die Reisebüros ein computergestütztes Reisebuchungssystem zur Verfügung stellte, auf das über separate Computerterminals zugegriffen wurde,[102] als Anbieter elektronischer Kommunikationsdienste qualifiziert. Dieses weite Begriffsverständnis, dass die US-amerikanische Rechtsprechung in ihrer Auslegung zugrunde legt, wird durch Leitlinien des *U.S. Department of Justice* bestätigt. In seinem 2009 veröffentlichten Leitfaden zur Erlangung von elektronischem Beweismaterial[103] stellt das *U.S. Department of Justice* fest, dass jedes Unternehmen, das anderen die Mittel zur elektronischen Kommunikation zur Verfügung stellt, unabhängig von deren Hauptgeschäft oder -funktion, Anbieter von elektronischen Kommunikationsdiensten sein kann.[104] Das Anbieten elektronischer Kommunikationsdienste setzt voraus, dass der Dienst die Möglichkeit bietet, dass Mitteilungen gesendet und empfangen werden können. Eine bloße Nutzung elektronischer Kommunikationsdienste impliziert nicht die Eigenschaft des Nutzers als Anbieter solcher Dienste. So ist beispielsweise der Betreiber einer kommerziellen Website kein

---

99 Fälle bei denen die Eigenschaft eines Anbieters elektronischer Kommunikationsdienste bejaht wurde: Quon v. Arch Wireless Operating Co., Inc., 529 F.3d 892, (9th Cir. 2008) (Anbieter von Textnachrichtendiensten); In Re Application of United States, 509 F. Supp. 2d 76, 79 (D. Mass. 2007) (Anbieter von Mobiltelefondiensten); Kaufman v. Nest Seekers, LLC (S.D.N.Y. Sept. 26, 2006) (Bereitstellung Mailbox); Freedman v. America Online, Inc., 325 F. Supp. 2d 638, 643 (E.D. Va. 2004)(AOL).

100 Fraser v. Nationwide Mut. Ins. Co., 352 F.3d 107, (3rd Cir. 2004).

101 Bohach v. City of Reno, 932 F. Supp. 1232, 1236 (D. Nev. 1996).

102 United States v. Mullins, 992 F.2 d 1472, 1478 (9th Cir. 1993).

103 *U.S. Department* of Justice, Searching and Seizing Computers and Obtaining Electronic Evidence in Criminal Investigations 117-18 (2009), S. 1 ff., abrufbar unter: https://www.justice.gov/sites/default/files/criminal-ccips/legacy/2015/01/14/ssmanual2009.pdf, letzter Aufruf: 14.9.2021.

104 *U.S. Department* of Justice, Searching and Seizing Computers and Obtaining Electronic Evidence in Criminal Investigations 117-18 (2009), S. 117.

Anbieter elektronischer Kommunikationsdienste, auch wenn die Website elektronische Mitteilungen von Kunden senden und empfangen kann.[105] Allerdings kann ein Online-Geschäft oder ein Einzelhändler dann als Anbieter elektronischer Kommunikationsdienste angesehen werden, wenn das Unternehmen über eine Website verfügt, die den Kunden die Möglichkeit bietet, Nachrichten oder Mitteilungen an Dritte zu senden.[106] Damit geht das amerikanische Verständnis des Begriffs des Anbieters elektronischer Kommunikationsdienste über das europäische Verständnis hinaus. Nach Artikel 2 lit. c der Rahmenrichtlinie der EU[107] ist unter einem elektronischen Kommunikationsdienst ein gewöhnlich gegen Entgelt erbrachten Dienst zu verstehen, der ganz oder überwiegend in der Übertragung von Signalen über elektronische Kommunikationsnetze besteht. Dies umfasst Telekommunikations- und Übertragungsdienste in Rundfunknetzen. Anders als das amerikanische Verständnis umfasst das europäische Verständnis jedoch nicht solche Dienste, die Inhalte über elektronische Kommunikationsnetze und -dienste anbieten oder eine redaktionelle Kontrolle über sie ausüben. Darüber hinaus sind Dienste der Informationsgesellschaft, die nicht ganz oder überwiegend in der Übertragung von Signalen über elektronische Kommunikationsnetze bestehen, nach europäischem Verständnis ebenfalls nicht von der Definition umfasst.

Die Qualifizierung eines Unternehmens als Anbieter elektronischer Kommunikationsdienste geht damit sehr viel weiter als das allgemeine Verständnis, dass in erster Linie Telefon- und Textnachrichtenanbieter unter den Begriff des Anbieters elektronischer Kommunikationsdienste subsumiert. Die Abgrenzung zwischen dem Anbieten und dem Nutzen elektronischer Kommunikationsdienste ist nach amerikanischem Verständnis[108] komplex und vom jeweiligen Einzelfall abhängig.

(2) Anbieter von Remote-Computing-Diensten

Der Begriff des Remote-Computing-Dienstes, wie er in 18 U.S.C. § 2711 (2) verwendet wird und der in der deutschen Sprache als Ferncomputerdienst übersetzt werden kann, meint die Bereitstellung von Computerspeicher- oder Verarbeitungsdiensten

105 Vgl. Dyer v. Northwest Airlines Corp., 334 F. Supp. 2d 1196, 1199 (D.N.D. 2004), wonach der Begriff des Anbieters elektronischer Kommunikationsdienste nicht Unternehmen umfasst, die traditionell Produkte oder Dienstleistungen online verkaufen.

106 Becker v. Toca, 2008 WL 4443050, (E.D. La. September 26, 2008).

107 Richtlinie 2002/21/EG des Europäischen Parlaments und des Rates vom 7.3.2002 über einen gemeinsamen Rechtsrahmen für elektronische Kommunikationsnetze und -dienste (Rahmenrichtlinie) in der durch die Richtlinie 2009/140/EG des Europäischen Parlaments und des Rates vom 25.11.2009 geänderten Fassung.

108 Statt vieler Becker v. Toca, 2008 WL 4443050, (E.D. La. September 26, 2008) m. w. N.

für die Öffentlichkeit mit Hilfe eines elektronischen Kommunikationssystems.[109] 18 U.S.C. § 2510 (14) definiert den Begriff des elektronischen Kommunikationssystems als jede drahtgebundene, funkgestützte, elektromagnetische, fotooptische oder fotoelektronische Einrichtung zur Übertragung drahtgebundener oder elektronischer Kommunikation sowie jede Computereinrichtung oder damit zusammenhängende elektronische Ausrüstung zur elektronischen Speicherung dieser Kommunikation.[110] Mit anderen Worten wird ein Ferncomputerdienst von einem externen Computer bereitgestellt, der Daten für einen Kunden speichert oder verarbeitet. Unternehmen, die eine Website und den damit verbundenen Server betreiben, sind keine Anbieter von Remote-Computing-Diensten, sofern das Unternehmen keinen Speicher- oder Verarbeitungsdienst über die Website anbietet. Im Unterschied zum Anbieter elektronischer Kommunikationsdienste erfordert die Bereitstellung von Computerspeicher- oder Verarbeitungsdiensten, dass diese für jedes Mitglied der allgemeinen Bevölkerung zur Verfügung steht, mithin der Öffentlichkeit zugänglich ist. Die Einhaltung eines erforderlichen Verfahrens oder die Entrichtung eines Entgelts steht dem Merkmal der Öffentlichkeit nicht entgegen. Die Bewertung, ob ein Unternehmen ein Anbieter elektronischer Kommunikationssysteme oder ein Anbieter von Remote-Computing-Diensten ist, hat unabhängig voneinander zu erfolgen. Beide Definitionen stehen nicht in einem Exklusivitätsverhältnis, sondern sind vielmehr unabhängig voneinander zu beurteilen. Ein Dienstleister ist nicht daran gehindert, beide Formen von Dienstleistungen für einen einzigen Kunden zu erbringen.[111]

bb) Besitz, Gewahrsam oder Kontrolle

Die Offenlegungspflicht nach 18 U.S.C. §§ 2703, 2713 setzt weiter voraus, dass sich die Informationen im Besitz, im Gewahrsam oder unter Kontrolle des Anbieters befinden. Zu der Frage, wann dies der Fall ist, trifft der Cloud Act keine Aussage. Das Erfordernis, dass sich Informationen im Besitz, in Gewahrsam oder unter Kontrolle einer Person befinden, findet sich jedoch in einer Vielzahl von US-amerikanischen Gesetzen wieder.[112] Z. B. erlaubt Rule 26 der Federal Rules of

---

109 "The term "remote computing service" means the provision to the public of computer storage or processing services by means of an electronic communications system" [...], 18 U.S.C. § 2711 (2).

110 "Electronic communications system" means any wire, radio, electromagnetic, photooptical or photoelectronic facilities for the transmission of wire or electronic communications, and any computer facilities or related electronic equipment for the electronic storage of such communications [...], 18 U.S.C. § 2510 (14).

111 *U.S. Department of Justice*, Searching and Seizing Computers and Obtaining Electronic Evidence in Criminal Investigations 117-18 (2009), S. 120.

112 Statt vieler 18 U.S.C. § 2709(a).

Civil Procedure[113] die Offenlegung von Dokumenten, elektronisch gespeicherten Informationen und konkreten Dingen, die sich im Besitz, Gewahrsam oder in der Kontrolle der erwidernden Partei befinden. In ähnlicher Weise verpflichten Rule 34[114] und Rule 45[115] der Federal Rules of Civil Procedure eine Partei, die auf eine Dokumentenanfrage oder eine Vorladung antwortet, Dokumente, elektronisch gespeicherte Informationen und konkreten Dinge im Besitz, Gewahrsam oder in der Kontrolle dieser Partei vorzulegen. Konkrete Definitionen oder verlässliche rechtliche und praktische Leitlinien bestehen dennoch nicht, sodass die Auslegung grundsätzlich den einzelnen Gerichten überlassen bleibt. Die inkonsistente Auslegung und Anwendung der Terminologie hat letztlich zur Folge, dass zu der Frage, wann ein Unternehmen bestimmte Daten in ihrem Besitz hat, Inhaberin der Daten ist oder die Kontrolle hierüber ausübt, eine weit verzweigte und teils kontroverse Einzelfallrechtsprechung existiert.[116] Neue Technologien und organisatorische Initiativen der digitalen Welt haben die rechtlichen und operativen Grenzen der Frage, wer die Daten tatsächlich kontrolliert, weiter verwischt und die Bestimmung, ob und wann Informationen als im Besitz, Gewahrsam oder unter der Kontrolle einer Person zu betrachten sind, deutlich komplexer werden lassen. Die Verbreitung, Nutzung und Übertragung riesiger Mengen digitaler Informationen, die Entscheidung, wie und wo diese Informationen gespeichert werden sollen, und die zunehmend komplexen Geschäftsbeziehungen, die auf die Erstellung und Speicherung von Informationen abzielen, haben eine Vielzahl von Problemen hervorgebracht, die die Frage des Besitzes, des Gewahrsams oder der Kontrolle i. R. v. Offenlegungsverpflichtungen deutlich erschwert.[117] Einigkeit in der US-amerikanischen Jurisdiktion besteht jedenfalls dahingehend, dass das Erfordernis des Besitzes, des Gewahrsams oder der Kontrolle dann erfüllt ist, wenn die

---

113 "[…] a party […] must provide to the other parties: […] (ii) a copy […] of all documents, electronically stored information, and tangible things that the disclosing party has in its possession, custody, or control" […], Rule 26(a) (1) (A) (ii) der Federal Rules of Civil Procedure.

114 "A party may serve on any other party a request within the scope of Rule 26(b): (1) to produce and permit the requesting party or its representative to inspect, copy, test, or sample the following items in the responding party's possession, custody, or control" […], Rule 34(a) (1) (A) (B) der Federal Rules of Civil Procedure.

115 "Every subpoena must […] (iii) command each person to whom it is directed to do the following at a specified time and place: attend and testify; produce designated documents, electronically stored information, or tangible things in that person's possession, custody, or control; or permit the inspection of premises" […], Rule 45(a) (1) (A) (iii) der Federal Rules of Civil Procedure.

116 *Rath/Kuß/Maiworm*, CR 2016, 98, 102 m. w. N.

117 So auch *The Sedona Conference*, Commentary on Possession, Custody, or Control – August 2016, S. 475.

Partei tatsächlich die physische Herrschaftsgewalt über die Information ausübt. Der Anbieter ist jedoch nicht verpflichtet, Informationen wiederherzustellen, die im normalen Geschäftsverlauf vernichtet wurden oder sich im Besitz von Dritten befinden.[118] Das Erfordernis ist auch dann erfüllt, wenn die Partei das gesetzliche Recht hat, die Dokumente auf Anfrage zu erhalten.[119] Die rechtliche Befugnis ist allerdings nicht ausschlaggebend.[120] Entscheidend ist vielmehr, ob der Anbieter in der Lage ist, die Dokumente zu erhalten, auch wenn er z. B. die Unterstützung von Mitarbeitern mit Sitz im Ausland benötigt.[121] Befindet sich der Anbieter nicht im unmittelbaren Besitz der Informationen, stellen US-Gerichte überwiegend darauf ab, ob der Anbieter aufgrund gesellschaftsrechtlicher oder vertraglicher Bindungen die Möglichkeit hat, die Daten bei einer ausländischen Gesellschaft oder einem Dritten anzufragen. Die Rechtsprechung hat bisher konstatiert, dass Daten, die ein Unternehmen auf Anfrage von einem Dritten erhalten kann, Daten sind, die sich in der Kontrolle des Unternehmens befinden.[122] Teile der Rechtsprechung legen dem Erfordernis eine noch weitergehende Auslegung zugrunde. Sie erachten bereits die praktische Fähigkeit einer Person, Informationen von einem Dritten zu erhalten, als ausreichend, um das Erfordernis des Besitzes, des Gewahrsams oder der Kontrolle zu bejahen.[123] Demnach genüge es, wenn die Person sich das Recht oder die Fähigkeit vorbehalten habe, die Person zu beeinflussen, in deren Besitz sich die Dokumente befinden.[124]

Im Allgemeinen kommt dem Erfordernis des Besitzes, des Gewahrsams oder der Kontrolle von Informationen eine Reihe von Bedeutungen zu, die sich vom

118 Phillips v. Netblue, 2007 Nr. C-05-4401 SC. (N.D. Cal. Jan. 22, 2007).

119 In Re Bankers Trust, 61 F.3d 465, 469 (6th Cir. 1995), cert. dismissed, 517 US 1205 (1996); Linde v. Arab Bank, PLC, 262 F.R.D. 136, 141 (E.D.N.Y. 2009).

120 *Rath/Kuß/Maiworm*, CR 2016, 98, 102.

121 *Callaway/Determann*, The Computer & Internet Lawyer 2018, S. 8.

122 Im Fall Flagg v. City of Detroit, 252 F.R.D., 346, 352 befand das Gericht, dass der Beklagte verpflichtet war, bei seinem Drittanbieter gespeicherte Textnachrichten offenzulegen, da sich die Nachrichten in der Kontrolle des Beklagten befanden; im Fall Tomlinson v. El Paso, 245 F.R.D., 474, 477 befand das Gericht, dass das Unternehmen die Kontrolle über bestimmte elektronische ERISA-Aufzeichnungen hatte, die von einem Drittanbieter für das Unternehmen geführt wurden, und diese daher vorlegen musste.

123 Vgl. Bank of New York v. Meridien BIAO Bank Tanzania, 171 F.R.D. 135, 146 (S.D.N.Y. 1997).

124 Tomlinson v. El Paso, 245 F.R.D. 474, 477 (D. Colo. 2007) ("[documents are within a party's control] if such party has retained any right or ability to influence the person in whose possession the documents lie"); ablehnend Phillip M. Adams & Associates, LLC v. Dell Inc., 2007 WL 626355, (D. Utah February 22, 2007), unter Hinweis darauf, dass die Bezirksgerichte den Test der „praktischen Fähigkeiten" abgelehnt haben.

Eigentum über den unmittelbaren Besitz bis zur rein praktischen Fähigkeit, die Informationen von Dritten zu erlangen, erstrecken. Wenngleich das *U.S. Department of Justice* in Einzelfällen akzeptiert, dass Unternehmen aufgrund ausländischer Rechtsvorschriften daran gehindert sein können, einer gerichtlichen Offenlegungsanordnung Folge zu leisten,[125] stört sich die US-amerikanische Rechtsprechung nur selten daran, wenn die datenschutzrechtlichen Bestimmungen im Ausland einer umfangreichen Offenlegungsverpflichtung entgegenstehen.[126]

cc) Informationen

Während die DSGVO sich in ihrem sachlichen Anwendungsbereich nur auf personenbezogene Daten beschränkt,[127] umfasst der Cloud Act dem Wortlaut nach den Inhalt einer drahtgebundenen oder elektronischen Kommunikation und aller Aufzeichnungen oder anderer Informationen, die sich auf einen Kunden oder Abonnenten beziehen.[128] Damit sind sämtliche Informationen umfasst, die ein Unternehmen speichert, folglich nicht nur personenbezogene, sondern auch nichtpersonenbezogene Daten, wie es etwa Geschäfts- und Betriebsgeheimnisse sein können.[129]

dd) Zusammenfassung

Mit dem Cloud Act erstrecken die USA die Offenlegungspflicht im Rahmen der Strafverfolgung über die eigenen Ländergrenzen hinweg und überschreiten damit extraterritoriale Grenzen. Betroffen sind nicht nur global agierende Wirtschaftsunternehmen, sondern auch kleinere, mittelständische Unternehmen, die etwa über das Internet den US-amerikanischen Markt mitbedienen, wie z. B. Cloud-Technologie-Anbieter, Domain-Registrierungsstellen und Betreiber digitale Marktplätze. Mangels konkreter Definitionen der einzelnen Tatbestandsmerkmale, obliegt deren Auslegung den US-amerikanischen Gerichten. Ein Blick auf die bisherige Rechtsprechung zeigt dabei, dass die Gerichte einzelnen Tatbestandsmerkmalen mitunter eine weitreichende Bedeutung zuerkennen und ein exzessives, weit über den eigentlichen Bedeutungsgehalt hinausgehendes Verständnis bei ihrer Auslegung zugrunde legen.

---

125 *Voigt/Klein*, ZD 2013, 16 ff.

126 *Rath/Kuß/Maiworm*, CR 2016, 98, 102.

127 Art. 3 DSGVO; ausführlich hierzu Erster Teil, B. IV. 2.

128 18 U.S.C. § 2713; Cloud Act S. 2203.

129 Detailliert hierzu *U.S. Department of Justice*, Searching and Seizing Computers and Obtaining Electronic Evidence in Criminal Investigations 117-18 (2009), S. 122.

b) Rechtsfolgen im Falle einer Zuwiderhandlung

Weigert sich das mit einer Offenlegungspflicht belegte Unternehmen, die angeforderten Informationen zu übermitteln, stellt dies zunächst einen Verstoß gegen 18 U.S.C. §§ 2703, 2713 dar, welcher schwerwiegende Folgen nach sich ziehen kann. Eine Nichtbefolgung der Anordnung einer US-Behörde zur Offenlegung von Informationen kann eine Missachtung des Gerichts (sog. *contempt of court*)[130] darstellen, die nach 18 U.S.C. §§ 401, 402 mit Strafe und Bußgeld bedroht ist. Demnach ist ein Gericht der Vereinigten Staaten befugt, eine solche Missachtung seiner Autorität nach eigenem Ermessen mit einer Geldstrafe oder Freiheitsstrafe oder beidem zu bestrafen.[131]

Die Strafverfolgung in den USA betrifft nicht nur natürliche Personen, sondern auch Unternehmen.[132] Demnach hat das Unternehmen für rechtswidrige Handlungen seiner Arbeitnehmer, Direktoren und Vertreter einzustehen, soweit die Handlungen im Rahmen der Befugnisse vorgenommen werden, welche den Vertretern von der Gesellschaft übertragen wurden.[133] Dieses Unternehmensstrafrecht ermöglicht es, dass Unternehmen in den USA als juristische Personen in Zivil- und Strafverfahren klagen und verklagt werden können. Sie sind unmittelbare Adressaten strafrechtlicher Normen.[134] Dies gilt auch für den in Rede stehenden Straftatbestand der Missachtung des Gerichts.[135] Die Missachtung des Gerichts kann mit einer unbegrenzten Geldstrafe geahndet werden. Neben den straf- und zivilrechtlichen Sanktionen drohen den verantwortlichen Unternehmen erhebliche Reputationsschäden sowie verschärfte Überwachung der Geschäftstätigkeit durch US-amerikanischen Behörden. Welche Konsequenzen ein Verstoß im Einzelfall haben wird, wird die Rechtsprechung aufgrund des großzügigen Ermessensspielraums der Gerichte zeigen müssen. Im Falle der Nichteinhaltung einer FISA-Anfrage beispielsweise wurde Yahoo mit einer Geldstrafe von 250.000 USD

---

130 Ausführlich zu dem im angelsächsischen Rechtskreis entwickelten Rechtsinstitut *Contempt of Court*, Schweizer, Der Schutz der Rechtsverwirklichung im angelsächsischen Rechtskreis, S. 1 ff., 104 ff. und passim sowie Miller, Contempt of Court, S. 1 ff.

131 18 U.S.C § 401 lautet: "A court of the United States shall have power to punish by fine or imprisonment, or both, at its discretion, such contempt of its authority [...]".

132 Im Fall New York Central & Hudson River Rail Road Co. v. United States, 212 U.S. 481 (1909) erkannte der *U.S. Supreme Court* die Zulässigkeit von Unternehmensstrafen an und stellte Standards für deren Verhängung auf, vgl. *Beale*, ZStW 2014, 27, 31; so auch *Momsen/Tween*, in: Rotsch, Criminal Compliance, § 30 Rn. 6, S. 1030.

133 New York Central & Hudson River Rail Road Co. v. United States, 212 U.S. 481 (1909).

134 *Momsen/Tween*, in: Rotsch, Criminal Compliance, § 30 Rn. 6, S. 1030.

135 *Beale*, ZStW 2014, 27, 34.

pro Tag bedroht.[136] Die Rechtsfolgen eines Verstoßes im Falle einer Zuwiderhandlung sind aufgrund des großen Ermessensspielraums durch die Gerichte demnach nicht zu unterschätzen.

c) Das Beschwerdeverfahren

Neben der Offenlegungspflicht mit extraterritorialer Wirkung sieht der Cloud Act auch ein Beschwerdeverfahren bzw. eine Widerspruchsmöglichkeit gegen entsprechende Anordnungen vor, die 18 U.S.C. § 2703 ergänzt.

Bereits vor Erlass des Cloud Act sollte es nach Ansicht ausländischer Regierungen,[137] US-amerikanischer Technologie-Unternehmen[138] und des Second Circuit Court of Appeals[139] Unternehmen erlaubt sein, sich gegen Aufforderungen der US-Regierung zur Offenlegung personenbezogener Daten außerhalb der Vereinigten Staaten zu wehren, wenn eine solche Offenlegung gegen das Recht des Landes verstoßen würde.[140] Wie die EU-Kommission bereits in einem Brief vom 13.12.2017 an den *U.S. Supreme Court*[141] feststellte, hat die EU ein Interesse daran, sicherzustellen, dass die Zusammenarbeit bei der Strafverfolgung zweier Länder in einem Rechtsrahmen stattfindet, der Rechtskonflikte vermeidet und auf einem ständigen Dialog, einer freiwilligen Zusammenarbeit und der Achtung der grundlegenden Interessen der jeweils anderen Seite sowohl in Bezug auf die Privatsphäre als auch

---

136 Zetter, „Feds Threatened to Fine Yahoo $250K Daily for Not Complying With PRISM" v. 9.11.2014, abrufbar unter: https://www.wired.com/2014/09/feds-yahoo-fine-prism/, letzter Aufruf: 14.9.2021.

137 Vgl. hierzu *Irische Regierung*, Amicus Curiae Brief an den Second Circuit Court of Appeals im Fall United States of America v. Microsoft Corp., abrufbar unter: https://blogs.microsoft.com/wp-content/uploads/sites/149/2014/09/Ireland-AmicusBrief.pdf, letzter Aufruf: 14.9.2021.

138 Vgl. hierzu *Apple*, Amicus Curiae Brief an den Second Circuit Court of Appeals im Fall United States of America v. Microsoft Corp., abrufbar unter: https://blogs.microsoft.com/wp-content/uploads/sites/149/2014/09/Apple-Amicus.pdf, letzter Aufruf: 14.9.2021; *Amazon/Accenture*, Amicus Curiae Brief an den Second Circuit Court of Appeals im Fall United States of America v. Microsoft Corp., abrufbar unter: https://blogs.microsoft.com/wp-content/uploads/sites/149/2014/09/Amazon-Accenture-AmicusBrief.pdf, letzter Aufruf: 14.9.2021.

139 Vgl. Court of Appeals for the Second Circuit, 14.7.2016 – No. 14-2985 – Microsoft v. United States, CRi 2016, 118, 121, m. Anm. *Lejeune*.

140 *Callaway/Determann*, The Computer & Internet Lawyer 2018, S. 1.

141 *EU-Kommission*, Amicus Curiae Brief an den U.S. Supreme Court in dem Fall United States of America v. Microsoft Corp., abrufbar unter: https://blogs.microsoft.com/wp-content/uploads/sites/149/2018/01/Brief-of-the-European-Commission-on-Behalf-of-the-EU.pdf, letzter Aufruf: 14.9.2021.

auf die Strafverfolgung beruht.[142] Es seien aus der Sicht des Völkerrechts die völkerrechtlichen Grundsätze der Territorialität und der Höflichkeit im Sinne des Völkerrechts anzuwenden, wenn eine Behörde von einem Unternehmen mit Sitz in ihrem Hoheitsgebiet verlange, elektronische Daten zu erzeugen, die auf einem Server in einem ausländischen Hoheitsgebiet gespeichert seien, und die Interessen und Gesetze dieses ausländischen Hoheitsgebiets zu berücksichtigen.[143] Der Cloud Act sieht nun einen entsprechenden Rechtsbehelf für Unternehmen vor, sich gegen eine unberechtigte Offenlegungsverpflichtung der US-Behörden zu wehren.[144] Er erlaubt gemäß 18 U.S.C. § 2703 (h) (2) (A) betroffenen Unternehmen unter den jeweiligen Voraussetzungen gegen entsprechende gerichtliche Anordnungen bzw. Verwaltungsanweisungen vorzugehen und deren Änderung oder Aufhebung zu beantragen.

aa) Voraussetzungen einer Beschwerde

Die Möglichkeit, eine solche Beschwerde gegen den Beschluss zur Offenlegung einlegen zu können, setzt nach 18 U.S.C. § 2703 (h) (2) (A) (i), (ii) voraus, dass der Anbieter von elektronischen Kommunikationsdiensten oder von Remote-Computing-Diensten vernünftigerweise annimmt, dass (1) der Kunde oder Teilnehmer keine *United States person* ist und nicht in den Vereinigten Staaten wohnhaft ist und (2) die vorgeschriebene Offenlegung ein erhebliches Risiko schaffen würde, dass der Anbieter die Gesetze einer qualifizierten ausländischen Regierung verletzt.[145] Der Antrag auf Änderung oder Aufhebung der gerichtlichen Anordnung

---

142 "The European Union has an interest in ensuring that such law enforcement cooperation continues to take place within a legal framework that avoids conflicts of law, and is based on ongoing dialogue, voluntary cooperation, and respect for each others' fundamental interests in both privacy and law enforcement", *EU-Kommission*, Amicus Curiae Brief an den U.S. Supreme Court in dem Fall United States of America v. Microsoft Corp., S. 4.

143 "In the European Union's view, from the perspective of public international law, when a public authority requires a company established in its own jurisdiction to produce electronic data stored on a server in a foreign jurisdiction, the principles of territoriality and comity under public international law are engaged, and the interests and laws of that foreign jurisdiction must be taken into account", *EU-Kommission*, Amicus Curiae Brief an den U.S. Supreme Court in dem Fall United States of America v. Microsoft Corp., S. 6.

144 Sec. 103 (b) (2) (A) des Cloud Acts, S. 2203.

145 "A provider of electronic communication service to the public or remote computing service, including a foreign electronic communication service or remote computing service, that is being required to disclose pursuant to legal process issued under this section the contents of a wire motion to modify of quash the legal process where the provider reasonably believes – (i) that the customer or subscriber is not a United

muss innerhalb von 14 Tagen nach Zustellung eines Durchsuchungsbeschlusses beim zuständigen Gericht eingereicht werden.

(1) United States person

Voraussetzung einer Beschwerde ist demnach zunächst, dass es sich um einen Kunden handelt, der keine *United States person* ist. Der Begriff der *United States person* wird in 18 U.S.C. § 2523 (a) (1) definiert als ein Bürger oder Staatsangehörigen der Vereinigten Staaten, ein Ausländer, der rechtmäßig zum ständigen Aufenthalt zugelassen ist, eine nicht eingetragene Vereinigung, bei der eine beträchtliche Anzahl von Mitgliedern Bürger der Vereinigten Staaten oder Ausländer sind, die rechtmäßig zum ständigen Aufenthalt zugelassen sind, oder eine Gesellschaft, die in den Vereinigten Staaten eingetragen ist.[146]

(2) qualifizierte ausländische Regierung

Darüber hinaus muss ein erhebliches Risiko bestehen, dass der Anbieter im Falle einer Offenlegung die Gesetze einer qualifizierten ausländischen Regierung verletzt. Der Begriff der qualifizierten ausländischen Regierung wird in 18 U.S.C. § 2703 (h) (1) (A) als eine ausländische Regierung definiert, (1) mit denen die Vereinigten Staaten ein Durchführungsabkommen i. S. d. 18 U.S.C. § 2523 abgeschlossen haben, und (2) deren Rechtsvorschriften Anbietern von elektronischen Kommunikationsdiensten und Remote-Computing-Diensten ähnliche materielle und verfahrensrechtliche Möglichkeiten eröffnen, wie sie in 18 U.S.C. § 2703 (h) (2) und (5) vorgesehen sind. Die qualifizierte ausländische Regierung muss demnach robuste materielle und verfahrensrechtliche Schutzvorkehrungen für die Privatsphäre und die bürgerlichen Freiheiten im Hinblick auf die Datenerhebung treffen.[147] Der Cloud Act regelt damit die Mindestanforderungen, die eine ausländische Regierung erfüllen muss, damit der US-Kongress den Abschluss eines bilateralen Abkommens durch den US-Generalstaatsanwalt billigen kann.

States person and does not reside in the United States; and (ii) that the required disclosure would create a material risk that the provider would violate the laws of a qualifying foreign government.“, 18 U.S.C. § 2703 (h) (2)(A).

146 "The term "United States person" means a citizen or national of the United States, an alien lawfully admitted for permanent residence, an unincorporated association a substantial number of members of which are citizens of the United States or aliens lawfully admitted for permanent residence, or a corporation that is incorporated in the United States", 18 U.S.C. § 2523 (a)(1).

147 18 U.S.C. § 2523 (b)(1).

(a) Die EU als qualifizierte ausländische Regierung

Bisher ist unklar, ob der Begriff der qualifizierten ausländischen Regierung auch die EU als supranationale Organisation miteinschließt. Das allgemeine Verständnis und insbesondere 18 U.S.C. § 11 und 17 CFR § 240.3b-4, die ebenfalls den Begriff der ausländischen Regierung beinhalten, sprechen eher dafür, dass der Begriff der qualifizierten ausländischen Regierung die Regierung eines bestimmten souveränen Staates meint. So verlangen beispielsweise verschiedene Abschnitte des Cloud Act, dass die innerstaatlichen Gesetze der ausländischen Regierung bestimmten Anforderungen genügen müssen, damit die USA ein Durchführungsabkommen abschließen können. Der U.S. Code selbst verwendet in 18 U.S.C. § 970 die Begriffe der ausländischen Regierung und der internationalen Organisation getrennt, was ebenfalls dagegenspricht, die EU als qualifizierte ausländische Regierung anzusehen. Allerdings verlangt der Cloud Act hingegen nur, dass jede ausländische Regierung, mit der die USA ein bilaterales Abkommen abschließt, die entsprechenden Kriterien erfüllt. Dies hindert die EU nicht daran, das Abkommen für alle Mitgliedsstaaten einschließlich der notwendigen Schutzmaßnahmen auszuhandeln und abzuschließen. In Anbetracht des starken Schutzes der Privatsphäre und der bürgerlichen Freiheiten in der EMRK sowie der GRCh sollten grundsätzlich alle EU-Mitgliedstaaten für eine Zertifizierung als qualifizierte ausländische Regierung in Frage kommen. Letztlich wäre ein internationales Abkommen zwischen der EU und den USA möglicherweise besser geeignet, dem Schutzstandard des Sekundärrechts der EU gerecht zu werden und ein gleichbleibendes Datenschutzniveau zu gewährleisten, als einzelne bilaterale Abkommen zwischen den USA und den einzelnen Mitgliedstaaten.

(b) Verhandlungen zwischen der EU und den USA

Wenngleich die USA Anfang 2018 noch nicht mit der EU über ein zwischenstaatliches Abkommen verhandeln wollte,[148] hat die EU-Kommission im Januar 2019 den Verhandlungsprozess im Hinblick auf ein Abkommen zwischen der EU und den USA über den grenzüberschreitenden Zugang zu elektronischen Beweismaterial für die justizielle Zusammenarbeit in Strafsachen durch die Offenlegung einer Empfehlung eines entsprechenden Ratsbeschlusses eingeleitet.[149] In ihrer

---

148 *Greis*, Friedhelm, „USA wollen nicht mit EU über Datenzugriff verhandeln", 17.5.2018, abrufbar unter: https://www.golem.de/news/cloud-act-usa-wollen-nicht-mit-eu-ueber-datenzugriff-verhandeln-1805-134442.html, letzter Aufruf: 14.9.2021.

149 *Rat der Europäischen Kommission*, Beschluss v. 5.2.2019 über die Ermächtigung zur Aufnahme von Verhandlungen über ein Abkommen zwischen der Europäischen Union und den Vereinigten Staaten von Amerika über den grenzüberschreitenden Zugang zu elektronischen Beweismitteln für die justizielle Zusammenarbeit in Strafsachen, COM (2019) 70 final.

Antwort[150] auf eine kleine Anfrage der Fraktion Die Linke[151] schreibt die Bundesregierung, dass sie keine Kenntnisse darüber habe, wann das *U.S. Department of Justice* ein Mandat für Verhandlungen mit der EU-Kommission über ein Verwaltungsabkommen im Rahmen des Cloud Act erhalten hat. Sie unterstütze jedoch die Verhandlungen der EU-Kommission mit den USA über ein Verwaltungsabkommen uneingeschränkt, weil das geplante Abkommen auch aus Sicht der Bundesregierung eine sinnvolle Ergänzung des neuen europäischen Rechtsrahmens zur E-Evidence sei.[152] Am 25.9.2019 hat die EU-Kommission Verhandlungen mit dem *U.S. Department of Justice* über ein völkerrechtlich bindendes Durchführungsabkommen für die Aufnahme der EU-Mitgliedstaaten als Partnerstaates des Cloud Act begonnen.[153] Weitere Verhandlungsrunden fanden im November und Dezember 2019 statt.[154] Es bleibt daher abzuwarten, ob und unter welchen Voraussetzungen ein solches Durchführungsabkommen zwischen den USA und der EU zustande kommen wird.

bb) Verfahren einer Beschwerde

Kann der Anbieter i. R. d. Beschwerdeverfahrens glaubhaft machen, dass die vorgeschriebene Offenlegung ein erhebliches Risiko schaffen würde, die Gesetze einer qualifizierten ausländischen Regierung zu verletzen, prüft das Gericht, ob es von dem Vorliegen der in 18 U.S.C. § 2703 (h) (2) (B) genannten Voraussetzungen überzeugt ist. Demnach ist einem Antrag auf Aufhebung oder Änderung stattzugeben, wenn das Gericht feststellt, dass (1) die erforderliche Offenlegung den Anbieter dazu veranlassen würde, die Gesetze einer qualifizierten ausländischen Regierung zu verletzen, (2) aufgrund der Gesamtheit der Umstände die Interessen der Justiz erfordern, dass der Rechtsweg geändert oder aufgehoben wird und (3) der Kunde oder Abonnent keine US-Person ist und keinen Wohnsitz in den Vereinigten Staaten hat.

Für die Entscheidung, ob die Interessen der Justiz nach den Gesamtumständen eine Änderung oder Aufhebung der Anordnung erforderlich machen, gibt der Cloud Act eine Reihe verschiedener Kriterien an die Hand, die dabei Berücksichtigung finden sollen, sog. *Comity Analysis* in 18 U.S.C § 2703 (h) (3). Eine Interessenabwägung erfolgt unter folgenden Kriterien:

---

150 BT-Drucks. 19/15374.

151 BT-Drucks. 19/14921.

152 BT-Drucks. 19/15374, S. 4.

153 The United States Department of Justice: Justice News, "Joint US-EU Statement on Electronic Evidence Sharing Negotiations", v. 26.9.2019, abrufbar unter: https://www.justice.gov/opa/pr/joint-us-eu-statement-electronic-evidence-sharing-negotiations, letzter Aufruf: 14.9.2021.

154 BT-Drucks. 19/15374, S. 2.

- die Interessen der Vereinigten Staaten, einschließlich der Untersuchungsinteressen der Regierungsstelle, die die Offenlegung beantragen möchte;
- das Interesse der qualifizierten ausländischen Regierung, eine verbotene Offenlegung zu verhindern;
- die Wahrscheinlichkeit, den Umfang und die Art von Sanktionen für den Anbieter oder seinen Mitarbeitern aufgrund von widersprüchlichen gesetzlichen Anforderungen, die dem Anbieter auferlegt werden;
- den Standort und die Nationalität des Teilnehmers oder Kunden, dessen Kommunikation Gegenstand des Beschlusses ist, falls bekannt, und die Art und der Umfang der Verbindung des Teilnehmers oder Kunden in die Vereinigten Staaten;
- die Art und der Umfang der Verbindungen des Anbieters zu den Vereinigten Staaten und seine Präsenz in den Vereinigten Staaten;
- die Bedeutung der offenzulegenden Informationen für die Untersuchung;
- die Wahrscheinlichkeit eines rechtzeitigen und wirksamen Zugangs zu den offenzulegenden Informationen durch Mittel, die weniger schwerwiegende negative Folgen verursachen würden; und
- wenn das Gerichtsverfahren im Namen einer ausländischen Behörde nach 18 U.S.C. § 3512 beantragt wurde, die Ermittlungsinteressen der ausländischen Behörde, die das Rechtshilfeersuchen stellt.

d) Durchführungsabkommen i. S. d. Cloud Act

Ein wesentlicher Teil des Cloud Act regelt die Befugnis der US-Regierung mit anderen Staaten eine Durchführungsabkommen, sog. Executive Agreement, abzuschließen. Nach Ansicht der US-Regierung würde eine solche Vereinbarung einen Mechanismus zur Lösung potenziell widersprüchlicher rechtlicher Verpflichtungen bieten, wenn die Vereinigten Staaten und die betreffende ausländische Regierung eine gemeinsame Verpflichtung zur Rechtsstaatlichkeit und zum Schutz der Privatsphäre und der bürgerlichen Freiheiten teile, die auf einer Durchführungsvereinbarung mit dem U.S. *Department of Justice* beruhe.[155]

US-amerikanischen Unternehmen soll damit ermöglicht werden, Anordnungen anderer Staaten auf Offenlegung von Unterlagen bzw. Daten zu entsprechen, die sich in den USA befinden. Nach geltendem Recht ist es US-amerikanischen Firmen bisher untersagt, entsprechenden Anordnungen nachzukommen. Der Abschluss einer solchen Durchführungsabkommens zwischen den USA und dem jeweiligen Land soll die internationale Zusammenarbeit der Strafverfolgungsbehörden fördern und das Erlangen von Informationen elektronischer Dienstleister auf der Grundlage von Gegenseitigkeit vereinfachen, umso das Verfahren des Rechtshilfeabkommens (MLAT) zu umgehen.

---

155 Sec. 102 (6), Cloud Act, S. 2202.

Der Cloud Act sieht für das Zustandekommen eines solchen Abkommens diverse Voraussetzungen und Kriterien vor, die allerdings nur für den Partner des bilateralen Abkommens gelten sollen. Solche Kriterien beinhalten z. B. ob die ausländische Regierung über angemessene materielle und verfahrensrechtliche Vorschriften über Cyberkriminalität und elektronisches Beweismaterial verfügt,[156] die Achtung der Rechtsstaatlichkeit und der Grundsätze der Nichtdiskriminierung unter Beweis stellt,[157] sich an die geltenden internationalen Verpflichtungen und Zusagen im Bereich der Menschenrechte hält oder die Achtung der internationalen universellen Menschenrechte demonstriert.[158] Darüber hinaus ist entscheidend, ob die ausländische Regierung klare rechtliche Mandate und Verfahren für diejenigen Stellen der ausländischen Regierung hat, die nach dem Exekutivvertrag zur Datenerhebung berechtigt sind, einschließlich der Verfahren, mit denen diese Stellen Daten erheben, speichern, verwenden und austauschen, sowie eine wirksame Aufsicht über diese Aktivitäten,[159] über ausreichende Mechanismen verfügt, um die Rechenschaftspflicht und eine angemessene Transparenz in Bezug auf die Erhebung und Nutzung elektronischer Daten durch die ausländische Regierung zu gewährleisten.[160] Sie zeigt die Verpflichtung, den globalen freien Informationsfluss und den offenen, verteilten und vernetzten Charakter des Internets zu fördern und zu schützen.[161] Weitere Anforderungen sieht der Cloud Act in 18 U.S.C § 2523 (b) (2), (3) an die ausländische Regierung sowie in 18 U.S.C. § 2523 (b) (4) an eine entsprechende Ausführungsvereinbarung vor, auf die hier mangels Bedeutung für den Untersuchungsgegenstand lediglich hingewiesen werden soll.[162]

Für die USA hingegen sind für das Zustandekommen eines solchen Abkommens keine Voraussetzungen vorgesehen. Um ein Abkommen mit einer ausländischen Regierung zu schließen, muss der Generalbundesanwalt (*Attorney General*)

---

156 Das ist der Fall, wenn die Regierung Teil des am 23.11.2001 in Budapest geschlossenen Übereinkommens über Cyberkriminalität ist oder innerstaatliche Gesetze bestehen, die mit den Definitionen und den Anforderungen der Kapitel I und II dieses Übereinkommens in Einklang stehen, Cloud Act Sec. 105 (b), 18 U.S.C. § 2523 (b) (1) (B)(i).

157 Cloud Act Sec.105 (b), 18 U.S.C. § 2523 (b) (1) (B)(ii).

158 Dies schließt den Schutz vor willkürlichen und unrechtmäßigen Eingriffen in die Privatsphäre, die Rechte auf ein faires Verfahren, die Meinungs- und Vereinigungsfreiheit sowie das Recht, sich friedlich zu versammeln, das Verbot der willkürlichen Festnahme und Inhaftierung und das Verbot von Folter und grausamer, unmenschlicher oder erniedrigender Behandlung oder Strafe mit ein, vgl. Cloud Act Sec.105 (b), 18 U.S.C. § 2523 (b) (1) (B)(iii).

159 Vgl. Cloud Act Sec.105 (b), 18 U.S.C. § 2523 (b) (1) (B)(iv).

160 Vgl. Cloud Act Sec.105 (b), 18 U.S.C. § 2523 (b) (1) (B)(v).

161 Vgl. Cloud Act Sec.105 (b), 18 U.S.C. § 2523 (b) (1) (B)(vi).

162 Im Detail hierzu *Callaway/Determann*, The Computer & Internet Lawyer 2018, S. 6 f.

im Einvernehmen mit dem Außenminister der Vereinigten Staaten (*Secretary of State*) dem Kongress bestätigen, dass das innerstaatliche Recht der ausländischen Regierung, einschließlich der Umsetzung dieses Gesetzes, einen robusten materiellen und verfahrensrechtlichen Schutz der Privatsphäre und der bürgerlichen Freiheiten im Hinblick auf die Datenerfassung und die Aktivitäten der ausländischen Regierung, die Gegenstand des Abkommens sein werden, bietet.[163]

IV. Zusammenfassung

Mit dem Cloud Act gilt seit Ende März 2018 ein US-amerikanisches Gesetz, dass US-Strafverfolgungsbehörden ermöglicht, Daten von Internetdiensten anzufordern, unabhängig davon, ob diese auf Servern innerhalb oder außerhalb der USA gespeichert sind. Zwar unterlagen bereits vor dem Cloud Act in den USA oder anderen Ländern gespeicherte Informationen – einschließlich persönlicher Informationen über EU-Bürger – dem regelmäßigen Zugriff von US-Behörden unter den jeweiligen Voraussetzungen. Der Cloud Act regelt nun jedoch einen solchen Zugriff unabhängig von dem jeweiligen Speicherort und setzt sich damit über seine eigenen Jurisdiktionsgrenzen hinweg. Die Ausdehnung über die Landesgrenzen hinaus geht mit Widersprüchen zu ausländischen Rechtsordnungen einher. Dem Cloud Act unterliegen Unternehmen bereits dann, wenn sie sog. Mindestkontakte in die USA pflegen. Die Anforderungen an solche Mindestkontakte sind dabei nicht besonders hoch. So reicht für einen Mindestkontakt bereits die Bereitstellung von Waren oder Dienstleistungen oder die Ausübung von Geschäften in den USA aus. Der Cloud Act umfasst damit nicht nur Internet-Provider, IT-Dienstleister, Cloud-Anbieter und andere Internetfirmen mit Sitz in den USA und deren europäischen Zweigstellen. Er erstreckt sich damit unmittelbar auch auf europäische Unternehmen. Die Auswirkungen des Cloud Act sind damit deutlich größer als auf den ersten Blick vermutet. Dies liegt zum einen an der extensiven Auslegung der jeweiligen Tatbestandsmerkmale durch US-amerikanische Gerichte, nach denen eine Offenlegungspflicht von Informationen zulässig sein soll. Zum anderen entfaltet das US-amerikanische Gesetz neben seiner unmittelbaren Wirkung auf Unternehmen auch mittelbare Wirkung. Ein Beispiel bietet das Cloud Computing. Deutsche Unternehmen speichern ihre Daten auf US-Servern, welche dem Cloud Act unterliegen und beauftragen damit wissentlich einen Cloud Anbieter, der im Falle einer Aufforderung von US-Behörden EU-Daten nach US-amerikanischen Recht gemäß dem Cloud Act weitergeben muss. Dass die weitreichenden Auswirkungen des Cloud Act auf Unternehmen nicht nur theoretischer Natur sind, sondern eine

---

163 Sec. 105 (a) Cloud Act S. 2213, 18 U.S.C. § 2523 (b) (1): [...] "the domestic law of the foreign government, including the implementation of that law, affords robust substantive and procedural protections for privacy and civil liberties in light of the data collection and activities of the foreign government that will be subject to the agreement" [...].

Vielzahl europäischer Unternehmen betrifft, zeigt ein Blick auf den Cloud-Markt, der klar von US-amerikanischen Anbietern definiert ist. Um nur zwei Beispiele zu nennen, jedes dritte Unternehmen weltweit, das Cloud-Dienste nutzt, setzt auf Amazon Web Services (AWS), die Tochter des vor allem für seinen Onlinehandel bekannten Konzerns; fast jedes fünfte Unternehmen auf Microsoft.[164] AWS erzielte im vergangenen Jahr weltweit 35 Milliarden Dollar – und wächst ebenso wie Microsoft seit Jahren mit zweistelligen Raten.[165]

B. Die DSGVO

Die DSGVO bildet das neue prägende Fundament des europäischen Datenschutzrechts.[166] Sie ist seit dem 25.5.2018 innerhalb der EU als Verordnung gemäß Art. 288 Abs. 2 AEUV unmittelbar anwendbar und allgemein gültig. Das Gewicht, welches dem Datenschutz im Allgemeinen beigemessen wird, spielt bei der späteren Untersuchung des Widerspruchs und der rechtlichen Wertung eine wesentliche Rolle. Im Folgenden sollen daher zunächst die Hintergründe der DSGVO basierend auf der primärrechtlichen Grundlage sowie der Entstehungsgeschichte der DSGVO beleuchtet werden, bevor auf den Anwendungsbereich der DSGVO eingegangen wird. Im Rahmen des Regelungsgegenstands der DSGVO werden überblicksartig die allgemeinen sowie die besonderen Regeln betrachtet, wobei letzteres eine detailliertere Darstellung erfordert.

I. Datenschutz als Grundrecht

1983 urteilte das BVerfG, dass Art. 2 Abs. 1 GG i. V. m Art. 1 Abs. 1 GG ein Grundrecht auf informationelle Selbstbestimmung enthält und prägte damit die Entwicklung des deutschen und europäischen Datenschutzrechts wesentlich.[167] Der Grundrechtscharakter des Rechts auf informationelle Selbstbestimmung wurde in der Folge durch das BVerfG in einer Vielzahl von Entscheidungen unterstrichen.[168] Das Recht umfasst die Garantie jedes Einzelnen, über die Offenlegung und den Gebrauch seiner personenbezogenen Daten selbst zu entscheiden, insbesondere wann und innerhalb welcher Grenzen persönliche Lebenssachverhalte offenbart

---

164 *Michael Kroker*, David gegen Jeff, in: Wirtschaftswoche v. 29.3.2020, Artikel auf S. 65.

165 *Michael Kroker*, David gegen Jeff, in: Wirtschaftswoche v. 29.3.2020, Artikel auf S. 65.

166 *Paal/Pauly*, in Paal/Pauly, DS-GVO BDSG, Einl. Rn. 1.

167 BVerfG v. 15.12.1983 – 1 BvR 209/83, BVerfGE 65, 1, sog. Volkszählungsurteil.

168 Statt vieler BVerfG, 11.3.2008 – 1 BvR 2074/05, BVerfGE, 120, 378, Rn. 61; BVerfG, 27.2.2008 – 1 BvR 370/07, BVerfGE, 120, 274, Rn. 307 ff.; BVerfG, 3.3.2004 – 1 BvR 2378/98, BVerfGE 109, 279, Rn. 296 ff.; BVerfG, 14.7.1999 – 1 BvR 2226/94, BVerfGE 100, 313; BVerfG, 9.3.1988 – 1 BvL 49/86, BVerfGE 78, 77, 84.

werden.[169] Ein Eingriff in dieses Grundrecht ist nur dann gerechtfertigt, wenn ein überwiegendes Allgemeininteresse besteht und der Eingriff auf einer verfassungsgemäßen gesetzlichen Grundlage erfolgt, die dem rechtsstaatlichen Gebot der Normenklarheit entsprechen muss.[170]

II. Primärrechtliche Grundlagen

Die Grundprinzipien der Privatsphäre und des Schutzes personenbezogener Daten sind grundlegende Menschenrechte. Letzteres ist in der EU ausdrücklich ein Grundrecht, das in Art. 7 und Art. 8 der Charta der Grundrechte der Europäischen Union[171] sowie in Art. 16 Abs. 1 AEUV und Art. 39 EUV verankert ist.[172] Art. 7 GRCh sieht vor, dass jede Person das Recht auf Achtung ihres Privat- und Familienlebens, ihrer Wohnung und ihrer Kommunikation hat. Art. 8 GRCh erweitert dieses Recht um das Recht auf den Schutz der sie betreffenden personenbezogenen Daten. Personenbezogene Daten müssen nach Treu und Glauben für festgelegte Zwecke und auf der Grundlage der Einwilligung der betroffenen Person oder einer anderen gesetzlich festgelegten legitimen Grundlage verarbeitet werden.[173] Art. 8 GRCh wird als das im Rahmen des Vertrages von Lissabon rechtsverbindlich normierte Datenschutzgrundrecht auf EU-Ebene gesehen.[174] Insbesondere Art. 8 EMRK sowie das Übereinkommen zum Schutz des Menschen bei der automatischen Verarbeitung personenbezogenen Daten unterstreichen die veritable Größe des Datenschutzes und der Privatsphäre als Grundrechte in Europa.

III. Entstehungsgeschichte der DSGVO

Europa hat im Daten- und Persönlichkeitsrechtsschutz durch Gesetzgebung, Rechtsprechung und internationale Praxis unlängst eine Vorreiterrolle in der Welt übernommen.[175]

---

169 BVerfG, Urteil v. 15.12.1983 – 1 BvR 209/83 u. a., NJW 1984, 419, 422; BVerfG, Beschluss v. 8.2.1983 – 1 BvL 20/81, NJW 1983, 1179 – Gegendarstellung; vgl. ferner BVerfG, Beschluss v. 13.1.1981 – 1 BvR 116/77, NJW 1981, 1431 – Selbstbezichtigung.

170 BVerfG, Urteil v. 15.12.1983 – 1 BvR 209/83 u. a., NJW 1984, 419, 422.

171 Die Charta der Grundrechte und die Verträge der EUV und AEUV sind rechtlich gleichrangig, Art. 6 Abs. 1 2. HS EUV.

172 Zur Entwicklung des Datenschutzes in Europa und der Europäisierung des Datenschutzrechts *Kühling/Raab*, in: Kühling/Buchner, DS-GVO BDSG, Einf. Rn. 10 ff.

173 Art. 8 Abs. 2 GrCh.

174 *Bernsdorff*, in: Meyer/Hölscheidt, Charta der Grundrechte der Europäischen Union, Art. 8 Rn. 2, 3; *Kingreen*, in: Calliess/Ruffert, EUV/AEUV, Art. 8 GRCh Rn. 2; *Siemen*, Datenschutz als europäisches Grundrecht, 2006, S. 280 ff.

175 *Giegerich*, ZEuS 2016, 301.

1. Die DSRL

Auf europäischer Ebene stellte bisher die DSRL den maßgeblichen gesetzlichen Rahmen des Datenschutzes dar. Die DSRL von 1995 war ein Meilenstein in der Entwicklung der Datenschutzpolitik der EU.[176] Sie verfolgte eine dualistische Zielsetzung.[177] Zum einen sollten sie die nationalen Datenschutzregelungen harmonisieren und damit ein gleichwertiges Schutzniveau hinsichtlich der Rechte und Freiheiten von Personen bei der Verarbeitung personenbezogener Daten in allen Mitgliedstaaten schaffen, um Hemmnisse für den Verkehr dieser Daten zu beseitigen.[178] Als einer der Hauptgründe für eine einheitliche Regelung des Datenschutzes für alle Mitgliedstaaten, deren erste Bestrebungen bereits in den 1970er und 1980er laut wurden, wurden die Konsequenzen unterschiedlicher Schutzniveaus in den Mitgliedstaaten angeführt, die eine Hemmnis für die Ausübung einer Reihe von Wirtschaftstätigkeiten auf Gemeinschaftsebene darstellen, den Wettbewerb verfälschen und die Erfüllung des Auftrags der im Anwendungsbereich des Gemeinschaftsrechts tätigen Behörden verhindern würden.[179] Zum anderen sollte der Schutz der Grundrechte und Grundfreiheiten und insbesondere der Schutz der Privatsphäre natürlicher Personen bei der Verarbeitung personenbezogener Daten gewährleistet werden.[180]

2. Gesetzgebungsverfahren der DSGVO

Angesichts der rasanten Verbreitung des Internets und des zunehmenden technologischen Fortschritts,[181] insbesondere des fortschreitenden Prozesses der Digitalisierung[182] und der damit einhergehenden zunehmenden globalisierten

---

176 *EU-Kommission*, Mitteilung der Kommission an das Europäische Parlament, den Rat, den Europäischen Wirtschafts- und Sozialausschuss und den Ausschuss der Regionen, Gesamtkonzept für den Datenschutz in der Europäischen Union v. 4.11.2010, Kom (2010) 609 endgültig, S. 2.

177 *EU-Kommission*, Mitteilung der Kommission an das Europäische Parlament, den Rat, den Europäischen Wirtschafts- und Sozialausschuss und den Ausschuss der Regionen, Gesamtkonzept für den Datenschutz in der Europäischen Union v. 4.11.2010, Kom (2010) 609 endgültig, S. 2; *Schantz*, in: BeckOK, Datenschutzrecht, Art. 1 Rn. 2.

178 Richtlinie 95/46/EG des Europäischen Parlaments und des Rates v. 24.10.1995 zum Schutz natürlicher Personen bei der Verarbeitung personenbezogener Daten und zum freien Datenverkehr, ABl. L 281 v. 23.11.1995, S. 32.

179 Richtlinie 95/46/EG des Europäischen Parlaments und des Rates v. 24.10.1995 zum Schutz natürlicher Personen bei der Verarbeitung personenbezogener Daten und zum freien Datenverkehr, ABl. L 281 v. 23.11.1995, S. 31 f.

180 Art. 1 DSRL.

181 ErwGr 6.

182 Dazu *Masing*, NJW 2012, 2305 sowie ErwGr 7 und 9.

Datenverarbeitung wurden Stimmen einer Neuordnung des europäischen Datenschutzrechts laut. Am 4.11.2010 schlug die Kommission daher ein „Gesamtkonzept für den Datenschutz in der EU" vor.[183] Hintergrund war die Erkenntnis, dass die rasche technologische Entwicklung und Globalisierung den Datenschutz vor neue Herausforderungen stelle, welche von der EU ein umfassendes, kohärentes Konzept verlange, das die lückenlose Einhaltung des Grundrechts des Einzelnen auf Schutz seiner Daten in der EU und anderswo garantiere.[184] Dazu gehöre konkret die Beherrschung der Auswirkungen neuer Technologien, die Binnenmarktdimension des Datenschutzes, der Umgang mit der Globalisierung und Verbesserung internationaler Datentransfers, verstärkter institutioneller Rahmen für die wirksame Durchsetzung der Datenschutzvorschriften und eine kohärente Regelung für den Datenschutz.[185] Im Mittelpunkt des Gesamtkonzepts standen eine Vollharmonisierung des Datenschutzrechts, ein durchgängiger Schutz der Betroffenen und eine effektive Durchsetzbarkeit ihrer Rechte.[186] Am 25.1.2012 veröffentlichte die Kommission einen Vorschlag zur grundlegenden Reform des europäischen Datenschutzrechts. Zwar musste sich der Kommissionsentwurf intensiven und konfliktträchtigen Verhandlungen entgegensetzen, die sich über einen Zeitraum von nahezu vier Jahren erstreckten.[187] Letztlich wurde er jedoch in wesentlichen Teilen in der finalen Fassung der DSGVO umgesetzt.[188]

Die DSGVO tritt an die Stelle der DSRL und ist für die Mitgliedstaaten gemäß Art. 288 Abs. 2 AEUV unmittelbar anwendbares Recht.[189] Am 4.5.2018 wurde sie

183 *EU-Kommission*, Mitteilung der Kommission an das Europäische Parlament, den Rat, den Europäischen Wirtschafts- und Sozialausschuss und den Ausschuss der Regionen, Gesamtkonzept für den Datenschutz in der Europäischen Union vom 4.11.2010, Kom (2010) 609 endgültig, S. 2 ff.

184 *EU-Kommission*, Mitteilung der Kommission an das Europäische Parlament, den Rat, den Europäischen Wirtschafts- und Sozialausschuss und den Ausschuss der Regionen, Gesamtkonzept für den Datenschutz in der Europäischen Union vom 4.11.2010, Kom (2010) 609 endgültig, S. 2.

185 *EU-Kommission*, Mitteilung der Kommission an das Europäische Parlament, den Rat, den Europäischen Wirtschafts- und Sozialausschuss und den Ausschuss der Regionen, Gesamtkonzept für den Datenschutz in der Europäischen Union vom 4.11.2010, Kom (2010) 609 endgültig, S. 3 ff.

186 *Wolff/Bring*, in: BeckOK, Datenschutzrecht, Einl. zur DSGVO Rn. 11.

187 Zu den umfangreichen inhaltlichen Debatten zum Verordnungsentwurf, die hier nicht nachgezeichnet werden: *Eckardt*, CR 2012, 195; *Hornung*, ZD 2012, 99; *Roßnagel/Richter/Nebel*, ZD 2013, 103.

188 Vgl. dazu *Albrecht*, CRi 2016, 33; *Dammann*, ZD 2016, 307; *Kühling/Martini*, EuZW 2016, 448; *Schantz*, NJW 2016, 1841.

189 *Hornung*, ZD 2012, 99, 100; *Taeger/Schmidt*, in: Taeger/Gabel, DSGVO BDSG, Einf. Rn. 20.

durch die im Amtsblatt der EU veröffentlichten DSGVO[190] ersetzt. Sie ist in allen ihren Teilen verbindlich und genießt Anwendungsvorrang gegenüber sämtlichen nationalen Vorgaben, soweit keine Öffnungsklausel besteht, die abweichendes bzw. konkretisierendes Recht der Mitgliedstaaten gestattet.

IV. Zweck und Anwendungsbereich der DSGVO

Mit der DSGVO, die am 24.5.2018 in Kraft trat und seit dem 25.5.2018 Anwendung findet, wurde ein harmonisiertes Regelwerk für die Verarbeitung personenbezogener Daten in der EU geschaffen. Das Ziel dieses neuen Rechtsrahmens besteht darin, in der gesamten EU hohe Schutzstandards für personenbezogene Daten sicherzustellen, um so die Rechtssicherheit für Privatpersonen und für Organisationen, die Daten verarbeiten, zu erhöhen, und Privatpersonen einen höheren Schutz zu bieten.[191] ErwGr 6 erläutert, dass der rasche technologische Fortschritt und die Globalisierung den Datenschutz vor neue Herausforderungen gestellt haben und verweist darauf, dass das Ausmaß der Erhebung und des Austauschs personenbezogener Daten drastisch gestiegen sei. Die Kommission stellt in ihrer Begründung ausdrücklich fest, dass die Ziele und Grundsätze der bisherigen Datenschutzregelungen zwar gültig bleiben.[192] Es sei nunmehr jedoch an der Zeit, eine konsequentere, kohärentere Datenschutzregelung in der EU zu schaffen, die durchsetzbar ist und die Voraussetzungen dafür bietet, dass die digitale Wirtschaft im Binnenmarkt weiter Fuß fasst, die Bürger Kontrolle über ihre eigenen Daten erhalten und die Sicherheit für Wirtschaft und Staat in rechtlicher wie praktischer Hinsicht erhöht wird.[193]

Der EuGH konstatierte in dem Urteil im Fall Google Spain und Google,[194] dass sich insbesondere aus den ErwGr 18 und 20 und Art. 4 DSRL ergebe, dass der

190 Die amtliche Bezeichnung der DSGVO ist: Verordnung (EU) 2016/679 des Europäischen Parlaments und des Rates vom 27.4.2016 zum Schutz natürlicher Personen bei der Verarbeitung personenbezogener Daten, zum freien Datenverkehr und zur Aufhebung der Richtlinie 95/46/EG.

191 Stellungnahme des EDSA, abrufbar unter: https://edpb.europa.eu/legal-framework_de, letzter Aufruf: 14.9.2021.

192 *EU-Kommission*, Vorschlag für Verordnung des Europäischen Parlaments und Rates zum Schutz natürlicher Personen bei der Verarbeitung personenbezogener Daten und zum freien Datenverkehr (Datenschutz-Grundverordnung), KOM (2012) 11 endgültig, S. 2.

193 EU-Kommission, Vorschlag für Verordnung des Europäischen Parlaments und Rates zum Schutz natürlicher Personen bei der Verarbeitung personenbezogener Daten und zum freien Datenverkehr (Datenschutz-Grundverordnung), KOM (2012) 11 endgültig, S. 2.

194 EuGH, Urteil vom 13.5.2014 – C 131/12, NJW 2014, 2257, 2260 – Google Spain und Google v. Agencia Española de Protección de Datos (AEPD), Abs. 54.

Unionsgesetzgeber vermeiden wollte, dass der gemäß der Richtlinie gewährleistete Schutz einer Person vorenthalten und umgangen wird, und deshalb einen besonders weiten räumlichen Anwendungsbereich vorgesehen hätte. Tatsächlich erstreckt sich der Anwendungsbereich der DSGVO ähnlich weit. Das Urteil, das noch während des laufenden Gesetzgebungsverfahrens zur DSGVO erging, trug wesentlich dazu bei, die Wichtigkeit des Grundrechtsschutzes im Internetzeitalter und der dazu notwendigen Regeln zur Bestimmung der Anwendung des europäischen Datenschutzrechts zu unterstreichen.[195]

1. *Räumlicher Anwendungsbereich*

Art. 3 DSGVO regelt den räumlichen Anwendungsbereich der DSGVO. Die DSGVO findet gemäß Art. 3 Abs. 1 DSGVO zum einen Anwendung auf die Verarbeitung personenbezogener Daten, soweit diese im Rahmen der Tätigkeiten einer Niederlassung eines Verantwortlichen oder eines Auftragsverarbeiters in der Union erfolgt. Entscheidend für den räumlichen Anwendungsbereich ist demzufolge die Niederlassung in der Union. Der Ort der Datenverarbeitung ist dabei unerheblich.[196] Ebenso ist nicht erforderlich, dass es sich bei den verarbeiteten Daten um personenbezogene Daten von Betroffenen handelt, die sich in der Union befinden. Das Recht auf Schutz personenbezogener Daten steht natürlichen Personen vielmehr unabhängig ihrer Staatsangehörigkeit oder ihres Aufenthaltsorts zu.[197] Dementsprechend kann etwa die Verarbeitung personenbezogener Daten durch eine Niederlassung eines US-amerikanischen Unternehmens in der Union in den räumlichen Anwendungsbereich der DSGVO nach Art. 3 Abs. 1 DSGVO fallen.[198] Der räumliche Anwendungsbereich ist in diesen Fällen selbst dann eröffnet, wenn ausschließlich personenbezogene Daten von US-Bürgern verarbeitet werden.[199] Das aus der DSRL bekannte Niederlassungsprinzip wird darüber hinaus durch das sog. Marktortprinzip in Art. 3 Abs. 2 DSGVO ergänzt, das den Anwendungsbereich des europäischen Datenschutzrechts deutlich erweitert. Nach Art. 3 Abs. 2 lit. a DSGVO findet die DSGVO Anwendung, wenn der Auftragsverarbeiter oder der Verantwortliche nicht in der Union niedergelassen ist, die Verarbeitung personenbezogener Daten aber im Zusammenhang mit einem Angebot von Waren oder Dienstleistungen an betroffenen Personen in der Union steht. Dies gilt unabhängig davon, ob von der betroffenen Person für die Entgegennahme der Ware oder

---

195 *Zerdick*, in: Ehmann/Selmayr, Datenschutz-Grundverordnung, Art. 3 Rn. 1.

196 Art. 3 Abs. 1 DSGVO und ErwGr 22, wonach jede Verarbeitung personenbezogener Daten im Rahme der Tätigkeiten einer Niederlassung eines Verantwortlichen oder eines Auftragsverarbeiters in der Union gemäß dieser Verordnung erfolgen sollte, gleich, ob die Verarbeitung in oder außerhalb der Union stattfindet.

197 ErwGr 2 und 14.

198 *Klar*, in: Kühling/Buchner, DS-GVO BDSG, Art. 3 Rn. 36.

199 *Klar*, in: Kühling/Buchner, DS-GVO BDSG, Art. 3 Rn. 36.

Dienstleistung eine Zahlung zu leisten ist.[200] Gleiches gilt gemäß Art. 3 Abs. 2 lit. b DSGVO, wenn die Verarbeitung personenbezogener Daten im Zusammenhang mit der Beobachtung des Verhaltens betroffener Personen steht, soweit ihr Verhalten in der Union erfolgt.

Schließlich erstreckt Art. 3 Abs. 3 DSGVO den Anwendungsbereich der DSGVO auf die Verarbeitung personenbezogener Daten durch einen nicht in der Union niedergelassenen Verantwortlichen an einem Ort, der aufgrund Völkerrechts dem Recht eines Mitgliedstaats unterliegt.

2. *Sachlicher Anwendungsbereich*

Ähnlich weitgehend wie der räumliche Anwendungsbereich ist der sachliche Anwendungsbereich der DSGVO, der sich aus Art. 2 DSGVO ergibt. Art. 2 Abs. 1 DSGVO enthält hierzu eine Grundregel. Erfasst werden die ganz oder teilweise automatisierte Verarbeitung personenbezogener Daten sowie die nichtautomatisierte Verarbeitung personenbezogener Daten, die in einem Dateisystem gespeichert sind oder gespeichert werden sollen. Was unter personenbezogenen Daten zu verstehen ist, hat der Gesetzgeber in Art. 4 Nr. 1 DSGVO definiert. Es handelt sich dabei um alle Informationen, die sich auf eine identifizierte oder identifizierbare natürliche Person beziehen.[201] Diese werden gemäß Art. 4 Abs. 1 DSGVO verarbeitet, wenn sie erhoben, gespeichert, verändert oder auf sonstige Weise automatisch oder manuell verwendet werden, Art. 4 Nr. 2 DSGVO.

Art. 2 Abs. 2 DSGVO sieht von der in Art. 2 Abs. 1 DSGVO genannten Grundregel Ausnahmen vor. Aus Art. 2 Abs. 2 lit. a und b DSGVO ergibt sich, dass die DSGVO nicht anwendbar ist, wenn es sich um eine Tätigkeit handelt, die nicht in den Anwendungsbereich des Unionsrechts fällt. Eine weitere Ausnahme gilt nach Art. 2 Abs. 2 lit. b DSGVO für die Verarbeitung personenbezogener Daten durch die Mitgliedstaaten im Rahmen von Tätigkeiten, die in den Anwendungsbereich von Titel V, Kapitel 2 EUV fallen. In den Art. 23 ff. EUV innerhalb des Titels V, Kapitel 2 EUV sind besondere Bestimmungen über die Gemeinsame Außen- und Sicherheitspolitik geregelt. Art. 2 Abs. 2 lit. c DSGVO schließt die Verarbeitung personenbezogener Daten durch natürliche Personen zur Ausübung ausschließlich persönlicher oder familiärer Tätigkeiten vom Anwendungsbereich aus. Schließlich sieht Art. 2 Abs. 2 lit. d DSGVO einen entsprechenden Anwendungsausschluss vor, wenn Behörden zum Zweck der Verhütung, Ermittlung, Aufdeckung oder

---

200 Art. 3 Abs. 2 lit. a DSGVO.

201 Art. 4 Nr. 1 DSGVO, „(...) als identifizierbar wird eine natürliche Person angesehen, die direkt oder indirekt, insbesondere mittels Zuordnung zu einer Kennung wie einem Namen, zu einer Kennnummer, zu Standortdaten, zu einer Online-Kennung oder zu einem oder mehreren besonderen Merkmalen identifiziert werden kann, die Ausdruck der physischen, physiologischen, genetischen, psychischen, wirtschaftlichen, kulturellen oder sozialen Identität dieser natürlichen Person sind."

Verfolgung von Straftaten oder der Strafvollstreckung, einschließlich des Schutzes, und der Abwehr von Gefahren für die öffentliche Sicherheit handeln.

3. Persönlicher Anwendungsbereich

Die DSGVO ist grundsätzlich auf Verantwortliche und Auftragsverarbeiter anwendbar. Verantwortlicher i. S. d. Art. 4 Nr. 7 DSGVO ist die natürliche oder juristische Person, Behörde, Einrichtung oder andere Stelle, die allein oder gemeinsam mit anderen über die Zwecke und Mittel der Verarbeitung von personenbezogenen Daten entscheidet. Auftragsverarbeiter ist gemäß Art. 4 Nr. 8 DSGVO eine natürliche oder juristische Person, Behörde, Einrichtung oder Stelle, die personenbezogene Daten im Auftrag des Verantwortlichen verarbeitet.

V. Regelungsgegenstand der DSGVO

Die DSGVO stellt einen umfassenden EU-Rahmen zur Regelung des Schutzes personenbezogener Daten dar. Das individuelle Datenschutzrecht korreliert regelmäßig mit dem Recht der Gesellschaft, ihre legitimen Interessen gegen Kriminalität und Terrorismus zu schützen, auch im Hinblick auf die Verwendung von Daten zur Förderung illegaler Aktivitäten. Die Regelungen der DSGVO versucht dieser wechselseitigen Beziehung Rechnung zu tragen. Sie enthält spezifische Regelungen, die die Gewährleistung des hohen Datenschutzniveaus innerhalb der EU sicherstellen soll, insbesondere auch dann, wenn personenbezogene Daten in einen Nicht-EU-Staat übermittelt werden. Sie bildet damit den Ausgangspunkt jeder datenschutzrechtlichen Prüfung.

Die DSGVO ermöglicht durch die Bereitstellung eines harmonisierten Standards den freien Verkehr personenbezogener Daten unter Wahrung des Interesses des europäischen Bürgers, Selbstbestimmung, persönliche Würde und Integrität des Einzelnen. Die Regeln enthalten Ausnahmen, welche sicherstellen sollen, dass die Rechte des Einzelnen die legitimen Aktivitäten der Mitgliedstaaten in den Bereichen Sicherheit und Strafverfolgung nicht ungerechtfertigt behindern. Der Schutz der Privatsphäre und der personenbezogenen Daten im EU-Recht ist nicht dazu gedacht, die Verwendung und den Austausch von Daten zu unterbinden.[202] Sein Zweck ist es, die Übertragung und Speicherung von Daten durch klare Regeln und Verfahren zu regulieren und damit die Fähigkeit der betroffenen Person zu erhalten, ihre persönlichen Daten zu kontrollieren.[203] Ein Eingriff in diese Kontrolle

---

202 *Albrecht/In'T Veld/Reding/Sippel/Voss*, Amicus Curiae Brief an den U.S. Supreme Court in dem Fall United States of America v. Microsoft Corp. vom 18.1.2018, S. 12, abrufbar unter: https://www.supremecourt.gov/DocketPDF/17/17-2/28328/20180118155453076_17-2%20bsac%20Jan%20Philipp%20Albrecht.pdf, letzter Aufruf: 14.9.2021.

203 *Albrecht/In'T Veld/Reding/Sippel/Voss*, Amicus Curiae Brief an den U.S. Supreme Court in dem Fall United States of America v. Microsoft Corp. vom 18.1.2018, S. 12.

ist auf Umstände beschränkt, in denen sie notwendig, verhältnismäßig, gesetzlich vorgesehen und einer wirksamen Aufsicht unterworfen ist, z. B. Umstände, in denen die Übermittlung aufgrund der Bedürfnisse der Strafverfolgung oder der nationalen Sicherheit erforderlich ist.[204]

1. *Die allgemeinen Regeln der DSGVO für die Verarbeitung personenbezogener Daten*

Art. 1 Abs. 2 DSGVO schützt die Grundrechte und Grundfreiheiten natürlicher Personen und insbesondere deren Recht auf den Schutz personenbezogener Daten.

Die tragenden Grundsätze für die Verarbeitung personenbezogener Daten sind in Art. 5 DSGVO normiert. Demnach müssen personenbezogene Daten auf rechtmäßige Weise, nach Treu und Glauben und in einer für die betroffene Person nachvollziehbaren Weise verarbeitet werden sowie für festgelegte, eindeutige und legitime Zwecke erhoben werden und dürfen nicht in einer mit diesem Zweck nicht zu vereinbarenden Weise weiterverarbeitet werden, Art. 5 Abs. 1 lit. a und lit. b DSGVO. Art. 5 Abs. 1 DSGVO besagt außerdem, dass die Daten dem Zweck angemessen und erheblich sowie auf das für die Zwecke der Verarbeitung notwendige Maß beschränkt sein (Datenminimierung),[205] sachlich richtig und erforderlichenfalls auf dem neusten Stand sein[206] und in einer Weise verarbeitet werden müssen, die eine angemessene Sicherheit der personenbezogenen Daten gewährleistet.[207] Der für die Verarbeitung Verantwortliche ist für die Einhaltung dieser Grundsätze verantwortlich und muss dies nachweisen können (sog. Grundsatz der Rechenschaftspflicht), Art. 5 Abs. 2 DSGVO.

Neben Art. 5 DSGVO ist Art. 6 DSGVO die zentrale Vorschrift für die Zulässigkeit der Verarbeitung personenbezogener Daten. Nach Art. 6 Abs. 1 lit. a–f DSGVO ist die Verarbeitung personenbezogener Daten[208] nur rechtmäßig, wenn sie auf eine der dort aufgeführten Zulässigkeitsvoraussetzungen gestützt werden kann. Für bestimmte Kategorien von personenbezogenen Daten[209] sieht Art. 9 DSGVO

---

204 *Albrecht/In'T Veld/Reding/Sippel/Voss*, Amicus Curiae Brief an den U.S. Supreme Court in dem Fall United States of America v. Microsoft Corp. vom 18.1.2018, S. 12.

205 Art. 5 Abs. 1 lit. c DSGVO.

206 Art. 5 Abs. 1 lit. d DSGVO.

207 Art. 5 Abs. 1 lit. f DSGVO.

208 Die DSGVO definiert den Begriff der Verarbeitung als jeden mit oder ohne Hilfe automatisierter Verfahren ausgeführten Vorgang oder jede solche Vorgangsreihe im Zusammenhang mit personenbezogenen Daten wie [...] die Offenlegung durch Übermittlung, Verbreitung oder eine andere Form der Bereitstellung [...], Art. 4 Nr. 2 DSGVO.

209 Namentlich genannt werden personenbezogene Daten, aus denen die rassische und ethnische Herkunft, politische Meinungen, religiöse oder weltanschauliche Überzeugungen oder die Gewerkschaftszugehörigkeit hervorgehen, sowie die

gegenüber Art. 6 DSGVO erhöhte Rechtmäßigkeitsanforderungen vor, die in einem grundsätzlichen Verarbeitungsverbot (Art. 9 Abs. 1 DSGVO) im Zusammenhang mit detaillierten, strengen Voraussetzungen für eine Zulässigkeit der Verarbeitung bestehen (Art. 9 Abs. 2 und 3 DSGVO).

2. Die besonderen Regeln der DSGVO für die Übermittlung personenbezogener Daten aus der EU in Drittländer

Neben den Grundsätzen für die Verarbeitung personenbezogener Daten enthält die DSGVO zudem spezifische Anforderungen, die zur Legitimierung eines Datenexports in die USA erfüllt werden müssen. Der Grundgedanke hinter dem europäischen Datenschutzrecht verlangt, dass die Rechte und Interessen des Betroffenen durch die Übermittlung nicht gefährdet werden. Daher ist für personenbezogene Daten, die den sicheren europäischen Kokon verlassen, im Wesentlichen der innerhalb der EU geltende Schutzstandard beizubehalten.[210] Die DSGVO enthält in Kapitel V der DSGVO spezifische, die allgemeinen Regeln ergänzende Vorschriften für die Übermittlung von personenbezogenen Daten aus der EU in ein Drittland oder an eine internationale Organisation. Diese spezifischen Vorschriften setzen die in der EU-Grundrechtscharta festgelegten ausdrücklichen Verpflichtungen zum Schutz personenbezogener Daten um und sollen sicherstellen, dass das hohe Niveau dieses Schutzes auch dann bestehen bleibt, wenn personenbezogene Daten in ein Drittland übermittelt werden.[211] Zur Erreichung des Zwecks, den Datenschutz über die Ländergrenzen hinweg zu gewährleisten, finden neben den allgemeinen datenschutzrechtlichen Grundsätzen die Art. 44 bis 49 DSGVO Anwendung, die für die Datenübermittlung in einen Drittstaat zusätzliche Anforderungen aufstellen.

a) Art. 44 DSGVO: Allgemeine Grundsätze der Datenübermittlung

Art. 44 DSGVO regelt die allgemeinen Grundsätze der Datenübermittlung und leitet damit Kapitel V der DSGVO ein, dass mit dem Titel der Übermittlung personenbezogener Daten an Drittländern oder an internationale Organisationen überschrieben ist. Art. 44 DSGVO besagt, dass jedwede Übermittlung personenbezogener

---

Verarbeitung von genetischen Daten, biometrischen Daten zur eindeutigen Identifizierung einer natürlichen Person, Gesundheitsdaten oder Daten zum Sexualleben oder der sexuellen Orientierung einer natürlichen Person, Art. 9 Abs. 1 DSGVO

210 *Deutlmoser/Filip*, ZD Beilage 2012, 1, 9.

211 "(...) these specific rules implement the express obligation laid down in the EU Charter of Fundamental Rights to protect personal data and are „intended to ensure that the high level of that protection continues where personal data is transferred to a [non EU-State]", *EU-Kommission*, Amicus Curiae Brief an den U.S. Supreme Court in dem Fall United States of America v. Microsoft Corp., S. 5.

Daten, die bereits verarbeitet werden oder nach ihrer Übermittlung an ein Drittland oder eine internationale Organisation verarbeitet werden sollen, nur zulässig ist, wenn der Verantwortliche und der Auftragsverarbeiter die in Kapitel V der DSGVO niedergelegten Bedingungen einhalten und auch die sonstigen Bestimmungen dieser Verordnung eingehalten werden. Dabei sollen alle Bestimmungen des Kapitel V der DSGVO anzuwenden sein, um sicherzustellen, dass das durch diese Verordnung gewährleistete Schutzniveau für natürliche Personen nicht untergraben wird.[212]

Anders als die DSRL knüpft die DSGVO nicht mehr an den generellen Vorbehalt des angemessenen Schutzniveaus des Drittlandes an. Vor Erlass der DSGVO war die Datenübermittlung in Drittländer in Art. 25 DSRL (Angemessenheitserklärungen für EU-Drittstaaten) und Art. 26 DSRL (Ausnahmen sowie Übermittlungen basierend auf vertraglichem Schutz) geregelt, die in Deutschland in den §§ 4 b und 4 c BDSG a. F. umgesetzt wurden. Art. 25 DSRL bestimmte, dass die Übermittlung personenbezogener Daten, die Gegenstand einer Verarbeitung sind oder nach der Verarbeitung übermittelt werden sollen, zulässig ist, wenn dieses Drittland ein angemessenes Schutzniveau gewährleistet. Das Kriterium des angemessen Schutzniveaus wird nunmehr an späterer Stelle in der DSGVO im Rahmen einer Datenübermittlung auf Grundlage eines Angemessenheitsbeschlusses aufgegriffen und stellt lediglich eine der Möglichkeiten der Übermittlung von Daten im internationalen Kontext dar.[213] Die Regelungen für die Datenübermittlung in ein Drittland erfassen neben dem Verantwortlichen nunmehr auch ausdrücklich den Auftragsverarbeiter. Eine wesentliche Neuerung stellt die Bezugnahme auf die Weiterübermittlung dar. Übermittelt der Empfänger die Daten an andere Stellen in diesem oder einem anderen Drittstaat, müssen nach Art. 44 Satz 1 HS. 2 DSGVO ebenfalls die Voraussetzungen nach Kapitel V der DSGVO und den übrigen Bedingungen der DSGVO eingehalten werden.

Die Regelungen der Datenübermittlung in Drittstaaten sind insgesamt damit deutlich detaillierter und umfangreicher als die Regelungen der Art. 25 und 26 DSRL.[214]

b) Art. 45 DSGVO: Datenübermittlung auf der Grundlage eines Angemessenheitsbeschlusses

Art. 45 DSGVO, der Art. 25 DSRL weiterentwickelt, regelt die Datenübermittlung auf der Grundlage eines Angemessenheitsbeschlusses. Ein Angemessenheitsbeschluss ermöglicht nicht nur einen freien Datenverkehr mit möglichst wenig Bürokratie für die übermittelnden Stellen.[215] Er ist vielmehr auch geeignet, mehr

212 Art. 44 S. 2 DSGVO.

213 Vgl. Art. 45 Abs. 1 DSGVO.

214 *Albrecht*, CR 2016, 88, 94; *Hornung*, ZD 2012, 99, 101; *Kamp/Beck*, in: BeckOK, Datenschutzrecht, Art. 44 Rn. 11; *Wybitul/Rauer*, ZD 2012, 160, 164.

215 *Beck*, in: BeckOK, Datenschutzrecht, Art. 45 Rn. 3.

Rechtssicherheit zu schaffen und darüber hinaus eine einheitliche Rechtsanwendung sicherzustellen.[216]

aa) Art. 45 Abs. 1 DSGVO

Art. 45 Abs. 1 DSGVO erlaubt Übermittlungen personenbezogener Daten an ein Drittland oder eine internationale Organisation, wenn die EU-Kommission beschlossen hat, dass das betreffende Drittland, ein Gebiet oder ein oder mehrere spezifische Sektoren in diesem Drittland oder die betreffende internationale Organisation ein angemessenes Schutzniveau bietet, d. h. eine Angemessenheitsentscheidung getroffen hat. Anders als Art. 25 DSRL beschränkt sich Art. 45 Abs. 1 DSGVO nunmehr nicht mehr nur auf ein Drittland, sondern ermöglicht den Erlass eines Angemessenheitsbeschlusses auch für ein Gebiet oder ein oder mehrere spezifische Sektoren in diesem Drittland oder die betreffende Organisation. Der Begriff der Angemessenheit wurde bereits in Art. 25 DSRL verwendet. Der EuGH konkretisierte ihn dahingehend, dass das Schutzniveau des Drittlandes bzw. der internationalen Organisation im Vergleich zu dem in der EU „der Sache nach gleichwertig" sein muss.[217] Diese Begriffsbestimmung übernahm der Gesetzgeber in ErwGr 104 Satz 3.

bb) Art. 45 Abs. 2 DSGVO

Art. 45 Abs. 2 DSGVO stellt die entsprechenden Kriterien auf, die die Kommission bei der Prüfung eines angemessenen Schutzniveaus berücksichtigt. Wenngleich die Kriterien im Vergleich zu Art. 25 Abs. 2 DSRL detaillierter formuliert sind, weisen sie dennoch eine deutliche Ähnlichkeit zu diesen Kriterien auf. So berücksichtigen sie gemäß Art. 45 Abs. 2 lit. a DSGVO die Rechtsstaatlichkeit, die Achtung der Menschenrechte und Grundfreiheiten, die in dem betreffenden Land bzw. bei der betreffenden internationalen Organisation geltenden einschlägigen Rechtsvorschriften sowohl allgemeiner als auch sektoraler Art – auch in Bezug auf öffentliche Sicherheit, Verteidigung, nationale Sicherheit und Strafrecht sowie Zugang der Behörden zu personenbezogenen Daten – sowie die Anwendung dieser Rechtsvorschriften, Datenschutzvorschriften, Berufsregeln und Sicherheitsvorschriften einschließlich der Vorschriften für die Weiterübermittlung personenbezogener Daten an ein anderes Drittland bzw. eine andere internationale Organisation, die Rechtsprechung sowie wirksame und durchsetzbare Rechte der betroffenen Person und wirksame verwaltungsrechtliche und gerichtliche Rechtsbehelfe für betroffene Personen, deren personenbezogene Daten übermittelt werden. In Art. 45 Abs. 2 lit. b DSGVO wird die Existenz und die wirksame Funktionsweise einer oder mehrerer unabhängiger Aufsichtsbehörden in dem betreffenden Drittland oder denen eine internationale Organisation untersteht und die für die

---

216 ErwGr 103.

217 EuGH, Urteil vom 6.10.2015 – C-362/14 (Schrems/Digital Rights Ireland), NJW 2015, 3151, 3155; ZD 2015, 549 m. Anm. *Spies*.

Einhaltung und Durchsetzung der Datenschutzvorschriften, einschließlich angemessener Durchsetzungsbefugnisse, für die Unterstützung und Beratung der betroffenen Personen bei der Ausübung ihrer Rechte und für die Zusammenarbeit mit den Aufsichtsbehörden der Mitgliedstaaten zuständig sind, berücksichtigt. Art. 45 Abs. 2 lit. c DSGVO nennt ein weiteres Kriterium, nämlich die von dem betreffenden Drittland bzw. der betreffenden internationalen Organisation eingegangenen internationalen Verpflichtungen oder andere Verpflichtungen, die sich aus rechtsverbindlichen Übereinkünften oder Instrumenten sowie aus der Teilnahme des Drittlands oder der internationalen Organisation an multilateralen oder regionalen Systemen insbesondere in Bezug auf den Schutz personenbezogener Daten ergeben. Art. 45 Abs. 2 DSGVO verdeutlicht durch das Wort insbesondere, dass diese Kriterien nicht abschließend sind. Der Kommission steht bei ihrer Einschätzung eines angemessenen Schutzniveaus ein gewisser Spielraum zu, der bei den vielen verschiedenen Rechtssystemen auch erforderlich sein dürfte.[218]

cc) Art. 45 Abs. 3 DSGVO

Art. 45 Abs. 3 DSGVO regelt das Verfahren, wonach die Kommission den Angemessenheitsbeschluss im Rahmen eines Durchführungsrechtsaktes beschließen kann. Der Durchführungsakt wird nach Art. 45 Abs. 3 Satz 4 i. V. m. Art. 93 Abs. 2 DSGVO im Prüfverfahren erlassen. Dabei handelt es sich um eine wesentliche Änderung.[219] Den Mitgliedstaaten kommt bei der Einschätzung der Angemessenheit keine Entscheidungskompetenz mehr zu. Die Beurteilung liegt allein bei der Kommission. Art. 45 Abs. 3 Satz 2 DSGVO bestimmt, dass dabei ein Mechanismus für eine regelmäßige Überprüfung, die mindestens alle vier Jahre erfolgt, vorzusehen ist, bei der alle maßgeblichen Entwicklungen in dem Drittland oder bei der internationalen Organisation Rechnung getragen wird. In dem Beschluss ist gemäß Art. 45 Abs. 3 Satz 3 DSGVO sowohl der territoriale als auch der sektorale Anwendungsbereich sowie u. U. die jeweilige Aufsichtsbehörde anzugeben.

dd) Art. 45 Abs. 4 DSGVO

Neben der regelmäßigen Evaluation der Angemessenheitsbeschlüsse[220] ist die Kommission nach Art. 45 Abs. 4 DSGVO verpflichtet, fortlaufend Entwicklungen in Drittländern und bei internationalen Organisationen zu beobachten, die die Angemessenheit des Datenschutzniveaus beeinträchtigen könnten. Eine solche Überwachungspflicht

---

218 *Beck*, in: BeckOK, Datenschutzrecht, Art. 45 Rn. 20.

219 So auch *Nebel/Richter*, ZD 2012, 407, 412.

220 *Pauly* spricht Art. 45 Abs. 4 DSGVO keine eigenständige Bedeutung zu, sondern sieht ihn lediglich als Ergänzung des in Art. 45 Abs. 3 Satz 2 DSGVO geregelten Überwachungsmechanismus, *Pauly*, in: Paal/Pauly, DS-GVO BDSG, Art. 45 Rn. 29.

sah der Kommissionsvorschlag zur DSGVO ursprünglich nicht vor.[221] Sie geht auf den Vorschlag des Parlaments und des Rats zurück.[222]

ee) Art. 45 Abs. 5 DSGVO

Kommt die Kommission zu dem Ergebnis, dass ein Drittland kein angemessenes Schutzniveau mehr gewährleistet, ist sie gemäß Art. 45 Abs. 5 DSGVO verpflichtet, den Angemessenheitsbeschluss zu widerrufen, zu ändern oder auszusetzen. Der Widerruf, die Aussetzung und die Abänderung des Angemessenheitsbeschlusses erfolgen gemäß Art. 45 Abs. 5 Satz 2 i. V. m. Art. 93 Abs. 2 DSGVO jeweils nach dem Prüfverfahren. In „hinreichend begründeten Fällen äußerster Dringlichkeit" erlässt die Kommission gemäß Art. 45 Abs. 5 Satz 3, Art. 93 Abs. 3 DSGVO i. V. m. Art. 8 VO (EU) Nr. 182/2011 einen sofort geltenden Durchführungsrechtsakt ohne Beteiligung des Prüfungsausschusses. Der Kommission wird damit ein Druckmittel für die Verhandlungen mit Drittstaaten an die Hand gegeben.[223]

ff) Art. 45 Abs. 6 und Abs. 7 DSGVO

Die Folgen einer Entscheidung der Kommission nach Art. 45 Abs. 5 DSGVO regelt Art. 45 Abs. 6 DSGVO. Aufgrund der Auswirkungen auf die Beziehung der EU zum Drittland und auf den Wirtschaftsverkehr zwischen der EU und dem Drittland[224] muss die Kommission Konsultationen mit dem Drittland aufnehmen, um Abhilfe für

---

221 Vgl. *EU-Kommission*, Vorschlag für Verordnung des Europäischen Parlaments und Rates zum Schutz natürlicher Personen bei der Verarbeitung personenbezogener Daten und zum freien Datenverkehr (Datenschutz-Grundverordnung), KOM (2012) 11 endgültig.

222 Vgl. Art. 41 Abs. 4a des Vorschlags des EU-Parlaments für eine DSGVO, Standpunkt des Europäischen Parlaments festgelegt in erster Lesung am 12.3.2014 im Hinblick auf den Erlass der Verordnung (EU) Nr. .../2014 des Europäischen Parlaments und des Rates zum Schutz natürlicher Personen bei der Verarbeitung personenbezogener Daten und zum freien Datenverkehr (Datenschutz-Grundverordnung), abrufbar unter: https://www.europarl.europa.eu/sides/getDoc.do?pubRef=-//EP//TEXT+TA+P7-TA-2014-0212+0+DOC+XML+V0//DE&language=DE#BKMD-6, letzter Aufruf: 14.9.2021; und Art. 41 Abs. 4a der Version des Rates der europäischen Union vom 28.5.2016 für eine DSGVO, Vorschlag für eine Verordnung des Europäischen Parlaments und des Rates zum Schutz natürlicher Personen bei der Verarbeitung personenbezogener Daten und zum freien Datenverkehr (Datenschutz-Grundverordnung) [erste Lesung], abrufbar unter: https://www.datenschutz-grundverordnung.eu/wp-content/uploads/2016/02/280116GRV-politische_Einigung_pdf.pdf, letzter Aufruf: 14.9.2021.

223 *Eckhard/Kramer*, DuD 2013, 287, 294.

224 *Schantz*, in: Simits/Hornung/Spiecker, Datenschutzrecht, Art. 45 Rn. 24.

die Situation zu schaffen, die zu dem erlassenen Beschluss geführt hat. Art. 45 Abs. 7 DSGVO enthält die Klarstellung, dass die Übermittlungen personenbezogener Daten an das betreffende Drittland, das Gebiet oder einen oder mehrere spezifische Sektoren in diesem Drittland oder an die betreffende internationale Organisation gemäß den Art. 46 bis 49 DSGVO durch einen Beschluss nach Art. 45 Abs. 5 DSGVO des vorliegenden Artikels nicht berührt werden.

gg) Art. 45 Abs. 8 DSGVO

Die DSGVO regelt in Art. 45 Abs. 8 DSGVO, dass eine Liste von denjenigen Drittländern, Gebieten und Sektoren von Drittländern im Amtsblatt der EU und auf ihrer Website veröffentlicht wird, für die die Kommission einen Durchführungsrechtsakt über die Angemessenheit erlassen hat. Das betrifft sowohl die Feststellung als auch die Negativfeststellung der Angemessenheit eines Drittlandes.

hh) Art. 45 Abs. 9 DSGVO

Schließlich regelt Art. 45 Abs. 9 DSGVO, dass die Angemessenheitsbeschlüsse, welche die Kommission auf der Grundlage von Art. 25 Abs. 6 DSRL erlassen hatte, in Kraft bleiben, sofern sie nicht von der Kommission ersetzt, geändert oder aufgehoben werden. Der Vorschlag des Parlaments, dass die Beschlüsse nur bis zu fünf Jahren nach Inkrafttreten der DSGVO in Kraft bleiben,[225] hat sich nicht durchgesetzt.

(1) Bestehende Angemessenheitsbeschlüsse

Aktuell noch in Kraft befindliche, auf der Basis von Art. 25 Abs. 6 DSRL erlassene Angemessenheitsbeschlüsse für Länder des geographischen Europas sind Andora,[226] Faröer Inseln,[227] Guernsey,[228] die *Isle of Man*,[229] Jersey[230] und Schweiz.[231] Für die Länder Nord-, Süd- und Mittelamerikas bestehen Angemessenheitsbeschlüsse für Argentinien,[232]

---

225 So Art. 41 Abs. 8 des Vorschlags des EU-Parlaments für eine DSGVO, Standpunkt des Europäischen Parlaments festgelegt in erster Lesung am 12.3.2014 im Hinblick auf den Erlass der Verordnung (EU) Nr. .../2014 des Europäischen Parlaments und des Rates zum Schutz natürlicher Personen bei der Verarbeitung personenbezogener Daten und zum freien Datenverkehr (Datenschutz-Grundverordnung).

226 Beschluss der Kommission 2010/625/EU vom 19.10.2010, ABl. 2010 L 277, 27.

227 Beschluss der Kommission 2010/146/EU vom 5.3.2010, ABl. 2010 L 58, 17.

228 Entscheidung der Kommission 2003/821/EG vom 21.11.2003, ABl. 2003 L 308, 28.

229 Entscheidung der Kommission 2004/411/EG vom 28.4.2004, ABl. 2004 L 141, 51.

230 Entscheidung der Kommission 2008/393/EG vom 8.5.2008, ABl. 2008 L 138, 21.

231 Entscheidung der Kommission 2000/518/EG vom 26.7.2000, ABl. 2000 L 215, 1.

232 Entscheidung der Kommission 2003/490/EG vom 30.6.2003, ABl. 2003 L 168, 19.

Kanada[233] und Uruguay.[234] Für Länder im geographischen Asien und Ozeanien gibt es Angemessenheitsfeststellungen in Israel,[235] Japan[236] und Neuseeland.[237] Die Datenschutzgesetze dieser Länder wiesen eine weitgehende Ähnlichkeit mit den Schutzprinzipien der DSRL auf, weshalb von einem entsprechenden Datenschutzstandard gesprochen werden konnte. Im Einzelfall erfolgte sogar eine Anpassung des Datenschutzgesetzes an die DSRL, um einen Angemessenheitsentscheid zu ermöglichen. Nicht zuletzt deshalb wurde das Kriterium der Angemessenheit als äußert effektiv im Hinblick auf den weitreichenden Einfluss und Schutz der Persönlichkeitsrechte über die Grenzen hinweg bewertet.

(2) Die Besonderheit der Datenübermittlung in die USA

Aus europäischer Sicht besteht in Bezug auf die Datenübermittlung in die USA aufgrund des dort verfolgten Regulierungsansatzes grundsätzlich kein angemessenes Schutzniveau, das mit dem Datenschutzniveau der EU und dem Schutz der Rechte der betroffenen Datensubjekte „der Sache nach gleichwertig" wäre.[238] Die datenschutzrechtlichen Regelungen in den USA unterscheiden sich grundlegend von dem Konzept des europäischen Datenschutzrechts.[239] Ein einheitlicher Regelungskomplex, wie etwa die DSGVO in der EU, existiert in den USA nicht. Datenschutzregeln bestehen nur sporadisch und sektoral.[240] Grundsätzlich wird auf den sog. Selbstregulierungsansatz[241] vertraut, wonach sich die Unternehmen einer

233 Entscheidung der Kommission 2002/2/EG vom 20.12.2001, ABl. 2002 L 2, 13 (partieller Angemessenheitsbeschluss).

234 Durchführungsbeschluss der Kommission 2012/484/EU v. 21.8.2012, ABl. 2012 L 227, 11.

235 Beschluss der Kommission 2011/61/EU, ABl. 2011 L 27, 39 (partieller Angemessenheitsbeschluss).

236 Durchführungsbeschluss der Kommission (EU) 2019/419 v. 23.1.2019, ABl. 2019 L 76, 1.

237 Durchführungsbeschluss der Kommission 2013/65/EU v. 19.12.2012, ABl. 2013 L 28, 12.

238 *Ambrock*, NZA 2015, 1493; *Gabel*, in: Taeger/Gabel, DSGVO BDSG, Art. 45 Rn. 9; *Lejeune*, CR 2013, 822, 823, 825 f.; *Molnár-Gábor/Kaffenberger*, ZD 2018, 162; *Räther/Seitz*, MMR 2002, 425, 427; *Sander/Kremer*, DSRITB 2012, 657, 670; *Scheja*, Datenschutzrechtliche Zulässigkeit einer weltweiten Kundendatenbank, S. 153; *Weichert*, ZD 2016, 209, 215; *ders.*, RDV 2012, 113, 115 ff.; *Wilske*, CR 1993, 297; explizit zum Datenschutz in den USA *Lejeune*, CR 2013, 755.

239 So auch *Pauly*, in: Paal/Pauly, DS-GVO BDSG, Art. 45 Rn. 8.

240 Vgl. *Räther/Seitz*, MMR 2002, 425, 427.

241 Bei der Selbstregulierung handelt es sich um einen Verzicht des Staates auf die Wahrnehmung seiner Regelungskompetenz. Dieser Ansatz ist gerade in den USA stark ausgeprägt. In Bezug auf den Datenschutz wird davon ausgegangen, dass der

freiwilligen Selbstverpflichtung unterwerfen. In Anbetracht dessen gestaltet sich die Beurteilung eines angemessenen Datenschutzniveaus für die USA nach europäischem Maßstab schwierig.

(a) Safe-Harbor Abkommen

Um Beeinträchtigungen des allgemeinen Datentransfers mit dem größten Handelspartner der EU, den USA, zu vermeiden, wurde nach einer Möglichkeit gesucht, trotz fehlenden angemessenen Schutzniveaus Datenflüsse in die USA zu ermöglichen. Die EU-Kommission handelte mit der US-Regierung im Jahre 2000 zunächst sog. Grundsätze des sicheren Hafens, im Englischen *Safe Harbor Principles*, sowie diesbezüglich Häufig gestellte Fragen (*FAQ*) aus und stützte darauf anschließend einen Angemessenheitsbeschluss.[242] Die Safe Harbor Grundsätze sahen insgesamt sieben Grundsätze vor, die u. a. Informationspflichten, eine Beschränkung der Datenweitergabe und die Etablierung von Rechtsdurchsetzungsmechanismen vorsahen.[243] Die Safe Harbor Vereinbarung bot US-amerikanischen Unternehmen, die entweder der Überwachungszuständigkeit der U.S. Federal Trade Commission (FTC) oder des U.S. Department of Transportation (DoT) unterlagen, die Möglichkeit, sich selbst zur Einhaltung europäischer Datenschutzgrundsätze zu verpflichten. Diese Selbstverpflichtung hatte bei dem *U.S. Department of Commerce* oder einer von dieser benannten Stelle auf freiwilliger Basis zu erfolgen und war nach der Selbstzertifizierung verbindlich. Die Selbstzertifizierung war jedes Jahr im Rahmen einer anlassunabhängigen Kontrolle mit anschließender Erklärung über die Einhaltung der Grundsätze zu erneuern. Das *U.S Department of Commerce* führte ein Verzeichnis derjenigen Unternehmen, die sich öffentlich zu den Grundsätzen des Safe Harbor verpflichtet hatten. Die Kommission erkannte mit

---

Markt die Privatheit schütze und der faire Umgang mit personenbezogenen Informationen Vorteile sowohl für den Konsumenten als auch für die Industrie mit sich bringe, vgl. *Genz*, Datenschutz in Europa und den USA, S. 86 f.; ähnlich *Baumann*, Datenschutzkonflikte zwischen der EU und den USA, S. 228; zur internationalen Grundlage des Datenschutzrechts in den USA *Burkert*, in: Roßnagel, Hdb. Datenschutzrecht, S. 118.

242 Entscheidung der Kommission vom 26.7.2000 gemäß der Richtlinie 95/46/EG des Europäischen Parlaments und des Rates über die Angemessenheit des von den Grundsätzen des „sicheren Hafens" und diesbezüglich „Häufig gestellten Fragen" (FAQ) gewährleisteten Schutzes, vorgelegt vom Handelsministerium der USA, ABl. L 215 vom 25.8.2000, S. 7 ff.

243 Entscheidung der Kommission vom 26.7.2000 gemäß der Richtlinie 95/46/EG des Europäischen Parlaments und des Rates über die Angemessenheit des von den Grundsätzen des „sicheren Hafens" und diesbezüglich „Häufig gestellten Fragen" (FAQ) gewährleisteten Schutzes, vorgelegt vom Handelsministerium der USA, ABl. L 215 vom 25.8.2000, S. 7 ff.

der Entscheidung 2000/520/EG an, dass US-amerikanische Unternehmen, die sich öffentlich auf die Einhaltung der Safe Harbor Grundsätze verpflichtet hatten, ein angemessenes Datenschutzniveau bieten.

In dem Grundsatzurteil des EuGH in der Rechtssache Maximilian Schrems gegen Data Protection Commissioner vom 6.10.2015[244] wurde das Safe Harbor-Abkommen für ungültig erklärt. Maßgeblich hierfür war unter anderem, dass nur Unternehmen, nicht aber US-Behörden an die Grundsätze gebunden seien, sodass die Safe Harbor-Grundsätze für sich genommen kein angemessenes Datenschutzniveau begründen könnten.[245] Ein ausreichender Schutz sei bei dem gewählten System der Selbstzertifizierung zudem nur gewährleistet, wenn wirksame Überwachungs- und Kontrollmechanismen für die Einhaltung der Grundsätze bestünden.[246]

(b) EU-US Privacy Shield

Als Ersatz für die Safe Harbor Grundsätze wurde Mitte 2016 das sog. EU-US Privacy Shield geschaffen.[247] Danach war bei solchen Stellen in den USA, die sich zu den *Privacy Shield Principles* bekannten und diese umgesetzt hatten, von einem angemessenen Schutzniveau auszugehen. Der Beitritt erforderte eine entsprechende Selbstzertifizierung gegenüber dem *U.S Department of Commerce*. Allerdings bestand die Möglichkeit zur Selbstzertifizierung nach dem Privacy Shield nur für Unternehmen, die der Zuständigkeit bestimmter US-Behörden unterlagen, welche bei Nichteinhaltung der Grundsätze des Privacy Shields von ihren Eingriffsmöglichkeiten Gebrauch machen können. Der Privacy Shield erfasste nur solche Datenübermittlungen, die kommerziellen Zwecken dienten, nicht aber solche für Zwecke der Strafverfolgungsbehörden. Mit seinem Urteil vom 16.7.2020 hat der EuGH das EU-US Privacy Shield zudem für unwirksam erklärt.[248]

---

244 EuGH, Urteil vom 6.10.2015 – C-362/14 (Schrems/Digital Rights Ireland), NJW 2015, 3151; vgl. auch die Urteilsbesprechungen von *Bergt*, MMR 2015, 759; *Jensen*, ZD-Aktuell 2015, 04877; *Spies*, ZD 2015, 555; *Streinz*, JuS 2016, 182.

245 EuGH, Urteil vom 6.10.2015 – C-362/14 (Schrems/Digital Rights Ireland), NJW 2015, 3151, 3157.

246 EuGH, Urteil vom 6.10.2015 – C-362/14 (Schrems/Digital Rights Ireland), NJW 2015, 3151, 3156.

247 Durchführungsbeschluss (EU) 2016/1250 der Kommission vom 12.7.2016 gemäß der Richtlinie 95/46/EG des Europäischen Parlaments und des Rates über die Angemessenheit des vom EU-US-Datenschutzschild gebotenen Schutzes, C(2016) 4176; kritisch hierzu *Börding*, CR 2016, 431, 440 f.; *Weichert*, ZD 2016, 209, 217; zu den Vor- und Nachteilen des EU-U.S. Privacy Shield im Detail, *Determann/Weigl*, EuZW 2016, 811.

248 EuGH, Urteil v. 16.7.2020 – C-311/18, NJW 2020, 2613.

c) *Art. 46 DSGVO: Datenübermittlung vorbehaltlich geeigneter Garantien*

Art. 46 DSGVO ermöglicht die Datenübermittlung trotz fehlender positiver Kommissionsentscheidung. Dabei wird unter anderem auf verbindliche interne Datenschutzvorschriften von der Kommission oder von einer Aufsichtsbehörde angenommene Standarddatenschutzklauseln oder von einer Aufsichtsbehörde genehmigte Vertragsklauseln zurückgegriffen. Darüber hinaus ermöglicht die DSGVO nunmehr, dass sich geeignete Garantien durch Verhaltensregeln und Zertifizierungen erreichen lassen. Die Garantien in Art. 46 DSGVO sollen gewährleisten, dass die Datenschutzvorschriften und die Rechte der betroffenen Personen auf eine der Verarbeitung innerhalb der Union angemessenen Art und Weise beachtet werden.[249] ErwGr 108 Satz 5 zählt hierzu insbesondere die Einhaltung der allgemeinen Grundsätze für die Verarbeitung personenbezogener Daten, welche in Art. 5 DSGVO geregelt sind, die Grundsätze des Datenschutzes durch Technik und datenschutzfreundliche Voreinstellungen auf.

aa) *Art. 46 Abs. 1 DSGVO*

Sofern kein Angemessenheitsbeschluss der Kommission vorliegt, erlaubt Art. 46 Abs. 1 DSGVO Übermittlungen, wenn der für die Verarbeitung Verantwortliche oder der Auftragsverarbeiter geeignete Garantien vorgesehen hat und sofern durchsetzbare Rechte der betroffenen Person und wirksame Rechtsmittel für die betroffenen Personen verfügbar sind.

bb) *Art. 46 Abs. 2 DSGVO*

Art. 46 Abs. 2 lit. a bis f DSGVO enthält eine nicht abschließende Liste geeigneter Garantien. Demnach kann eine solche Garantie z. B. gemäß Art. 46 Abs. 2 lit. a DSGVO in Form eines rechtlich bindenden und durchsetzbaren Dokuments zwischen den Behörden oder öffentlichen Stellen bestehen. Des Weiteren können sich Garantien gemäß Art. 46 Abs. 2 lit. b DSGVO aus verbindlichen internen Datenschutzvorschriften gemäß Art. 47 DSGVO ergeben. Gemäß Art. 46 Abs. 2 lit. c und lit. d DSGVO bestehen Garantien aber auch in Standarddatenschutzklauseln, die von der Kommission gemäß dem Prüfverfahren nach Art. 93 Abs. 2 DSGVO erlassen werden oder in von einer Aufsichtsbehörde angenommene Standarddatenschutzklauseln, die von der Kommission gemäß dem Prüfverfahren nach Art. 93 Abs. 2 DSGVO genehmigt wurden.

Der Begriff der verbindlichen internen Datenschutzvorschriften, wie er in Art. 46 Abs. 2 lit. b DSGVO verwendet wird, ist in Art. 4 Nr. 20 DSGVO als Maßnahmen zum Schutz personenbezogener Daten definiert, zu deren Einhaltung sich ein im Hoheitsgebiet eines Mitgliedstaats niedergelassener Verantwortlicher oder Auftragsverarbeiter im Hinblick auf Datenübermittlungen oder eine Kategorie von

---

249 ErwGr 108 Satz 3.

Datenübermittlungen personenbezogener Daten an einen Verantwortlichen oder Auftragsverarbeiter derselben Unternehmensgruppe oder derselben Gruppe von Unternehmen, die eine gemeinsame Wirtschaftstätigkeit ausüben, in einem oder mehreren Drittländern verpflichtet. Durch die DSGVO erhält das Instrument verbindlicher interner Datenschutzvorschriften eine deutliche Aufwertung und wird in Art. 47 DSGVO näher geregelt.[250] Die Möglichkeit, auf die Standarddatenschutzklauseln der Kommission zurückzugreifen, wie es Art. 46 Abs. 2 lit. c DSGVO vorsieht, beruht auf Art. 26 Abs. 4 DSRL. Danach konnte die Kommission sog. Standardvertragsklausel erlassen, die als ausreichende Garantie für die Übermittlung personenbezogener Daten in Drittstaaten verbindlich waren. Diese Möglichkeit wird nunmehr dadurch ergänzt, dass solche Standarddatenschutzklauseln von einer Aufsichtsbehörde festgelegt und von der Kommission als allgemein gültig erklärt werden können. ErwGr 109 ermutigt dazu, Standarddatenschutzklausel auch in umfangreicheren Verträgen zu verwenden oder ihnen weitere Klauseln oder zusätzliche Garantien hinzuzufügen, solange diese weder mittelbar noch unmittelbar im Widerspruch zu den von der Kommission oder einer Aufsichtsbehörde erlassenen Standard-Datenschutzklauseln stehen oder die Grundrechte und Grundfreiheiten der betroffenen Personen beschneiden. Der Rückgriff auf individuell formulierte Vertragsklauseln, die nach Art. 46 Abs. 2 lit. d DSGVO zuvor von der Aufsichtsbehörde genehmigt werden müssen, bietet den Unternehmen einen gewissen Spielraum[251] und lässt ihnen grundsätzlich Flexibilität dahingehend, dass sie die Vertragsklauseln auf ihre spezifischen Bedürfnisse anpassen können.[252] Die wesentlichen Datenschutzgrundsätze der DSGVO dürfen jedoch nicht unterlaufen werden.

cc) Art. 46 Abs. 3 DSGVO

Art. 46 Abs. 3 DSGVO ergänzt diese Garantien gemäß Art. 46 Abs. 3 lit. a DSGVO mit Vertragsklauseln, die zwischen dem Verantwortlichen oder dem Auftragsverarbeiter und dem Verantwortlichen, dem Auftragsverarbeiter oder dem Empfänger der personenbezogenen Daten im Drittland oder der internationalen Organisation vereinbart wurden und gemäß Art. 46 Abs. 3 lit. b DSGVO mit Bestimmungen, die in Verwaltungsvereinbarungen zwischen Behörden oder öffentlichen Stellen

250 Vgl. bereits *Hornung*, ZD 2012, 99, 102 in Bezug auf Art. 42 des Kommissionsvorschlags für Verordnung des Europäischen Parlaments und Rates zum Schutz natürlicher Personen bei der Verarbeitung personenbezogener Daten und zum freien Datenverkehr (Datenschutz-Grundverordnung), KOM (2012) 11 endgültig.

251 *EU-Kommission*, Vorschlag für Verordnung des Europäischen Parlaments und Rates zum Schutz natürlicher Personen bei der Verarbeitung personenbezogener Daten und zum freien Datenverkehr (Datenschutz-Grundverordnung), KOM (2012) 11 endgültig, S. 12 f.

252 *Lange/Filip*, in: BeckOK, Datenschutzrecht, Art. 46 Rn. 65.

aufzunehmen sind und durchsetzbare und wirksame Rechte für die betroffenen Personen einschließen. Im Gegensatz zu den in Art. 46 Abs. 2 DSGVO aufgezählten Garantien, bei denen die Datenübermittlung keiner gesonderten Genehmigung der Aufsichtsbehörde bedarf, stehen die in Art. 46 Abs. 3 DSGVO genannten Garantien unter dem Vorbehalt der Genehmigung durch die zuständige Aufsichtsbehörde.

dd) Art. 46 Abs. 4 DSGVO

Für die Erteilung der erforderlichen Genehmigung der Aufsichtsbehörden ist nach Art. 46 Abs. 4 DSGVO das Kohärenzverfahren durchzuführen. Zum einen trägt dies dem Interesse einer einheitlichen Anwendung der DSGVO in der EU Rechnung.[253] Zum anderen wird sichergestellt, dass die von den einzelnen Aufsichtsbehörden in der Praxis aufgestellten Anforderungen an geeignete Garantien i. S. v. Art. 46 Abs. 3 DSGVO im Wesentlichen gleich sind.[254]

ee) Art. 46 Abs. 5 DSGVO

Aus Gründen der Rechtssicherheit[255] regelt Art. 46 Abs. 5 DSGVO, dass die von einem Mitgliedstaat oder einer Aufsichtsbehörde auf der Grundlage von Art. 26 Abs. 2 DSRL erteilte Genehmigungen so lange gültig bleiben, bis sie erforderlichenfalls von dieser Aufsichtsbehörde geändert, ersetzt oder aufgehoben werden. Gleiches gilt für die von der Kommission auf der Grundlage von Art. 26 Abs. 4 DSRL erlassenen Feststellungen, die so lange in Kraft bleiben, bis sie erforderlichenfalls mit einem nach Art. 46 Abs. 2 DSGVO erlassenen Beschluss der Kommission geändert, ersetzt oder aufgehoben werden.

d) Art. 47 DSGVO: Verbindliche interne Datenschutzvorschriften

Art. 47 DSGVO enthält konkrete Vorgaben für den Inhalt verbindlicher interner Datenschutzvorschriften und das insoweit anwendbare Genehmigungsverfahren. Das Instrument der verbindlichen internen Datenschutzvorschriften trägt den vielfältigen Bedürfnissen internationaler Unternehmen[256] Rechnung, die häufig für alle Teilunternehmen einheitliche Regelungen über den Datenschutz befürworten.[257] Für Unternehmen mit komplexen weltweiten Strukturen sind diese oft

---

253 *Lange/Filip*, in: BeckOK, Datenschutzrecht, Art. 46 Rn. 60.

254 *Lange/Filip*, in: BeckOK, Datenschutzrecht, Art. 46 Rn. 60.

255 *Lange/Filip*, in: BeckOK, Datenschutzrecht, Art. 46 Rn. 68; *Zerdick*, in: Ehmann/Selmayr, Datenschutz-Grundverordnung, Art. 46 Rn. 18.

256 Verbindliche interne Datenschutzvorschriften können sowohl zwischen Mitgliedern einer Unternehmensgruppe i. S. v. Art. 4 Nr. 19 DSGVO als auch von Mitgliedern einer Gruppe von Unternehmen i. S. d. Art. 4 Nr. 18 DSGVO, die eine gemeinsame Wirtschaftstätigkeit ausüben, aufgestellt werden.

257 *Gabel*, in: Taeger/Gabel, DSGVO BDSG, Art. 47 Rn. 1.

praktikabler und aufgrund ihrer hohen Individualität flexibler als z. B. Standarddatenschutzklauseln zu vereinbaren.[258]

Gemäß dem Kohärenzverfahren nach Art. 63 DSGVO kann die zuständige Aufsichtsbehörde verbindliche interne Datenschutzvorschriften genehmigen, sofern diese rechtlich bindend sind, für alle betreffenden Mitglieder der Unternehmensgruppe oder einer Gruppe von Unternehmen, die eine gemeinsame Wirtschaftstätigkeit ausüben, gelten und von diesen Mitgliedern durchgesetzt werden, und dies auch für ihre Beschäftigten gilt, den betroffenen Personen ausdrücklich durchsetzbare Rechte in Bezug auf die Verarbeitung ihrer personenbezogenen Daten übertragen und die in Art. 47 Abs. 2 festgelegten Anforderungen erfüllen. Sind die in Art. 47 Abs. 1 und Abs. 2 DSGVO genannten Anforderungen erfüllt, ist grundsätzlich ein angemessenes Schutzniveau i. S. d. DSGVO gewährleistet. Um nunmehr geeignete Garantien i. S. d. Art. 46 Abs. 2 DSGVO darzustellen, müssen sie von der zuständigen Aufsichtsbehörde im Rahmen des Kohärenzverfahrens genehmigt werden. Das Kohärenzverfahren löst das vor Inkrafttreten der DSGVO angewandte Kooperationsverfahren nach den Vorgaben der Artikel-29-Datenschutzgruppe ab.[259] Die von der Aufsichtsbehörde erteilte Genehmigung gilt nunmehr unionsweit,[260] was eine wesentliche Erleichterung des Verfahrens darstellt. Die Aufstellung und Genehmigung sowie insbesondere die Umsetzung der Vorschriften nach der jetzigen Regelung gehen nichtsdestotrotz mit einem nicht unerheblichen Aufwand einher.[261]

aa) Art. 47 Abs. 2 DSGVO

Art. 47 Abs. 2 DSGVO enthält eine Auflistung einer Reihe von Mindestangaben, die verbindliche interne Datenschutzvorschriften enthalten müssen. Dazu gehören deskriptive Angaben betreffend die Struktur und Kontaktdaten des Unternehmens sowie die Datenübermittlung. Aber auch Aussagen über die Rechtsverbindlichkeit, allgemeine Datenschutzgrundsätze,[262] Rechte der Betroffenen und deren

---

258 *Artikel-29-Datenschutzgruppe*, Arbeitspapier vom 3.6.2003, WP 74, S. 4; *Filip*, ZD 2013, 51 f.; *Grau/Granetzny*, NZA 2016, 405, 408.

259 Vgl. *Artikel-29-Datenschutzgruppe*, Arbeitspapier vom 25.11.2004, WP 102; Arbeitspapier vom 14.4.2005, WP 107 und 108; sowie Arbeitspapier vom 10.1.2007, WP 133.

260 *Gabel*, in: Taeger/Gabel, DSGVO BDSG, Art. 47 Rn. 12.

261 Zu den Vor- und Nachteilen verbindlicher Unternehmensregelungen *Artikel-29-Datenschutzgruppe*, Arbeitspapier vom 3.6.2003, WP 74, S. 4 ff.; *Räther/Seitz*, MMR 2002, 520, 526 f.; *Wybitul*, ZD-Aktuell 2015, 04856.

262 Beispielhaft aufgeführt werden Zweckbindung, Datenminimierung, begrenzte Speicherfristen, Datenqualität, Datenschutz durch Technikgestaltung und durch datenschutzfreundliche Voreinstellungen, Rechtsgrundlage für die Verarbeitung, Verarbeitung besonderer Kategorien von personenbezogenen Daten, Maßnahmen zur Sicherstellung der Datensicherheit und Anforderungen für die Weiterübermittlung an nicht an diese internen Datenschutzvorschriften gebundene Stellen.

Rechtsschutzmöglichkeiten,[263] Haftungsregelungen für Verstöße von Mitgliedern der Unternehmensgruppe aus Drittstaaten, Art und Weise, wie betroffene informiert werden, Aufgaben des Datenschutzbeauftragten,[264] Beschwerdeverfahren, Verfahren zur Überprüfung der Einhaltung der verbindlichen internen Datenschutzgrundsätze, Verfahren für Meldung und Erfassung von Änderungen in der Unternehmenspolitik, Verfahren zur Zusammenarbeit der Aufsichtsbehörde, Meldeverfahren zur Unterrichtung der Aufsichtsbehörde und geeignete Datenschutzschulungen für Personal gehören zu den nach Art. 47 Abs. 2 DSGVO aufgelisteten Mindestangaben.

bb) Art. 47 Abs. 3 DSGVO

Art. 47 Abs. 3 DSGVO enthält eine Ermächtigung der Kommission, wonach es dieser obliegt, das Format und die Verfahren für den Informationsaustausch über verbindliche interne Datenschutzvorschriften zwischen den Verantwortlichen, Auftragsverarbeitern und Aufsichtsbehörden durch den Erlass von entsprechenden Durchführungsrechtsakten festzulegen. Dabei muss sie das Prüfverfahren nach Art. 93 Abs. 2 DSGVO einhalten.

e) Art. 49 DSGVO: Ausnahmen für bestimmte Fälle

Art. 49 DSGVO regelt unter bestimmten Voraussetzungen Ausnahmen für eine Datenübermittlung in ein Drittland, auch wenn für dieses weder ein Angemessenheitsbeschluss i. S. d. Art. 45 Abs. 3 DSGVO vorliegt noch eine geeignete Garantie i. S. d. Art. 46 DSGVO besteht. Art. 49 DSGVO entspricht im weiten Teilen des Art. 26 DSRL,[265] enthält jedoch auch Ergänzungen sowie gänzliche Neufassungen einzelner Ausnahmetatbestände. Die Ausnahmetatbestände stellen einen Kompromiss dar in der Schutzdebatte, einerseits den Wirtschaftsverkehr und die internationale Zusammenarbeit mit Drittländern und internationalen Organisationen nicht unangemessene zu beeinträchtigt, andererseits ein angemessenes Datenschutzniveau zu gewährleisten, welches über territoriale Grenzen hinweg sichergestellt werden soll. Der Grundgedanke der Ausnahmeregelungen ist, dass in den fraglichen Fällen das Schutzbedürfnis der betroffenen Personen vergleichsweise gering einzustufen oder anderen Interessen ausnahmsweise der Vorzug zu geben ist.[266] Die Ausnahmeregelungen sollten – wie es ErwGr 112 Satz 1

263 Genannt werden das Recht, keiner einer Profilerstellung dienenden Maßnahme nach Art. 22 DSGVO unterworfen zu werden, das Beschwerderecht nach Art. 79 DSGVO sowie Wiedergutmachung und ggf. Schadensersatz.

264 Art. 39 DSGVO regelt die Aufgaben des Datenschutzbeauftragten.

265 Vgl. hierzu § 4c Abs. 1 BDSG a. F.

266 *Gabel*, in: Taeger/Gabel, DSGVO BDSG, Art. 49 Rn. 1; *Lange/Filip*, in: BeckOK, Datenschutzrecht, Art. 49 Rn. 3 m. w. N.

vorsieht – insbesondere für solche Datenübermittlungen gelten, die aus wichtigen Gründen des öffentlichen Interesses erforderlich sind. Dies kann beispielsweise im internationalen Datenaustausch zwischen Wettbewerbs-, Steuer- oder Zollbehörden, zwischen Finanzaufsichtsbehörden oder zwischen für Angelegenheiten der sozialen Sicherheit oder für die öffentliche Gesundheit zuständigen Dienste beispielsweise im Falle der Umgebungsuntersuchung bei ansteckenden Krankheiten oder zur Verringerung oder Beseitigung des Dopings im Sport bestehen.

aa) Art. 49 Abs. 1 lit. a DSGVO

Ähnlich wie Art. 26 Abs. 1 lit. a DSRL ist nach Art. 49 Abs. 1 lit. a DSGVO eine Datenübermittlung in ein Drittland zulässig, wenn der Betroffene seine Einwilligung in die Datenübermittlung gegeben hat. Art. 49 Abs. 1 lit. a DSGVO erfordert jedoch darüber hinaus, dass die betroffene Person über die für sie bestehenden möglichen Risiken derartiger Datenübermittlungen ohne Vorliegen eines Angemessenheitsbeschlusses und ohne geeignete Garantien unterrichtet wurde. Die Einwilligung muss zudem ausdrücklich erfolgen, was eine Einwilligung durch schlüssiges Verhalten – anders als bei Art. 26 Abs. 1 lit. a DSRL – ausschließt.[267] Die Einwilligung ist in Art. 4 Nr. 11 DSGVO gesetzlich normiert. Demnach ist dies jede freiwillig für den bestimmten Fall, in informierter Weise und unmissverständlich abgegebene Willensbekundung in Form einer Erklärung oder einer sonstigen eindeutigen bestätigenden Handlung, mit der die betroffene Person zu verstehen gibt, dass sie mit der Verarbeitung der sie betreffenden personenbezogenen Daten einverstanden ist.

bb) Art. 49 Abs. 1 lit. b DSGVO

Art. 49 Abs. 1 lit. b DSGVO erlaubt eine Ausnahme von den Voraussetzungen des Art. 45 und Art. 46 DSGVO, wenn die Übermittlung für die Erfüllung eines Vertrags zwischen der betroffenen Person und dem Verantwortlichen oder zur Durchführung von vorvertraglichen Maßnahmen auf Antrag der betroffenen Person erforderlich ist. Die Vorschrift deckt sich mit Art. 26 Abs. 1 lit. b DSRL.

cc) Art. 49 Abs. 1 lit. c DSGVO

Art. 49 Abs. 1 lit. c DSGVO – der weitgehend mit der Vorgängerregelung des Art. 26 Abs. 1 lit. c DSRL identisch ist – sieht eine Ausnahme für den Fall vor, dass die Übermittlung zum Abschluss oder zur Erfüllung eines im Interesse der betroffenen Person von dem Verantwortlichen mit einer anderen natürlichen oder juristischen Person geschlossenen Vertrag erforderlich ist.

---

267 *Pauly*, in: Paal/Pauly, DS-GVO BDSG, Art. 49 Rn. 7; *Zerdick*, in: Ehmann/Selmayr, Datenschutz-Grundverordnung, Art. 49 Rn. 6.

dd) Art. 49 Abs. 1 lit. d DSGVO

Datenübermittlungen in Drittländer sind ferner nach Art. 49 Abs. 1 lit. d DSGVO erlaubt, wenn die Übermittlung aus wichtigen Gründen des öffentlichen Interesses notwendig ist. Das öffentliche Interesse muss gemäß Art. 49 Abs. 4 DSGVO im Unionsrecht oder im Recht des Mitgliedstaats, dem der Verantwortliche unterliegt, anerkannt sein.

ee) Art. 49 Abs. 1 lit. e DSGVO

Ist die Übermittlung zur Geltendmachung, Ausübung oder Verteidigung von Rechtsansprüchen erforderlich, kann eine Datenübermittlung nach Art. 49 Abs. 1 lit. e DSGVO in ein Drittland zulässig sein. Im Unterschied zu § 4c Abs. 1 Nr. 4 Alt. 2 BDSG a. F. enthält die Vorschrift nicht die Einschränkung „vor Gericht“. Der Anwendungsbereich ist damit weiter und erfasst z. B. auch Verwaltungsverfahren, Verfahren vor Regulierungsbehörden[268] und außergerichtliche Verfahren.[269]

ff) Art. 49 Abs. 1 lit. f DSGVO

Art. 49 Abs. 1 lit. f DSGVO erlaubt eine Datenübermittlung in ein Drittland, wenn die Übermittlung zum Schutz lebenswichtiger Interessen der betroffenen Person oder anderer Personen erforderlich ist, sofern die betroffene Person aus physischen oder rechtlichen Gründen außerstande ist, ihre Einwilligung zu geben. Als lebenswichtige Interessen nennt ErwGr 112 insbesondere die körperliche Unversehrtheit und das Leben, mithin höchstrangige Interessen. Die Vorschrift ist damit einerseits weitergehend als die Vorgängerregelung des Art. 26 Abs. 1 lit. e DSRL, die nur lebenswichtige Interessen der betroffenen Person selbst umfasste.[270] Andererseits ist sie durch die zusätzliche Voraussetzung, dass die betroffene Person zur Erteilung der Einwilligung außerstande sein muss, deutlich enger gefasst.[271]

gg) Art. 49 Abs. 1 lit. g DSGVO

Schließlich erlaubt Art. 49 Abs. 1 lit. g DSGVO ausnahmsweise die Datenübermittlung in ein Drittland, wenn die Übermittlung aus einem Register erfolgt, das gemäß dem Recht der Union oder der Mitgliedstaaten zur Information der Öffentlichkeit bestimmt ist und entweder der gesamten Öffentlichkeit oder allen Personen, die ein berechtigtes Interesse nachweisen können, zur Einsichtnahme offensteht, aber nur soweit die im Recht der Union oder der Mitgliedstaaten festgelegten

---

268 *Artikel-29-Datenschutzgruppe*, Arbeitspapier vom 6.2.2018, WP 261, S. 12; *Pauly*, in: Paal/Pauly, DS-GVO BDSG, Art. 49 Rn. 21.

269 ErwGr 111 Satz 1.

270 *Lange/Filip*, in: BeckOK, Datenschutzrecht, Art. 49 Rn. 38.

271 *Lange/Filip*, in: BeckOK, Datenschutzrecht, Art. 49 Rn. 38.

Voraussetzungen für die Einsichtnahme im Einzelfall gegeben sind. Inhaltlich entspricht die Regelung der Vorgängerregelung des Art. 26 Abs. 1 lit. f DSRL.

hh) Art. 49 Abs. 1 Satz 2 und Abs. 2 DSGVO

Schließlich kann bei Fehlen eines angemessenen Datenschutzniveaus nach Art. 45 DSGVO oder geeigneter Garantien nach Art. 46 DSGVO sowie bei fehlender Anwendbarkeit der Ausnahmen des Art. 49 Abs. 1 lit. a bis g DSGVO gleichwohl eine Übermittlung gerechtfertigt sein, wenn kumulativ die in Art. 49 Abs. 1 Satz 2 DSGVO genannten Anforderungen erfüllt sind. Um der Gefahr der übermäßigen Anwendung der Vorschrift vorzubeugen, hat der Gesetzgeber die Datenübermittlungen darauf beschränkt, dass diese nicht die Gesamtheit oder ganze Kategorien der im Register enthaltenen personenbezogenen Daten umfassen dürfen, Art. 49 Abs. 2 DSGVO.

f) Art. 50 DSGVO: Internationale Zusammenarbeit zum Schutz personenbezogener Daten

Art. 50 DSGVO regelt die internationale Zusammenarbeit zum Schutz personenbezogener Daten. Ziel der geregelten Maßnahmen internationaler Zusammenarbeit in diesem Bereich ist die wirksame Durchsetzung datenschutzrechtlicher Vorschriften. ErwGr 116 Satz 1 führt dazu aus, dass eine erhöhte Gefahr bestehe, dass natürliche Personen ihre Datenschutzrechte nicht wahrnehmen können und sich insbesondere gegen die unrechtmäßige Nutzung oder Offenlegung dieser Informationen schützen, wenn personenbezogene Daten in ein anderes Land außerhalb der Union übermittelt werden. Aber auch Aufsichtsbehörden – so ErwGr 116 Satz 2 und Satz 3 – könnten u. U. Beschwerden nicht nachgehen oder Untersuchungen nicht durchführen, die einen Bezug zu Tätigkeiten außerhalb der Grenzen ihres Mitgliedstaats haben und zudem durch unzureichende Präventiv- und Abhilfebefugnisse, widersprüchliche Rechtsordnungen und praktische Hindernisse wie Ressourcenknappheit behindert werden. Es bedürfe daher nach ErwGr 116 Satz 4 der Förderung der Zusammenarbeit zwischen den Datenschutzaufsichtsbehörden, damit sie Informationen austauschen und mit den Aufsichtsbehörden in anderen Ländern Untersuchungen durchführen können.

Art. 50 DSGVO legt die internationale Zusammenarbeit zum Schutz personenbezogener Daten ausdrücklich als Pflichtaufgabe der EU-Kommission und der Aufsichtsbehörde fest und betont damit die große praktische Bedeutung der internationalen Zusammenarbeit mit dem Ziel der Rechtsdurchsetzung für einen wirksamen Datenschutz.[272]

Art. 50 DSGVO regelt vier Bereiche der internationalen Zusammenarbeit, ohne die einzelnen Instrumente näher zu definieren. Die Maßnahmen werden durch die

---

272 *Lange/Filip*, in: BeckOK, Datenschutzrecht, Art. 50.

Kommission und die Aufsichtsbehörden gemäß Art. 50 Abs. 1 lit. a DSGVO getroffen zur Entwicklung von Mechanismen der internationalen Zusammenarbeit, durch die die wirksame Durchsetzung von Rechtsvorschriften zum Schutz personenbezogener Daten erleichtert wird. Die Maßnahmen erfolgen zudem gemäß Art. 50 Abs. 1 lit. b DSGVO zur gegenseitigen Leistung internationaler Amtshilfe bei der Durchsetzung von Rechtsvorschriften zum Schutz personenbezogener Daten, unter anderem durch Meldungen, Beschwerdeverweisungen, Amtshilfe bei Untersuchungen und Informationsaustausch, sofern geeignete Garantien für den Schutz personenbezogener Daten und anderer Grundrechte und Grundfreiheiten bestehen. Darüber hinaus erfolgen gemäß Art. 50 Abs. 1 lit. c DSGVO Maßnahmen zur Einbindung maßgeblicher Interessenträger in Diskussionen und Tätigkeiten, die zum Ausbau der internationalen Zusammenarbeit bei der Durchsetzung von Rechtsvorschriften zum Schutz personenbezogener Daten dienen. Schließlich sieht Art. 50 Abs. 1 lit. d DSGVO Maßnahmen zur Förderung des Austauschs und der Dokumentation von Rechtsvorschriften und Praktiken zum Schutz personenbezogener Daten einschließlich Zuständigkeitskonflikten mit Drittländern vor.

g) Art. 48 DSGVO: Nach dem Unionsrecht nicht zulässige Übermittlung oder Offenlegung

Art. 48 DSGVO betrifft die nach dem Unionsrecht nicht zulässige Übermittlung oder Offenlegung. Damit wird auf die von Nicht-EU-Staaten erzwungenen Offenlegungen eingegangen. In ErwGr 115 heißt es dazu, dass manche Drittländer Gesetze, Vorschriften oder sonstige Rechtsakte erlassen würden, die vorgeben, die Verarbeitungstätigkeiten natürlicher und juristischer Personen, die der Rechtsprechung der Mitgliedstaaten unterliegen, unmittelbar zu regeln. Dies könne Urteile von Gerichten und Entscheidungen von Verwaltungsbehörden in Drittländern umfassen, mit denen von einem Verantwortlichen oder einem Auftragsverarbeiter die Übermittlung oder Offenlegung personenbezogener Daten verlangt wird und die nicht auf eine in Kraft befindliche internationale Übereinkunft wie etwa ein Rechtshilfeabkommen zwischen dem ersuchenden Drittland und der Union oder einem Mitgliedstaat gestützt seien. Die Anwendung dieser Gesetze, Verordnungen und sonstigen Rechtsakte könne außerhalb des Hoheitsgebiets der betreffenden Drittländer gegen internationales Recht verstoßen und dem durch diese Verordnung in der Union gewährleisteten Schutz natürlicher Personen zuwiderlaufen. Es wird betont, dass Übermittlungen nur zulässig seien, wenn die Bedingungen dieser Verordnung für Datenübermittlungen an Drittländer eingehalten werden.

Art. 48 DSGVO stellt ein Novum dar. Eine entsprechende Vorschrift gab es bislang weder im deutschen Datenschutzrecht noch in der DSRL.[273] Die Regelung geht auf die im kommissionsinternen Entwurf der DSGVO enthaltene Vorschrift des Art. 42 DSGVO zurück, die bestimmte, dass Datenanforderungen durch

273 *Jungkind*, in: BeckOK, Datenschutzrecht, Art. 48 Rn. 1, Rn. 4.

Gerichtsurteile oder richterliche Beschlüsse und Entscheidungen von Behörden außerhalb der EU nicht in der EU anerkannt und nicht durchgesetzt werden, es sei denn, es bestehen internationale Abkommen oder Verträge zwischen dem Drittstaat und (der Union oder) dem Mitgliedstaat.[274] Art. 42 Abs. 2 DSGVO des Vorentwurfs regelte die Voraussetzungen für den Fall, dass Justiz- und Strafverfolgungsbehörden in Drittstaaten auf personenbezogene Daten in der EU zugreifen wollen und bestimmte, dass ein solcher Zugriff der vorherigen Zustimmung der zuständigen Datenschutzbehörde bedürfe. Der Kommissionsentwurf selbst sah jedoch keine entsprechende Regelung mehr vor. Die Streichung dieser Vorschrift ging auf massiven Druck verschiedener US-Ministerien zurück. Die Regelung wurde als „Anti-FISA-Klausel" bezeichnet, da sie ggf. eine Weitergabe von Daten auf Grundlage des FISA verhindert hätte. Vermutlich aufgrund des Bekanntwerdens der direkten Einflussnahme durch die USA[275] wurde der Artikel jedoch wieder in die Debatte um die Datenschutzgrundverordnung aufgenommen.[276] Art. 43a des Parlamentsentwurfs entsprach dem ursprünglichen Art. 42 und sah zudem vor, dass ein Kohärenzverfahren zur Anwendung gebracht wird, wenn Personen anderer Mitgliedstaaten betroffen sind.

Art. 48 DSGVO sieht nun vor, dass sämtliche Urteile eines Gerichts eines Drittlands und Entscheidungen einer Verwaltungsbehörde eines Drittlands, mit denen von einem Verantwortlichen oder einem Auftragsverarbeiter die Übermittlung oder Offenlegung personenbezogener Daten verlangt wird, unbeschadet anderer Gründe für die Übermittlung gemäß Kapitel V der DSGVO jedenfalls nur dann anerkannt oder vollstreckbar werden dürfen, wenn sie auf eine in Kraft befindliche internationale Übereinkunft wie etwa ein Rechtshilfeabkommen zwischen dem ersuchenden Drittland und der Union oder einem Mitgliedstaat gestützt sind.

Die rechtliche Einordnung und die tatsächlichen Auswirkungen dieser Vorschrift im Einzelnen sind jedoch nach wie vor umstritten.[277]

VI. Rechtsfolge eines Verstoßes gegen die DSGVO

Für eine harmonisierte Regelung des Datenschutzes ist die einheitliche Durchsetzung der Datenschutzbestimmungen von wesentlicher Bedeutung.[278] Kernanliegen der Datenschutzreform war es daher, im Sinne eines gleichmäßigen Datenschutzniveaus in der gesamten EU, neben einheitlichen Pflichten für Verantwortliche

274 *EU-Kommission*, kommissionsinternen Entwurf der DSGVO vom 29.11.2011 (Version 56), S. 12.

275 *Albrecht*, CR 2016, 88, 95.

276 *Jungkind*, in: BeckOK, Datenschutzrecht, Art. 48 Rn. 2.

277 Zweiter Teil, C. II. 3.

278 *Artikel-29-Datenschutzgruppe*, Leitlinien für die Anwendung und Festsetzung von Geldbußen im Sinne der Verordnung (EU) 2016/679, 3.10.2017, WP 253, S. 4.

und Auftragsverarbeiter, gleichmäßige Kontrollen und gleichwertige Sanktionen in allen Mitgliedstaaten zu gewährleisten.[279]

1. Überwachung und Durchsetzung der Anwendung der DSGVO

Die Überwachung der Anwendung der Bestimmungen der DSGVO liegt gemäß Art. 51 Abs. 1 DSGVO in erster Linie bei den nationalen Aufsichtsbehörden. Die EU-Kommission stellt in ihrer besonderen Rolle als „Hüterin der EU-Verträge" sicher, dass die Mitgliedstaaten die EU-Vorschriften, einschließlich der DSGVO, einhalten. Die EU-Kommission wird in der Regel nur dann tätig, wenn strukturelle Mängel bei der Anwendung des europäischen Rechts durch die Mitgliedstaaten bestehen, nicht aber im Einzelfall. Die finale Zuständigkeit für die Auslegung des EU-Rechts liegt jedoch beim EuGH. Die Aufsichtsbehörden wurden gemäß Art. 28 der Richtlinie 95/46 eingerichtet und genießen gemäß Art. 8 Abs. 3 EU-Grundrechtscharta, Art. 16 Abs. 2 AEUV einen besonderen Status. Nach Art. 52 Abs. 1 DSGVO handelt jede Aufsichtsbehörde bei der Erfüllung ihrer Aufgaben und bei der Ausübung ihrer Befugnisse gemäß dieser Verordnung völlig unabhängig. Art. 57 DSGVO enthält eine detailliert, wenn auch nicht abschließende Aufzählung der Aufgaben der Aufsichtsbehörde. Ziel dieser detaillierten Regelung ist – trotz der Unabhängigkeit der nationalen Aufsichtsbehörden – die Schaffung eines gleichwertigen Datenschutzniveaus innerhalb der EU durch einen einheitlichen Vollzugsrahmen.[280] Zu den zweiundzwanzig normierten Aufgaben des Art. 57 DSGVO gehört unter anderem nach Art. 57 Abs. 1 lit. a DSGVO die Anwendung der DSGVO zu überwachen und durchzusetzen, nach Art. 57 Abs. 1 lit. f DSGVO sich mit Beschwerden betroffener Personen zu befassen und diese zu untersuchen, nach Art. 57 Abs. 1 lit. h DSGVO Untersuchungen durchzuführen und nach Art. 57 Abs. 1 lit. i DSGVO maßgebliche Entwicklungen zu verfolgen, soweit sie sich auf den Schutz personenbezogener Daten auswirken. Art. 57 DSGVO stellt dabei keine abschließende Regelung dar,[281] sodass die sonstigen Aufgabenzuweisungen in der DSGVO unberührt bleiben.[282] Um eine einheitliche Überwachung und Durchsetzung der DSGVO gewährleisten zu können, regelt Art. 58 DSGVO die Befugnisse der Aufsichtsbehörden. Neben sämtlichen Untersuchungsbefugnissen, die Art. 58 Abs. 1 lit. a–f DSGVO regelt, stehen der Aufsichtsbehörde in Art. 58 Abs. 2 lit. b–j DSGVO[283] eine Reihe von Maßnahmen zur Verfügung, mit welchen sie gegen

279 ErwGr 10, 11 und 13, *Dietrich*, ZD 2016, 260, 263; *Eichler*, in: BeckOK, Datenschutzrecht, Art. 58 Rn. 1.

280 ErwGr 123, 129.

281 *Eichler*, in: BeckOK, Datenschutzrecht, Art. 57 Rn. 1; *Körffer*, in: Paal/Pauly, DS-GVO BDSG, Art. 57 Rn. 1.

282 Z. B. die Erstellung eines Tätigkeitsberichts nach Art. 59 DSGVO.

283 Gemäß Art. 58 Abs. 2 lit. a DSGVO können Warnungen ausgegeben werden, wenn beabsichtige Verarbeitungsvorgänge voraussichtlich gegen diese Verordnung

Verstöße eines Verantwortlichen oder eines Auftragsverarbeiters vorgehen können. Wurde bei der Bewertung des Sachverhalts ein Verstoß gegen die Verordnung festgestellt, muss die zuständige Aufsichtsbehörde die Abhilfemaßnahme(n) ermitteln, die zur Behebung des Verstoßes am besten geeignet ist bzw. sind.[284]

2. *Die Voraussetzungen der Verhängung von Geldbußen*

Die ausländischen Behörden führen bislang das Bußgeld-Ranking an.[285] Über 200 Mio. EUR Bußgeld für British Airways,[286] über 100 Mio. EUR Bußgeld für Marriott[287] und 50 Mio. EUR Bußgeld für Google[288] wurden bereits verhängt. Die deutschen Behörden hielten sich mit der Verhängung solch hoher Bußgelder bisher zurück. Im November 2019 allerdings wurde erstmalig in Deutschland ein Bußgeld in Millionenhöhe gegen den Immobilienkonzern Deutsche Wohnen verhängt.[289] Ein weiteres Bußgeld verhängte der Bundesbeauftragte für den Datenschutz und die Informationsfreiheit (BfDI) gegen den Telekommunikationsdienstleister 1&1 in Höhe von 9,55 Mio. EUR.[290] Auch H&M erhielt ein Bußgeld in Höhe von 35,3

---

verstoßen. Ein Verstoß gegen die Verordnung ist in dem durch diese Bestimmung abgedeckten Fall also noch nicht eingetreten.

284 *Artikel-29-Datenschutzgruppe*, Leitlinien für die Anwendung und Festsetzung von Geldbußen im Sinne der Verordnung (EU) 2016/679, 3.10.2017, WP 253, S. 5.

285 Aktuelle Übersicht über bereits ergangene und veröffentliche Bußgelder unter https://www.enforcementtracker.com, vgl. auch *Votteler*, ZD 2019, 431.

286 Summe zitiert nach den Angaben des Information Commissioner's Office (ICO), https://ico.org.uk/about-the-ico/news-and-events/news-and-blogs/2019/07/ico-announces-intention-to-fine-british-airways/, letzter Aufruf: 14.9.2021.

287 Summe zitiert nach den Angaben des Information Commissioner's Office (ICO), https://ico.org.uk/about-the-ico/news-and-events/news-and-blogs/2019/07/statement-intention-to-fine-marriott-international-inc-more-than-99-million-under-gdpr-for-data-breach/, letzter Aufruf: 14.9.2021.

288 Summe zitiert nach den Angaben der französischen Datenschutzaufsichtsbehörde CNIL, https://www.cnil.fr/en/cnils-restricted-committee-imposes-financial-penalty-50-million-euros-against-google-llc, letzter Aufruf: 14.9.2021.

289 Pressemitteilung des Berliner Beauftragten für Datenschutz und Informationsfreiheit vom 5.11.2019, abrufbar unter: https://www.datenschutz-berlin.de/fileadmin/user_upload/pdf/pressemitteilungen/2019/20191105-PM-Bussgeld_DW.pdf, letzter Aufruf: 14.9.2021.

290 Pressemitteilung des BfID vom 9.12.2019, „BfDI verhängt Geldbußen gegen Telekommunikationsdienstleister", abrufbar unter: https://www.bfdi.bund.de/DE/Infothek/Pressemitteilungen/2019/30_BfDIverhängtGeldbuße1u1.html, letzter Aufruf: 14.9.2021, das mittlerweile jedoch reduziert wurde, vgl. Erster Teil, B. VI. 4.

Mio. wegen Datenschutzverstößen.[291] Dabei stellt sich die Frage, unter welchen Voraussetzungen ein solch hohes Bußgeld verhängt werden kann. Im Folgenden soll daher auf die Voraussetzungen der Verhängung einer solchen Geldbuße eingegangen werden.

a) Die Geldbuße nach europäischem Recht

Geldbußen sind ein zentraler Aspekt der durch die Verordnung eingeführten neuen Durchsetzungsbestimmungen und bilden zusammen mit den anderen Maßnahmen nach Art. 58 DSGVO eine starke Komponente der den Aufsichtsbehörden zur Verfügung stehenden Instrumente.[292] Aufsichtsbehörden können nach Art. 83 Abs. 1 DSGVO, zusätzlich zu oder anstelle der in Art. 58 Abs. 2 DSGVO genannten Maßnahmen, Sanktionen gegen die Verstöße verhängen, deren Höhe von der Schwere des Verstoßes abhängt. Sie müssen dabei, wie bei allen Abhilfemaßnahmen, alle Aspekte des Sachverhalts in kohärenter und objektiv gerechtfertigter Weise bewerten. ErwGr 129 konstatiert ausdrücklich, dass die Befugnisse der Aufsichtsbehörden in Übereinstimmung mit den geeigneten Verfahrensgarantien nach dem Unionsrecht und dem Recht der Mitgliedstaaten unparteiisch, gerecht und innerhalb einer angemessenen Frist ausgeübt werden sollten. Insbesondere sollte jede Maßnahme im Hinblick auf die Gewährleistung der Einhaltung dieser Verordnung geeignet, erforderlich und verhältnismäßig sein, wobei die Umstände des jeweiligen Einzelfalls zu berücksichtigen sind. Art. 83 DSGVO sieht Geldbußen von bis zu 20 Mio. EUR oder von bis zu vier Prozent des gesamten weltweit erzielten Jahresumsatzes des vorangegangenen Geschäftsjahrs eines Unternehmens vor, je nachdem welche Zahl höher ist. Die Geldbuße wird als verwaltungsrechtliche Sanktion geregelt.[293]

aa) Geldbußen gegen natürliche Personen

Geldbußen können gegen den Verantwortlichen und den Auftragsverarbeiter als natürliche Personen gerichtet werden. Zwar bestimmt Art. 83 Abs. 2 DSGVO nicht

---

291 Pressemitteilung des HmbBfDI vom 1.10.2020, „35,3 Millionen Euro Bußgeld wegen Datenschutzverstößen im Servicecenter von H&M“, abrufbar unter: https://datenschutz-hamburg.de/pressemitteilungen/2020/10/2020-10-01-h-m-verfahren, letzter Aufruf: 14.9.2021.

292 *Artikel-29-Datenschutzgruppe*, Leitlinien für die Anwendung und Festsetzung von Geldbußen im Sinne der Verordnung (EU) 2016/679, 3.10.2017, WP 253, S. 4.

293 ErwGr 150 Satz 1; *Frenzel*, in: Paal/Pauly, DS-GVO BDSG, Art. 83 Rn. 6; *Holländer*, in: BeckOK, Datenschutzrecht, Art. 83 Rn. 4.1. mit Verweis auf die Problematik der Regelungskompetenz angesichts des Bußgeldniveaus und des damit einhergehenden strafrechtlichen Charakters mit Blick auf die Parallelproblematik im Kartellrecht.

ausdrücklich den Verantwortlichen oder den Auftragsverarbeiter als Adressaten einer solchen Geldbuße. Allerdings ergibt sich dies aus Art. 83 Abs. 3 DSGVO, der eine Regelung zur Kumulation von Verstößen trifft, sowie aus Art. 83 Abs. 2 DSGVO i. V. m. Art. 58 Abs. 2 DSGVO, dass Maßnahmen der Aufsichtsbehörde gegen Verantwortliche oder Auftragsverarbeiter zu richten sind.[294]

bb) Geldbußen gegen juristische Personen

Anders als im deutschen Straf- und Ordnungswidrigkeitenrecht, in dem die Verhängung einer Sanktion stets an ein vorwerfbares Verhalten einer natürlichen Person anknüpft, können auf europäischer Ebene auch juristische Personen oder andere Einrichtungen oder Stellen, die als Unternehmen in Erscheinung treten, Adressaten von Geldbußen sein. Dies ergibt sich aus einer Zusammenschau von Art. 83 Abs. 4 bis 6 DSGVO, ErwGr 150 sowie einem funktionellen Verständnis des Verantwortlichen in Art. 4 Nr. 7 DSGVO.[295] Das Unionsrecht unterscheidet sich damit gänzlich von dem deutschen Bußgeldrecht. Es ist nicht, wie im deutschen Recht, vom Rechtsträgerprinzip gemäß §§ 9, 30 OWiG auszugehen, sondern von einem funktionalen Unternehmensbegriff. Die Regelung des § 30 OWiG wird durch den Anwendungsvorrang der DSGVO verdrängt.[296] Die Verhängung von Geldbußen gegen Unternehmen und Unternehmensvereinigungen und nicht gegen einzelne Rechtsträger wird im Unionsrecht vorgesehen, weil es zur Sicherung eines Systems unverfälschten Wettbewerbs zweckmäßiger ist, am wettbewerbswidrigen Marktverhalten der wirtschaftlichen Einheit anzuknüpfen.[297] Ausweislich des ErwGr 150 Satz 3 der DSGVO soll der Begriff des Unternehmens i. S. d. Art. 101 und 102 AEUV verstanden werden. Gemeint ist eine Wirtschaftseinheit, zu der ggf. die Muttergesellschaft und alle abhängigen Tochtergesellschaften gehören,[298] unabhängig von ihrer Rechtsform und der Art ihrer Finanzierung.

Der Hauptzweck der europäischen Geldbuße besteht darin, Verstöße zu ahnden, ihrer Wiederholung vorzubeugen und abschreckend zu wirken.[299] Der Schwerpunkt der Zielsetzung liegt dabei auf der negativen und der positiven Generalprävention. Spezialpräventive Gesichtspunkte spielen dabei keine oder allenfalls eine untergeordnete Rolle. Für die Verantwortlichkeit des Unternehmens genügt

294 *Holländer*, in: BeckOK, Datenschutzrecht, Art. 83 Rn. 8.

295 *Holländer*, in: BeckOK, Datenschutzrecht, Art. 83 Rn. 8.

296 *Zimmer-Helfrich*, ZD 2020, 3 f.

297 *Kersting*, WuW 2014, 1156, 1157.

298 *Artikel-29-Datenschutzgruppe*, Leitlinien für die Anwendung und Festsetzung von Geldbußen im Sinne der Verordnung (EU) 2016/679, 3.10.2017, WP 253, S. 6.

299 Ausführlich hierzu *Artikel-29-Datenschutzgruppe*, Leitlinien für die Anwendung und Festsetzung von Geldbußen im Sinne der Verordnung (EU) 2016/679, 3.10.2017, WP 253, S. 9 ff.

allein die rechtswidrige Handlung irgendeiner Person,[300] die berechtigt ist, für das Unternehmen tätig zu werden, unabhängig von ihrer Funktion im Unternehmen.[301] Eine mit § 30 Abs. 1 OWiG vergleichbare Begrenzung auf Handlungen von Personen mit Leitungsfunktionen findet nicht statt. Eine Kenntnis der Geschäftsführung eines Unternehmens des konkreten Verstoßes oder eine Verletzung der Aufsichtspflicht ist für die Zuordnung der Verantwortlichkeit nicht erforderlich.[302] Die Haftung für Mitarbeiterverschulden ergibt sich aus der Anwendung des funktionalen Unternehmensbegriffs des europäischen Primärrechts. Unternehmen haften für das Fehlverhalten ihrer Beschäftigten, ohne dass es eine Kenntnis oder gar Anweisung der Geschäftsführung oder Verletzung der Aufsichtspflicht für die Zurechnung bedarf. Auch die Regelung des § 130 OWiG wird durch das europäische Sekundärrecht verdrängt.[303] Die Ausnahme davon bildet lediglich der sog. Mitarbeiterexzess, also eine Handlung, die nicht dem Kreis der jeweiligen unternehmerischen Tätigkeit zuzurechnen ist.

b) Bemessung der Geldbußen

Hinsichtlich der Frage, wie eine solche Geldbuße letztlich bemessen wird, entwickelte das Abstimmungsgremium der deutschen Datenschutzbehörden, die DSK, ein vorläufiges Konzept zur Bußgeldbemessung,[304] das ähnlich wie im Kartellrecht eine nachvollziehbare Bußgeldpraxis ermöglichen soll. Ziel dieses Konzeptes ist die Festlegung einer einheitlichen Auslegung der Bestimmungen von Art. 83 DSGVO.

Um eine nachvollziehbare, transparente und einzelfallgerechte Form der Bußgeldzumessung zu garantieren, ist der Umsatz eines Unternehmens der

---

300 Handlungen von Beschäftigten, die bei verständiger Würdigung nicht dem Kreis der jeweiligen unternehmerischen Tätigkeit zugerechnet werden können („Exzesse"), sind ausgenommen, vgl. Entschließung der 97. Konferenz der unabhängigen Datenschutzaufsichtsbehörden des Bundes und der Länder am 3.4.2019, Unternehmen haften für Datenschutzverstöße ihrer Beschäftigten!, S. 1, abrufbar unter: https://www.datenschutzkonferenz-online.de/media/en/20190405_Entschliessung_Unternehmenshaftung.pdf, letzter Aufruf: 14.9.2021.

301 *Holländer*, in: BeckOK, Datenschutzrecht, Art. 83 Rn. 11; ebenso Entschließung der 97. Konferenz der unabhängigen Datenschutzaufsichtsbehörden des Bundes und der Länder am 3.4.2019, S. 1.

302 Entschließung der 97. Konferenz der unabhängigen Datenschutzaufsichtsbehörden des Bundes und der Länder am 3.4.2019, S. 1.

303 *Zimmer-Helfrich*, ZD 2020, 3, 4.

304 Der DSK weist ausdrücklich darauf hin, dass es sich um nicht erschöpfende Leitlinien handelt und die Konkretisierung der Festsetzungsmethodik späteren Leitlinien des EDSA vorbehalten bleibt. Das Konzept verliert seine Gültigkeit, sobald der EDSA seine abschließenden Leitlinien zur Methodik der Festsetzung von Geldbußen erlassen hat.

maßgebliche Anknüpfungspunkt für die Bemessung. Nach Ansicht der DSK stellt der Unternehmensumsatz eine geeignete, sachgerechte und faire Anknüpfung zur Sicherstellung der Wirksamkeit, Verhältnismäßigkeit und Abschreckung dar.[305] Der Anknüpfungspunkt an den Umsatz soll einerseits ein modernes Unternehmenssanktionsrecht mit erheblichen maximalen Bußgeldbeträgen ermöglichen, andererseits aber auch die Vielfalt unterschiedlich großer Unternehmen berücksichtigen. Die Bußgeldzumessung in Verfahren gegen Unternehmen erfolgt in fünf Schritten. Das betroffene Unternehmen wird zunächst einer Größenklasse zugeordnet (1.), bevor der mittlere Jahresumsatz der jeweiligen Untergruppe der Größenklasse bestimmt wird (2.). Ferner wird dann ein wirtschaftlicher Grundwert ermittelt (3.), welcher mittels eines von der Schwere der Tatumstände abhängigen Faktors multipliziert wird (4.). Abschließend wird der unter 4. ermittelte Wert anhand täterbezogener und sonstiger noch zu berücksichtigender Umstände angepasst (5.).

aa) Erster Schritt: Kategorisierung der Unternehmen nach Größenklassen

Das Konzept zur Bußgeldbemessung sieht vier Größenklassen (A–D) vor, denen das betroffene Unternehmen anhand seiner Größe zugeordnet wird. Die Größenklassen richten sich gemäß Art. 83 Abs. 4 bis 6 DSGVO nach dem gesamten weltweit erzielten Vorjahresumsatz der Unternehmen.[306] Bei der Bestimmung des weltweiten Umsatzes ist vom kartellrechtlich-funktionalen Unternehmensbegriff auszugehen, d. h. ein Unternehmen wird als Wirtschaftseinheit verstanden, zu der die Muttergesellschaft und alle abhängigen Tochtergesellschaften gehören.[307] Unterschieden wird zwischen Kleinstunternehmen, kleinen und mittleren Unternehmen (KMU)[308] sowie Großunternehmen.[309]

Die Größeneinordnung der KMU orientiert sich hinsichtlich des Vorjahresumsatzes grundsätzlich an der Empfehlung der Kommission vom 6.5.2003 (2003/361/EG).[310] Als Kleinstunternehmen gelten solche Unternehmen mit einem

305 Konzept der DSK zur Bußgeldzumessung in Verfahren gegen Unternehmen vom 14.10.2019, abrufbar unter: https://www.bfdi.bund.de/SharedDocs/Publikationen/Entschliessungssammlung/DSKBeschluessePositionspapiere/Okt19_Konzept_Bußgeldbemessung.pdf;jsessionid=21B64BEE0C6F53094257D893B76A27D3.2_cid344?__blob=publicationFile&v=3, letzter Aufruf: 14.9.2021.

306 Der Begriff des Unternehmens sollte ausweislich des ErwGr 150 Satz 3 im Sinne der Art. 101 und Art. 102 AEUV verstanden werden (sog. funktionaler Unternehmensbegriff).

307 *Zimmer-Helfrich*, ZD 2020, 3, 6.

308 Größenklassen A–C.

309 Größenklasse D.

310 *EU-Kommission*, Empfehlung der Kommission vom 6.5.2003 betreffend die Definition der Kleinstunternehmen sowie der kleinen und mittleren Unternehmen, ABl. L 124

Jahresumsatz bzw. einer Jahresbilanz von unter 2 Mio. EUR. Kleine Unternehmen erwirtschaften einen Jahresumsatz bzw. eine Jahresbilanz von unter 10 Mio. EUR. Als mittleres Unternehmen sind solche Unternehmen einzustufen, die eine Jahresumsatz von unter 50 Mio. EUR bzw. eine Jahresbilanz von unter 43 Mio. EUR erwirtschaften.

bb) Zweiter Schritt: Bestimmung des mittleren Jahresumsatzes der jeweiligen Untergruppe der Größenklasse

Zur konkreteren Einordnung der Unternehmen werden die Größenklassen nochmals in Untergruppen unterteilt (A.I. bis A.III, B.I. bis B.III, C.I. bis C.VII, D.I. bis D.VII). Anhand dessen wird dann der mittlere Jahresumsatz der Untergruppe bestimmt, in die das Unternehmen eingeordnet wurde.

cc) Dritter Schritt: Ermittlung des wirtschaftlichen Grundwertes

Um den wirtschaftlichen Grundwert festzusetzen, wird der mittlere Jahresumsatz der Untergruppe, in die das Unternehmen eingeordnet wurde, durch 360 (Tage) geteilt und so ein durchschnittlicher, auf die Vorkommastelle aufgerundeter Tagessatz errechnet.

dd) Vierter Schritt: Multiplikation des Grundwertes nach Schweregrad der Tat

Unter Berücksichtigung der Umstände des konkreten Einzelfalls anhand des Kriterienkatalogs des Art. 83 Abs. 2 Satz 2 lit. a bis k DSGVO erfolgt eine Einordnung des Schweregrads in leicht, mittel, schwer oder sehr schwer. Der wirtschaftliche Grundwert wird dann mit dem jeweiligen Faktor multipliziert, der ausgehend von dem ermittelten Schweregrad mittels einer Tabelle[311] ermittelt wurde. Im Hinblick auf die unterschiedlichen Bußgeldrahmen sind dabei für formelle Verstöße gemäß Art. 83 Abs. 4 DSGVO und materielle Verstöße gemäß Art. 83 Abs. 5, 6 DSGVO jeweils unterschiedliche Faktoren zu wählen.

ee) Fünfter Schritt: Anpassung des Grundwertes anhand aller sonstigen für und gegen den Betroffenen sprechenden Umstände

Im letzten Schritt erfolgt eine Anpassung des unter 4. errechneten Betrages anhand aller für und gegen den Betroffenen sprechenden Umstände, soweit diese noch nicht unter 4. berücksichtigt wurden. Hierzu zählen neben sämtlichen

---

vom 20.5.2003, S. 36-41, abrufbar unter: https://eur-lex.europa.eu/legal-content/DE/TXT/?uri=LEGISSUM%3An26026, letzter Aufruf: 14.9.2021.

311 Konzept der DSK zur Bußgeldzumessung in Verfahren gegen Unternehmen vom 14.10.2019, Tabelle 4, S. 8.

täterbezogenen Umständen[312] auch sonstige Umstände, wie z. B. eine lange Verfahrensdauer oder eine drohende Zahlungsunfähigkeit des Unternehmens.

3. *Weitere Sanktionen nach deutschem Recht*

Art. 84 Abs. 1 DSGVO enthält eine sog. Öffnungsklausel für eine – im Vergleich zu Art. 83 DSGVO – weitergehende bzw. andersartige Sanktionierung qualifizierter datenschutzrechtlicher Verstöße.[313] Die Mitgliedstaaten sind nach Art. 84 Abs. 1 Satz 1 DSGVO demnach verpflichtet, das Sanktionsregime der DSGVO durch weitere Sanktionsinstrumente zu ergänzen.[314] § 42 Abs. 1 und 2 BDSG macht hiervon in Form materieller Strafrechtsnormen Gebrauch. Es handelt sich dabei um absolute Antragsdelikte, was sich aus § 42 Abs. 3 Satz 1 BDSG ergibt. Mit Freiheitsstrafe bis zu drei Jahren oder mit Geldstrafe wird nach § 42 Abs. 1 BDSG bestraft, wer wissentlich nicht allgemein zugängliche personenbezogene Daten einer großen Zahl von Personen, ohne hierzu berechtigt zu sein, (1.) einem Dritten übermittelt oder (2.) auf andere Art und Weise zugänglich macht, und hierbei gewerbsmäßig handelt. Nach § 42 Abs. 2 BDSG wird mit Freiheitsstrafe bis zu zwei Jahren oder mit Geldstrafe bestraft, wer personenbezogene Daten, die nicht allgemein zugänglich sind, (1.) ohne hierzu berechtigt zu sein, verarbeitet oder (2.) durch unrichtige Angaben erschleicht, und hierbei gegen Entgelt oder in der Absicht handelt, sich oder eine anderen zu bereichern oder einen anderen zu schädigen. Darüber hinaus sieht § 43 Abs. 1 BDSG für Verstöße gegen die Vorschriften über Verbraucherkredite in § 30 BDSG zwei spezielle Bußgeldtatbestände vor, welche ebenfalls die Sanktionierung von Datenschutzverstößen gegen die DSGVO nach Art. 83 DSGVO ergänzen, in diesem Kontext jedoch ohne Relevanz sind.

Darüber hinaus können dem Unternehmen Schadensersatzklagen nach Art. 82 DSGVO drohen. Nach Art. 82 Abs. 1 DSGVO hat jede Person, der wegen eines Verstoßes gegen diese Verordnung ein materieller oder immaterieller Schaden entstanden ist, Anspruch auf Schadensersatz gegen den Verantwortlichen oder gegen den Auftragsverarbeiter. So soll es bereits Prozessfinanzierer geben, die sich auf bekanntwerdende Datenschutzverstöße oder Indizien für mögliche Verstöße spezialisiert haben. Sobald es Presseberichte über Datenschutzvorfälle gibt, werben sie um betroffene Personen, um für diese vor allem immateriellen Schadensersatzansprüche einzuklagen.[315]

---

312 Vgl. Kriterienkatalog des Art. 83 Abs. 2 S. 2 DSGVO.

313 Vgl. ErwGr 152; BT-Drucks. 18/11325, S. 109; *Frenzel*, in: Paal/Pauly, DS-GVO BDSG, § 42 Rn. 1; *Wolff*, in: Schantz/Wolff, DatenschutzR, Rn. 1137 ff.

314 BR-Drucks. 110/17, S. 110 f.; *Bergt*, in: Kühling/Buchner, DS-GVO BDSG, § 42 Rn. 1; *Ehmann*, in: Gola/Heckmann, BDSG, § 42 Rn. 2, kritisch *Frenzel*, in: Paal/Pauly, DS-GVO BDSG, § 42 Rn. 2.

315 *Zimmer-Helfrich*, ZD 2020, 3, 6.; vgl. *Wybitul/Neu/Strauch*, ZD 2018, 202 und *Wybitul*, NJW 2019, 3265 zu immateriellen Schadensersatzansprüchen im Detail.

4. *Zwischenergebnis*

Die Rechtsfolgen eines Verstoßes gegen Datenschutzbestimmungen der DSGVO sind nicht zu unterschätzen. Wie die eingangs erwähnten Beispiele deutlich machen, liegen die verhängten Bußgelder nicht selten im Millionenbereich und stellen damit ein erhebliches wirtschaftliches Risiko für Unternehmen dar. Zwar liefert die Bemessung des Bußgelds an dem Umsatz eines Unternehmens greifbare Bemessungskriterien. Dass dies allerdings zu sehr hohen, teilweise unverhältnismäßigen Bußgeldern führt, wurde bereits gerichtlich bestätigt. So hat das LG Bonn das gegen den Telekommunikationsdienstleister 1&1 verhängte Bußgeld in Höhe von 9,55 Mio. EUR auf 900.000 EUR herabgesetzt.[316] Zur Begründung führte es aus, dass die Bemessungsmethode in Anlehnung an das Bußgeldkonzept der Datenschutzkonferenz vom 19.10.2019 zwar bei Datenschutzverstößen von mittlerem Gewicht zu angemessenen Unternehmen führen mag. Bei schweren Datenschutzverstößen umsatzschwacher Unternehmen und leichten Datenschutzverstößen umsatzstarker Unternehmen versage die Bemessungsmethode. Dies gelte insbesondere in denjenigen Fällen, in denen eine maßgeblich am Umsatz orientierte Zumessung zu der Zumessung anhand der Kriterien in Art. 83 Abs. 2 Satz 2 DSGVO in Widerstreit gerate.[317] Es bleibt daher abzuwarten, wie sich die Bußgeldpraxis bei Verstößen gegen die DSGVO entwickeln wird.

VII. Zusammenfassung

Die DSGVO bildet die Grundlage einer jeden datenschutzrechtlichen Prüfung. Sie stellt einen umfassenden EU-Rahmen zur Regelung des Schutzes personenbezogener Daten dar. Sie enthält spezifische Regelungen, die die Gewährleistung des hohen Datenschutzniveaus innerhalb der EU sicherstellen sollen, insbesondere auch dann, wenn personenbezogene Daten in einen Nicht-EU-Staat übermittelt werden. Das Gesetz lässt sich für die nachfolgende Untersuchung der zulässigen Datenübermittlung in die USA in zwei wesentliche Abschnitte der allgemeinen Regeln der DSGVO für die Verarbeitung personenbezogener Daten und der besonderen Regeln der DSGVO für die Übermittlung personenbezogener Daten aus der Europäischen Union in Drittländer einteilen. Letzteres kommt insbesondere dann Bedeutung zu, wenn es sich um eine Datenübermittlung in die USA handelt. Insbesondere Art. 48 DSGVO stellt ein Novum dar, dessen Anwendungsbereich und Anwendbarkeit im Einzelfall noch zu klären sein wird.

316 LG Bonn, Urteil vom 11.11.2020 – 29 OWiG 1/20.

317 LG Bonn, Urteil vom 11.11.2020 – 29 OWiG 1/20.

Zweiter Teil: Der Widerspruch zwischen Cloud Act und DSGVO

Nach der Darstellung beider Regelungswerke wird nun die Frage virulent, inwieweit beide Gesetze im Widerspruch zueinanderstehen. Dies gilt es im Folgenden zu untersuchen. Dabei ist zunächst der Adressatenkreis in den Blick zu nehmen, der mit dem Widerspruch zwischen beiden Regelungswerken konfrontiert ist. In einem nächsten Schritt ist herauszuarbeiten, inwieweit eine Datenweitergabe in die USA aufgrund einer entsprechenden Offenlegungspflicht nach der DSGVO zulässig ist, respektive welche Rechtsgrundlage für eine zulässige Datenübermittlung in Betracht kommt. Nur wenn die Datenübermittlung in die USA nach der DSGVO unzulässig ist, ergeben sich widersprüchliche Verpflichtungen für den Adressaten, die diesen in eine faktische Zwangslage versetzen. In einer abschließenden Betrachtung werden das Ergebnis und die entsprechenden Konsequenzen dieses Ergebnisses für den weiteren Verlauf der Untersuchung herausgearbeitet.

A. Betroffener Adressatenkreis des Widerspruchs

Die Frage, wer von dem Widerspruch tatsächlich betroffen ist, ist eine wesentliche Vorfrage des Widerspruchs zwischen dem Cloud Act und der DSGVO. Nur wenn sich die Anwendungsbereiche beider Regelungswerke überschneiden, können sie überhaupt im Widerspruch zueinanderstehen.

Der Adressatenkreis des Widerspruchs betrifft im Wesentlichen solche Unternehmen, die sowohl in den Anwendungsbereich des Cloud Act als auch der DSGVO fallen. Das sind zum einen deutsche Unternehmen, die global aufgestellt sind und damit der US-Jurisdiktion[318] unterliegen, etwa weil sie eine Niederlassung in den USA unterhalten. Gemeint sind z. B. solche Unternehmen, die Teil eines US-Konzerns sind, wie Mutter- oder Tochtergesellschaften. Aber auch deutsche Unternehmen, die einen sog. Mindestkontakt in die USA pflegen,[319] sind von dem Widerspruch betroffen. In diesen genannten Fällen entfaltet der Cloud Act unmittelbare Wirkung, d. h. Unternehmen können unmittelbar von einer US-amerikanischen Behörde mit einer Offenlegungspflicht konfrontiert werden, unterliegen zeitgleich jedoch den Bestimmungen der DSGVO.

Wie bereits an früherer Stelle konstatiert,[320] beschränkt sich der Wirkungskreis des Cloud Act jedoch nicht nur auf unmittelbare Auswirkungen, sondern entfaltet auch mittelbar Wirkung. Auch europäische Unternehmen, die lediglich

---

318 Zur Begriffserklärung vgl. Erster Teil, A. III. 2. a).

319 Erster Teil, A. III. 2. a).

320 Erster Teil, A. IV.

die Cloud eines US-Providers nutzen, können dem Widerspruch ausgesetzt sein. Vom Cloud Act betroffen sind etwa die größten Technologieunternehmen wie Microsoft, Google, Amazon, Adobe oder Apple mit Konzernsitzen in den USA. Nutzt ein in Deutschland ansässiges Unternehmen z. B. Microsoft Office als Lizenz und Vertriebsmodell, mit dem die Software-Anwendung über das Internet, d.h. als Software as a Service[321] aus der Cloud angeboten wird, beauftragt es wissentlich einen Cloud Anbieter und schließt mit diesem einen Auftragsverarbeitungsvertrag i. S. d. Art. 28 DSGVO. Wird der Cloud Anbieter durch eine US-Behörde zur Offenlegung bestimmter Daten verpflichtet, muss dieser europäische Daten nach US-amerikanischem Recht entsprechend dem Cloud Act weitergeben.[322]

Im Hinblick auf die Untersuchung einer möglichen Rechtsgrundlage der Datenübermittlung und der Datenweiterübermittlung sind die unterschiedlichen Wirkungen des Cloud Act deutlich zu trennen. Die unmittelbare Wirkung des Cloud Act betrifft die Frage, ob die Offenlegung personenbezogener Daten gegenüber einer US-amerikanischen Behörde aufgrund einer entsprechenden Offenlegungspflicht auf Grundlage des Cloud Act nach der DSGVO zulässig ist. Die mittelbare Wirkung des Cloud Act hingegen betrifft die Frage, ob ein deutsches Unternehmen gegen die DSGVO verstößt, wenn es einen in den USA ansässigen Cloud Anbieter beauftragt. In beiden Fällen bedarf es einer zulässigen Rechtsgrundlage der Datenübermittlung nach der DSGVO. Gegenstand der nachfolgenden Untersuchung ist, wie in dem einleitenden Beispielfall geschildert, ob die Offenlegung personenbezogener Daten aufgrund einer entsprechenden Offenlegungspflicht einer US-amerikanischen Behörde auf Grundlage des Cloud Act nach der DSGVO zulässig ist. Die mittelbare Wirkung, d. h. inwieweit die Übermittlung bzw. Offenlegung personenbezogener Daten im Rahmen der Nutzung eines US-amerikanischen Technologiedienstleisters gegenüber diesem einen Verstoß gegen die DSGVO darstellt, ist hingegen von den nachfolgenden Ausführungen ausgenommen.

321 SaaS ist eine Art des Cloud Computing, durch die ihre Nutzer auf Angebote eines externen IT-Dienstleisters zugreifen können, die von diesem gehostet werden. Beliebte SaaS-Applikationen sind z. B. Microsoft Office 365.

322 Es wird angenommen, dass der Cloud-Service-Kunde für die mithilfe des Cloud-Service verarbeiteten personenbezogenen Daten voll verantwortlich bleibt und gemäß Art. 24 DSGVO geeignete technische und organisatorische Maßnahmen umsetzt, die im Verhältnis zu Art, Umfang, Umständen und Zwecken der Verarbeitung sowie der Eintrittswahrscheinlichkeit und Schwere potentieller Risiken für die Rechte und Freiheiten natürlicher Personen stehen müssen, vgl. *Krcmar/Eckert/Roßnagel*, Management sicherer Cloud-Services, 2018, S. 37.

B. Anwendbarkeit der DSGVO

Voraussetzung einer zulässigen Datenübermittlung ist zunächst, dass das von der Offenlegungspflicht betroffene Unternehmen in den Anwendungsbereich der DSGVO fällt. Der sachliche und räumliche Anwendungsbereich wird für europäische Unternehmen in der Regel schon nach Art. 2 Abs. 1 und Art. 3 Abs. 1 DSGVO eröffnet sein. Im einleitenden hypothetischen Beispielfall ist der sachliche Anwendungsbereich bereits nach Art. 2 Abs. 1 DSGVO eröffnet, weil das Technologieunternehmen personenbezogene Daten, wie z. B. Kundendaten, verarbeitet, die in einem Dateisystem gespeichert sind oder gespeichert werden sollen.[323] Da das Technologieunternehmen ihren Sitz in Deutschland hat, wo die Verarbeitung personenbezogener Daten erfolgt, ist auch der räumliche Anwendungsbereich nach Art. 3 Abs. 1 DSGVO eröffnet.[324] Es könnte erwogen werden, dass es sich im Falle einer Offenlegungspflicht von Daten gegenüber der US-Behörden auf Grundlage des Cloud Act um eine Tätigkeit handelt, die nicht in den Anwendungsbereich des Unionsrechts fällt, da es die nationale Sicherheit der USA betrifft. In diesem Fall findet die DSGVO gemäß Art. 2 Abs. 2 lit. a DSGVO keine Anwendung.[325] Allerdings sind mit dieser Beschränkung nur Verarbeitungen im Rahmen von Tätigkeiten im Bereich der nationalen Sicherheit der Mitgliedstaaten von dem Anwendungsbereich der DSGVO ausgeschlossen.[326] Auf die Übermittlung personenbezogener Daten an Behörden eines Drittlands, die die Daten für Strafverfolgungszwecke oder Zwecke der nationalen Sicherheit des Drittlands anfordern, findet die DSGVO hingegen Anwendung.[327] So hat der EuGH ausdrücklich festgestellt, dass die Möglichkeit, dass personenbezogene Daten, die zwischen zwei Wirtschaftsteilnehmern zu gewerblichen Zwecken übermittelt werden, bei ihrer Übermittlung oder im Anschluss daran von den Behörden des betreffenden Drittlands für Zwecke der öffentlichen Sicherheit, der Landesverteidigung und der Sicherheit des Staates verarbeitet werden, nicht dazu führen, dass ihre Übermittlung vom Anwendungsbereich der DSGVO ausgenommen wäre.[328]

---

323 Zur Begriffserklärung bereits Erster Teil, B. IV. 2.

324 Hierzu bereits Erster Teil, B. IV. 1.

325 Vgl. zur Ausnahmevorschrift Art. 2 Abs. 2 lit. a) DSGVO auch ErwGr 16.

326 *Lange/Filip*, in: BeckOK, Datenschutzrecht, Art. 49 Rn. 28; im Bezug auf die DSRL klarstellend: *Artikel-29-Datenschutzgruppe*, Arbeitspapier vom 5.12.2014, WP 228, S. 43 f.

327 Vgl. EuGH, Urteil vom 16.7.2020 – C-311/18, NJW 2020, 2613, 2615; *Lange/Filip*, in: BeckOK, Datenschutzrecht, Art. 46 Rn. 6; *Schantz*, in: Simits/Hornung/Spiecker, Datenschutzrecht, Art. 49 Rn. 32.

328 EuGH, Urteil v. 16.7.2020 – C-311/18, NJW 2020, 2613, 2615.

C. Rechtsgrundlage der Datenübermittlung

In Bezug auf den Cloud Act wird oftmals apodiktisch konstatiert, dass die darin enthaltene Offenlegungspflicht ein Verstoß gegen die DSGVO darstelle.[329] Dabei wird meist ohne nähere Begründung ein solcher Verstoß gegen Art. 48 DSGVO angenommen.[330] Im Folgenden werden zunächst mögliche Rechtsgrundlagen einer entsprechenden Datenübermittlung und -weiterübermittlung in die USA aufgrund einer unmittelbaren Offenlegungspflicht von Seiten einer US-amerikanischen Behörde untersucht, bevor auf Art. 48 DSGVO eingegangen wird.

Ausweislich des ErwGr 115 sollten Datenübermittlungen nur zulässig sein, wenn die Bedingungen dieser Verordnung für Datenübermittlungen an Drittländer eingehalten werden. Art. 44 DSGVO ist die Grund- und Ausgangsregel für die Übermittlung personenbezogener Daten an Empfänger in Drittländern und an internationale Organisationen. Sie lässt sich in vier Kernthesen zusammenfassen:[331]

1. Die Übermittlung personenbezogener Daten an Empfänger in Drittländern und an internationale Organisationen muss die allgemeinen Zulässigkeitsvoraussetzungen der DSGVO erfüllen, insbesondere jene des Kapitels II der DGSVO.
2. Die Übermittlung personenbezogener Daten an Empfänger in Drittländern und an internationale Organisationen ist nur dann zulässig, wenn sie ferner in Einklang mit mindestens einem der in Kapitel V der DSGVO genannten Erlaubnistatbestände stehen.
3. Die DSGVO findet auch auf Weiterübermittlungen an Empfänger in Drittländern und an internationale Organisationen Anwendung.
4. Die Regelungen des Kapitel V der DSGVO sind immer unter der Prämisse anzuwenden, dass das von der DSGVO dem Betroffenen garantierte Schutzniveau nicht unterschritten wird.

Die Prüfung, ob die Offenlegung von Daten gegenüber US-Behörden auf Grundlage des Cloud Act einen Verstoß gegen die DSGVO darstellt und diese damit im Widerspruch zum Cloud Act steht, erfolgt damit im Wesentlichen auf zwei Stufen.[332] Zunächst muss es für die Übermittlung als solche eine Rechtsgrundlage geben (1. Stufe). Anschließend muss das Drittland ein angemessenes Datenschutzniveau

---

329 So *Cording/Götzinger*, CR 2018, 636, 640; *Lejeune*, ITRB 2018, 118, 121.

330 Vgl. etwa *Gausling*, MMR 2018, 578, 581; *Lejeune*, ITRB 2018, 118, 121.

331 *Pauly*, in: Paal/Pauly, DS-GVO BDSG, Art. 44 Rn. 2.

332 *Ambrock*, ZD 2017, 154, 155; *Determann/Nebel*, CR 2018, 408, 410; *Karg*, VuR 2016, 457, 459; *Klug*, in: Gola, Datenschutz-Grundverordnung, Art. 44 Rn. 2; *Schröder*, in: Kühling/Buchner, DS-GVO BDSG, Art. 44 Rn. 20; *Zerdick*, in: Ehmann/Selmayr, Datenschutz-Grundverordnung, Art. 44 Rn. 13; vgl. hierzu auch die Stellungnahme der *Artikel-29-Datenschutzgruppe*, Arbeitspapier vom 6.2.2018, WP 261, S 3.

gewähren, sodass die Vorschriften der Art. 44 ff. DSGVO eingehalten werden (2. Stufe). Beide Anforderungen müssen kumulativ erfüllt sein.

Uneinigkeit besteht dahingehend, ob die Prüfung auf zwei Stufen auch im Falle der Ausnahmeregelungen der Art. 48 und Art. 49 DSGVO erforderlich ist. Nicht überzeugend ist die teilweise in der Literatur vertretene Ansicht,[333] die dies mit der Begründung ablehnt, die Regelungen der Art. 48 und Art. 49 DSGVO würden so spezielle Vorgaben für die Übermittlung von Daten in Drittländern formulieren, dass weitergehende Anforderungen nach Art. 6 ff. DSGVO kaum denkbar seien. Die in den Vorschriften der Art. 48 und Art. 49 DSGVO enthaltenen Aussagen des Unionsgesetzgebers seien zu beachten. Abgesehen von dem Übermaßverbot und einzelnen Klarstellungen dürften daher in einer solchen Konstellation keine weitergehenden Anforderungen an die Übermittlung gestellt werden.[334]

Diese Auffassung ist aus mehreren Gesichtspunkten unzutreffend.[335] Der Wortlaut des Art. 44 DSGVO, der die allgemeinen Grundsätze für die Datenübermittlung an Drittländer bestimmt, ist insoweit eindeutig, als er ausdrücklich festlegt, dass auch die sonstigen Bestimmungen dieser Verordnung eingehalten werden müssen. ErwGr 101 Satz 4 konstatiert zudem, dass in jedem Fall Datenübermittlungen an Drittländer und internationale Organisationen nur unter strikter Einhaltung dieser Verordnung zulässig sind. Die Systematik der Übermittlung personenbezogener Daten in Drittländern hat sich insoweit unter der DSGVO gegenüber der DSRL strukturell nicht geändert.[336] Auch diese sah in Art. 26 Abs. 1 DSRL Tatbestände mit höheren Anforderungen als die des Art. 7 DSRL vor, die zusätzlich zu den allgemeinen Erlaubnistatbeständen zu prüfen waren.[337] Die Prüfung auf der ersten Stufe beschränkt sich darüber hinaus nicht mehr nur – wie unter Geltung der DSRL – auf das Vorliegen der rechtlichen Grundlage gemäß Art. 6 ff. DSGVO, sondern umfasst z. B. auch die Prüfung der Einhaltung der Grundprinzipien des Art. 5 DSGVO und der technischen und organisatorischen Maßnahmen gemäß Art. 25 und Art. 32 DSGVO.[338] Ferner ist es nicht einleuchtend, warum die Datenübermittlung in einen Drittstaat gegenüber der Datenverarbeitung im Inland dahingehend

---

333 So *Schröder*, in: Kühling/Buchner, DS-GVO BDSG, Art. 44 Rn. 20, Rn. 23; wohl auch *Wytibul/Ströbel/Reuss*, ZD 2017, 503, 506 f.

334 *Schröder*, in: Kühling/Buchner, DS-GVO BDSG, Art. 44 Rn. 20, Rn. 23; *Wytibul/Ströbel/Ruess*, ZD 2017, 503, 506 f.

335 So auch *Ambrock/Karg*, ZD 2017, 154, 155; *Pauly*, in: Paal/Pauly, DS-GVO BDSG, Art. 44 Rn. 9.

336 Vgl. EuGH, Urteil vom 6.11.2003 – C-101, EuZW 2004, 245, 250; *Pauly*, in: Paal/Pauly, DS-GVO BDSG, Art. 44 Rn. 9; *Zerdick*, in: Ehmann/Selmayr, Datenschutz-Grundverordnung, Art. 44 Rn. 13.

337 *Metz/Spittka*, ZD 2017, 361, 363.

338 *Ambrock/Karg*, ZD 2017, 154, 155; *Kamp/Beck*, in: BeckOK, Datenschutzrecht, Art. 44 Rn. 48; *Pauly*, in: Paal/Pauly, DS-GVO BDSG, Art. 44 Rn. 9.

privilegiert werden soll, dass die allgemeinen Anforderungen der Art. 6 ff. DSGVO keine Anwendung finden. Eine solche Privilegierung ergibt sich weder aus dem Wortlaut noch aus der Systematik und kollidiert zudem mit dem von der DSGVO verfolgten Ziel, dem Schutz natürlicher Personen bei der Verarbeitung personenbezogener Daten und zum freien Verkehr solcher Daten. Entgegen der teilweise in der Literatur vertretenen Ansicht ist daher auch im Falle der Ausnahmeregelungen der Art. 48 und Art. 49 DSGVO von einer zweistufigen Zulässigkeitsprüfung auszugehen.

I. Allgemeine Zulässigkeit der Datenweitergabe: Rechtmäßigkeitsgründe gemäß Art. 6 DSGVO

Im Folgenden ist zunächst zu prüfen, ob eine Rechtsgrundlage für die Datenübermittlung in die USA im Falle des einleitenden hypothetischen Beispielfalles besteht. Eine solche Rechtsgrundlage für eine zulässige Datenweitergabe könnte sich aus Art. 6 DSGVO ergeben. Art. 6 DSGVO sieht Bedingungen vor, wonach die Datenverarbeitung rechtmäßig ist und wovon mindestens eine dieser Bedingungen erfüllt sein muss. Es versteht sich von selbst, dass die nachfolgende Prüfung lediglich abstrakt erfolgen kann und die jeweilige Rechtsgrundlage stets im Einzelfall unter Berücksichtigung der jeweiligen Umstände zu subsumieren ist.

1. Art. 6 Abs. 1 lit. a DSGVO

Art. 6 Abs. 1 lit. a DSGVO setzt voraus, dass die betroffene Person ihre Einwilligung zu der Verarbeitung der sie betreffenden personenbezogenen Daten für einen oder mehrere bestimmte Zwecke gegeben hat. Die Einwilligung ist als Willenserklärung eine privatautonome Entscheidung des Betroffenen, dem Verarbeiter die Verarbeitung von personenbezogenen Informationen und Daten zu gestatten, die auf ihn als Betroffenen verweisen.[339] Inwieweit die Einwilligung bei adäquater Ausgestaltung die kollidierenden Freiheiten der von der Verarbeitung Betroffenen einerseits und der Verantwortlichen andererseits zum Ausgleich zu bringen vermag, soll hier nicht weiter vertieft werden.[340] In diesem Zusammenhang ist lediglich anzumerken, dass die Legitimität der Einwilligung als Instrument des Interessenausgleichs eng an das Gleichgewicht zwischen Betroffenem und Datenverarbeiter geknüpft ist. In der heutigen Realität digitaler Massengeschäfte besteht indes vielfach das Problem einer strukturellen Asymmetrie zwischen den Nutzern und den Diensteanbietern, insbesondere mit Blick auf Angebote wie Suchmaschinen,

---

339 *Albers/Veit*, in: BeckOK, Datenschutzrecht, Art. 6 Rn. 19.

340 Vgl. dazu *Masing*, NJW 2012, 2305, 2307; kritisch zur Einwilligung als alleinigem Instrument der Gewährleistung von Datensouveränität, *Krüger*, ZRP 2016, 190, 191.

soziale Netzwerke oder Onlinehändler.[341] So erscheint die Einwilligung empirisch als Datenverarbeitungsgrundlage bereits höchst fragwürdig. Im Rahmen eines bestehenden Über- und Unterordnungsverhältnisses kommt zudem dem Erfordernis der Freiwilligkeit der Einwilligung besondere Bedeutung zu. Dem Umstand, dass eine solche strukturelle Ungleichheit die Privatautonomie beeinträchtigen kann, trägt der Gesetzgeber in ErwGr 43 Rechnung. Demnach sollte, um sicherzustellen, dass die Einwilligung freiwillig erfolgt, diese in besonderen Fällen keine gültige Rechtsgrundlage liefern, wenn zwischen der betroffenen Person und dem Verantwortlichen ein klares Ungleichgewicht besteht. Dies gilt insbesondere, wenn es sich bei dem Verantwortlichen um eine Behörde handelt, und es deshalb in Anbetracht aller Umstände in dem speziellen Fall unwahrscheinlich ist, dass die Einwilligung freiwillig gegeben wurde.

Abgesehen von den bestehenden Unsicherheiten im Hinblick auf die zulässige Einwilligung in die Übermittlung bzw. Offenlegung personenbezogener Daten, wird im Falle einer Offenlegungspflicht der US-amerikanischen Behörde auf Grundlage des Cloud Act in den seltensten Fällen eine Einwilligung des Betroffenen vorliegen. Zwar sieht die Offenlegung von Informationen auf eine Vorladung (*subpoena*) oder einen Gerichtsbeschluss (*court order*) eine Unterrichtung der betroffenen Person durch die staatliche Stelle vor.[342] Allerdings kann diese Informationspflicht unter den Voraussetzungen des 18 U.S.C. § 2705 vorübergehend ausgesetzt werden. Im Falle eines Durchsuchungsbeschlusses (*warrant*) ist eine solche Informationspflicht der betroffenen Person gänzlich nicht erforderlich.[343] Der Betroffene wird daher mangels Kenntnis regelmäßig nicht wirksam in die Datenverarbeitung nach Art. 6 Abs. 1 lit. a DSGVO einwilligen können. Aber selbst wenn der Betroffene von der Offenlegungsverpflichtung Kenntnis erlangen sollte, ist mit einer entsprechenden Kooperation seinerseits im Falle einer der gegen ihn gerichteten Maßnahmen in Gestalt einer Vorladung, eines Gerichtsbeschlusses oder eines Durchsuchungsbeschlusses nicht zwangsläufig zu rechnen. Letztlich ist in dem seltenen Fall des Vorliegens einer Einwilligung deren Freiwilligkeit in Frage zu ziehen. Eine rechtmäßige Datenverarbeitung gemäß Art. 6 Abs. 1 lit. a DSGVO ist insoweit aus mehreren Gesichtspunkten fernliegend.

2. *Art. 6 Abs. 1 lit. b DSGVO*

Art. 6 Abs. 1 lit. b DSGVO sieht vor, dass eine Datenverarbeitung dann rechtmäßig ist, wenn die Verarbeitung für die Erfüllung eines Vertrages, dessen Vertragspartei die betroffene Person ist, oder zur Durchführung vorvertraglicher Maßnahmen erforderlich ist, die auf Anfrage der betroffenen Person erfolgen. Da der Offenlegungspflicht der US-amerikanischen Behörde weder ein Vertrag noch eine sonstige

---

341 Ausführlich *Rothmann/Buchner*, DuD 2018, 342, 344.

342 Vgl. 18 U.S.C. § 2703 (b) (1) (B) (i), (ii).

343 Vgl. 18 U.S.C. § 2703 (b) (1) (A).

schuldrechtliche Pflicht zugrunde liegt, scheidet eine rechtmäßige Datenübermittlung nach Art. 6 Abs. 1 lit. b DSGVO von vornherein aus.

3. Art. 6 Abs. 1 lit. c DSGVO

Nach Art. 6 Abs. 1 lit. c DSGVO ist die Verarbeitung personenbezogener Daten rechtmäßig, wenn sie zur Erfüllung einer rechtlichen Verpflichtung erforderlich ist, der der Verantwortliche unterliegt. Wenngleich der Begriff der rechtlichen Verpflichtung nicht näher definiert wird, meint er die aus Rechtsvorschriften folgende Rechtspflicht.[344] Auf den ersten Blick stellt die Offenlegungspflicht einer US-amerikanischen Behörde auf Grundlage des Cloud Act eine solche rechtliche Verpflichtung dar, da sie eine Verpflichtung kraft objektiven Rechts begründet. Allerdings meint Art. 6 Abs. 1 lit. c DSGVO – in Abgrenzung zu lit. b – mit dem Begriff der rechtlichen Verpflichtung[345] nicht eine auf einer privatautonomen Entscheidung beruhende vertragliche Obligation, sondern eine Verpflichtung kraft des Rechts der Union oder eines Mitgliedstaates.[346] Zwar könnte angesichts der Tatsache, dass sich Art. 6 Abs. 1 lit. c DSGVO dem Wortlaut nach, anders als z. B. Art. 17 Abs. 3 lit. b DSGVO, nicht ausdrücklich auf Unions- oder Mitgliedstaatsrecht beschränkt, *argumentum e contrario* geschlossen werden, dass sich Unternehmen insoweit auch auf rechtliche Verpflichtungen nach US-Recht berufen können. Art. 6 Abs. 3 Satz 1 lit. a und lit. b DSGVO enthalten jedoch die ausdrückliche Regelung, dass die Rechtsgrundlagen für die Verarbeitung nach Art. 6 Abs. 1 Satz 1 lit. c und lit. e DSGVO durch Unionsrecht oder dem Recht des jeweiligen Mitgliedstaates festgelegt werden.[347] Der Cloud Act begründet als US-amerikanisches Gesetz damit keine rechtliche Verpflichtung i. S. d. Art. 6 DSGVO. In Ermangelung eines Gesetzes der Europäischen Union oder eines Mitgliedstaates, das die Verarbeitung personenbezogener Daten im Rahmen einer auf den Cloud Act gestützten

344 *Buchner/Petri*, in: Kühling/Buchner, DS-GVO BDSG, Art. 6 Rn. 76; *Frenzel*, in: Paal/Pauly, DS-GVO BDSG, Art. 6 Rn. 16.

345 In dem Kommissions- und Parlamentsentwurf der DSGVO hieß es sprachlich präziser noch gesetzliche Verpflichtung, vgl. *EU-Kommission*, Vorschlag für Verordnung des Europäischen Parlaments und Rates zum Schutz natürlicher Personen bei der Verarbeitung personenbezogener Daten und zum freien Datenverkehr (Datenschutz-Grundverordnung), KOM (2012) 11 endgültig, S. 50.

346 *Albers/Veit*, in: BeckOK, Datenschutzrecht, Art. 6 Rn. 34; *Frenzel*, in: Paal/Pauly, DS-GVO BDSG, Art. 6 Rn. 16; *Spindler/Dalby*, in: Spindler/Schuster, Art. 6 Rn. 8.

347 Dies ergibt sich zudem aus ErwGr 45 Satz 1, wonach eine Grundlage im Unionsrecht oder im Recht eines Mitgliedstaats bestehen muss, wenn die Verarbeitung durch den Verantwortlichen aufgrund einer ihm obliegenden rechtlichen Verpflichtung erfolgt oder die Verarbeitung zur Wahrnehmung einer Aufgabe im öffentlichen Interesse oder in Ausübung öffentlicher Gewalt erforderlich ist.

Offenlegungspflicht als rechtliche Verpflichtung deklariert, liegt daher in Art. 6 Abs. 1 lit. c DSGVO keine Rechtsgrundlage für eine zulässige Datenweitergabe.

4. *Art. 6 Abs. 1 lit. d DSGVO*

Eine Datenweitergabe ist nach Art. 6 Abs. 1 lit. d DSGVO ferner zulässig, wenn die Verarbeitung erforderlich ist, um lebenswichtige Interessen der betroffenen Person oder einer anderen natürlichen Person zu schützen. ErwGr 112 präzisiert das lebenswichtige Interesse in erster Linie als den Schutz des Lebens und die körperliche Unversehrtheit, wobei dieser Präzisierung kein abschließender Charakter zukommt.[348] Die Bestimmung des lebenswichtigen Interesses ist insoweit nicht disponibel, sondern objektiv festzulegen.[349] Als Beispiele für ein solches Interesse werden die Verarbeitung für humanitäre Zwecke einschließlich der Überwachung von Epidemien und deren Ausbreitung oder in humanitären Notfällen insbesondere bei Naturkatastrophen oder vom Menschen verursachte Katastrophen aufgezählt.[350] Unter bestimmten und festgelegten Umständen können die lebenswichtigen Interessen der betroffenen Personen oder einer anderen Person auch als rechtliche Grundlage für eine Datenverarbeitung auf Grundlage einer Offenlegungspflicht der US-Behörde unter Berufung auf den Cloud Act herangezogen werden.[351] Denkbar ist dies z. B. bei solchen Offenlegungsverpflichtungen, bei denen der Zugang zu persönlichen Daten entführter Minderjähriger oder ähnlicher offensichtlicher Situationen beantragt wird, in denen die Übermittlung im lebenswichtigen Interesse der betroffenen Person selbst liegt.[352] Allerdings wird dies nur in absoluten Ausnahmefällen gegeben sein und entspricht keinesfalls den üblichen Offenlegungsverpflichtungen der US-Behörden i. R. e. Strafermittlungsverfahrens.

Aus ErwGr 46 folgt die grundsätzliche Subsidiarität der Rechtsgrundlage des Art. 6 Abs. 1 lit. d DSGVO, wonach personenbezogene Daten nur dann aufgrund eines lebenswichtigen Interesses einer anderen natürlichen Person verarbeitet

---

348 Vgl. den Wortlaut des ErwGr 112 Satz 2, „einschließlich“.

349 *Frenzel*, in: Paal/Pauly, DS-GVO BDSG, Art. 6 Rn. 20.

350 ErwGr 46 Satz 3.

351 *Europäischen Datenausschusses*, Stellungnahme vom 10.7.2019 zur ersten rechtlichen Bewertung der Auswirkungen des US-CLOUD-Gesetzes auf den EU-Rechtsrahmen für den Schutz personenbezogener Daten und die Verhandlungen über ein EU-US-Abkommen über den grenzüberschreitenden Zugang zu elektronischem Beweismaterial, S. 4. abrufbar unter: https://edpb.europa.eu/sites/edpb/files/files/file2/edpb_edps_joint_response_us_cloudact_annex.pdf (Analyse), letzter Aufruf: 14.9.2021.

352 *Europäischen Datenausschusses*, Stellungnahme vom 10.7.2019 zur ersten rechtlichen Bewertung der Auswirkungen des US-CLOUD-Gesetzes auf den EU-Rechtsrahmen für den Schutz personenbezogener Daten und die Verhandlungen über ein EU-US-Abkommen über den grenzüberschreitenden Zugang zu elektronischem Beweismaterial, S. 4.

werden sollten, wenn die Verarbeitung offensichtlich nicht auf eine andere Rechtsgrundlage gestützt werden kann.[353] Mit dem MLAT, das zwischen der Europäischen Union und der USA geschlossen wurde, existiert aber eben eine solche Rechtsgrundlage. Nicht zuletzt deshalb spricht sich der EDSA in dem speziellen Fall einer Offenlegungspflicht nach dem Cloud Act zu Recht gegen eine rechtmäßige Datenübermittlung nach Art. 6 Abs. 1 lit. d DSGVO aus.[354]

5. *Art. 6 Abs. 1 lit. e DSGVO*

Eine entsprechende Rechtfertigung der Datenübermittlung ergibt sich auch nicht aus Art. 6 Abs. 1 lit. e DSGVO. Danach ist die Datenverarbeitung rechtmäßig, wenn sie für die Wahrnehmung einer Aufgabe erforderlich ist, die im öffentlichen Interesse liegt oder in Ausübung öffentlicher Gewalt erfolgt, die dem Verantwortlichen übertragen wurde. Seine die Datenverarbeitung legitimierende Wirkung entfaltet Art. 6 Abs. 1 lit. e DSGVO, ähnlich wie in Bezug auf Art. 6 Abs. 1 lit. c DSGVO, jedoch gemäß Art. 6 Abs. 3 lit. a und b DSGVO erst in Verbindung mit einer Rechtsgrundlage im Unionsrecht oder im Recht der Mitgliedstaaten, dem der Verantwortliche unterliegt.[355]

6. *Art. 6 Abs. 1 lit. f DSGVO*

Die Übermittlung personenbezogener Daten könnte nach Art. 6 Abs. 1 lit. f DSGVO insofern rechtmäßig sein, als dass sie zur Wahrung der berechtigten Interessen des Verantwortlichen oder eines Dritten erforderlich ist. Dies gilt jedoch nur unter dem Vorbehalt, dass die jeweiligen Interessen nicht durch die Interessen oder Grundrechte und Grundfreiheiten der betroffenen Person, die den Schutz personenbezogener Daten erfordern, überlagert werden, insbesondere wenn es sich bei der betroffenen Person um ein Kind handelt.[356] Der Vorschrift lässt sich damit eine zweiteilige Prüfungsstruktur entnehmen. Demnach muss zunächst ein berechtigtes Interesse der Verantwortlichen bestehen und die Datenverarbeitung erforderlich sein, mithin dürfen die Interessen des Betroffenen nicht überwiegen.[357]

---

353 ErwGr 46 Satz 2.

354 *Europäischen Datenausschusses*, Stellungnahme vom 10.7.2019 zur ersten rechtlichen Bewertung der Auswirkungen des US-CLOUD-Gesetzes auf den EU-Rechtsrahmen für den Schutz personenbezogener Daten und die Verhandlungen über ein EU-US-Abkommen über den grenzüberschreitenden Zugang zu elektronischem Beweismaterial, S. 4.

355 Vgl. Zweiter Teil, C. I. 3.

356 Art. 6 Abs. 1 lit. f DSGVO.

357 Vgl. *Frenzel*, in: Paal/Pauly, DS-GVO BDSG, Art. 6 Rn. 26, der allerdings eine dreiteilige Struktur annimmt.

a) Vorliegen eines berechtigten Interesses

Eine inhaltliche Konkretisierung des Begriffs des berechtigten Interesses ist in der DSGVO nicht zu finden.[358] Nach Auffassung der Artikel-29-Datenschutzgruppe kann der Begriff des berechtigten Interesses ein breites Spektrum von Interessen einschließen, die von nichtigen oder sehr zwingenden bis hin zu unkomplizierten oder strittigeren Interessen reichen.[359] Die Frage, ob ein berechtigtes Interesse vorliegt, ist rein normativ zu entscheiden und zunächst unter Berücksichtigung des Zwecks der Verarbeitung zu beurteilen.[360] Dabei müssen neben rechtlichen Interessen auch wirtschaftliche oder ideelle Interessen Berücksichtigung finden.[361] Dies ergibt sich nicht zuletzt aus dem teleologischen Hintergrund von Art. 6 Abs. 1 lit. f DSGVO, einen Ausgleich zwischen den Interessen des Betroffenen und jenen des Verantwortlichen oder eines Dritten zu schaffen.[362] Anhaltspunkte, wann ein solches berechtigtes Interesse vorliegen kann, finden sich in den ErwGr 47, 48, 49 und 50. Beispielsweise kann die Verarbeitung personenbezogener Daten im für die Verhinderung von Betrug unbedingt erforderlichen Umfang ein legitimes Interesse darstellen.[363] Aus ErwGr 48 ergibt sich, das Verantwortliche, die Teil einer Unternehmensgruppe sind, ein berechtigtes Interesse an einer konzerninternen

---

358 Der Entwurf des Parlamentsberichterstatters aus dem Jahre 2013 enthielt zunächst einen konkreten Katalog von Verarbeitungssituationen und stellte klar, welche dieser Verarbeitungssituationen regelmäßig als berechtigte Interessen zu betrachten waren und wann die Rechte des Betroffenen regelmäßig überwiegen. Der Umfang dieser Klarstellungen wurde jedoch in den weiteren Verhandlungen immer weiter reduziert, sodass er sich letztlich darauf beschränkt, dass die Erwartungshandlung des Betroffenen mit Blick auf die seine Beziehung zum Datenverarbeiter bei der Interessenabwägung miteinbezogen werden muss, näher dazu *Albrecht*, CR 2016, 88, 92.

359 *Artikel-29-Datenschutzgruppe*, Stellungnahme vom 9.4.2014, WP 217, S. 31.

360 *Albers/Veit*, in: BeckOK, Datenschutzrecht, Art. 6 Rn. 49.

361 *Albers/Veit*, in: BeckOK, Datenschutzrecht, Art. 6 Rn. 49; *Petri*, in: Kühling/Buchner, DS-GVO BDSG, Art. 6 Rn. 153; vgl. dazu auch EuGH, Urteil vom 4.5.2017 – C-13/16, BeckRS 2017, 108615 Rn. 29, in welchem der EuGH das Interesse eines Dritten, eine persönliche Information über eine Person zu erlangen, die sein Eigentum verletzt hat, um gegen sie eine Schadensersatzklage zu erheben, als berechtigt ansah. Dies werde durch Art. 8 Abs. 2 lit. e der Richtlinie 95/46 bestätigt, wonach das Verbot der Verarbeitung bestimmter Arten personenbezogener Daten, etwa derer, aus denen die rassische Herkunft oder politische Meinungen hervorgehen, u. a. dann nicht gilt, wenn die Verarbeitung der Daten zur Geltendmachung, Ausübung oder Verteidigung rechtlicher Ansprüche vor Gericht erforderlich ist.

362 *Albers/Veit*, in: BeckOK, Datenschutzrecht, Art. 6 Rn. 49.

363 Vgl. ErwGr 47 Satz 6.

Datenübermittlung haben können.[364] Dabei bedarf es bei Vorliegen einer solchen Situation in jedem Einzelfall der Prüfung, ob tatsächlich ein berechtigtes Interesse für jeden der beabsichtigten Verarbeitungsschritte und den Umfang der damit verbundenen Datenverarbeitung vorliegt.[365] Allerdings stellt ErwGr 48 Satz 2 auch klar, dass die Grundprinzipien für die Übermittlung personenbezogener Daten innerhalb von Unternehmensgruppen an ein Unternehmen in einem Drittland unberührt bleiben. Ferner begründet der Hinweis des Verantwortlichen auf mögliche Straftaten oder Bedrohungen der öffentlichen Sicherheit und die Übermittlung der maßgeblichen personenbezogenen Daten in Einzelfällen oder in mehreren Fällen, die im Zusammenhang mit derselben Straftat oder derselben Bedrohung der öffentlichen Sicherheit stehen, an eine zuständige Behörde ein berechtigtes Interesse des Verantwortlichen.[366]

Im Falle einer auf die Rechtsgrundlage des 18 U.S.C. § 2713 gestützten Offenlegungspflicht einer US-Behörde drohen dem betroffenen Unternehmen der Höhe nach unbestimmte Bußgelder nach US-amerikanischem Recht. Das betroffene Unternehmen wird daher regelmäßig ein Interesse daran haben, nicht mit einem Bußgeld belegt zu werden und weitere Sanktionen bzw. Nachteile aus der Verweigerung der Offenlegungspflicht zu vermeiden. Dass dieses Interesse ein berechtigtes Interesse i. S. d. Art. 6 Abs. 1 lit. f DSGVO begründen kann, zeigt ein ähnlich gelagerter Fall.

Im sog. Fall SWIFT erkannte die Artikel-29-Datenschutzgruppe in ihrer Stellungnahme[367] zur Verarbeitung von personenbezogenen Daten durch die Society for Worldwide Interbank Financial Telecommunication (SWIFT) an, dass das in der Europäischen Union ansässige Unternehmen ein berechtigtes Interesse an der Erfüllung der Anordnungen zur Übermittlung umfangreicher Finanzunterlagen hatte.[368] Die SWIFT, eine in Belgien ansässige Genossenschaft, die als

364 In ErwGr 48 Satz 1 heißt es: „Verantwortliche, die Teil einer Unternehmensgruppe oder einer Gruppe von Einrichtungen sind, die einer zentralen Stelle zugeordnet sind, können ein berechtigtes Interesse haben, personenbezogene Daten innerhalb der Unternehmensgruppe für interne Verwaltungszwecke, einschließlich der Verarbeitung personenbezogener Daten von Kunden und Beschäftigten, zu übermitteln."

365 *Heberlein*, in: Ehmann/Selmayr, Datenschutz-Grundverordnung, Art. 6 Rn. 26.

366 Vgl. ErwGr 50 Satz 9.

367 *Artikel-29-Datenschutzgruppe*, Stellungnahme vom 22.11.2006, WP 128, S. 22 f.

368 Ende Juni / Anfang Juli 2006 beschäftigte sich die Presseberichterstattung in den europäischen und den US-Medien mit dem Thema und stellte die Rolle und die Zuständigkeit der SWIFT in Bezug auf die Übermittlung von personenbezogenen Daten an das Office of Foreign Assets Control (Büro zur Kontrolle ausländischen Guthabens) des *U.S. Department of the Treasury* infrage. Dabei wurde aufgedeckt, dass personenbezogene Daten, die im Wege des SWIFT-Netzes für internationale Zahlungsanweisungen unter Verwendung des internationalen Bankleitzahl-Codes („BIC") oder des „SWIFT"-Codes erhoben und verarbeitet wurden, seit Ende 2001

Geldüberweisungsinstitut tätig ist, hatte über mehrere Jahre hinweg aufgrund von Anordnungen nach US-amerikanischem Recht zu Zwecken der Terrorismusermittlungen an das *U.S. Department of the Treasury* personenbezogene Daten weitergegeben, die im Wege des SWIFT-Netzes für internationale Zahlungsanweisungen unter Verwendung des internationalen Bankleitzahl-Codes (*BIC*) oder des SWIFT-Codes erhoben und verarbeitet wurden. Zur Begründung der Annahme eines solchen berechtigten Interesses führte die Artikel-29-Datenschutzgruppe an, dass SWIFT sich dem Risiko von Sanktionen nach US-Recht ausgesetzt hätte, wenn sie diesen Anordnungen nicht Folge geleistet hätte.[369] Ein berechtigtes Interesse sei deshalb nicht in Abrede zu stellen.[370] Wie im Fall SWIFT hat das mit einer Offenlegungspflicht adressierte Unternehmen ein berechtigtes Interesse, der Verpflichtung durch die Offenlegung der entsprechenden Informationen nachzukommen, um nicht mit einem Bußgeld sanktioniert zu werden.

b) *Erforderlichkeit der Datenverarbeitung*

Neben dem Vorliegen eines solchen berechtigten Interesses muss die Verarbeitung allerdings auch zur Wahrung dieses Interesses erforderlich sein. Wann von einer solchen Erforderlichkeit auszugehen ist, wird nicht näher erläutert. Insoweit wird im deutschen Rechtskreis vielfach an die hierzulande bekannten Grundsätze angeknüpft. So soll die Datenverarbeitung bereits dann erforderlich sein, wenn kein milderes wirtschaftlich gleich effizientes Mittel zur Verfügung steht, den entsprechenden Zweck mit gleicher Sicherheit zu verwirklichen.[371] Jedenfalls soll die Erforderlichkeit dann ausgeschlossen sein, wenn die Interessen oder Grundrechte und Grundfreiheiten des Betroffenen überwiegen. Ergibt eine Abwägung, dass die berechtigten Interessen des Verantwortlichen die Verarbeitung rechtfertigen, ergibt sich daraus noch nicht die Berechtigung der Datenübermittlung an einen Dritten.[372] Vielmehr hat der Verantwortliche, wenn er die Daten nicht für eigene Zwecke erhebt, sondern für einen Dritten, der die Daten erhoben hat, auch für diesen Verarbeitungsschritt die Abwägung vorzunehmen, ob dem berechtigten Interesse des Dritten an der Verarbeitung der Daten überwiegende Interessen oder

---

aufgrund von Anordnungen nach US-amerikanischem Recht zu Zwecken der Terrorismusermittlungen an das *U.S. Department of the Treasury* weitergegeben worden sind, vgl. *Artikel-29-Datenschutzgruppe*, Stellungnahme vom 22.11.2006, WP 128, S. 6 f.

369 *Artikel-29-Datenschutzgruppe*, Stellungnahme vom 22.11.2006, WP 128, S. 23.

370 *Artikel-29-Datenschutzgruppe*, Stellungnahme vom 22.11.2006, WP 128, S. 23.

371 *Plath*, in: Plath, DSGVO/BDSG, Art. 6 Rn. 18; kritisch zur Heranziehung deutscher Dogmatik zum Grundsatz der Verhältnismäßigkeit, vgl. *Albers/Veit*, in: BeckOK, Datenschutzrecht, Art. 6 Rn. 50; *Frenzel*, in: Paal/Pauly, DS-GVO BDSG, Art. 6 Rn. 14, 16, 23, 29.

372 *Heberlein*, in: Ehmann/Selmayr, Datenschutz-Grundverordnung, Art. 6 Rn. 30.

Grundrechte und Grundfreiheiten der betroffenen Person entgegenstehen.[373] Die Offenlegung personenbezogener Daten an eine US-amerikanische Behörde könnte im Einzelfall grundsätzlich auf die Interessenabwägung gestützt werden. Im konkreten Fall würde dies bedeuten, dass das berechtigte Interesse des betroffenen Unternehmens an der Datenverarbeitung bzw. -übermittlung, keine Sanktion wegen Zuwiderhandlung gegen die Datenoffenlegungspflicht auferlegt zu bekommen, gegen das berechtigte Interesse der betroffenen Person am unionsrechtlich verankerten Schutz personenbezogener Daten abzuwägen ist.

Gegenstand der erforderlichen Abwägung sind allerdings schwer quantifizierbare und unterschiedliche Komponenten, die eine Vergleichbarkeit erschweren. Die Prüfung der Ausgewogenheit der Interessen hängt von individuellen Faktoren des Einzelfalls ab und kann eine komplexe Beurteilung unter Berücksichtigung mehrerer und unterschiedlichster Faktoren erforderlich machen. Während der Begriff des berechtigten Interesses ein breites Spektrum von Interessen einschließt, müssen im Rahmen der Abwägung dieser Interessen eine restriktivere Herangehensweise und eine substanziellere Analyse erfolgen. Es sind Charakter und Quelle des berechtigten Interesses, die Datenschutzgrundsätze der Verhältnismäßigkeit,[374] die Subsidiarität, die angemessenen Erwartungen der betroffenen Person, die auf ihrer Beziehung zu den Verantwortlichen beruhen,[375] und die Folgen für die betroffenen Personen, insbesondere die Schwere der drohenden Rechtsverletzungen, bei der Interessenabwägung zu berücksichtigen. Dabei sind sowohl potenzielle als auch tatsächliche Folgen der Datenverarbeitung und deren Auswirkungen auf die betroffene Person heranzuziehen. Maßgeblich für eine Gesamtabschätzung der potenziellen Folgen, der sich eine mechanische und rein quantitative Beurteilung verbietet, ist dabei auch der Schweregrad der Konsequenzen, bei der die Art der verarbeiteten personenbezogenen Daten und die Art und Weise, wie personenbezogene Daten verarbeitet werden, eine maßgebliche Rolle spielen. Die jeweils einander gegenüberstehenden Rechte und Interessen sind bei der Vornahme der Interessenabwägung grundsätzlich von den konkreten Umständen des betroffenen Einzelfalls abhängig und dementsprechend auch einzelfallbezogen zu ermitteln und zu beurteilen.[376] Im Rahmen der Datenübermittlung können insbesondere der Datenaustausch mit anderen Behörden außerhalb der EU, die Vernetzung mit anderen Systemen und eine hochgradige Heterogenität

---

373 *Heberlein*, in: Ehmann/Selmayr, Datenschutz-Grundverordnung, Art. 6 Rn. 30.

374 *Frenzel* hält es für fraglich, ob, ungeachtet der autonomen Begriffsbildung für das Unionsrecht, die deutsche Dogmatik zum Grundsatz der Verhältnismäßigkeit herangezogen werden kann, *Frenzel*, in: Paal/Pauly, DS-GVO BDSG, Art. 6 Rn. 14, 16, 23, 29; zweifelnd auch *Albers/Veit*, in: BeckOK, Datenschutzrecht, Art. 6 Rn. 50.

375 ErwGr 47 Satz 1 HS. 2.

376 Vgl. EuGH, Urteil vom 19.10.2016 – C-582/14, BeckRS 2016, 82520 Rn. 62; EuGH, Urteil vom 4.5.2017 – C-13/16, BeckRS 2017, 108615 Rn. 31.

oder Variabilität des Systems Schwachstellen darstellen, die es im Rahmen der Abwägung zu berücksichtigen gilt.

Im Falle einer Offenlegungspflicht gegenüber der US-Behörde auf Grundlage des Cloud Act hat der EDSA in seiner Stellungnahme zur ersten rechtlichen Bewertung der Auswirkungen des Cloud Act auf den europäischen Rechtsrahmen für den Schutz personenbezogener Daten und die Verhandlungen über ein EU-US-Abkommen über den grenzüberschreitenden Zugang zu elektronischem Beweismaterial[377] diese Rechtsgrundlage für die Datenverarbeitung verworfen. Der EDSA sieht das Interesse des Unternehmens, dem Ersuchen der US-Strafverfolgungsbehörden nachzukommen und potenzielle kriminelle Handlungen zu verhindern und aufzudecken als durch die Interessen sowie die Grundrechte und -freiheiten der Person, deren Informationen gesucht werden, als überlagert an. Er ist insbesondere der Auffassung, dass dieses Ersuchen in Ermangelung eines durch ein internationales Abkommen geschaffenen Rahmens erfolgt. Der betroffenen Person würden dadurch grundlegende Rechte genommen, wie z. B. der durch die Bestimmung von Art. 47 GRCh gewährte Schutz, wonach jede Person das Recht auf Einlegung eines wirksamen Rechtsbehelfs hat. Es sei auch denkbar, dass die Übermittlung von Daten zur Strafverfolgung von Handlungen führen kann, die im eigenen Land nicht sanktioniert werden (sog. Grundsatz der doppelten Strafbarkeit). Der EDSA betont ferner, dass die zwingende Natur der Offenlegungspflicht es dem für die Datenverarbeitung Verantwortlichen unmöglich mache, seine Verpflichtungen im Zusammenhang mit der Ausübung seiner Rechte gegenüber der betroffenen Person nachzukommen, die in der DSGVO vorgesehen sind. Dies schließe insbesondere das Widerspruchsrecht ein. Die Art der Offenlegungspflicht habe zur Folge, dass der Verantwortliche auf Grundlage begrenzter Informationen handeln müsse. Er wäre damit nicht in der Lage, die erforderliche Bewertung aller Umstände und möglicher Folgen einer solchen Datenverarbeitung für die betroffene Person umfassend abzuschätzen und angemessen durchzuführen.[378] Die Argumentation überzeugt. Die Übermittlung personenbezogener Daten an einen Dritten, wie z. B. an eine US-amerikanische Behörde, stellt einen Eingriff in die Grundrechte der betroffenen Person dar, insbesondere in das Grundrecht

377 *Europäischen Datenausschusses*, Stellungnahme vom 10.7.2019 zur ersten rechtlichen Bewertung der Auswirkungen des US-CLOUD-Gesetzes auf den EU-Rechtsrahmen für den Schutz personenbezogener Daten und die Verhandlungen über ein EU-US-Abkommen über den grenzüberschreitenden Zugang zu elektronischem Beweismaterial, S. 5 f.

378 *Europäischen Datenausschusses*, Stellungnahme vom 10.7.2019 zur ersten rechtlichen Bewertung der Auswirkungen des US-CLOUD-Gesetzes auf den EU-Rechtsrahmen für den Schutz personenbezogener Daten und die Verhandlungen über ein EU-US-Abkommen über den grenzüberschreitenden Zugang zu elektronischem Beweismaterial, S. 5 f.

des Schutzes personenbezogener Daten. Der EuGH konstatierte im Zusammenhang mit der Vorratsdatenspeicherung von Daten, dass es sich bei der Offenlegung elektronischer Kommunikation um einen besonders schweren Eingriff in dieses Recht handele.[379] Durch die Schaffung einer Ermächtigungsgrundlage im Rahmen des Cloud Act setzt sich die USA über die Grundrechte der betroffenen Person hinweg und hebelt damit die Funktion der Grundrechte als justiziable und unmittelbar geltende Abwehrrechte aus. Neben der Missachtung territorialen Grenzen und damit einhergehenden völkerrechtlichen Prinzipen wird jeglicher rechtliche Rahmen außer Acht gelassen. Der betroffenen Person wird das Recht auf den Schutz ihrer personenbezogenen Daten nahezu vollständig entzogen. So ist die betroffene Person weder über die Offenlegungspflicht des Verantwortlichen zu informieren[380] noch wird ihr die Möglichkeit zur Einlegung eines Rechtsbehelfs zuerkannt. Die objektiv-rechtliche Funktion der Grundrechte als verfassungsrechtliche Wertentscheidung und Grundlage staatlicher Schutzpflichten nimmt dabei eine besondere Stellung ein. Es liegt auf der Hand, dass das Interesse der betroffenen Person am Schutz ihrer personenbezogenen Daten wegen der Schwere des Eingriffs regelmäßig höher zu bewerten sein wird, als das berechtigte Interesse des Verantwortlichen, einem Bußgeld nach US-amerikanischem Recht zu entgehen. Auch im Fall SWIFT[381] vertrat die Artikel-29-Datenschutzgruppe die Auffassung, dass aufgrund der weitreichenden Auswirkungen der intransparenten, systematischen, massiven und dauerhaften Verarbeitung von Daten auf jeden Einzelnen, das Interesse von SWIFT nicht überwiegen könne, nicht mit US-Sanktionen wegen etwaiger Nichterfüllung der Auflagen belegt zu werden.[382] Letztlich darf Art. 6 Abs. 1 lit. f DSGVO nicht wegen der darin eröffneten Interessenabwägung zu einem Auffangtatbestand verkommen, wonach jegliche Übermittlung von Daten rechtmäßig ist. Es ist daher anzunehmen, dass die Interessen, Grundrechte und Grundfreiheiten der betroffenen Person das Interesse des für die Verarbeitung Verantwortlichen im Falle einer auf dem Cloud Act basierenden Offenlegungspflicht überwiegen werden.

7. *Zwischenergebnis*

Die Untersuchung hat gezeigt, dass Art. 6 DSGVO für die Datenübermittlung in die USA aufgrund einer entsprechenden Offenlegungspflicht von Seiten der US-amerikanischen Behörden in der Regel keinen Erlaubnistatbestand bereithält. Lediglich im Einzelfall und unter bestimmten Umständen ist denkbar, dass die Datenübermittlung auf die Interessenabwägung in Art. 6 Abs. 1 lit. f DSGVO gestützt werden kann.

---

379 EuGH, Urteil vom 8.4.2014 – C-293/12, C-594/12 (Digital Rights Ireland Ltd v. Minister for Communications, Marine and Natural Resources u. a., NJW 2014, 2169, 2171.

380 Vgl. 18 U.S.C. § 2703 (b) (1) (A).

381 Hierzu bereits Zweiter Teil, C. I. 6. a).

382 *Artikel-29-Datenschutzgruppe*, Stellungnahme vom 22.11.2006, WP 128, S. 23.

II. Zulässigkeit der Datenweitergabe in ein Drittland

Sollte eine Offenlegung personenbezogener Daten nach dem Maßstab des Art. 6 DSGVO sowie den weiteren Voraussetzungen (z. B. Art. 5 DSGVO) im Einzelfall zulässig sein, müssten zudem die speziellen Voraussetzungen von Kapitel V der DSGVO für den internationalen Datentransfer vorliegen. Die EU regelt mit den Art. 44 ff. DSGVO ausdrücklich die Frage, wie die in der EU gespeicherten Daten geschützt werden müssen und wann diese Daten ins Ausland übermittelt werden dürfen.

1. Datenübermittlung aufgrund eines Angemessenheitsbeschlusses

Eine Datenübermittlung aufgrund eines Angemessenheitsbeschlusses nach Art. 45 DSGVO sieht vor, dass eine Übermittlung personenbezogener Daten an ein Drittland oder eine internationale Organisation vorgenommen werden darf, wenn die EU-Kommission beschlossen hat, dass das betreffende Drittland, ein Gebiet oder ein oder mehrere spezifische Sektoren in diesem Drittland oder die betreffende internationale Organisation ein angemessenes Schutzniveau bietet.[383] Für die USA wird ein solches Schutzniveau überwiegend abgelehnt.[384] Zudem hat die EU-Kommission für die USA insgesamt kein angemessenes Datenschutzniveau i. S. d. Art. 45 Abs. 1 DSGVO anerkannt.

2. Datenübermittlung vorbehaltlich geeigneter Garantien

Die Möglichkeit, ein angemessenes Datenschutzniveau über Standarddatenschutzklauseln der EU-Kommission nach Art. 46 Abs. 2 lit. c DSGVO oder der Datenschutzbehörden nach Art. 46 Abs. 2 lit. d DSGVO mit dem Empfänger personenbezogener Daten im Drittstaat sicherzustellen, wird mangels Bereitschaft von Seiten der US-Behörden von vornherein ausscheiden.[385] Auch sog. BCR nach Art. 46 Abs. 2 lit. b i. V. m. Art. 47 DSGVO helfen im Falle der Datenübermittlung aufgrund einer Offenlegungspflicht von Strafverfolgungsbehörden nicht weiter, da sie nur die konzerninterne Weitergabe abdecken.

Inwieweit Verhaltensregeln nach Art. 46 Abs. 2 lit. e DSGVO und Zertifizierungen nach Art. 46 Abs. 2 lit. f DSGVO im Falle der Datenübermittlung in die USA relevant sind, kann bisher nicht gesagt werden. Allerdings scheint die Bereitschaft von US-Behörden diesbezüglich nicht zu bestehen. So hat die US-Regierung im Zusammenhang mit Informationen über US-Datenschutzvorkehrungen, die für Standardvertragsklauseln und andere EU-Rechtsgrundlagen für Datenübertragungen

---

383 Erster Teil, B. V. 2. b).

384 Erster Teil, B. V. 2. b).

385 *Hartmann*, Internationale E-Discovery und Information Governance, 2011, S. 118; *Metz/Spittka*, ZD 2017, 361, 365; *Nink*, DSRITB 2015, 283, 292.

zwischen der EU und den USA nach Schrems II relevant sind, kürzlich konstatiert, dass die Realität so aussehe, dass Daten, die in die USA übermittelt werden, in Bezug auf nachrichtendienstliche Überwachung einen vergleichbaren oder größeren Schutz der Privatsphäre genießen, als Daten, die innerhalb der EU gespeichert sind.[386] Die Aussage bringt deutlich zum Ausdruck, dass die USA von einem hinreichenden Schutz personenbezogener Daten ihrerseits ausgehen und dementsprechend nicht bereit sein werden, ein angemessenes Datenschutzniveau nach Unionsrecht i. S. d. Art. 46 Abs. 1 zu garantieren.

3. Internationale Übereinkunft gemäß Art. 48 DSGVO

Fraglich ist, inwieweit sich die Zulässigkeit einer Datenübermittlung in ein Drittland aus Art. 48 DSGVO ergeben kann. Art. 48 DSGVO regelt nach der amtlichen Überschrift die nach dem Unionsrecht nicht zulässige Übermittlung oder Offenlegung personenbezogener Daten an bzw. gegenüber Drittländern. Die Vorschrift stellt fest, unter welchen Voraussetzungen das Urteil eines Gerichts oder die Entscheidung einer Verwaltungsbehörde eines Drittlands, mit dem von einem Verantwortlichen oder Auftragsverarbeiter die Übermittlung oder Offenlegung personenbezogener Daten verlangt wird, anerkannt oder vollstreckbar werden darf.[387] Eine Art. 48 DSGVO entsprechende Vorschrift gab es bislang weder im deutschen Recht noch in der DSRL.[388] Dementsprechend sind viele Einzelheiten der Vorschrift, insbesondere Anwendungsbereich, Systematik und Regelungscharakter umstritten.[389] Einigkeit besteht jedenfalls dahingehend, dass die Anordnung nach dem Recht eines Drittlands alleine die Übermittlung personenbezogener Daten in das Drittland ohne Rechtsgrundlage im Unionsrecht nicht rechtfertigen kann.[390] Der Gesetzgeber bringt damit zum Ausdruck, dass europäische Schutzstandards nicht den Sicherheitsinteressen anderer Staaten untergeordnet werden. Für die Übermittlung personenbezogener Daten bedarf es demzufolge stets einer konkreten Rechtsgrundlage im europäischen Recht. Art. 48 DSGVO setzt damit ein klares Zeichen, dass europäische digitale Datenhoheit und der Schutz natürlicher

386 *US-Government*, Whitepaper Information on U.S. Privacy Safeguards Relevant to SCCs and Other EU Legal Bases for EU-U.S. Data Transfers after Schrems II, 9.2020, S. 16.

387 Vgl. Erster Teil, B. V. 2. g).

388 Zu den Einzelheiten Erster Teil, B. V. 2. g).

389 *Metz/Spittka* bezeichnet die Vorschrift als derart verunglückt, dass weder an der Gesetzgebung direkt Beteiligte noch Datenschutzbehörden zu wissen scheinen, wie Art. 48 DSGVO zu verstehen sei, *Metz/Spittka*, ZD 2017, 361, 365.

390 *Gabel*, in: Taeger/Gabel, DSGVO BDSG, Art. 48 Rn. 1; *Metz/Spittka*, ZD 2017, 361, 365; *Towfigh/Ulrich*, in: Sydow, Europäische Datenschutzgrundverordnung, Art. 48 Rn. 2; *Zerdick*, in: Ehmann/Selmayr, Datenschutz-Grundverordnung, Art. 48 Rn. 1; ähnlich *Schröder*, in: Kühling/Buchner, DS-GVO BDSG, Art. 48 Rn. 2.

Personen in der Union gegen völkerrechtswidrige Zugriffe von Drittstaaten ohne rechtsstaatliche Verfahrensgarantien gewährleistet werden.[391]

a) Anwendbarkeit des Art. 48 DSGVO auf drittstaatliche Unternehmen

Fraglich ist allerdings, ob Art. 48 DSGVO im Falle der Offenlegungspflicht einer US-amerikanischen Behörde grundsätzlich anwendbar ist. Zwar findet Art. 48 DSGVO dann unzweifelhaft Anwendung, wenn die Offenlegungspflicht unmittelbar an einen Verantwortlichen oder Auftragsverarbeiter in der EU gerichtet ist. Hinsichtlich des Anwendungsbereichs von Art. 48 DSGVO ist allerdings umstritten, ob die Norm auch auf drittstaatliche Unternehmen anwendbar ist. Gemeint sind solche Unternehmen, die in einem Drittland ansässig sind, aufgrund ihrer länderübergreifenden Tätigkeit jedoch der DSGVO unterliegen. Diese Frage stellt sich insbesondere in solchen Fällen, in denen eine US-amerikanische Behörde an in den USA ansässige Unternehmen herantritt und zur Datenübermittlung auffordert, weil diese z. B. aufgrund ihrer Konzernstruktur über den faktischen Zugriff auf bestimmte Daten verfügen, deren Verarbeitung dem Erlaubnisvorbehalt der DSGVO unterliegt. So wird vertreten, die Norm gelte dann nicht, wenn der Verantwortliche oder Auftragsverarbeiter in einem Drittland ansässig ist und eine Stelle dieses Drittlandes die Offenlegung der Daten verlangt, obwohl der Verantwortliche nach Art. 3 Abs. 2 DSGVO der DSGVO unterliegt.[392] Zwar stelle Art. 44 Satz 1 HS. 2 DSGVO klar, dass die Regelungen des Kapitel V der DSGVO in dieser Konstellation auch auf Weiterübermittlungen Anwendung finden. Weil die Behörden eines Drittstaates in diesem Fall im Rahmen ihres Hoheitsgebiets tätig werden, bedürfe es aber keiner Anerkennung oder Vollstreckung der Entscheidung innerhalb der EU. Art. 48 DSGVO passe also seinem Wortlaut nach nicht.[393] Darüber hinaus führe die Anwendbarkeit des Art. 48 DSGVO in diesen Fällen zu einer extraterritorialen Wirkung, die mit kaum lösbaren Rechtskonflikten einher gehen würden.[394] Die Auffassung überzeugt jedoch nicht im Hinblick auf das Bestreben der EU, mit der DSGVO die globale Digitalisierung mitzugestalten und dabei die hohen europäischen Standards auch im internationalen Wettbewerb durchzusetzen.[395] Ziel der DSGVO war es von Beginn an, das Marktortprinzip einzuführen, um jedenfalls auf dem europäischen Binnenmarkt insofern gleiche Wettbewerbsbedingungen (sog.

---

391 *Brauneck*, EWS 2019, 307, 311; *Zerdick*, in: Ehrmann/Selmayr, Datenschutz-Grundverordnung, Art. 48 Rn. 1.

392 *Schantz*, in: Simits/Hornung/Spiecker, Datenschutzrecht, Art. 48 Rn. 6; *Schröder*, in: Kühling/Buchner, DS-GVO BDSG, Art. 48 Rn. 14.

393 *Schantz*, in: Simits/Hornung/Spiecker, Datenschutzrecht, Art. 48 Rn. 6.

394 *Schröder*, in: Kühling/Buchner, DS-GVO BDSG, Art. 48 Rn. 14.

395 *Selmayr/Ehmann*, in: Ehmann/Selmayr, Datenschutz-Grundverordnung, Einf. Rn. 24.

level playing-field) zu schaffen.[396] Der räumliche Anwendungsbereich geht daher ähnlich weit wie der Anwendungsbereich des Cloud Act.[397] Erfasst werden nicht nur in der EU niedergelassene Unternehmen, sondern auch solche, die unabhängig vom Ort ihrer Niederlassung ihre Waren und Dienstleistungen auf dem europäischen Binnenmarkt anbieten (Art. 3 Abs. 2 lit. a DSGVO) oder das Verhalten von Personen in der Union beobachten (Art. 3 Abs. 2 lit. b DSGVO). Würde Art. 48 DSGVO lediglich in der EU ansässige Unternehmen erfassen, würde dies strengere Anforderungen an solche Unternehmen als an drittstaatliche Unternehmen stellen und zu einem Wettbewerbsnachteil für diese Unternehmen führen. Angesichts der Marktdominanz US-amerikanischer Unternehmen hätte dies zur Folge, dass die Daten europäischer Bürger weitgehend von Unternehmen verarbeitet werden würden, die nicht in Europa ansässig sind und sich nicht an das europäische Datenschutzrecht halten.[398] Dies würde den Sinn und Zweck der DSGVO *ad absurdum* führen und die Verordnung als solche faktisch obsolet werden lassen. Art. 48 DSGVO findet demzufolge auch auf drittstaatliche Unternehmen Anwendung.

b) Vorliegen eines Rechtshilfeabkommens i. S. d. Art. 48 DSGVO

Art. 48 DSGVO setzt eine in Kraft befindliche internationale Übereinkunft wie etwa ein Rechtshilfeabkommen zwischen dem ersuchenden Drittland und der Union oder einem Mitgliedstaat voraus. Die in einer solchen internationalen Übereinkunft enthaltene Regelung muss die Grundlage für die Anerkennung bilden.[399] Das Gericht oder die Behörde des Drittstaats muss die Rechtshilfe aufgrund des Rechtshilfeabkommens beantragen und die ersuchte Union bzw. der ersuchte Staat muss diese Rechtshilfe gewähren. Die Zulässigkeit des Drittstaatentransfers liegt dabei in der Verantwortung der nationalen Behörde, nicht in der Verantwortung des Verantwortlichen oder Auftragsverarbeiters.[400] Als taugliche Rechtshilfeabkommen kommen etwa das zwischen der EU und den USA geschlossene Abkommen über die Auslieferung und über die Rechtshilfe in Strafsachen vom 25.6.2003[401] und das zwischen Deutschland und den USA für die Anerkennung oder Vollstreckung von

---

396 *Selmayr/Ehmann*, in: Ehmann/Selmayr, Datenschutz-Grundverordnung, Einf. Rn. 23.

397 Vgl. Erster Teil, A. III. 2.

398 So auch *Selmayr/Ehmann*, in: Ehmann/Selmayr, Datenschutz-Grundverordnung, Einf. Rn. 24 in Bezug auf die fehlende Durchsetzung des Marktortprinzips.

399 *Jungkind*, in: BeckOK, Datenschutzrecht, Art. 48 Rn. 9.

400 *Jungkind*, in: BeckOK, Datenschutzrecht, Art. 48 Rn. 16.

401 Beschluss 2009/820/GASP des Rates vom 23.10.2009 über den Abschluss im Namen der Europäischen Union des Abkommens über Auslieferung zwischen der Europäischen Union und den Vereinigten Staaten von Amerika und des Abkommens über Rechtshilfe zwischen der Europäischen Union und den Vereinigten Staaten von Amerika, ABl. 2009 L 291, 40.

Urteilen und sonstigen Entscheidungen geschlossene Abkommen über die Auslieferung und über die Rechtshilfe in Strafsachen vom 14.10.2003[402] in Betracht. Beide regeln u. a. die Übermittlung von Auskünften zwischen den Staaten. Der Cloud Act als nationales Gesetz eines Drittlandes erfüllt die Voraussetzungen für einen zulässigen Datentransfer nach Art. 48 DSGVO allerdings nicht. Er ermächtigt US-Hoheitsträger, die Übermittlung in der EU gespeicherter Daten, auf die ein der US-Gerichtbarkeit unterfallendes Unternehmen Zugriff hat, auch ohne Vorliegen eines entsprechenden Rechtshilfeabkommens zu verlangen. Eine Bezugnahme auf eine etwaige internationale Übereinkunft erfolgt dabei gerade nicht. Vielmehr werden etwaige internationale Rechtshilfeabkommen durch die nationale Regelung bewusst umgangen, indem der Verantwortliche oder Auftragsverarbeiter mit einer Verpflichtung zur unmittelbaren Datenübermittlung an die US-Behörde adressiert wird.

Inwieweit ein nach dem Cloud Act getroffenes Durchführungsabkommen eine solche internationale Übereinkunft darstellen kann, bleibt fraglich.[403] Teilweise wird dies mit dem überzeugenden Argument verneint, dass ein solches Durchführungsabkommen mit den USA lediglich Anforderungen an das Rechtssystem des anderen Staates stellt, jedoch keinerlei Anforderungen an das Rechtssystem der USA vorsieht. Eine solche Vereinbarung könne daher nicht als Rechtshilfeabkommen i. S. d. Art. 48 zu verstehen sein.[404] In der Tat müsste das Abkommen zwischen Deutschland und den USA präzise Vorgaben für die Übermittlung vorsehen, welche das durch die Grundfreiheiten vorgegebene Schutzniveau nicht untergräbt und selbst Ermächtigungsgrundlagen für die Übermittlung enthält.[405] Zudem müsste ein solches Abkommen über ausreichend Garantien für die Personen verfügen, deren personenbezogene Daten verarbeitet werden, die einen wirksamen Schutz der Daten vor Missbrauchsrisiken sowie vor jedem unberechtigten Zugang und jeder unberechtigten Nutzung ermöglichen.[406] Ob ein solches Abkommen im Rahmen einer entsprechenden Vereinbarung zustande kommt, das dem vom EuGH geforderten Schutzniveau gerecht wird, bleibt abzuwarten.[407] Nach derzeitiger

402 Gesetz zu dem Vertrag vom 14.10.2003 zwischen der Bundesrepublik Deutschland und den Vereinigten Staaten von Amerika über die Rechtshilfe in Strafsachen, 26.10.2007 (BGBl. 2007 Teil II Nr. 34, 2.11.2007, S. 1620 ff.).

403 Kritisch hierzu *Lejeune*, ITRB 2018, 118, 121; *Spies*, ZD-Aktuell 2018, 04291.

404 *Lejeune*, ITRB 2018, 118, 121.

405 EuGH Gutachten 1/15 vom 26.7.2017 zum geplanten Abkommen zwischen Kanada und der Europäischen Union über die Übermittlung und Verarbeitung von Fluggastdatensätzen; ebenso *Schröder*, in: Kühling/Buchner, DS-GVO BDSG, Art. 48 Rn. 16.

406 EuGH Gutachten 1/15 vom 26.7.2017 zum geplanten Abkommen zwischen Kanada und der Europäischen Union über die Übermittlung und Verarbeitung von Fluggastdatensätzen; ebenso *Schröder*, in: Kühling/Buchner, DS-GVO BDSG, Art. 48 Rn. 16.

407 Zu der aktuellen Entwicklung des Abschlusses eines solchen Durchführungsabkommens zwischen den USA und der Europäischen Union, Erster Teil, A. III. 3. d).

Gesetzeslage besteht ein solches Durchführungsabkommen nach Maßgabe des Cloud Act bisher nicht.

c) Dogmatische Einordnung von Art. 48 DSGVO

Bisher ist noch unklar, wie sich Art. 48 DSGVO in die Systematik der Prüfung einer zulässigen Datenübermittlung personenbezogener Daten an Drittländer einfügt.[408] Die Vorschrift wird teilweise als im Rahmen des langjährigen Gesetzgebungsprozesses derart verunglückt bezeichnet, dass weder an der Gesetzgebung direkt Beteiligte noch Datenschutzbehörden zu wissen scheinen, wie Art. 48 DSGVO zu verstehen ist.[409] In der Literatur wird vielfach angenommen, es handele sich bei Art. 48 DSGVO um den Ausgangspunkt für die Frage der Zulässigkeit der Übermittlung personenbezogener Daten an US-amerikanische Behörden und Gerichte.[410] Demnach hätte die Übermittlung personenbezogener Daten aus der EU an US-Hoheitsträger durch private Unternehmen auf Grundlage des Cloud Act mangels in Kraft befindlicher internationaler Übereinkunft zwangsläufig die Verletzung des Art. 48 DSGVO zur Folge.[411] Es stellt sich in diesem Zusammenhang einerseits die Frage nach der Rechtsnatur des Art. 48 DSGVO. Andererseits ist fraglich, inwieweit Art. 48 DSGVO eine sog. Sperrwirkung entfaltet, wenn kein Rechtshilfeabkommen vorliegt und eine Datenübermittlung in ein Drittland nach Art. 48 DSGVO demnach ausscheidet.

aa) Rechtsnatur des Art. 48 DSGVO

Ist die Datenübermittlung weder nach Art. 45 noch nach Art. 46 DSGVO zulässig, liegt eine nach dem Unionsrecht unzulässige Datenübermittlung i. S. d. Art. 48 DSGVO vor. Insofern stellt sich die Frage, ob Art. 48 DSGVO einen Erlaubnistatbestand darstellt oder vielmehr lediglich von feststellendem Charakter ist. Art. 48 DSGVO bezieht sich seinem Wortlaut nach allein auf die Anerkennung und Vollstreckung von Urteilen und Behördenentscheidungen. Anders als die übrigen Erlaubnistatbestände des Kapitel V der DSGVO erklärt Art. 48 DSGVO nicht die Zulässigkeit einer Datenübermittlung, sondern regelt die nach dem Unionsrecht unzulässige Datenübermittlung. Vielfach wird daher angenommen, Art. 48

---

408 So auch *Determann/Nebel*, CR 2018, 408, 412.

409 *Bayerisches Landesamt für Datenschutzaufsicht*, EU-Datenschutz-Grundverordnung (DS-GVO) – XI Datenübermittlung in Drittstaaten nach der DSGVO, S. 2, abrufbar unter: https://www.lda.bayern.de/media/baylda_ds-gvo_11_international_transfer.pdf, letzter Aufruf: 14.9.2021; *Metz/Spittka*, ZD 2017, 361, 365.

410 *Metz/Spittka*, ZD 2017, 361, 365; *Rath/Spies*, CCZ 2018, 229, 230.

411 So *Gausling*, MMR 2018, 578, 581; *Lejeune*, ITRB 2018, 118, 121.

DSGVO beinhalte eine eigenständige Regelungswirkung, die über einen bloßen feststellenden Charakter hinaus gehe.[412] Dies gilt es im Folgenden zu hinterfragen.

(1) Wortlaut und Systematik

Es kann nicht bestritten werden, dass dem Wortlaut des Art. 48 DSGVO („jedenfalls nur dann anerkannt oder vollstreckbar werden") ein feststellender Charakter zugrunde liegt. Systematische Erwägungen stützen diese Annahme. So fordert die subsidiäre Notfall-Klausel des Art. 49 Abs. 1 Satz 1 DSGVO, die Ausnahmetatbestände für bestimmte Fälle normiert, für ihre Anwendbarkeit, dass weder ein Angemessenheitsbeschluss nach Art. 45 Abs. 3 DSGVO vorliegt noch geeignete Garantien nach Art. 46 DSGVO bestehen, einschließlich verbindlicher interner Datenschutzvorschriften. Für die Voraussetzung der fehlenden Anwendbarkeit nennt Art. 49 DSGVO damit lediglich die Erlaubnistatbestände der Art. 45 und 46 DSGVO, nicht aber die Vorschrift des Art. 48DSGVO.

(2) Historie und Telos

Sinn und Zweck der Vorschrift des Art. 48 DSGVO ist es, zu verhindern, dass Unternehmen aufgrund der in Drittländern erlassenen Gesetze, Vorschriften oder sonstigen Rechtsakte zur Offenlegung von Daten gezwungen werden und dadurch das Schutzniveau der DSGVO unterlaufen wird. Diese Feststellung, welche rein deklaratorischer Natur ist,[413] ist dem politischen Kompromiss des Trilog-Verfahrens geschuldet.[414] Hintergrund ist, dass der DSGVO, über deren Inhalt die EU-Kommission, das EU-Parlament und der EU-Ministerrat vier Jahre lang gerungen haben, eine zentrale europäische Grundüberzeugung zugrunde liegt. Personenbezogene Daten sind auch in der digitalen Welt nicht in erster Linie Wirtschaftsgut, sondern integraler Teil des Persönlichkeitsrechts.[415] Wer in Europa, ob als Unternehmen, Behörde oder Einzelner, personenbezogene Daten verarbeiten, austauschen oder vermarkten möchte, der muss das europäische Grundrecht auf Datenschutz achten.[416]

---

412 *Klug*, in: Gola, Datenschutz-Grundverordnung, Art. 48 Rn. 2, der die Norm als speziellen Erlaubnistatbestand versteht.

413 *Metz/Spittka*, ZD 2017, 361, 365.

414 *Metz/Spittka*, ZD 2017, 361, 365.

415 *Selmayr*, ZD 2018, 197.

416 *Selmayr*, ZD 2018, 197.

(3) Stellungnahme

Der in der Literatur vielfach vertretenen Auffassung, es handele sich bei Art. 48 DSGVO um einen Erlaubnistatbestand, kann nicht beigepflichtet werden.[417] Aus den vorstehenden Erörterungen folgt vielmehr, dass Art. 48 DSGVO kein Erlaubnistatbestand für eine Übermittlung in ein Drittland ist, sondern lediglich die Klarstellung enthält, dass eine Entscheidung eines Gerichts oder einer Behörde eines Drittlands als solche keine hinreichende Grundlage für eine Übermittlung in ein Drittland bildet. Abschließend sei angemerkt, dass es im Falle des Art. 48 DSGVO auch überhaupt keines Erlaubnistatbestands bedarf. Besteht nämlich ein entsprechendes Rechtshilfeabkommen, dass die Datenübermittlung in ein Drittland regelt, stellt dies allein bereits eine entsprechende Rechtsgrundlage für eine rechtmäßige Datenübermittlung dar. Ein Rückgriff auf Art. 48 DSGVO ist dann obsolet.

bb) Sperrwirkung von Art. 48 DSGVO

Fraglich ist dennoch, inwieweit Art. 48 DSGVO eine Sperrwirkung gegenüber anderen Erlaubnistatbeständen, insbesondere den in Kapitel V der DSGVO genannten Erlaubnistatbestände entfaltet. So wird teilweise angenommen, Art. 48 DSGVO sei im Falle ausländischer hoheitlicher Zugriffe auf Daten in der EU exklusiv.[418] Vertreten wird, dass die Regelung in Art. 48 DSGVO des Kapitel V der DSGVO für Übermittlungen an Behörden oder Gerichte in Drittländern die speziellere Norm sei, da sie genau diese Situation zwischen europäischem Rechtssubjekt und Hoheitsträger im Drittland regelt, während andere Ermächtigungen nur allgemeine Vorgaben zur Übermittlung von Daten an Drittländer aufstellen würden. Dies spreche für ein abschließendes Verständnis und verschließe den Rückgriff auf allgemeine Ermächtigungsgrundlagen der Art. 6 ff. DSGVO i. V. m. Art. 45 und 46 DSGVO.[419] Ähnliches wurde bereits teilweise zu der Vorgängerregelung von Art. 49 DSGVO, dem § 4c BDSG a. F., vertreten, dass der Verantwortliche für die Zwecke staatsanwaltschaftlicher Ermittlungsverfahren im Drittstaat nicht zur (freiwilligen) Datenübermittlung aufgrund der Befugnisnorm des § 4a BDSG befugt sei, weil entsprechende Rechtshilfeabkommen insoweit spezieller und abschließend seien. Der Auffassung steht jedoch nunmehr der ausdrückliche Wortlaut des Art. 48 DSGVO entgegen. Danach dürfen Urteile und Entscheidungen einer Verwaltungsbehörde unbeschadet anderer Gründe für die Übermittlung gemäß Kapitel V der DSGVO

---

417 Im Ergebnis so auch *Jungkind*, in: BeckOK, Datenschutzrecht, Art. 48 Rn. 3 ff.; *Metz/Spittka*, ZD 2017, 361, 365; *Schantz*, in: Simits/Hornung/Spiecker, Datenschutzrecht, Art. 48 Rn. 2; *Schröder*, in: Kühling/Buchner, DS-GVO BDSG, Art. 48 Rn. 2.

418 So *Schröder*, in: Kühling/Buchner, DS-GVO BDSG, Art. 48 Rn. 23.

419 Vgl. dazu *Schröder*, in: Kühling/Buchner, DS-GVO BDSG, Art. 48 Rn. 23, der sich für ein abschließendes Verständnis der Regelungen des Art. 48 und Art. 49 DSGVO ausspricht.

anerkannt oder vollstreckbar werden. Auch ein Blick auf das Gesetzgebungsverfahren streitet gegen die Annahme einer solchen Sperrwirkung. Der Vorschlag des EU-Parlaments, Übermittlungen auf Grund von Anforderungen durch Behörden oder Gerichte eines Drittstaats tatsächlich nur dann zuzulassen, wenn sie auf einer internationalen Übereinkunft beruhen, wurde ersatzlos gestrichen.[420] Sinn und Zweck des Art. 48 DSGVO besteht darin, zu verhindern, dass die Drittländer Gesetze, Verordnungen und sonstige Rechtsakte außerhalb des Hoheitsgebiets der betreffenden Drittländer erlassen, die dem durch die DSGVO in der EU gewährleisteten Schutz natürlicher Personen zuwiderläuft. Diese Auslegung entspricht auch dem Verständnis der EU-Kommission, die davon ausgeht, dass ein Rechtshilfeabkommen i. S. d. Art. 48 DSGVO neben den Gründen nach Art. 45, 46, 47 oder 49 DSGVO zur Datenübermittlung an einen Drittstaat berechtigt.[421] Die in Kapitel V der DSGVO genannten Rechtsgrundlagen, wonach eine Datenübermittlung oder Datenoffenlegung auf Grundlage eines Angemessenheitsbeschlusses gemäß Art. 45 DSGVO, geeigneter Garantien gemäß Art. 46, 47 DSGVO oder aufgrund einer Ausnahme gemäß Art. 49 DSGVO erfolgt, bleiben auch im Falle der Offenlegungspflicht einer US-amerikanischen Behörde anwendbar.[422]

4. Ausnahmetatbestände nach Art. 49 DSGVO

Nachdem festgestellt wurde, dass eine Übermittlung personenbezogener Daten aufgrund einer Offenlegungspflicht weder nach Art. 45, 46, 47 noch Art. 48 DSGVO zulässig ist, stellt sich abschließend die Frage, ob eine Datenübermittlung im Falle einer Offenlegungsverpflichtung von US-Behörden auf Grund einer der in Art. 49 DSGVO geregelten Ausnahmetatbestände zulässig ist. Art. 49 DSGVO enthält eine Reihe von Bedingungen, unter welchen eine Übermittlung personenbezogener Daten an ein Drittland oder an eine internationale Organisation gerechtfertigt sein kann. Bei den Ausnahmetatbeständen nach Art. 49 DSGVO handelt es sich um Ausnahmen von dem allgemeinen Grundsatz, dass personenbezogene Daten nur dann an Drittländer übermittelt werden dürfen, wenn in diesem Drittland ein angemessenes Schutzniveau besteht oder geeignete Garantien vorgesehen wurden und den betroffenen Personen durchsetzbare und wirksame Rechte eingeräumt werden, damit sie ihre Grundrechte und Garantien weiterhin in Anspruch nehmen

---

420 *Bayerisches Landesamt für Datenschutzaufsicht*, EU-Datenschutz-Grundverordnung (DS-GVO) – XI Datenübermittlung in Drittstaaten nach der DSGVO, S. 2; *Metz/Spittka*, ZD 2017, 361,365.

421 *EU-Kommission*, Amicus Curiae Brief an den U.S. Supreme Court in dem Fall United States of America v. Microsoft Corp., S. 14.

422 Im Ergebnis so auch *Jungkind*, in: BeckOK, Datenschutzrecht, Art. 48 Rn. 20; *Klug*, in: Gola, Datenschutz-Grundverordnung, Art. 48 Rn. 5, *Towfigh/Ulrich*, in: Sydow, Europäische Datenschutzgrundverordnung, Art. 48 Rn. 9.

können.[423] Im Einklang mit den Grundsätzen des EU-Rechts sind die Ausnahmen deshalb restriktiv auszulegen.[424] Es soll verhindert werden, dass die Ausnahme zur Regel wird.[425] Die Sichtweise der restriktiven Auslegung dieser Ausnahmetatbestände wird vom Wortlaut der amtlichen Überschrift des Art. 49 DSGVO gestützt, wonach die Ausnahmeregelungen nur in bestimmten Fällen Anwendung finden („Ausnahme für bestimmte Fälle"). Der EuGH hat mehrmals betont, dass der Schutz des Grundrechts auf Achtung des Privatlebens auf Unionsebene verlangt, dass sich die Ausnahmen vom Schutz personenbezogener Daten und dessen Einschränkungen auf das absolut Notwendige beschränken.[426] Dies liegt in dem Umstand begründet, dass durch die Verwendung von Ausnahmeregelungen keineswegs gewährleistet wird, dass der Schutz in dem jeweiligen Bestimmungsland angemessen ist.[427]

a) Art. 49 Abs. 1 Satz 1 lit. d DSGVO

Nach Auffassung des *U.S. Department of Commerce* können sich Unternehmen, die Daten aus der EU übermitteln, stets auf die Ausnahmeregelung des Art. 49 Abs. 1 Satz 1 lit. d DSGVO berufen.[428] Dieser sieht vor, dass eine Übermittlung oder eine Reihe von Übermittlungen personenbezogener Daten an ein Drittland oder an eine internationale Organisation dann zulässig ist, wenn weder ein Angemessenheitsbeschluss nach Art. 45 Abs. 3 DSGVO vorliegt noch geeignete Garantien nach Art. 46 DSGVO einschließlich verbindlicher interner Datenschutzvorschriften bestehen und die Übermittlung aus wichtigen Gründen des öffentlichen Interesses

---

423 ErwGr 114.

424 Vgl. *Artikel-29-Datenschutzgruppe*, Arbeitspapier vom 25.11.2005, WP 114, S. 7 zu Art. 26 Abs. 1 DSRL.

425 Vgl. *Artikel-29-Datenschutzgruppe*, Arbeitspapier vom 25.11.2005, WP 114, S. 7 zu Art. 26 Abs. 1 DSRL.

426 EuGH, Urteil vom 21.12.2016 – C-203/15, C-698/15 (Tele2 Sverige AB/Post- och telestyrelsen und Secretary of State for the Home Department/Watson u. a.), NJW 2017, 717, 721; EuGH, Urteil vom 6.10.2015 – C-362/14 (Schrems/Digital Rights Ireland), NJW 2015, 3151, 3157; EuGH, Urteil vom 8.4.2014 – C-293/12, C-594/12 (Digital Rights Ireland Ldt/Minister for Communications, Marine and Naturale Recourses u. a.), EuZW 2014, 459, 462; EuGH, Urteil vom 9.11.2010 – C-92, 93/09 Volker und Markus Schecke GbR u.a./Land Hessen, EuZW 2010, 939, 943; EuGH, Urteil vom 16.12.2008 – Rs. C-73/07, MMR 2009, 175, 177.

427 Vgl. *Artikel-29-Datenschutzgruppe*, Arbeitspapier vom 25.11.2005, WP 114, S. 7 zu Art. 26 Abs. 1 DSRL.

428 *US-Government*, Whitepaper Information on U.S. Privacy Safeguards Relevant to SCCs and Other EU Legal Bases for EU-U.S. Data Transfers after Schrems II, 9.2020, S. 3.

notwendig ist.[429] Dieses öffentliche Interesse muss im Unionsrecht oder im Recht des Mitgliedstaats anerkannt sein, dem der Verantwortliche unterliegt.[430] Im Allgemeinen bejahen sowohl das Recht der Union als auch das Recht der Mitgliedstaaten die Bedeutung der Bekämpfung der schweren Kriminalität – und damit der Strafverfolgung und der internationalen Zusammenarbeit in diesem Bereich – als ein Ziel von öffentlichem Interesse.[431] Allerdings scheidet ein Rückgriff auf Art. 49 Abs. 1 lit. d DSGVO von vornherein aus, wenn die Datenübermittlung den Zwecken der Strafverfolgung oder Terrorismusbekämpfung eines Drittlandes dient, da diese Zwecke nicht in den Anwendungsbereich des Unionsrechts fallen, was sich insbesondere aus Art. 6 Abs. 3 und Art. 49 Abs. 4 DSGVO ergibt.[432] Das Interesse ausländischer Behörden an der Datenübermittlung allein genügt zu deren Legitimierung nicht.[433] Ansonsten könnten ausländische Behörden aufgrund unilateraler Entscheidungen die gesetzlichen Anforderungen an das Bestehen eines angemessenen Schutzniveaus im Empfängerland regelmäßig umgehen, was der DSGVO zuwiderlaufen würde.[434] Der Ausnahmetatbestand des Art. 49 Abs. 1 Satz 1 lit. d DSGVO wird im Falle der Datenübermittlung in die USA aufgrund einer entsprechenden Offenlegungspflicht daher regelmäßig abzulehnen sein.

b) Art. 49 Abs. 1 Satz 1 lit. e DSGVO

Ist eine Übermittlung zur Geltendmachung, Ausübung oder Verteidigung von Rechtsansprüchen erforderlich, kann sie nach Art. 49 Abs. 1 Satz 1 lit. e DSGVO gerechtfertigt sein. Dies gilt auch, wenn die Übermittlung gelegentlich und im Rahmen eines Vertrags oder zur Geltendmachung von Rechtsansprüchen erfolgt, unabhängig davon, ob vor Gericht, auf dem Verwaltungswege oder in außergerichtlichen Verfahren, wozu auch Verfahren vor Regulierungsbehörden zählen.[435]

---

429 Vgl. Erster Teil, B. V. 2. e) dd).

430 Art. 49 Abs. 4 DSGVO.

431 *EU-Kommission*, Amicus Curiae Brief an den U.S. Supreme Court in dem Fall United States of America v. Microsoft Corp., S. 15.

432 Vgl. auch *Pauly*, in: Paal/Pauly, DS-GVO BDSG, Art. 48 Rn. 7, Art. 49 Rn. 18.

433 Dies entspricht der überwiegenden Ansicht, statt vieler *Artikel-29-Datenschutzgruppe*, Arbeitspapier vom 6.2.2018, WP 261, S 11; *Pauly*, in: Paal/Pauly, DS-GVO BDSG, Art. 49 Rn. 18; *von dem Bussche*, in: Plath, DSGVO/BDSG, Art. 49 Rn. 22; *Zerdick*, in: Ehmann/Selmayr, Datenschutz-Grundverordnung, Art. 49 Rn. 14.; zur bisherigen Rechtslage vgl. *Artikel-29-Datenschutzgruppe*, Arbeitspapier vom 25.11.2005, WP 114, S. 17; zur Ablehnung der Anwendbarkeit der Ausnahmeregelung auf die Weitergabe von Fluggastdaten an die amerikanischen Behörden, *Deutlmoser/Filip*, ZD-Beilage 2012, 1, 10; *Kopp/Pfisterer*, CCZ 2015, 151, 154.

434 *Gabel*, in: Taeger/Gabel, DSGVO BDSG, Art. 49 Rn. 14.

435 ErwGr 111 Satz 1.

Ausweislich der Richtlinien des EDSA[436] umfasst dies verschiedene Tätigkeiten im Bereich strafrechtlicher oder behördlicher Ermittlungen in einem Drittland. Genannt werden insbesondere das Kartellrecht, die Korruptionsbekämpfung, Insidergeschäfte und ähnliche Fälle. Dient die Übermittlung der Selbstverteidigung oder erfolgt sie mit dem Zweck der Erlangung einer Minderung oder eine Freistellung von einer rechtlich vorgesehenen Geldstrafe, wie z. B. bei kartellrechtlichen Ermittlungen, soll die Ausnahmeregelung anwendbar sein.[437] Auch Datenübermittlungen zum Zweck eines förmlichen vorprozessualen Ermittlungsverfahrens (sog. *pre-trial discovery*) bei zivilrechtlichen Streitigkeiten können unter diese Ausnahme fallen. Gleiches gilt für Maßnahmen des Datenexporteurs zur Einleitung eines Verfahrens in einem Drittland, z. B. die Einleitung eines Rechtsstreits oder ein Antrag auf Genehmigung einer Fusion.[438] Zwischen der Datenübermittlung und dem konkreten Verfahren in der betreffenden Situation muss stets ein enger Zusammenhang bestehen. Eine abstrakte Anwendbarkeit einer bestimmten Art von Verfahren soll insoweit nicht ausreichend sein. Die Ausnahmeregelung greift demzufolge dann nicht, wenn nur die Möglichkeit künftiger gerichtlicher Auseinandersetzungen oder eines künftigen förmlichen Verfahrens besteht.[439]

Die Datenübermittlung auf Grundlage einer auf dem Cloud Act beruhenden Offenlegungspflicht US-amerikanischer Behörden dient weder der Geltendmachung noch der Ausübung oder Verteidigung von Rechtsansprüchen. In diesem Fall richten sich die strafrechtlichen Ermittlungen gegen die Person, deren Daten herausverlangt werden. Das von der Offenlegungspflicht adressierte Unternehmen hingegen ist weder Gegenstand strafrechtlicher Ermittlungen noch Partei eines Verfahrens, das der Geltendmachung, Ausübung oder Verteidigung von Rechtsansprüchen dient. Das im Falle einer Zuwiderhandlung gegen die Offenlegungspflicht die Möglichkeit einer gerichtlichen Auseinandersetzung wegen Erlass eines Bußgeldes droht, reicht insoweit nicht aus, um den Ausnahmetatbestand des Art. 49 Abs. 1 Satz 1 lit. e DSGVO zu begründen.

c) Art. 49 Abs. 1 Satz 1 lit. f DSGVO

Art. 49 Abs. 1 Satz 1 lit. f DSGVO sieht eine Ausnahme für die zulässige Datenübermittlung in ein Drittland vor, wenn die Übermittlung zum Schutz lebenswichtiger Interessen der betroffenen Person oder anderer Personen erforderlich ist, sofern die betroffene Person aus physischen oder rechtlichen Gründen außerstande ist, ihre Einwilligung zu geben. Ähnlich wie für Art. 6 Abs. 1 lit. d DSGVO[440] soll die Ausnahme jedoch nur dann subsidiär als taugliche Rechtsgrundlage in Betracht

436 *EDSA*, Leitlinien 2/2018, S. 13.
437 *EDSA*, Leitlinien 2/2018, S. 13.
438 *EDSA*, Leitlinien 2/2018, S. 13.
439 *EDSA*, Leitlinien 2/2018, S. 14.
440 Zweiter Teil, C. I. 4.

kommen, wenn keine andere Rechtsgrundlage einschlägig ist. Im Falle einer Offenlegungspflicht auf Grundlage des Cloud Act existiert jedoch bereits eine entsprechende Rechtsgrundlage nach dem EU-Recht im Wege der internationalen Übereinkunft, der EU-US MLAT.

d) Art. 49 Abs. 1 Satz 2 DSGVO

Art. 49 Abs. 1 Satz 2 DSGVO enthält einen Auffangtatbestand für solche Fälle, in denen eine Datenübermittlung nicht bereits auf Art. 45, 46 oder Art. 49 Abs. 1 lit. a–g DSGVO gestützt werden kann.[441] Er beschreibt eine Reihe kumulativer Bedingungen und schränkt damit den Anwendungsbereich dieser Vorschrift erheblich ein. Eine Datenübermittlung ist demnach zulässig, wenn die Übermittlung nicht wiederholt erfolgt, nur eine begrenzte Zahl von betroffenen Personen betrifft, für die Wahrung der zwingenden berechtigten Interessen des Verantwortlichen erforderlich ist, sofern die Interessen oder die Rechte und Freiheiten der betroffenen Person nicht überwiegen, und der Verantwortliche alle Umstände der Datenübermittlung beurteilt und auf der Grundlage dieser Beurteilung angemessene Garantien in Bezug auf den Schutz personenbezogener Daten vorgesehen hat.

Ähnlich wie bereits Art. 6 Abs. 1 lit. f DSGVO setzt auch Art. 49 Abs. 1 Satz 2 DSGVO eine Abwägung der Interessen voraus, wonach die Rechte und Freiheiten der von der Übermittlung betroffenen Person gegenüber den mit der Übermittlung verfolgten zwingenden berechtigten Interessen des Verantwortlichen nicht überwiegen dürfen. Mit Art. 49 Abs. 1 Satz 2 DSGVO als Rechtsgrundlage für eine zulässige Datenübermittlung in ein Drittland gehen allerdings besondere Pflichten einher. So hat der für die Verarbeitung Verantwortliche geeignete Schutzmaßnahmen bei der Datenübermittlung bereitzustellen. Bei der Geeignetheit der Schutzmaßnahmen hat er die Art der personenbezogenen Daten, den Zweck und die Dauer der vorgesehenen Verarbeitung, die Situation im Herkunftsland, in dem betreffenden Drittland und im Endbestimmungsland zu berücksichtigen.[442] Diese und weitere Umstände sind bei der Beurteilung der Risiken für die Grundrechte und Grundfreiheiten der Betroffenen zu beurteilen und durch Garantien zu minimieren.[443] Die Schutz durch Garantien und die damit verbundene Interessenabwägung stehen dabei in Korrelation zueinander und sind einer gemeinsamen Prüfung zu unterziehen.[444] Darüber hinaus setzt Art. 49 Abs. 1 Satz 3, 4 DSGVO eine gesteigerte Informationspflicht gegenüber der Aufsichtsbehörde einerseits (Art. 49 Abs. 1 Satz 3 DSGVO) und der betroffenen Person andererseits (Art. 49 Abs. 1 Satz 4 DSGVO) voraus.

---

441 ErwGr 113 Satz 1.

442 Vgl. ErwGr 113.

443 *Lange/Filip*, in: BeckOK, Datenschutzrecht, Art. 49 Rn. 54.

444 *Lange/Filip*, in: BeckOK, Datenschutzrecht, Art. 49 Rn. 54.

Das Erfordernis von Schutzgarantien und einer gesteigerten Informationspflicht setzt sich in diametralen Widerspruch zu der Offenlegungspflicht auf Grundlage des Cloud Act. Letztere zielt regelmäßig darauf ab, die Geheimhaltung des Antrags zu wahren und die Ermittlungen von Seiten der US-amerikanischen Behörde nicht zu gefährden. Dem Verantwortlichen wird es daher in der Praxis nicht möglich sein, geeignete Schutzmaßnahmen zu treffen.[445] Im Rahmen einer Abwägung wird das Interesse der betroffenen Person am Schutz ihrer personenbezogener regelmäßig überwiegen. So wurde bereits im Rahmen von Art. 6 Abs. 1 lit. f DSGVO, der ähnlich wie Art. 49 Abs. 1 Satz 2 DSGVO eine Abwägung der sich gegenüberstehenden Interesse vorsieht, herausgearbeitet, dass dem Interesse der betroffenen Person am Schutz seiner personenbezogenen Daten aufgrund der Schwere des Eingriffs der Vorrang gebührt. Nichts anderes kann sich für die Abwägung im Rahmen des Art. 49 Abs. 1 Satz 2 DSGVO ergeben, der sich wegen der grundsätzlich restriktiven Auslegung eines noch strengeren Bewertungsmaßstabs stellen muss als im Rahmen des Art. 6 Abs. 1 lit. f DSGVO. Insoweit kann auf die hiesigen Ausführungen verwiesen werden.[446]

III. Zusammenfassung

Zusammenfassend lässt sich feststellen, dass nach jetziger Gesetzeslage keine geeignete Rechtsgrundlage für die Datenübermittlung in die USA aufgrund einer auf dem Cloud Act beruhenden Offenlegungspflicht besteht. Weder hält Art. 6 DSGVO eine geeignete Rechtsgrundlage für die Offenlegung personenbezogener Daten an eine US-amerikanische Behörde bereit, noch liegen die Voraussetzungen der Art. 44 ff. DSGVO vor.

D. Fazit

Den untersuchten Vorschriften der DSGVO ist keine generelle Zulässigkeit für die Datenübermittlung in die USA auf Grundlage einer nach ausländischem Recht behördlich angeordneten Offenlegungspflicht zu entnehmen. Die DSGVO, die eine Datenübermittlung nur unter den in Art. 6 DSGVO i. V. m. Art. 44 ff. DSGVO genannten Voraussetzungen für zulässig erachtet, setzt sich in Widerspruch zu der im Cloud Act enthaltenen Offenlegungspflicht, welche Unternehmen zu einer Datenübermittlung unter Verstoß gegen die DSGVO zwingt. Unternehmen befinden

445 *Europäischen Datenausschusses*, Stellungnahme vom 10.7.2019 zur ersten rechtlichen Bewertung der Auswirkungen des US-CLOUD-Gesetzes auf den EU-Rechtsrahmen für den Schutz personenbezogener Daten und die Verhandlungen über ein EU-US-Abkommen über den grenzüberschreitenden Zugang zu elektronischem Beweismaterial, S. 7.

446 Zweiter Teil, C. I. 6 ff.

sich damit in der faktischen Zwangslage, sich entweder der Offenlegungspflicht der US-Behörde zu widersetzen oder gegen die Bestimmungen der DSGVO zu verstoßen. Entscheidet sich das betroffene Unternehmen, der Offenlegungspflicht der US-amerikanischen Behörde nachzukommen, verstößt es bewusst gegen die datenschutzrechtlichen Vorschriften der DSGVO, die eine solche Datenübermittlung verbieten. Kommt das betroffene Unternehmen der Offenlegungspflicht hingegen nicht nach, stellt dies eine Missachtung des Gerichts (sog. *contempt of court*) dar, was rechtliche Konsequenzen in Gestalt von Strafen und Bußgeldern hat. Insoweit teilt die Bundesregierung die Ansicht, dass es zwischen den Regelungen des Cloud Act und der DSGVO zu Rechtskonflikten kommen kann.[447] Eine Lösung dieser Rechtskonflikte ist bisher jedoch nicht vorgesehen.

447 Einleitung, A.; BT-Drucks. 19/21510, S. 4.

Dritter Teil: Rechtliche Einordnung des Widerspruchs

Sich widersprechende Rechtspflichten können im internationalen Rechtsverkehr in den verschiedensten Gestaltungsformen auftreten. Im Privatrecht und im Öffentlichen Recht wird diesen auf unterschiedliche Weise begegnet.

Dem Internationalen Privatrecht liegt das Ideal der internationalen Entscheidungsharmonie zugrunde, d. h. die Unabhängigkeit eines Rechtsergebnisses vom Forum und damit die Förderung des privaten Rechts- und Wirtschaftsverkehrs.[448] Dabei geht das Internationale Privatrecht von der Vorstellung aus, dass alle Privatrechtsordnungen gleich sind.[449] Das Privatrecht enthält teilweise explizite Regelungen über die Frage nach der Anwendung des richtigen Sachrechts für den Fall eines grenzüberschreitenden Sachverhalts.[450] Konflikte werden im Internationalen Privatrecht regelungstechnisch durch Verweisung auf eine bestimmte Privatrechtsordnung gelöst. Der Verweisung liegt in der Regel eine Auswahlentscheidung zugrunde, die über die Interessen befinden soll, die für die Anwendung der einen oder der anderen Rechtsordnung sprechen.[451] Dies entspricht der Zielvorstellung der sog. internationalprivatrechtlichen Gerechtigkeit.[452] Im öffentlichen Recht hingegen ist die Umsetzung einer internationalen Arbeitsteilung oder der Schutz gleichlaufender internationaler Interessen auf begrenzten Feldern, ebenso aber auch die Durchsetzung eigener staatlicher Interessen und die Sicherung der eigenen Hoheitsrechtsausübung maßgeblich.[453] Das öffentliche Recht kennt kein geschriebenes Kollisionsrecht in diesem Sinne.

---

448 *Joerges*, Zum Funktionswandel des Kollisionsrechts, 1971, S. 12; *Kropholler*, Internationales Privatrecht, § 6, S. 35 ff.; *Neuhaus*, Die Grundbegriffe des internationalen Privatrechts, 1962, S. 49 ff., 57; *Ohler*, Die Kollisionsordnung des Allgemeinen Verwaltungsrechts, 2005, S. 31.

449 *Joerges*, Zum Funktionswandel des Kollisionsrechts, 1971, S. 7, 12; Neuhaus, Die Grundbegriffe des internationalen Privatrechts, 1962, S. 6; *Ohler*, Die Kollisionsordnung des Allgemeinen Verwaltungsrechts, S. 28.

450 *Ohler*, Die Kollisionsordnung des Allgemeinen Verwaltungsrechts, 2005, S. 28; *von Savigny*, System des heutigen Römischen Rechts, 1849, S. 27.

451 *Ohler*, Die Kollisionsordnung des Allgemeinen Verwaltungsrechts, 2005, S. 29.

452 *Kropholler*, Internationales Privatrecht, § 4, S. 24; *von Hein*, in: MüKo BGB, Bd. 12, Einl. IPR Rn. 29; *Ohler*, Die Kollisionsordnung des Allgemeinen Verwaltungsrechts, 2005, S. 29; *Rehbinder*, JZ 1973, 151.

453 *Ohler*, Die Kollisionsordnung des Allgemeinen Verwaltungsrechts, 2005, S. 31; *Schurig*, Kollisionsnorm und Sachrecht, 1981, S. 156.

Die Unterscheidung zwischen Privatrecht und Öffentlichem Recht wird insbesondere bei sog. Eingriffsnormen virulent, die über territorialen Grenzen hinweg Geltung entfalten. Eingriffsnormen sind in der Regel international zwingende Bestimmungen, die generell dem öffentlichen Recht zugehören und zumeist als ordnungspolitische Normen oder Vorschriften zum Schutz eines überindividuellen Gemeinschaftsinteresses qualifiziert werden.[454] Sie zeichnen sich dadurch aus, dass deren Einhaltung von einem Staat als so wesentlich für die Wahrung seines öffentlichen Interesses, insbesondere seiner politischen, sozialen oder wirtschaftlichen Organisation angesehen wird, dass sie grundsätzlich auf alle Sachverhalte anzuwenden sind, die in ihren Anwendungsbereich fallen.[455] Wegen ihres zwingenden Charakters verbietet sich eine kollisionsrechtliche Behandlung mit den Mitteln des traditionellen Internationalen Privatrechtrechts.[456]

Um dem Widerspruch zwischen dem Cloud Act und der DSGVO einer rechtlichen Lösung zuführen zu können, bedarf es zunächst dessen rechtlicher Einordnung. Im Folgenden ist daher auf die Zuordnung der dem Widerspruch zugrundeliegenden Rechtsnormen zum öffentlichen Recht einzugehen (A.). Anschließend erfolgt ein Blick auf die mit dem Cloud Act verbundene Extraterritorialität der Regelung, indem die Zulässigkeit der Ausübung extraterritorialer Jurisdiktion sowie die Durchsetzung einer solchen erörtert wird (B.). Die nachfolgende Untersuchung erfolgt dabei im Hinblick auf die durch den Cloud Act ausgeübte Extraterritorialität und erhebt keinesfalls einen Anspruch auf Vollständigkeit.

A. Zuordnung zum öffentlichen Recht

Die Fragestellung, wie sich die Rechtsordnungen verschiedener Staaten zueinander verhalten, ist nicht nur für das Privatrecht, sondern für die gesamte staatliche Rechtsordnung relevant. Ob es sich um einen Sachverhalt öffentlichen Rechts handelt, ist anhand der allgemeinen Kriterien für die Abgrenzung zwischen öffentlichem Recht und Privatrecht zu ermitteln. Nach dem wohl herrschenden

---

454 *Basedow*, RabelsZ 52 (1988), 8, 9 f.; *Drobnig*, RabelsZ 52 (1988), 1, 2; *von Hoffmann/Thorn*, Internationales Privatrecht, § 10 Rn. 93; *Looschelders*, Internationales Privatrecht, Art. 34 Rn. 8; *Martiny*, in: MüKo BGB, Bd. 12, Rom-I-Vo Art. 9 Rn. 10, 11; *Ohler*, Die Kollisionsordnung des Allgemeinen Verwaltungsrechts, 2005, S. 31, 32; *Rauscher*, Internationales Privatrecht, 2012, § 6 Rn. 600, S. 146; § 10 Rn. 1270, S. 319; *Schnyder*, Wirtschaftskollisionsrecht, § 1 Rn. 10, 16; *Thorn*, in: Palandt, Rom-I-VO (IPR) Art. 9 Rn. 5.

455 Vgl. Art. 9 Abs. 1 Rom-I-VO.

456 *Ohler*, Die Kollisionsordnung des Allgemeinen Verwaltungsrechts, 2005, S. 32.

Begriffsverständnis sind solche Normen öffentlich-rechtlicher Natur, die einen Hoheitsträger als solchen berechtigen oder verpflichten.[457]

Die dem Widerspruch zugrundeliegende Norm des Cloud Act (18 U.S.C. §§ 2703, 2731) berechtigt ausschließlich US-amerikanische Behörden, Unternehmen zur Offenlegung von Informationen aufzufordern. Durch diese Norm werden ausschließlich US-amerikanische Gerichte als solche ermächtigt, entsprechende Offenlegungsverpflichtungen gegenüber natürlichen und juristischen Personen anzuordnen. Dabei steht das US-amerikanische Strafverfolgungsinteresse als überindividuelles Gemeinschaftsinteresse im Fokus der Vorschrift. Es handelt sich mithin um eine Eingriffsnorm des öffentlichen Rechts. Gleiches gilt für die relevante Norm der DSGVO. Die dem Widerspruch zugrundeliegende Norm (Art. 83 DSGVO) die im Falle einer unrechtmäßigen Datenübermittlung verschiedene Sanktionen vorsieht, berechtigt und verpflichtet ausschließlich die Datenschutzaufsichtsbehörde als Hoheitsträger, diese zu verhängen. Der Widerspruch zwischen dem Cloud Act und der DSGVO ist damit dem öffentlichen Recht zuzuordnen.

Das öffentliche und das private Recht stehen allerdings nicht unvermittelt und unverbunden nebeneinander, vielmehr ist die Grenze zwischen beiden Rechtsgebieten fließend.[458] Eine klare Grenzziehung zwischen Privatrecht und öffentlichem Recht ist daher sowohl im inländischen als auch im ausländischen Recht oftmals nicht möglich. Im US-amerikanischen Rechtskreis fehlt es gänzlich an einer klaren Trennung beider Rechtsgebiete.[459] Es existiert keine mit dem deutschen Rechtssystem vergleichbare Unterscheidung. Die Einordnung der Rechtsnatur erfolgt daher aus deutscher Sicht und orientiert sich dementsprechend an dem herrschenden Begriffsverständnis, das dieser Arbeit zugrunde liegt.

B. Der Cloud Act und die allgemeinen Völkerrechtsprinzipien

Aufgrund seines weitreichenden Anwendungsbereichs entfaltet die im Cloud Act enthaltene Offenlegungspflicht sowohl unmittelbar als auch mittelbar staatsübergreifende Wirkung. Der dadurch entstehende Widerspruch bildet eine Nahtstelle zwischen Individual- und Staatsinteresse. Unabhängig davon, ob das Unternehmen

---

457 BVerwGE 124, 317; BVerwG, NVwZ-RR 2009, 308, 309; *Peine/Siegel*, Allg. Verwaltungsrecht, § 3 Rn. 34, S. 11; *Sodan*, in: Sodan/Ziekow, VwGO, § 40 Rn. 302; *Unruh*, in: Fehling/Kastner/Störmer, § 40 VwGO Rn. 95.

458 Zur Unterscheidung und dem Erfordernis dieser Zweiteilung *Becker*, NVwZ 2019, 1385 ff.

459 *Allison*, A continental distinction in the common law, 1996, S. 1 ff.; *Horwitz*, University of Pennsylvania Law Review, Bd. 130 (1982), S. 1423 ff.; *Lepsius*, Verwaltungsrecht unter dem Common Law, 1997, S. 27 ff.; *Merryman*, J. Pub. L. 17 (1968), S. 3 ff.

seinen Sitz und Aufenthalt in den USA hat, kann der Cloud Act aufgrund seiner extraterritorialen Wirkung Zwang auf ein Unternehmen ausüben und so dessen unternehmerischen Entscheidungen beeinflussen. Verhält sich das Unternehmen nach der ausländischen Anordnung der US-Behörde, so läuft dies wiederum den wirtschaftspolitischen Interessen oder gar dem Recht seines Sitzstaates in Deutschland zuwider, der dadurch faktisch an der freien Gestaltung seiner Wirtschaftsordnung gehindert sein könnte. Die Zulässigkeit einer solchen rechtlichen Grenzüberschreitung wird im rechtswissenschaftlichen Schrifttum unter dem Synonym der extraterritorialen Jurisdiktion diskutiert.

I. Zulässigkeit der Ausübung extraterritorialer Jurisdiktion

Die Zulässigkeit der Ausübung extraterritorialer Jurisdiktion bildet eines der klassischen Probleme des Völkerrechts.[460] Wenngleich aus Sicht der USA die extraterritoriale Anwendung US-amerikanischer Normen zum juristischen Selbstverständnis zu gehören scheint,[461] wird regelmäßig angezweifelt, ob die USA in diesem Umfang Jurisdiktion ausüben dürfen.[462] Dabei spielt die Zulässigkeit der Ausübung extraterritorialer Jurisdiktion im Hinblick auf ihre Verbindlichkeit eine wesentliche Rolle. Das dem Phänomen der extraterritorialen Jurisdiktion zugrundeliegende Grundproblem kann auf die einfache Frage reduziert werden, unter welchen Voraussetzungen es völkerrechtlich zulässig ist, das Verhalten von Personen in einem anderen Staat eigenen Regeln zu unterwerfen.

1. Der Begriff der extraterritorialen Jurisdiktion

Der Begriff der Jurisdiktion ist kein in sich geschlossener, eindeutig abgrenzbarer Begriff.[463] Er folgt vielmehr einem breiten und facettenreichen Konzept.[464] Nicht zuletzt deshalb existiert kein einheitlicher Begriff der extraterritorialen Jurisdiktion. Im einschlägigen Schrifttum findet sich eine Vielzahl vertretener Ansichten zu der Frage, wann eine extraterritoriale Jurisdiktion gegeben ist. Teilweise wird eine extraterritoriale Regelung dann angenommen, wenn sie direkte Wirkung auf Personen im Ausland zur Folge hat.[465] Einige Stimmen in der Literatur hingegen argumentieren, dass eine staatliche Maßnahme, die extraterritoriale Wirkung nach

---

460 Vgl. *Akehurst*, 46 Brit YB Int'l L (1972–1973), S. 145 ff; *Jennings*, 33 Brit YB Int'l L (1957), S. 146; *Vranes*, JRP 2008, 38, 41.

461 *Vranes*, JRP 2008, 38.

462 *Adler*, Die Anwendung und Durchsetzung US-amerikanischer Handelsbeschränkungen innerhalb der EU, 2016, S. 47 m. w. N.

463 *Thallinger*, Grundrechte und extraterritoriale Hoheitsakte, 2008, S. 10 f.

464 *Thallinger*, Grundrechte und extraterritoriale Hoheitsakte, 2008, S. 10 f.

465 *Schlochauer*, Die extraterritoriale Wirkung von Hoheitsakten nach dem öffentlichen Recht der Bundesrepublik Deutschland und nach internationalem Recht, 1962, 11 f.

sich zieht, nur dann unter den Begriff der extraterritorialen Jurisdiktion zu subsumieren sei, wenn diese Wirkung mit einem entsprechenden gesetzgeberischen Willen einhergehe.[466] Andere wiederum verwerfen das Kriterium der Wirkung, wie jenes des gesetzgeberischen Willens.[467] Letztlich ist unter extraterritorialer Jurisdiktion der Erlass von Regeln zu verstehen, die extraterritorial stattfindendes Verhalten regeln bzw. zu regeln versuchen.[468] Dies ergibt sich aus der Zusammenschau der internationalen Praxis und einschlägiger gerichtlicher Entscheidungen, die ganz allgemein von dem Begriffskern ausgehen, dass als extraterritorial i. S. d. Begriffs der Ausübung extraterritorialer Jurisdiktion der Erlass von Normen verstanden wird, die länderübergreifend stattfindendes Verhalten regeln.[469] Es wird unterschieden zwischen der Regelungshoheit (*jurisdiction to prescribe*) einerseits und der Durchsetzungshoheit (*jurisdiction to enforce*) andererseits.[470] Während letzteres die Möglichkeit zur legitimen Vollstreckung einer Norm regelt, meint Regelungshoheit die Befugnis zur Normsetzung.

2. Grenzen der extraterritorialen Jurisdiktion und völkerrechtliche Grundsätze

Wenngleich der räumliche Geltungsbereich der Jurisdiktionsausübung grundsätzlich auf das eigene Territorium beschränkt bleibt, steht es den Staaten frei, den sachlichen Anwendungsbereich ihrer Rechtsordnung auszudehnen und an Vorgänge im Ausland anzuknüpfen.[471] Die Befugnis eines Staates, einen bestimmten Sachverhalt seiner Regelungs- oder Rechtsetzungshoheit zu unterwerfen, ist Ausfluss seiner völkerrechtlichen Souveränität. Ordnet ein Staat ein bestimmtes Verhalten von Wirtschaftssubjekten auf dem Territorium eines anderen Staates an oder verbietet er es und droht er mit Zwangsmaßnahmen zur Durchsetzung, die zwar im Inland vorgenommen werden, aber doch den Willen im Ausland beugen sollen, berührt er die Schutzzone des Prinzips der territorialen Souveränität.[472] Der sog. Lotus-Fall des Ständigen Internationalen Gerichtshofes aus dem Jahre 1927

---

466 So etwa *Meng*, Extraterritoriale Jurisdiktion im öffentlichen Wirtschaftsrecht, 1994, S. 77.

467 *Bartels*, Journal of World Trade 36 (2002), 353, 381; *Vranes*, JRP 2008, 38, 41 m. w. N.

468 So auch *Vranes*, JRP 2008, 38, 41.

469 Ausführlich *Vranes*, JRP 2008, 38, 41.

470 *Brownlie*, Public International Law, 2003, S. 297 ff.; *Lowe*, in: Evans, International Law, 2006, S. 337 ff.; *Schöbener*, Völkerrecht, S. 34; *Stein/v. Buttlar*, Völkerrecht, § 35 Rn. 609, S. 219; *Volz*, Extraterritoriale Terrorismusbekämpfung, 2007, S. 40.

471 *Von Arnauld*, Völkerrecht, § 4 Rn. 347, S. 152; *Stein/v. Buttlar*, Völkerrecht, § 35 Rn. 605, S. 217; *Ziegenhain*, Extraterritoriale Rechtsanwendung und die Bedeutung des Genuine-Link-Erfordernisses, 1992, S. 3.

472 *Meng*, ZaöRV 1984, 675, 748.

bildet die Grundlage dieser weit verstandenen Möglichkeit zur extraterritorialen Gesetzgebung. Demnach ist Rechtsetzungsgewalt völkerrechtlich nicht exklusiv, sondern konkurrierend.[473] Ihre Grenzen findet die Regelungsfreiheit extraterritorialer Gesetzgebung in anderen Normen und Prinzipien des Völkerrechts, insbesondere in der territorialen Souveränität anderer Staaten und dem Interventionsverbot.[474] Die Souveränität der einzelnen Staaten bildet jeweils die Grenze für die Jurisdiktionsausübungen der anderen Staaten.[475] Denn aus der Pflicht zur Achtung der Souveränität anderer Staaten ergibt sich das Verbot, sich in die inneren Angelegenheiten eines anderen Staates einzumischen. Dieses sog. Interventionsverbot ist als allgemeine Grundregel des Völkerrechts gewohnheitsrechtlich anerkannt und hat vertragsrechtlich in Art. 2 Nr. 1 UN-Charta Ausdruck gefunden.[476] Die Erstreckung des Gewaltmonopols über die eigenen Grenzen hinaus verletzt grundsätzlich das Gewaltmonopol und die Volkssouveränität eines anderen Staates.[477] Die Gebietshoheit eines fremden Staates und somit auch jeder von diesem dabei ausgeübte Hoheitsakt ist daher völkerrechtswidrig, sofern das Recht auf Ausübung der Gebietshoheit im Wege des völkerrechtlichen Vertragsrechts oder des Völkergewohnheitsrechts nicht auf diesen Staat übertragen wurde.[478] Von wesentlicher Bedeutung sind in diesem Zusammenhang die Kriterien, mit denen die beiden Leitlinien der territorialen Souveränität respektive der Gebietshoheit einerseits und dem völkerrechtlichen Interventionsverbot andererseits in Einklang gebracht werden können und einen sinnvollen Anknüpfungspunkt bieten. Ein Sachverhalt, der sich auf fremdem Staatsgebiet und somit außerhalb der Gebietshoheit befindet, kann damit normiert werden, ohne dabei gegen völkerrechtliche Grundsätze und Verbote zu verstoßen.[479] Anerkannte Anknüpfungspunkte dafür

---

473 *Adler*, Die Anwendung und Durchsetzung US-amerikanischer Handelsbeschränkungen innerhalb der EU, 2016, S. 51; *Kment*, Grenzüberschreitendes Verwaltungshandeln, S. 72, S. 105.

474 *Adler*, Die Anwendung und Durchsetzung US-amerikanischer Handelsbeschränkungen innerhalb der EU, 2016, S. 51; *Herdegen*, Völkerrecht, § 26 Rn. 6, S. 210; *Schöbener*, Völkerrecht, S. 36.

475 *Brownlie*, Public International Law, 2003, S. 299; *Volz*, Extraterritoriale Terrorismusbekämpfung, 2007, S. 40.

476 Stellvertretend statt vieler EuGH, Urteil vom 27.9.1988 – Rs 89/85 u. a., NJW 1988, 3086, 3087; BVerfG, Beschluss vom 12.12.2000 – 2 BvR 1290/99, NJW 2001, 1848, 1852; *Herdegen*, Völkerrecht, § 35 Rn. 1-4, S. 291 f.; *Meng*, Extraterritoriale Jurisdiktion im öffentlichen Wirtschaftsrecht, 1994, S. 551 f.; *Ohler*, Die Kollisionsordnung der Allgemeinen Verwaltungsrechts, 2005, S. 328.

477 *Colangelo*, 99 Cornell L. Rev. (2014), 1303, 1311; *Ipsen*, Völkerrecht, § 55 Rn. 42, 45 ff.

478 *Thallinger*, Grundrechte und extraterritoriale Hoheitsakte, 2008, S. 8.

479 So die allgemeine Meinung, stellvertretend statt vieler BVerfG, Beschluss vom 30.1.2008 – 2 BvR 793/07, BVerfGK 13, 246; BVerfG, Beschluss vom 15.5.1995 – 2 BvL 19/91 u. a., BVerfGE 92, 277, 320 f.; BVerfG, Urteil vom 21.10.1987 – 2 BvR 373/83,

sind das Territorialitäts-, das aktive und passive Personalitätsprinzip, das Auswirkungs-, das Schutz- und das Weltrechtsprinzip. Im Lichte der voranstehenden Überlegungen ist die US-amerikanische Regelung des 18 U.S.C §§ 2703, 2713, welche Unternehmen verpflichtet, Informationen an die US-Behörde zu übermitteln, als Ausübung extraterritorialer Jurisdiktion einzuordnen. Sie bezieht Sachverhalte mit Auslandsbezug in ihren Anwendungsbereich ein und regelt damit Verhalten von Unternehmen bzw. Personen in Drittstaaten. Der Cloud Act setzt sich mit dem dort geregelten Auskunftsverlangen von US-Behörden über die territorialen Grenzen hinweg und schafft so ein Spannungsfeld zwischen US-amerikanischen Strafverfolgungssinteressen und europäischem Datenschutzrecht. Die Regulierung des Verhaltens auf fremdem Staatsgebiet aufgrund der geltend gemachten Souveränität und die damit einhergehende Schaffung einer faktischen Zwangswirkung für deutsche Unternehmen stellt ein Konflikt mit der anderen – wiederum durch das Souveränitätsprinzip geschützten – fremden Hoheitsgewalt und die Gefahr eines Verstoßes gegen das völkerrechtliche Interventionsverbot dar.

3. Kriterien zulässiger Ausübung extraterritorialer Jurisdiktion

Bisher besteht kein internationaler Konsens darüber, ob Datenschutzregelungen aufgrund der grundsätzlichen grenzüberschreitenden Datenverarbeitung auf extraterritoriale Sachverhalte erstreckt werden dürfen.[480] Dabei ist die völkerrechtliche Rechtfertigung von erheblicher Relevanz, wenn es um die Verbindlichkeit extraterritorialer Jurisdiktion geht. Extraterritoriale Regelungen im Datenschutzrecht werden zwar zunehmend für zulässig gehalten.[481] Völkerrechtlich verbindliche Regelungen oder ein Vertragswerk, dass die Zuteilung von Regelungshoheit im internationalen Datenschutzrecht erfasst, existieren bisher jedoch nicht. Daher ist auch im Datenschutzrecht auf die in der Literatur und Rechtsprechung vertretenen, klassischen Anknüpfungspunkte zurückzugreifen, welche im Folgenden überblicksartig umrissen werden.

BVerfGE 77, 127, 153; BVerfG, Beschluss vom 22.3.1983 – 2 BvR 475/78, BVerfGE, 63, 343, 369; *Herdegen*, in: Maunz/Dürig, GG, Art. 25 Rn. 50; *Kment*, Grenzüberschreitendes Verwaltungshandeln, 2010, S. 106 m. w. N.; *Ohler*, Die Kollisionsordnung der Allgemeinen Verwaltungsrechts, 2005, S. 328 m. w. N.

480 *Kuner*, in: FS Hustinx, 2014, S. 221; *ders.*, 18 Int'l J.L. & Info. Tech (2010), 176, 186; monografisch *Uecker*, Extraterritoriale Regelungshoheit im Datenschutzrecht, 2017, S. 31.

481 *Spindler*, GRUR 2013, 996, 1003; *Uecker*, Extraterritoriale Regelungshoheit im Datenschutzrecht, 2017, S. 31.

a) *Territorialitätsprinzip*

Ein wesentlicher Anknüpfungspunkt im Völkerrecht ist das Territorialitätsprinzip. Es knüpft daran an, dass sich der zu regelnde Sachverhalt ganz oder zum Teil auf dem Staatsgebiet abspielt oder es um den Status von Sachen und Rechten geht, die auf dem Staatsgebiet belegen sind.[482] Der Staat gilt als souveräner Herr über sein Staatsgebiet, dem es die Gebietshoheit erlaubt, Vorgänge auf dem eigenen Staatsgebiet mittels Hoheitsakte zu regeln und diese ggf. entsprechend durchzusetzen.[483] Verhaltensbezogene Regelungen genügen dabei den Anforderungen des Territorialitätsprinzips, wenn einzelne Elemente der Handlung oder des Erfolgs unter die territoriale Hoheit des jeweiligen Staates fallen.[484] Das Territorialitätsprinzip verlangt jedoch nicht, dass sich alle Elemente eines Lebenssachverhalts im Inland abspielen, sodass parallele Jurisdiktionen möglich sind, die sich beide auf das Territorialitätsprinzip stützen.[485]

Im Internationalen Datenschutzrecht stellt das Territorialitätsprinzip den gegenwärtigen Normalfall dar.[486] Aufgrund der Allgegenwärtigkeit der Datenverarbeitung führt dies oftmals dazu, dass mehrere Staaten einen Anknüpfungspunkt haben.[487] Im Rahmen der Datenverarbeitung ist es möglich, dass sowohl der ein bestimmtes, in seinem Territorium stattfindende Verhalten untersuchende Staat als auch der Staat, in dem die relevanten Daten gespeichert sind, aufgrund des Territorialitätsprinzips einen Anknüpfungspunkt haben. So kann im Falle einer Offenlegungspflicht auf Grundlage des Cloud Act sowohl für die USA, in dessen Territorium das Verhalten stattfindet, als auch für Deutschland, in dem die relevanten Daten im Zweifel gespeichert sind, aufgrund des Territorialitätsprinzips ein Anknüpfungspunkt bestehen, die eine extraterritoriale Jurisdiktion rechtfertigen. Neben dem Territorialitätsprinzip werden jeweils weitere ergänzende Anknüpfungen herangezogen.

b) *Personalitätsprinzip*

Das Personalitätsprinzip knüpft die Zulässigkeit extraterritorialer Jurisdiktion an die Staatsangehörigkeit an und erlaubt die Wirkung eines Hoheitsaktes auf

482 Vgl. *Herdegen*, Völkerrecht, § 23 Rn. 5, S. 195; *Kment*, Grenzüberschreitendes Verwaltungshandeln, 2010, S. 112.

483 *Herdegen*, Völkerrecht, § 23 Rn. 1 ff., S. 192; *Schmahl*, AVR 2009, 284, 294.

484 *Herdegen*, Völkerrecht, § 26 Rn. 4, S. 211; *Kment*, Grenzüberschreitendes Verwaltungshandeln, 2010, S. 112.

485 *Kment*, Grenzüberschreitendes Verwaltungshandeln, 2010, S. 113; *Ohler*, Die Kollisionsordnung der Allgemeinen Verwaltungsrechts, 2005, S. 113.

486 *Buchner*, in: Tinnefeld/Buchner/Petri, Datenschutzrecht, S. 219; *Kuner*, 18 Int'l J.L. & Info. Tech (2010), 176, 188.

487 *Kuner*, 18 Int'l J.L. & Info. Tech (2010), 227, 237.

Sachverhalte im Ausland zu erstrecken, wenn Staatsangehörige des handelnden Staats betroffen sind.[488] Innerhalb des Personalitätsprinzips wird unterschieden zwischen dem aktiven und dem passiven Personalitätsprinzip.[489] Das aktive Personalitätsprinzip gewährt eine umfassende Herrschaftsgewalt über die Rechte und Pflichten der eigenen Staatsangehörigen, unabhängig davon, ob sich diese im In- oder Ausland befinden. Ein hinreichender Inlandsbezug liegt grundsätzlich vor, wenn es sich um inländische Staatsangehörige bzw. juristische Personen handelt, die der eigenen Rechtsordnung zugehören, selbst wenn sich die natürlichen Personen im Ausland aufhalten oder in sonstiger Weise ein Verhalten im Ausland den Gegenstand der Regelung bildet.[490] Das aktive Personalitätsprinzip geht damit über den vom Territorialitätsprinzip erfassten Personenkreis hinaus, indem es seinen Anwendungsbereich auf im Inland ansässige Ausländer erstreckt.[491] Gleichzeitig erlaubt das passive Personalitätsprinzip, das teilweise lediglich als eine Konkretisierung bzw. ein Spezialfall der weiter reichenden Schutz- und Wirkungsprinzipien begriffen wird und in seiner völkerrechtlichen Zulässigkeit umstritten ist, den Schutz der eigenen Staatsbürger, indem es an Handlungen Dritter gegen die eigenen Staatsbürger anknüpft.[492] Insbesondere bei juristischen Personen birgt das aktive Personalitätsprinzip jedoch Konfliktpotenzial, das auch als Nationalitätsprinzip bezeichnet wird.[493] So lässt sich die Staatszugehörigkeit einer Gesellschaft nach unterschiedlichen Theorien bestimmen.[494] Der Sitztheorie zufolge wird die juristische Person demjenigen Staat als staatszugehörig betrachtet, in welchem sie ihren tatsächlichen Geschäftssitz hat. Nach der vor allem in den USA vertretenen Auffassung ist hingegen entscheidend, nach wessen Recht die Gesellschaft gegründet wurde (sog. Gründungstheorie) bzw. welche Staatsangehörigkeit die Mehrheit der Gesellschafter hat (sog. Kontrolltheorie).[495] Im Barcelona Traction-Fall

---

488 *Kment*, Grenzüberschreitendes Verwaltungshandeln, 2010, S. 114 m. w. N.

489 *Kment*, Grenzüberschreitendes Verwaltungshandeln, 2010, S. 114 m. w. N.

490 *Dahm/Delbrück/Wolfrum*, Völkerrecht, Bd. I/1, S. 321; *Doehring*, Völkerrecht, § 16 Rn. 816; *Ohler*, Die Kollisionsordnung der Allgemeinen Verwaltungsrechts, 2005, S. 332; *Wengler*, Völkerrecht, Bd. II, S. 936 f.

491 *Kokott/Doehring/Buergenthal*, Grundzüge des Völkerrechts, Rn. 334; *Meng*, Extraterritoriale Jurisdiktion im öffentlichen Wirtschaftsrecht, 1994, S. 507, der von einem Treueverhältnis spricht; *Ohler*, Die Kollisionsordnung der Allgemeinen Verwaltungsrechts, 2005, S. 332.

492 *Herdegen*, Völkerrecht, § 26 Rn. 2, S. 209; *Kuner*, 18 Int'l J.L. & Info. Tech (2010), 176, 188; *Ohler*, Die Kollisionsordnung der Allgemeinen Verwaltungsrechts, 2005, S. 332.

493 *Volz*, Extraterritoriale Terrorismusbekämpfung, 2007, S. 83 f.

494 Zu Gründungs- und Sitztheorie statt vieler *Herdegen*, Internationales Wirtschaftsrecht, § 16 Rn. 3 ff.

495 *Adler*, Die Anwendung und Durchsetzung US-amerikanischer Handelsbeschränkungen innerhalb der EU, 2016, S. 52; *Ipsen*, Völkerrecht, § 51 Rn. 27; *Meier*, Grenzüberschreitender Durchgriff in der Unternehmensgruppe nach US-amerikanischem

hat sich der Internationale Gerichtshof mit dieser Frage auseinandergesetzt. Er stützte sich schließlich auf beide Theorien, indem er feststellte, dass die Nationalität eines Unternehmens sich danach richte, wo die Gesellschaft inkorporiert sei oder ihren Hauptsitz habe.[496] Zwar wird seither eine einheitliche Staatsangehörigkeitsregelung für multinationale Unternehmen immer wieder diskutiert,[497] jedoch folgt die überwiegende Literatur der Meinung des Internationalen Gerichtshofs.[498] Die Reichweite des Personalitätsprinzips wird insbesondere bei juristischen Personen mit Konzernstrukturen deutlich. Unterhält ein inländisches Unternehmen im Ausland eine rechtlich unselbständige Zweigstelle, ist ein Inlandsbezug insoweit anzunehmen, als die Zweigstelle rechtlich einen unmittelbaren Bestandteil des inländischen Unternehmens bildet. Die Spannungen zwischen zwei unterschiedlichen Jurisdiktionen werden noch größer, wenn ein inländisches Unternehmen im Ausland eine rechtlich selbständige Tochtergesellschaft gründet. In diesem Fall ist nach deutschem Verständnis einen ausreichenden Bezug zu verneinen.[499] Die USA hingegen halten unter Bezugnahme auf die Kontrolltheorie die Regelungshoheit auch für die im Ausland ansässigen und nach ausländischem Recht gegründeten Tochterunternehmen von US-amerikanischen Gesellschaften für gegeben.[500]

Zusammenfassend ist zu konstatieren, dass das Personalitätsprinzip eine Anknüpfung an die Person des Betroffenen erlaubt und somit im Falle einer Offenlegungspflicht auf Grundlage des Cloud Act durchaus ein geeignetes Kriterium für die Zuordnung einer Regelungshoheit der USA darstellen kann, sofern der von der Datenverarbeitung Betroffene US-amerikanischer Staatsbürger ist. Nichtsdestotrotz wird stets das konkurrierende Territorialitätsprinzip zu Jurisdiktionskonflikten führen.

c) *Wirkungsprinzip*

Das Wirkungsprinzip ist aufgrund seiner Unbestimmtheit und damit einhergehenden weiten Auslegungsmöglichkeit eine der umstrittensten Anknüp-

---

Recht, 2000, S. 142 f.; *Meng*, Extraterritoriale Jurisdiktion im öffentlichen Wirtschaftsrecht, 1994, S. 57; *Stein/v. Buttlar*, Völkerrecht, § 35 Rn. 618, S. 222.

496 *ICJ*, Barcelona Traction, Light and Power Company, Ltd., I.C.J. Reports 1970, S. 3, 42; *Forwick*, Extraterritoriale US-amerikanische Exportkontrollen, S. 74.

497 *Forwick*, Extraterritoriale US-amerikanische Exportkontrollen, S. 74 m. w. N.

498 *Forwick*, Extraterritoriale US-amerikanische Exportkontrollen, S. 55 m. w. N.

499 *Adler*, Die Anwendung und Durchsetzung US-amerikanischer Handelsbeschränkungen innerhalb der EU, 2016, S. 52; *Herdegen*, Völkerrecht, § 26 Rn. 10, S. 213; *ders.*, Internationales Wirtschaftsrecht, § 16 Rn. 17; *Stein/v. Buttlar*, Völkerrecht, Rn. 619.

500 *Adler*, Die Anwendung und Durchsetzung US-amerikanischer Handelsbeschränkungen innerhalb der EU, 2016, S. 52 m. w. N.; *Meier*, Grenzüberschreitender Durchgriff in der Unternehmensgruppe nach US-amerikanischem Recht, 2000, S. 142 f.; *Meng*, ZaöRV 1997, 269, 294 f.; *Ziegenhain*, RIW 1993, 897, 901.

fungsregelung.[501] Wenngleich Großbritannien seine Akzeptanz kritisch sieht, ist es im US-amerikanischen Recht sowie in den meisten europäischen Staaten als Anknüpfungspunkt anerkannt.[502] Demzufolge erstreckt sich die Gebietshoheit eines Staates auf Verhaltensweisen bzw. Handlungen im Ausland, die sich im Inland auswirken und demnach nach inländischem Recht beurteilt und ggf. mit Hoheitsakten untersagt werden können.[503] Entscheidendes Kriterium des Wirkungsprinzips, das seinen Ursprung im Wettbewerbsrecht hat,[504] ist die Auswirkung auf das inländische Territorium. Dabei sind insbesondere wirtschaftliche Auswirkungen von Bedeutung.[505]

Insbesondere im Bereich der Informationstechnologie und der Digitalisierung haben das Wirkungsprinzip und die damit einhergehenden kritischen Stimmen besondere Aufmerksamkeit erlangt. So wird vielfach kritisiert, dass einer globalisierten Wirtschaft eine regelmäßige Auswirkung auf das inländische Territorium grundsätzlich immanent ist und somit jeder Staat auf Grundlage dieser Anknüpfung Regelungshoheit beanspruchen könne.[506] Je weiter der Begriff der Auswirkung dabei gezogen wird, desto eher kommt es zu Regelungskonflikten mit anderen Rechtsordnungen.[507] Eine schrankenlose Anwendung des Wirkungsprinzips führe somit zu einer Vielzahl gleichzeitiger Regelungsansprüche und aufgrund dieser Überregulierung zum Ende des freien, grenzüberschreitenden Informationsflusses im Internet.[508] Nach Ansicht des BGH bedarf es daher einer Eingrenzung und Konkretisierung der maßgebenden Inlandsauswirkungen nach dem Schutzzweck

---

501 *Kment*, Grenzüberschreitendes Verwaltungshandeln, 2010, S. 116; *Kress/Herbst*, RIW 1997, 630, 634.

502 *Kment*, Grenzüberschreitendes Verwaltungshandeln, 2010, S. 116 m. w. N.

503 Georgieff, Kollisionen durch extraterritoriale staatliche Regelungen im internationalen Wirtschaftsrecht, 1989, S. 29; *Herdegen*, Völkerrecht, § 26 Rn. 5 f., S. 211; *ders.*, Internationales Wirtschaftsrecht, § 3 Rn. 63; *Kment*, Grenzüberschreitendes Verwaltungshandeln, 2010, S. 116 m. w. N.; *Ohler*, Die Kollisionsordnung der Allgemeinen Verwaltungsrechts, 2005, S. 336.

504 Vgl. hierzu § 130 Abs. 2 GWB; so auch *Meessen*, Völkerrechtliche Grundsätze des internationalen Kartellrechts, 1975, S. 108 ff.; *Rehbinder*, Extraterritoriale Wirkungen des deutschen Kartellrechts, 1965, S. 62 ff.

505 *Stein/v. Buttlar*, Völkerrecht, § 35 Rn. 615, S. 221; *Uecker*, Extraterritoriale Regelungshoheit im Datenschutzrecht, 2017, S. 53.

506 *Kuner*, 18 Int'l J.L. & Info. Tech (2010), 176, 190.

507 *von Arnauld*, Völkerrecht, § 10 Rn. 860, S. 390; *Baier*, Das Auswirkungsprinzip im Kartellrecht der USA, 2008, S. 27; *Herdegen*, Internationales Wirtschaftsrecht, § 3 Rn. 65; *Ohler*, Die Kollisionsordnung der Allgemeinen Verwaltungsrechts, 2005, S. 336.

508 Vgl. *von Arnauld*, Völkerrecht, § 10 Rn. 865, S. 393, der sich aufgrund der „Ubiquitätsanfälligkeit“ für eine Modifikation des Wirkungsprinzips ausspricht.

des jeweiligen Gesetzes allgemein und der jeweils in Frage kommenden speziellen Sachnormen.[509] Im rechtswissenschaftlichen Schrifttum hingegen reichen die Ansätze zur Einschränkung des Wirkungsprinzips von einer erheblichen und vorhersehbaren Wirkung[510] bis zu einer unmittelbaren Wirkung.[511] Vielfach werden, wie in der US-amerikanischen Völkerrechtslehre, beide Kriterien miteinander kombiniert.[512]

Der Cloud Act kann sowohl unmittelbar als auch mittelbar ausländische Unternehmen betreffen und bezieht dabei Informationen ein, die personenbezogene Daten beinhalten und deren Bedeutung von erheblich wirtschaftlichem Wert sind. Das Wirkungsprinzip stellt somit, unabhängig von seiner Konkretisierung, einen denkbaren Anknüpfungspunkt dar.

d) Schutzprinzip

Das Schutzprinzip knüpft an die Wahrung inländischer Rechtsgüter an. Als Rechtsgüter werden regelmäßig die Sicherheit inländischer Staatsgüter und die Integrität eines Staates als solche, sowie die Organe und Einrichtungen des jeweiligen Staates angeführt.[513] Das BVerfG zählt hierzu auch den Schutz der Rechtsgüter der Allgemeinheit und solcher, die die öffentlichen, politischen und wirtschaftlichen Funktionen des Staates betreffen.[514] Dazu gehören am Beispiel des Finanzaufsichtsrechts der Schutz der Währungsstabilität und des Finanzsystems,[515] ebenso wie den Schutz vor Spionagetätigkeiten.[516] Insbesondere bei der Rechtfertigung für den Erlass extraterritorialer Handelsbeschränkungen wird das Schutzprinzip von den USA angeführt. Das Schutzprinzip ist ein subsidiär wirkendes Anknüpfungsprinzip und erlaubt dem betroffenen Staat, Vorschriften zu seiner eigenen Sicherheit oder zum Schutz anderer wichtiger Belange auf gefährdendes Verhalten

---

509 BGH, Beschluss vom 29.5.1979 – KVR 2/78, BGHZ 74, 322.

510 *Herdegen*, Internationales Wirtschaftsrecht, § 3 Rn. 69.

511 *Habscheid*, Territoriale Grenzen der staatlichen Rechtsetzung, S. 59.

512 EuG, Beschluss vom 25.3.1999 – T-102/96; *Kment*, Grenzüberschreitendes Verwaltungshandeln, 2010, S. 117 m. w. N.; *Ohler*, Die Kollisionsordnung der Allgemeinen Verwaltungsrechts, 2005, S. 336 m. w. N.

513 *Dahm/Delbrück/Wolfrum*, Völkerrecht, Bd. I/1, § 47, S. 321; *Mann*, The Doctrine of jurisdiction in international law, RdC 111 (1964-I), S. 94.

514 BVerfG, Beschluss vom 17.3.1999 – 2 BvR 1565/97, NJW 1999, 3325, 3325; BVerfGE 92, 277, 321.

515 BVerfG, Beschluss vom 17.3.1999 – 2 BvR 1565/97, NJW 1999, 3325, 3325; *Kment*, Grenzüberschreitendes Verwaltungshandeln, 2010, S. 124; *Meng*, Extraterritoriale Jurisdiktion im öffentlichen Wirtschaftsrecht, 1994, S. 515; *Ohler*, Die Kollisionsordnung der Allgemeinen Verwaltungsrechts, 2005, S. 335.

516 BVerfG, Beschluss vom 15.5.1995 – 2 BvL 19/91 u. a., BverfGE 92, 277, 317 f.; *Kment*, Grenzüberschreitendes Verwaltungshandeln, 2010, S. 124.

außerhalb seines Staatsgebiets zu erstrecken, wenn dieses Vorgehen nicht bereits durch andere Anknüpfungspunkte abgedeckt ist.[517] Ähnlich wie beim Wirkungsprinzip besteht auch beim Schutzprinzip die Gefahr eines ausufernden Anwendungsbereichs.[518] Es ist daher völkerrechtlich anerkannt, dass das Schutzprinzip nur in engen Grenzen eine extraterritoriale Anwendung staatlicher Vorschriften dann zu rechtfertigen vermag, wenn bedeutsame Rechtsgüter in Frage stehen und bei hinreichender Schadenswahrscheinlichkeit ein erheblicher Schaden droht.[519]

4. Fazit

Die Ausführungen haben gezeigt, dass für die Regelungen des Cloud Act Anknüpfungspunkte bestehen, die eine extraterritoriale Jurisdiktion der USA erlauben. Bei den von der Literatur und Rechtsprechung entwickelten Anknüpfungspunkten handelt es sich um solche Kriterien, die keinem festen gesetzlichen Rahmen folgen. Vielmehr obliegt deren Inhalt der Auslegung im Einzelfall. Darüber hinaus sind die Kriterien so zu verstehen, dass für ein bestimmtes Regelungsinteresse mehrere Anknüpfungspunkte möglich sind. So kann nicht ausgeschlossen werden, dass für ein und dasselbe Regelungsinteresse Anknüpfungspunkte mehrerer Staaten bestehen. Für die Ausübung extraterritorialer Jurisdiktion kommen daher regelmäßig nicht nur ein, sondern mehrere Anknüpfungspunkte in Betracht. Der hypothetische Beispielfall zeigt eindrucksvoll, dass die weltweite Datenübermittlung dazu führt, dass sowohl für den Staat, in dem die Daten erhoben und gespeichert werden, als auch in dem Staat, in dessen Territorium das Verhalten stattfindet, verschiedene Anknüpfungspunkte begründet werden. Dies führt nicht nur zu Rechtsunsicherheit bezüglich der Ausübung extraterritorialer Jurisdiktion, sondern schafft auch Rechtskonflikte. Im Hinblick auf die Zulässigkeit der Ausübung extraterritorialer Jurisdiktion durch den Cloud Act kann daher jedenfalls nicht *per se* von einer völkerrechtlichen Unzulässigkeit ausgegangen werden.

II. Die Durchsetzung extraterritorialer Jurisdiktion

Anders als die Zulässigkeit des Erlasses von Regelungen mit extraterritorialem Anwendungsbereich (*jurisdiction to prescribe*) wird die Zulässigkeit der Durchsetzung dieser Regelungsansprüche (*jurisdiction to enforce*) beurteilt. Zwar ist es

---

517 *Herdegen*, Völkerrecht, § 26 Rn. 12, S. 214; *Kment*, Grenzüberschreitendes Verwaltungshandeln, 2010, S. 123.

518 *Kment*, Grenzüberschreitendes Verwaltungshandeln, 2010, S. 123.

519 *Doehring*, Völkerrecht, § 16 Rn. 817; *Kment*, Grenzüberschreitendes Verwaltungshandeln, 2010, S. 123; *Mann*, The Doctrine of jurisdiction in international law, RdC 111 (1964, I), S. 94; *Ohler*, Die Kollisionsordnung der Allgemeinen Verwaltungsrechts, 2005, S. 335; *Schuster*, Die internationale Anwendung des Börsenrechts, 1996, S. 62 f.; *Volz*, Extraterritoriale Terrorismusbekämpfung, 2007, S. 92 f.

Staaten erlaubt, Regelungen mit extraterritorialem Anwendungsbereich zu erlassen, die Durchsetzung dieser Regelungen außerhalb ihres Territoriums kommt jedoch entsprechend dem Territorialitätsprinzip regelmäßig nicht in Betracht und kann nur aufgrund besonderer Ermächtigung extraterritorial erfolgen.[520] Dieser unumstrittene Grundsatz gilt auch in den USA. So ist es völkergewohnheitsrechtlich anerkannt, dass der Vollzug eines Hoheitsaktes auf fremdem Gebiet und der damit verbundene Eingriff in die territoriale Integrität eines anderen Staates regelmäßig völkerrechtswidrig ist.[521] Art. 48 DSGVO sieht ausdrücklich vor, dass Urteile eines Gerichts und Entscheidungen einer Verwaltungsbehörde eines Drittlandes grundsätzlich nicht anerkannt oder vollstreckt werden dürfen, sofern keine in Kraft befindliche internationale Übereinkunft besteht. Beeinträchtigungen der territorialen Integrität sind jedoch nicht zwangsläufig das Resultat der Setzung von Hoheitsakten auf fremdem Staatsgebiet oder einer physischen Einwirkung. Vielmehr ist es möglich und meist effizienter, mit der Vollstreckung extraterritorial ausgerichteter Hoheitsakte im Inland zu drohen und mit der Ausübung psychisch wirkenden Zwangs auf die Lebensordnung eines anderen Staats Einfluss zu nehmen.[522] Diese faktische Durchsetzung ist das Ergebnis einer Kosten-Nutzen-Rechnung beim Adressaten.[523] Wenn der Nachteil etwa einer Verurteilung in einem Staat größer ist als der Vorteil des Rechtsverstoßes, so wird er regelmäßig das für ihn günstigere Recht befolgen, unabhängig davon, ob er sich in dessen Geltungsbereich befindet oder nicht.[524] Dieser in der Völkerrechtslehre unter dem Begriff der Persuasion bekannte Mittel zur Durchsetzung extraterritorialer Jurisdiktion besteht darin, dass die Rechtsverletzung für denjenigen, der sie begeht, so kostspielig ist, dass er es vorzieht, dem Rechtsbefehl Folge zu leisten.[525] Den USA bleibt es nämlich im Falle einer Zuwiderhandlung gegen die Offenlegungspflicht auf Grundlage des Cloud Act vorbehalten, Geldbußen zu erlassen und in die Vermögensgegenstände zu vollstrecken, die ihrer Jurisdiktion unterliegen und diese z. B. zu pfänden. In der Vergangenheit setzte die USA vielfach auf die freiwillige Unterwerfung ausländischer Unternehmen unter das US-amerikanische Regime.[526] Die

---

520 *Von Arnauld*, Völkerrecht, § 4 Rn. 344, S. 152; *Doehring*, Völkerrecht, § 16 Rn. 812; *Meng*, ZaöRV 1981, 469, 472 m. w. N.; *Stein/v. Buttlar*, Völkerrecht, § 35 Rn. 601; *Ziegenhain*, Extraterritoriale Rechtsanwendung und die Bedeutung des Genuine-Link-Erfordernisses, 1992, S. 17.

521 *Huck*, NJOZ 2015, 993 (994).

522 *Kment*, Grenzüberschreitendes Verwaltungshandeln, 2010, S. 90 f. m. w. N.

523 *Meng*, Extraterritoriale Jurisdiktion im öffentlichen Wirtschaftsrecht, 1994, S. 82.

524 *Meng*, Extraterritoriale Jurisdiktion im öffentlichen Wirtschaftsrecht, 1994, S. 82.

525 *Meng*, Extraterritoriale Jurisdiktion im öffentlichen Wirtschaftsrecht, 1994, S. 83.

526 Vgl. *Ziegenhain*, Extraterritoriale Rechtsanwendung und die Bedeutung des Genuine-Link-Erfordernisses, 1992, S. 161.

starke wirtschaftliche Stellung der USA und deren Bedeutung für den internationalen Handel spielen dabei eine erhebliche Rolle.

III. Ergebnis

Der Begriff der extraterritorialer Jurisdiktion umschreibt den Erlass von Regeln, die extraterritorial stattfindendes Verhalten regeln bzw. zu regeln versuchen. Die US-amerikanische Regelung des 18 U.S.C §§ 2703, 2713, welche Unternehmen verpflichtet, Informationen an die US-Behörde zu übermitteln, ist als Ausübung extraterritorialer Jurisdiktion einzuordnen. Sie bezieht Sachverhalte mit Auslandsbezug in ihren Anwendungsbereich und regelt damit das Verhalten von Unternehmen bzw. Personen in Drittstaaten. Der Cloud Act setzt sich mit der dort geregelten Offenlegungsverpflichtung von US-Behörden über die territorialen Grenzen hinweg und schafft so ein Spannungsfeld zwischen den US-Sicherheitsinteressen und dem europäischen Datenschutzrecht. Der extraterritorialen Jurisdiktion als solchen sind kaum Grenzen gesetzt. So lässt sich für beinahe jede Ausübung extraterritorialer Jurisdiktion ein entsprechender Anknüpfungspunkt finden. Unabhängig davon geht von der extraterritorialen Jurisdiktion regelmäßig eine nicht zu unterschätzende persuasorische Wirkung aus. Der Adressat einer Offenlegungspflicht auf Grundlage des Cloud Act, der gleichzeitig der DSGVO unterliegt, wird regelmäßig eine Kosten-Nutzen-Rechnung anstellen. Wenn der Nachteil, etwa die zu erwartende Geldbuße in den USA, höher ist als der Vorteil des Rechtsverstoßes, so wird er dieses Recht befolgen. Dies ermöglicht eine Durchsetzung extraterritorialer Jurisdiktion unabhängig von deren Zulässigkeit über die Ländergrenzen hinweg.

Vierter Teil: Ein organhaftungsrechtliches Konzept

Den Unternehmen stehen zwei Handlungsmöglichkeiten offen. Sie können sich einerseits der Offenlegungspflicht der US-Behörden widersetzen und damit eine Sanktion in Form eines der Höhe nach unbestimmten Bußgeldes in Kauf nehmen. Andererseits haben sie die Möglichkeit, der Offenlegungsverpflichtung der US-Behörde nachzukommen und die zur Offenlegung aufgeforderten Daten in die USA zu übermitteln. Sie verstoßen damit gegen die DSGVO. In letzterem Fall stellt sich die Frage, wie sich die daraus resultierende Pflichtenkollision für Unternehmen auf die rechtliche Bewertung eines solchen Verstoßes gegen die DSGVO auswirkt und ob rechtliche Ansätze bestehen, die geeignet sind, den Widerspruch als solchen aufzulösen, insbesondere ob dogmatische Erwägungen den Vorrang einer Pflicht begründen. Dieser Frage soll im folgenden Abschnitt nachgegangen werden. Dabei wird zunächst auf das Außenverhältnis eingegangen (A.). Im Rahmen dessen wird auf die Rechtsfolgen eines Verstoßes gegen die DSGVO im Außenverhältnis der Gesellschaft gegenüber den amerikanischen Behörden eingegangen. Im Anschluss werden mögliche rechtliche Ansätze zur Auflösung der konfligierenden Pflichten eruiert. Ist der Verstoß gegen die DSGVO bereits im Außenverhältnis aufgrund allgemeiner rechtlicher Lösungsansätze – im untechnischen Sinne – zu rechtfertigen, stellt sich die Frage im Innenverhältnis nach der richtigen Ausgestaltung der Vorstandspflichten und -haftung nicht mehr. Mit anderen Worten, wäre ein solcher Verstoß im Außenverhältnis gerechtfertigt, ergibt sich diesbezüglich kein Haftungsrisiko des Geschäftsleiters im Innenverhältnis. Danach werden Lösungsansätze evaluiert, die zur Vermeidung des Widerspruchs in Betracht kommen. Nach der Darstellung des Widerspruchs und seiner Auswirkungen im Außenverhältnis der Gesellschaft wird das Innenverhältnis in den Blick genommen (B.). Es folgt eine haftungsrechtliche Einordnung des Widerspruchs im Innenverhältnis. Im Anschluss wird auf die sich daraus ergebende Pflichtenkollision eingegangen. Schließlich werden die rechtlichen Konsequenzen des Widerspruchs im Innenverhältnis diskutiert, bevor die Untersuchung mit einem abschließenden Fazit und einem Lösungsvorschlag endet (D.).

A. Das Außenverhältnis

Auf der Suche nach dogmatischen Erwägungen den Vorrang einer Pflicht zu begründen, ist zwischen dem Außenverhältnis einerseits und dem Innenverhältnis andererseits zu unterscheiden. Das Außenverhältnis meint das Verhältnis zwischen der Gesellschaft, die Adressat einer Offenlegungspflicht auf Grundlage des Cloud Act ist und gleichzeitig der DSGVO unterliegt, und den US-amerikanischen bzw. deutschen Behörden. Das Innenverhältnis hingegen betrifft die Regressmöglichkeiten der Gesellschaft gegenüber den Geschäftsleitern im Falle einer Haftung wegen des Verstoßes gegen eine Pflicht. Die folgende Untersuchung beschränkt sich auf Lösungsmöglichkeiten des Widerspruchs aus deutscher Sicht. Inwieweit der bestehenden Zwangslage im amerikanischen Recht entgegengetreten werden kann, soll – bis auf wenige Ausnahmen – nicht Gegenstand dieser Arbeit sein.

I. Haftungsrechtliche Konsequenzen des Widerspruchs im Außenverhältnis

Um das Erfordernis eines organhaftungsrechtlichen Konzepts deutlich zu machen und der damit einhergehenden Frage nachzugehen, wie sich die Pflichtenkollision auf die rechtliche Bewertung eines Verstoßes gegen die DSGVO auswirkt, bedarf es zunächst eines Blickes auf die rechtlichen Konsequenzen des Verstoßes gegen die DSGVO.

1. *Tatbestand einer Ordnungswidrigkeit*

Der Verstoß gegen Art. 6, 44 ff. DSGVO kann von der Aufsichtsbehörde gemäß Art. 83 Abs. 5 lit. a und c DSGVO mit einem Bußgeld geahndet werden. Die fragmentarische Regelung des Art. 83 DSGVO wird durch § 41 BDSG ergänzt. § 41 BDSG dient damit der Umsetzung des Regelungsauftrags von Art. 83 Abs. 8 DSGVO, wonach die Mitgliedstaaten für die Ausübung der Befugnisse gemäß diesem Artikel durch eine Aufsichtsbehörde angemessene Verfahrensgarantien einschließlich wirksamer gerichtlicher Rechtsbehelfe und ordnungsgemäßer Verfahren vorzusehen haben. Sie erstreckt die Verfahrensvorschriften der OWiG und der StPO auf Verstöße nach Art. 83 DSGVO. Demnach gelten für Verstöße nach Art. 83 Abs. 4 bis 6 DSGVO, soweit nichts anderes bestimmt ist, die Vorschriften des Gesetzes über Ordnungswidrigkeiten sinngemäß.[527] Mit der Formulierung, wonach die Vorschriften der OWiG sinngemäß gelten, bringt der Gesetzgeber den Anwendungsvorrang des Unionsrechts und damit den Anwendungsvorrang der Regelungen der DSGVO zum Ausdruck.[528] Dies gilt insbesondere, soweit im Einzelfall eine Verweisung auf das OWiG mit Unionsrecht im Widerspruch steht.[529]

§ 3 OWiG bestimmt, dass ein Verhalten als Ordnungswidrigkeit verfolgt werden kann, wenn die Möglichkeit der Ahndung in einem Gesetz bestimmt worden ist. Dies entspricht Art. 103 Abs. 2 GG, der das Gesetzlichkeitsprinzip für das Strafrecht neben seiner einfachgesetzlichen Ausprägung in § 1 StGB verfassungsrechtlich absichert.[530] Aus § 3 OWiG folgt neben dem Bestimmtheitsgebot, dem Verbot

527 § 41 Abs. 1 S. 1 BDSG.

528 *Brodowski/Nowak*, in: BeckOK, Datenschutzrecht, § 41 Rn. 7; *Nolde*, in: Taeger/Gabel, DSGVO BDSG, § 41 Rn. 4.

529 *Brodowski/Nowak*, in: BeckOK, Datenschutzrecht, § 41 Rn. 7; *Nolde*, in: Taeger/Gabel, DSGVO BDSG, § 41 Rn. 4.

530 *Hecker*, in: Schönke/Schröder, StGB, § 1 Rn. 3; *Noak*, ZJS 2012, 175.

belastender Analogie und dem Rückwirkungsverbot, dass die Ahnung eines Verhaltens als Ordnungswidrigkeit nur möglich ist, wenn eine gesetzliche Grundlage existiert, die dies zulässt.[531] Art. 83 DSGVO, der die allgemeinen Bedingungen für die Verhängung von Geldbußen regelt, bildet eine solche Rechtsgrundlage.

Übermittelt ein Unternehmen aufgrund der Offenlegungsverpflichtung einer US-Behörde personenbezogene Daten, verstößt dies einerseits gegen Art. 5 und 6 DSGVO, wonach personenbezogene Daten auf rechtmäßige Weise verarbeitet werden müssen.[532] Darüber hinaus liegt in der Datenübermittlung ein Verstoß gegen Art. 44 DSGVO, weil die Bedingungen nach Kapitel V der DSGVO zur Übermittlung personenbezogener Daten an Drittländer nicht vorliegen.[533] Die nach der DSGVO unzulässige Datenübermittlung in die USA erfüllt damit den Tatbestand des Art. 83 Abs. 1, 2, 5 lit. a und c DSGVO i. V. m. Art. 41 BDSG i. V. m. Art. 6, 44 DSGVO.

In subjektiver Hinsicht setzt der Verstoß gegen Art. 83 Abs. 5 lit. a und c DSGVO ein Verschulden, mithin Vorsatz oder Fahrlässigkeit voraus.[534] Das Erfordernis wird einerseits in Art. 83 Abs. 2 lit. b, Abs. 3 DSGVO vorausgesetzt, andererseits ist es im Unionssanktionsrecht allgemein anerkannt.[535] Sofern das Unternehmen und deren Geschäftsleiter die Konsequenzen des Konflikts abgewogen haben, wird eine Datenübermittlung auf Grund der Offenlegungspflicht einer US-Behörde regelmäßig mit Wissen und Wollen aller den objektiven Tatbestand begründenden Umstände erfolgen, mithin vorsätzlich. Der Verantwortliche bzw. Auftragsverarbeiter wird den Eintritt des Tatbestands als sichere Folge seines Handelns voraussehen. Selbst wenn eine solche Abwägung nicht stattfindet und deshalb nicht von einem vorsätzlichen Verstoß gesprochen werden kann, wird ein solcher Verstoß gegen die DSGVO regelmäßig als fahrlässig zu bewerten sein, weil die erforderliche Sorgfalt außer Acht gelassen wurde. So ist unbestritten, dass die Geschäftsleitung grundsätzlich verpflichtet ist, rechtswidriges Verhalten innerhalb eines Unternehmens auch durch entsprechende organisatorische Vorkehrungen zu unterbinden.[536]

---

531 *Bohnert/Krenberg/Krumm*, OWiG, § 3 Rn. 3 ff.; *Noak*, ZJS 2012, 175; *Rogall*, in: KK-OWiG, § 3 Rn. 17.

532 Zweiter Teil, C. I. 7.

533 Zweiter Teil, C. III.

534 *Holländer*, in: BeckOK, Datenschutzrecht, Art. 83 Rn. 18; *Moos/Schefzig*, in: Taeger/Gabel, DSGVO BDSG, Art. 83 Rn. 111; die Gegenfassung nimmt eine objektive Verantwortlichkeit an, vgl. *Bergt*, in: Kühling/Buchner, DS-GVO BDSG, Art. 83 Rn. 35 f., § 41 Rn. 5; *ders.*, DuD 2017, 555, 558; *Boms*, ZD 2019, 536, 537; *Nemitz*, in: Ehmann/Selmayr, Datenschutz-Grundverordnung, Art. 83 Rn. 17.

535 *Holländer*, in: BeckOK, Datenschutzrecht, § 41 Rn. 18.

536 Statt aller *Koch*, in: Hüffer/Koch, AktG, § 76 Rn. 13.

2. *Schadensersatz gemäß Art. 82 DSGVO*

Neben ordnungswidrigkeitsrechtlichen Konsequenzen drohen dem Unternehmen zudem datenschutzrechtliche Schadensersatzforderungen. Dem Wortlaut des Art. 82 Abs. 1 DSGVO zufolge hat jede Person, der wegen eines Verstoßes gegen die Verordnung ein materieller oder immaterieller Schaden entstanden ist, Anspruch auf Schadensersatz. Neben Verstößen gegen die Regelungen der DSGVO zur Verarbeitung von Daten begreift dies wohl auch Verstöße gegen Dokumentationspflichten, Informationspflichten, Melde- und Benachrichtigungspflichten.[537] Der im Hinblick auf den Effektivitätsgrundsatz und ErwGr 146 weit gefasste Schadensbegriff umfasst dabei alle zurechenbaren Nachteile, die der Geschädigte an rechtlich geschützten Gütern erleidet. Die Geltendmachung immaterieller Schäden stellt aufgrund der im Fokus stehenden Beeinträchtigung des Grundrechts auf informationelle Selbstbestimmung des Betroffenen ein nicht unerhebliches Risiko für Unternehmen dar. Aufgrund des fehlenden gesetzlich normierten Rahmens zur Ermittlung ersatzfähiger immaterieller Schäden bleibt abzuwarten, wie deutsche und andere europäische Gerichte die Höhe materieller Schäden infolge von Datenschutzverstößen zukünftig bemessen werden.

3. *Weitere Folgen*

a) *Meldepflicht gemäß Art. 33 DSGVO*

Die Offenlegung von Daten an eine US-Behörde auf Grundlage des Cloud Act stellt einen Verstoß gegen die DSGVO und damit eine Verletzung des Schutzes personenbezogener Daten dar. In diesem Fall ist das Unternehmen gemäß Art. 33 DSGVO verpflichtet, der Aufsichtsbehörde die Verletzung entsprechend zu melden. Art. 33 Satz 1 DSGVO sieht vor, dass im Falle einer Verletzung des Schutzes personenbezogener Daten, der Verantwortliche unverzüglich und möglichst binnen 72 Stunden, nachdem ihm die Verletzung bekannt wurde, diese der gemäß Art. 55 DSGVO zuständigen Aufsichtsbehörde meldet, es sei denn, dass die Verletzung des Schutzes personenbezogener Daten voraussichtlich nicht zu einem Risiko für die Rechte und Freiheiten natürlicher Personen führt. Im Falle einer Nichteinhaltung der Meldepflicht kann die Aufsichtsbehörde nach Art. 58 Abs. 2 i. V. m. Art. 83 DSGVO Geldbußen von bis zu 10 Mio. EUR oder im Fall eines Unternehmens von bis zu 2 % seines gesamten weltweit erzielten Jahresumsatzes des vorangegangenen Geschäftsjahrs verhängen, je nachdem, welcher der Beträge höher ist.

Art. 4 Nr. 12 DSGVO definiert die Verletzung des Schutzes personenbezogener Daten als eine Verletzung der Sicherheit, die, ob unbeabsichtigt oder unrechtmäßig, zur Vernichtung, zum Verlust, zur Veränderung oder zur unbefugten Offenlegung

537 *Wybitul/Neu/Strauch*, ZD 2018, 202, 203.

von beziehungsweise zum unbefugten Zugang zu personenbezogenen Daten führt, die übermittelt, gespeichert oder auf sonstige Weise verarbeitet wurden.

Zwar regeln § 42 Abs. 4 BDSG und § 43 Abs. 4 BDSG ausdrücklich, dass Datenschutzbehörden eine Datenpannenmeldung in einem späteren Straf- und Bußgeldverfahren nur mit Zustimmung des Verantwortlichen verwenden dürfen. Nichtsdestotrotz kann Art. 33 DSGVO dennoch in der Sache selbst als Selbstanzeige gewertet werden.[538] ErwGr 87 stellt unmissverständlich klar, dass die entsprechende Meldung zu einem Tätigwerden der Aufsichtsbehörde im Einklang mit ihren in dieser Verordnung festgelegten Aufgaben und Befugnissen führen kann. Eine Verwertung der Information für weitere Bußgeld- oder Anordnungsverfahren gegenüber juristischen Personen ist durch die Vorschrift grundsätzlich nicht ausgeschlossen.[539] Teilweise wird daher vertreten, dass diese Regelung des deutschen Gesetzgebers grundrechtskonform ausgelegt werden müsse.[540] Stimmen in der Literatur sehen darin etwa ein Konflikt zur verfassungsrechtlich garantierten Selbstbelastungsfreiheit (*nemo tenetur, se ipsum accusare*) des Verantwortlichen.[541] Bedenken bestehen insbesondere im Hinblick auf die Vereinbarkeit der Regelung mit Art. 6 EMRK, dem Recht auf ein faires Verfahren, und der Gewährleistung in Art. 47 Abs. 2 GRCh.[542] Der EuGH sieht die Selbstbelastungsfreiheit nicht als verletzt an, wenn für den Meldepflichtigen lediglich eine Pflicht zur Auskunft rein tatsächlicher Fragen besteht. Die Grenze zur Selbstbelastung sei erst dann überschritten, wenn der Meldepflichtige gegenüber der Aufsichtsbehörde eine Zuwiderhandlung eingestehen müsste.[543] Im Hinblick auf die Frage, ob die Meldepflicht nach Art. 33 DSGVO mit einem im Umfang der Meldetätigkeit bestehenden Verwertungsverbot für Straf- und Ordnungswidrigkeiten einherzugehen hat, bleibt die weitere Rechtsentwicklung jedoch abzuwarten.[544]

---

538 *Bring*, in: BeckOK, Datenschutzrecht, Art. 33 Rn. 39.

539 *Laue*, in: Spindler/Schuster, Art. 33 Rn. 27; entsprechend haben etwa deutsche Aufsichtsbehörden bereits Bußgelder gegen Unternehmen nach der Meldung einer Datenpanne erlassen, Pressemitteilung der LfDI, abrufbar unter: https://www.baden-wuerttemberg.datenschutz.de/lfdi-baden-wuerttemberg-verhaengt-sein-erstes-bussgeld-in-deutschland-nach-der-ds-gvo/, letzter Aufruf: 14.9.2021.

540 *Dix*, in: Simitis/Hornung/Spiecker, Datenschutzrecht, Art. 33 Rn. 25; *Grages*, in: Plath, DSGVO/BDSG, Art. 33 Rn. 18; *Kaufmann*, ZD 2012, 358, 361 f.; *Reif*, in: Gola, Datenschutz-Grundverordnung, Art. 33 Rn. 44; *Scheffczyk*, in: Wolff/Brink, Datenschutzrecht, § 42a Rn. 70.

541 *Bring*, in: BeckOK, Datenschutzrecht, Art. 33 Rn. 40.

542 *Reif*, in: Gola, Art. 33 Rn. 44; *Scheffczyk*, in: Wolff/Brink, Datenschutzrecht, § 42a Rn. 70; *Wilhelm*, in: Sydow, Europäische Datenschutzgrundverordnung, Art. 33 Rn. 29.

543 EuGH, Urteil vom 18.10.1989 – 374/87, BeckRS 2004, 71022 Rn. 18 ff., Rn. 35; *Bring*, in: BeckOK, Datenschutzrecht, Art. 33 Rn. 41.

544 *Bring*, in: BeckOK, Datenschutzrecht, Art. 33 Rn. 42.

b) Schadensersatz nach US-amerikanischem Recht

Der Vollständigkeit halber soll abschließend die Möglichkeit eines möglichen Schadensersatzes nach amerikanischem Recht im Falle der Datenoffenlegung in den Blick genommen werden. Es ist denkbar, dass deutsche Unternehmen im amerikanischen Recht zivilrechtliche Sanktionen in Form von Schadensersatz drohen, wenn Daten aufgrund der Offenlegungspflicht an US-amerikanische Behörden weitergegeben werden. So bleibt es der betroffenen Person, deren Daten weitergegeben werden, vorbehalten, auch in den USA Schadensersatzklage zu erheben, die für ihre deutlich höheren Schadensersatzsummen bekannt sind. Allerdings sieht 18 U.S.C. § 2703 (e) vor, dass kein Klagegrund vor einem Gericht gegen einen Anbieter von drahtgebundenen oder elektronischen Kommunikationsdiensten wegen der Bereitstellung von Informationen in Einklang mit den Bestimmungen eines Gerichtsbeschlusses, einer Vorladung etc. geltend gemacht werden darf.[545] Zwar umfasst 18 U.S.C. § 2703 (e) dem Wortlaut nach nur Anbieter elektronischer Kommunikationsdienste, nicht hingegen Anbieter von Cloud-Computing-Diensten. Allerdings dürfe das Haftungsrisiko für Unternehmen auf Schadensersatz in Anspruch genommen zu werden aufgrund des Ausschlusses in 18 U.S.C. § 2703 (e) eher als gering einzustufen sein, wenn sie einer Offenlegungspflicht auf Grundlage des Cloud Act nachkommen.

II. Rechtliche Ansätze zur Auflösung des Widerspruchs im Außenverhältnis

Unternehmen stehen aufgrund der Zwangslage zwei Pflichten gegenüber, die miteinander kollidieren. Sie befinden sich in einer sog. Pflichtenkollision. Bisher konnte kein dogmatisches Konzept zur Bewältigung von solchen Pflichtenkollisionen, die sowohl auf nationaler als auch auf internationaler Ebene immer wieder vorkommen, im Allgemeinen aufgestellt werden.[546] Vielmehr bestehen erhebliche Rechtsunsicherheiten um den mit Pflichtenkollisionen gebotenen rechtlichen Umgang.[547] Diese Rechtsunsicherheiten betreffen neben der Kollision von Pflichten im Innen- und Außenverhältnis auch internationale Pflichtenkollisionen einer Gesellschaft, wie etwa die vorliegende.

545 "No cause of action shall lie in any court against any prover of wire or electronic communication service, its officers, employees, agents, or other specified persons for providing information, facilities, or assistance in accordance with the terms of a court order, warrant, subpoena, statutory authorization, or certification under this chapter", 18 U.S.C. § 2703 (e).

546 so auch *Mahret*, Pflichtenkollisionen von Geschäftsleitern, 2017, S. 7; *Poelzig/Thole*, ZGR 2010, 836, 850.

547 *Poelzig/Thole*, ZGR 2010, 836, 850 f.

Bei der Suche nach einer allgemeinen Lösung für die Problematik von Pflichtenkollisionen ist eine Vielfalt unterschiedlicher Rechtsauffassungen anzutreffen. So wird vermehrt im Zusammenhang mit Pflichtenkollisionen auf eine Rechtfertigung in Gestalt einer exkulpierende[548] oder rechtfertigende[549] Pflichtenkollision hingewiesen. Im Falle internationaler Pflichtenkollisionen wird vertreten, dass Vorstände zwar im Rahmen ihrer Tätigkeit auch für die Beachtung ausländischen Rechts zu sorgen hätten, dass das deutsche Recht aber vorgehe, wenn die Anordnungen nach ausländischem und deutschem Recht in einem unauflösbaren Widerspruch zueinander stünden.[550] Abgesehen von einer fehlenden dogmatischen Begründung dieses Ergebnisses, ist es nicht zielführend, wenn der ausländische Staat ebenfalls der Ansicht ist, seinem Recht im Kollisionsfall den Vorrang einzuräumen.[551] Die Lösung der Pflichtenkollision kann darin jedenfalls nicht erblickt werden, weil sie nicht geeignet ist, die Pflichtenkollision zu beseitigen. Teilweise wird wegen der nicht zu unterschätzenden politischen Dimension auf eine Lösung im Kollisions- oder Völkerrecht und die Notwendigkeit von Amtshilfeverfahren verwiesen. So seien US-Behörden bei Ermittlungsmaßnahmen grundsätzlich auf entsprechende Amtshilfeverfahren angewiesen, um völkerrechtskonform auf Daten außerhalb des eigenen Staatsgebietes zugreifen zu können.[552]

Wenngleich die Begründungsansätze sehr vielfältig sind, haben die unterschiedlichen Rechtsauffassungen gemein, dass sie im Falle konfligierender Pflichten allesamt vom Ausschluss einer bestimmten Pflicht ausgehen. Im Falle sich widersprechender Pflichten innerhalb der gleichen Rechtsordnung liegt dies in dem Umstand begründet, dass beide Pflichten nicht fortgelten können, was sich letztlich mit dem Grundsatz der Einheit der Rechtsordnung begründen lässt. Auf die Kollision zweier Pflichten mit internationalem Bezug lässt sich der Gedanke des Grundsatzes der Einheit der Rechtsordnung jedoch nicht ohne weiteres übertragen. Für Unternehmen und deren Geschäftsleiter bedeutet dies, dass sie einer Pflichtenkollision mit unverhältnismäßig erscheinenden rechtlichen Konsequenzen ausgesetzt sind, die es aufzulösen gilt. Es liegt in der Natur der Sache, dass die Auflösung des Widerspruchs auch in diesem Fall nur damit erreicht werden kann, dass eine Pflicht zu Gunsten der anderen zurücktritt. So können weder beide Pflichten fortgelten, weil dies *de facto* nicht zu einer Auflösung der Kollision führen

548 So etwa *Lindemann*, GmbHR 2008, 813, 815 im Hinblick auf die strafrechtliche Relevanz der Nichtabführung von Arbeitnehmeranteilen zur Sozialversicherung und Lohnsteuern bei Beachtung der Massesicherungspflicht.

549 Im internationalen Kontext *Bicker*, AG 2014, 8, 12; *Fleischer*, ZIP 2005, 141, 150; *Pelz*, CCZ 2013, 234, 239; *Werkmeister/Mirza-Khanian*, CCZ 2016, 98, 99.

550 *Mertens/Cahn*, in: KölnKommAktG, § 93 Rn. 73.

551 Ähnlich auch *Seibt*, ZIP 2016, Beilage zu Heft 22, 73, 76; *Spindler*, in: MüKo AktG, § 93 Rn. 105; *Werkmeister/Mirza-Khanian*, CCZ 2016, 98, 101.

552 Rath/Kuß/Maiworm, CR 2016, 98, 101.

würde. Noch können beide Pflichten aufgrund ihres extraterritorialen Bezugs für nichtig erklärt werden, weil dies die Kompetenz des deutschen Gesetzgebers im Hinblick auf die extraterritoriale Regelung überschreitet. Im Folgenden ist daher zu untersuchen, inwieweit dogmatische Erwägungen des deutschen Rechts den Vorrang einer Pflicht begründen.

1. *Internationales Privatrecht*

Ein möglicher Ansatzpunkt für eine Lösung des Widerspruchs bietet das Internationale Privatrecht.[553] Die Auflösung einer Konfliktlage erfolgt im Internationalen Privatrecht durch Verweisung auf eine bestimmte Privatrechtsordnung.[554] Eingriffsnormen, d. h. international zwingende Bestimmungen, die generell dem öffentlichen Recht zuzuordnen sind und zumeist als ordnungspolitische Normen oder Vorschriften zum Schutz eines überindividuellen Gemeinschaftsinteresses qualifiziert werden, stellen jedoch eine Besonderheit dar. Aufgrund ihres zwingenden Charakters ist eine kollisionsrechtliche Behandlung mit den Mitteln des traditionellen Internationalen Privatrechts, das unter mehreren Rechtsordnungen unter Berücksichtigung der internationalprivatrechtlichen Gerechtigkeit eine Auswahlentscheidung trifft, nicht möglich. Das öffentliche Recht selbst kennt kein geschriebenes Kollisionsrecht. Es verfügt auf einfachgesetzlicher Ebene nicht über eine mit dem Internationalen Privatrecht vergleichbare Kodifikation, dass die Frage regelt, wie sich das öffentliche Recht zu ausländischen Rechtsnormen stellt.[555] Art. 9 Abs. 1 Rom-I-VO lässt vielmehr erkennen, dass Staaten, die zur Wahrung des öffentlichen Interesses Eingriffsbefugnisse geschaffen haben, nicht auf deren Geltung verzichten werden.[556] Art. 9 Rom-I-VO regelt auf der Ebene des Kollisionsrechts unter welchen Voraussetzungen Eingriffsnormen bei der Entscheidung eines zivilrechtlichen Rechtsstreits anzuwenden bzw. zu berücksichtigen sind. Wenngleich einige Stimmen der Literatur[557] ein System mehrseitiger Kollisionsnormen auch für das öffentliche Recht fordern, geht die deutsche Rechtsprechung auch nach Inkrafttreten der Rom-I-VO von dem Grundsatz der Nichtanwendung

553 So auch *Hopt/Roth*, in: GroßKommAktG, § 93, Rn. 142.

554 *Ohler*, Die Kollisionsordnung des Allgemeinen Verwaltungsrechts, 2005, S. 29.

555 Vgl. hierzu *Kment*, Grenzüberschreitendes Verwaltungshandeln, 2010, S. 212 m. w. N.; *Matscher*, FS Beitzke, 1979, S. 641.

556 *Wandt*, VersR 2013, 257, 262.

557 *Bullinger*, Öffentliches Recht und Privatrecht, 1968, S. 104 ff.; *Kotzur*, Grenznachbarschaftliches Zusammenarbeiten in Europa, 2004, S. 78 u. 479 f.; *Ohler* Die Kollisionsordnung des Allgemeinen Verwaltungsrechts, 2005, S. 87 ff.; *Zuleeg*, in: FS Maurer, 2001, S. 1067 ff.; *Zweigert*, Fünfzig Jahre Institut für Internationales Recht an der Universität Kiel, 1965, S. 138 ff.

ausländischen öffentlichen Rechts aus.[558] Anders als für das internationale Recht kennt die deutsche Rechtsordnung keine den Art. 23, 24, 25 und 59 GG vergleichbaren Generalklauseln zur Inkorporierung ausländischen Rechts.[559] Denn einerseits bedarf es im öffentlichen Recht nicht der Anwendung fremden Rechts im Verwaltungs- und Gerichtsverfahren, weil jeder Staat selbst zur Durchsetzung seines Rechts ein solches Verfahren durchführen kann.[560] Andererseits könnte ein fremder Staat Ermessenspielräume aufgrund eines solchen Rechts auch gar nicht eigenverantwortlich ausfüllen, weil er nicht die unvertretbare Abwägung des anderen Staates ersetzen kann.[561] Zwar ist das Internationale Privatrecht durch seine Verweisungsregelungen geeignet, privatrechtliche Pflichtenkollisionen im internationalen Kontext aufzulösen, die dort angewandten Grundsätze können jedoch nicht auf die öffentlich-rechtliche Pflichtenkollision des Widerspruchs zwischen dem Cloud Act und der DSGVO übertragen werden. Der Widerspruch zwischen dem Cloud Act und der DSGVO kann daher nicht mit Mitteln des Internationalen Privatrechts gelöst werden.

2. Völkerrechtliche Lösungsansätze

Wenngleich sich eine Anwendung der Grundsätze des Internationalen Privatrechts auf den Widerspruch zwischen dem Cloud Act und der DSGVO verbietet, schließt dies nicht aus, dass völkerrechtliche Grundsätze gelten, die den Vorrang einer Pflicht begründen und daher geeignet sind, den Widerspruch aufzulösen. Auf Ebene des allgemeinen Völkerrechts findet sich zwar ebenfalls keine generelle Kollisionsnorm.[562] Dies beruht auf dem völkergewohnheitsrechtlichen Verständnis, dass es in erster Linie der innerstaatlichen Rechtsordnung obliegt, zu beantworten, in welches Verhältnis sie sich zu ausländischen Rechtsordnungen setzt.[563] Es wird die Vorstellung zugrunde gelegt, dass die Staaten einander in rechtlicher Gleichordnung begegnen, ihre Rechtsverhältnisse im respektvollen Umgang miteinander begründen und in Rücksichtnahme ausüben.[564] Dennoch werden sowohl

558 Ständige Rechtsprechung, vgl. nach Inkrafttreten der Rom-I-VO: OLG Celle, Beschluss vom 19.8.2019 – 21 UF 118/18, BeckRS 2019, 33367, Rn. 35; OLG Frankfurt, ZEV 2011, 135; OLG Hamm, ZEV 2005, 436, 440; vgl. vor Inkrafttreten der Rom-I-VO statt vieler BGH, Urteil vom 17.12.1959 (Az. VII ZR 198/58), BGHZ 31, 367, 371 m. w. N.

559 Holterhus/Mittwoch/El-Ghazi, JuS 2018, 313, 317.

560 *Meng*, Extraterritoriale Jurisdiktion im öffentlichen Wirtschaftsrecht, 1994, S. 694.

561 *Meng*, Extraterritoriale Jurisdiktion im öffentlichen Wirtschaftsrecht, 1994, S. 694.

562 *Immenga*, in: FS Neumayer, 1985, S. 328.

563 *Ohler*, Die Kollisionsordnung des Allgemeinen Verwaltungsrechts, 2005, S. 6.

564 *Ohler*, Die Kollisionsordnung des Allgemeinen Verwaltungsrechts, 2005, S. 6.

von amerikanischer als auch von deutscher Seite[565] immer wieder Grundsätze des Völkerrechts angeführt, um den Geltungsanspruch nationaler Gesetze über die eigenen Jurisdiktionsgrenzen hinaus zu begründen.

a) Versagung extraterritorialer Jurisdiktion

Um die Pflichtenkollision aufzulösen, könnte erwogen werden, den USA die extraterritoriale Jurisdiktion durch die Bestimmungen des Cloud Act wegen Verstoßes gegen völkerrechtliche Prinzipien zu versagen. Anhaltspunkte für eine solche Versagung extraterritorialer Jurisdiktion bietet die Reichweite einzelner Anknüpfungspunkte. So kann z. B. im Rahmen des Personalitätsprinzips die Übertragung des Nationalitätsgedankens auf juristische Personen mangels einer entsprechenden Staatsbürgerschaft in Frage gezogen werden.[566] Ähnliche Bedenken können hinsichtlich einer ausufernden Reichweite im Rahmen des Wirkungsprinzips geltend gemacht werden.[567] Trotz dieser Unsicherheiten, die mit der Ausübung extraterritorialer Jurisdiktion grundsätzlich einhergehen, sind die Fälle selten, in denen ein Gericht in der Vergangenheit eine extraterritoriale Jurisdiktion für völkerrechtswidrig erachtet hat. Dies liegt nicht etwa daran, dass sich die USA mit der Ausübung extraterritorialer Jurisdiktion zurückhalten. Das Gegenteil ist der Fall. Allerdings ist die Rechtmäßigkeit US-amerikanischer extraterritorialer Regelungen aufgrund fehlender Zweckmäßigkeit nur selten Gegenstand gerichtlicher Verfahren. Gerichte haben demzufolge gar nicht die Möglichkeit, die Vereinbarkeit der jeweiligen Regelung mit dem Völkerrecht zu überprüfen.

Aber selbst bei Bejahung einer Völkerrechtswidrigkeit des extraterritorialen Geltungsanspruchs der Offenlegungspflicht personenbezogener Daten auf Grundlage des Cloud Act, würde dies den bestehenden Widerspruch nicht auflösen, in dem sich internationale Unternehmen befinden. Denn zum einen ändert dies nichts an der Durchsetzung im Inland und der damit verbundenen persuasorischen Wirkung der extraterritorialen Jurisdiktion. Zum anderen erlauben die USA ausdrücklich die Geltung völkerrechtswidriger Gesetze unter der Voraussetzung, dass sich der US-Kongress als Gesetzgebungsorgan willentlich über die Grundsätze des Völkerrechts hinwegsetzt.[568]

Zusammenfassend bildet das Völkerrecht keinen tauglichen Lösungsansatz zur Auflösung des Widerspruchs zwischen dem Cloud Act und der DSGVO, weil zum einen die Erfolgschancen eines gerichtlichen Verfahrens in Bezug auf die Versagung extraterritorialer Jurisdiktion zu gering sind. Zum anderen ist sie nicht

565 Vgl. etwa § 130 Abs. 2 GWB, bei welchem die extraterritoriale Anwendung innerhalb der Grenzen des Einmischungsverbots anerkannt ist.

566 Dritter Teil, B. I. 3. b).

567 Dritter Teil, B. I. 3. c).

568 *Immenga*, in: FS Neumayer, 1985, S. 327 m. w. N.

geeignet, die Pflichtenkollision zu beseitigen, die sich aus dem Widerspruch zwischen dem Cloud Act und der DSGVO ergibt, indem sie einer Pflicht den Vorrang einräumt.

b) Völkergewohnheitsrecht

Ein weiterer Anknüpfungspunkt zur Auflösung der aus dem Widerspruch resultierenden Pflichtenkollision findet sich im Völkergewohnheitsrecht. Im Zusammenhang mit der Auflösung von Normenkonflikten wird häufig die aus dem US-amerikanischen Recht stammende, sog. *comity* herangezogen. Ihr liegt das Prinzip der internationalen Rücksichtnahme zugrunde, wonach Wohlwollen und Höflichkeit zwischen Staaten die Anerkennung ausländischer Rechtsakte gebietet. Bei der *comity* handelt es sich nicht um ein klar einzuordnendes Rechtsprinzip.[569] Der *U.S Supreme Court* formulierte es in der Entscheidung Hilton v. Guyot wie folgt: *„Comity' in the legal sense is neither a matter of absolute obligation, on the one hand, nor of mere courtesy and good will, upon the other. But it is the recognition which one nation allows within its territory to the legislative, executive and judicial acts of another nation, having due regard both to international duty and convenience, and to the rights of its own citizens or of other persons who are under the protection of its laws".*[570]

Inhaltlich wird staatlichen Institutionen damit das Mittel an die Hand gegeben, bei einem Zusammentreffen verschiedener Jurisdiktionen eine Abwägung zwischen inländischen Regelungsinteressen und den gegenläufigen Belangen eines anderen Staates vornehmen zu dürfen (sog. *balancing test*).[571] Abhängig von Ergebnis einer solchen Abwägung muss sich ein Staat bei seiner extraterritorialen Gesetzgebung zurückhalten und auf seinen Regelungsanspruch verzichten oder aber Regelungen eines anderen Staates auf seinem Gebiet dulden.[572] Im Falle der Pflichtenkollision zwischen dem Cloud Act und der DSGVO würde dies bedeutet,

569 *Forwick*, Extraterritoriale US-amerikanische Exportkontrollen, S. 84.

570 Hilton v. Guyot 159 U.S. 113, 163 f. (1894); Société Nationale Industrielle Aerospatiale v. U.S. District Court for the Southern District of Iowa, 482 U.S. 522, 543 (1987); vgl. auch Somportex Ltd. v. Philadelphia Chewing Gum Corp. 453 F.2d 435, 440 (3d Cir. 1971) in der es heißt: „Comity' is a recognition which one nation extends within its own territory to the legislative, executive, or judicial acts of another. It is not a rule of law, but one of practice, convenience, and expediency. Although more than mere courtesy and accommodation, comity does not achieve the focus of an imperative or obligation. Rather it is a nation's expression of understanding which demonstrates due regard both to international duty and convenience and to the rights of persons protected by its own laws".

571 *Mahret*, Pflichtenkollisionen von Geschäftsleitern, 2017, S. 193; *Immenga*, in: FS Neumayer, 1985, 328.

572 *Forwick*, Extraterritoriale US-amerikanische Exportkontrollen, S. 85 m. w. N.

dass sich Unternehmen im Falle einer Zuwiderhandlung gegen die Offenlegungspflicht aus dem Cloud Act gegenüber einem US-amerikanischem Gericht auf die *comity* berufen könnten und damit einer Sanktion in Form eines Bußgeldes entgehen. Der Widerspruch wäre damit faktisch aufgelöst. Allerdings kommt diesem Prinzip, wenngleich es in den USA in der Vergangenheit bereits mehrfach angewandt wurde,[573] dennoch keine verpflichtende Wirkung zu. Es handelt sich vielmehr um einen rechtlich unverbindlichen Teil der Völkersitte. So steht es regelmäßig im Ermessen der Gerichte, das Prinzip anzuwenden oder eben nicht.[574] Selbst innerhalb den USA fehlt es an einem gemeinsamen Konsens hinsichtlich der Anwendung des Rechtsinstituts der *comity*.[575] Angesichts der fehlenden völkerrechtlichen Anerkennung und der damit verbundenen Rechtsunsicherheit ist die *comity* nicht geeignet, im Falle eines US-amerikanischen gerichtlichen Verfahrens den Widerspruch zwischen dem Cloud Act und der DSGVO aufzulösen. Bei Anwendung der *comity* im Falle der hier vorliegenden Pflichtenkollision wird im Zweifel keiner der beiden Staaten bereit sein, seine Interessen freiwillig den Interessen des anderen Staates unterzuordnen, weil nationale Interessen regelmäßig stärker gewichtet werden als solche des ausländischen Staates.

c) *Die US-amerikanische* doctrine of foreign sovereign compulsion

Ein weiterer Ansatz zur Auflösung des Widerspruchs zwischen dem Cloud Act und der DSGVO bildet die US-amerikanische *doctrine of foreign sovereign compulsion.* Dieses Rechtsinstitut fußt auf Höflichkeitserwägungen gegenüber anderen Staaten, den Grundsätzen eines fairen Verfahrens und Billigkeitsgesichtspunkten.[576] Es besagt, dass unter bestimmten Voraussetzungen eine Verletzung des US-amerikanischen Rechts entschuldigt werden kann, wenn von Seiten eines ausländischen Staats zu dem in Frage stehenden Verhalten unter Sanktionen gezwungen worden ist. Es ist jedoch bereits zweifelhaft, inwieweit die *foreign sovereign compulsion*-Doktrin einen tauglichen Lösungsansatz für den Widerspruch bildet. Die Doktrin wurde im Kartellrecht entwickelt und bisher lediglich in Kartellrechtsfällen und in Fällen der Beweisermittlung (*discovery*) angewendet.[577] Eine

573 Erstmals wurde das Prinzip in der Entscheidung Timberlane Lumber Co. v. Bank of America, N.T. S.A., 549 F.2d 597 (9th Cir. 1976) angewandt; vgl. auch Mannington Mills v. Congoleum Corp. 595 F.2d 1287, 1297 (3d Cir. 1979); in re Uranium Antitrust Litigation, 617 F.2d 1248 (7th Cir. 1980); Zenith Radio Corp. v. Matsushita Elec. Indus. Co., 494 F. Supp. 1161 (E.D. Pa. 1980).

574 *Metz/Spittka*, ZD 2017, 361, 363.

575 *Immenga*, in: FS Neumayer, 1985, 331 m. w. N.

576 Ausführlich *Forwick*, Extraterritoriale US-amerikanische Exportkontrollen, S. 112 m. w. N.

577 Vgl. *Stebbings*, 19 Case W. Res. J. Int'l L. 1987, 303, 338; *Joelson*, 15 Law & Pol'y Int'l Bus. 1983, 1121, 1129 f.

Anwendung auf eine straf- und verwaltungsrechtliche Haftung ist bisher in der Literatur weder hinreichend erörtert noch höchstrichterlich entschieden worden.[578] Darüber hinaus herrscht Uneinigkeit bezüglich der inhaltlichen Voraussetzungen für die Anwendung dieser Doktrin. Aufgrund der zahlreichen mit ihr verbundenen Unsicherheiten in Bezug auf Anwendungsbereich, Tatbestandsvoraussetzungen und rechtlichen Konsequenzen bildet die *foreign sovereign compulsion*-Doktrin keinen geeigneten Lösungsansatz zur Auflösung des Widerspruchs zwischen dem Cloud Act und der DSGVO.

3. Tatbestandseinschränkung der Ordnungswidrigkeit

Da weder im Internationalen Privatrecht noch im Kollisions- und Völkerrecht geeignete Mechanismen bestehen, den bestehenden Widerspruch zwischen dem Cloud Act und der DSGVO aufzulösen, ist nunmehr das nationale Recht in den Blick zu nehmen. Auch im nationalen Recht begegnet man immer wieder Pflichtenkollisionen, die es aufzulösen gilt. Dabei existieren auch im deutschen Recht Mechanismen, die zur Auflösung einer solchen Pflichtenkollision herangezogen werden können. Um den Vorrang einer Pflicht zu begründen, kann dabei neben einer möglichen Rechtfertigung der Verletzung einer Pflicht, auf die an späterer Stelle eingegangen wird, auch die juristische Methodenlehre herangezogen werden. Insoweit könnte erwogen werden, den Tatbestand des Art. 83 DSGVO in seiner Anwendbarkeit teleologisch dahingehend zu reduzieren, dass bei Fehlen einer dem deutschen Standard entsprechenden Datenschutzordnung Art. 83 DSGVO nicht anzuwenden sei, wenn eine Offenlegung personenbezogener Daten aufgrund einer zwingenden ausländischen Anordnung ins Ausland erfolgt. Eine solche teleologische Reduktion scheint bereits auf den ersten Blick aufgrund der Tatsache wenig einleuchtend, dass Unternehmen bei der Datenverarbeitung innerhalb des Inlands strengeren Anforderungen unterliegen würden als bei der Datenverarbeitung mit ausländischem Bezug. Eine Lösung über die Grundsätze der Tatbestandseinschränkung begegnet aber auch deswegen Bedenken, weil Art. 83 Abs. 5 lit. c DSGVO ausdrücklich auch Datenverarbeitungen in einem Drittland sanktioniert. Kapitel V der DSGVO sowie die Erwägungsgründe der DSGVO machen deutlich, dass der Schutz personenbezogener Daten grenzübergreifend gewährleistet werden soll. Es ist deshalb kaum davon auszugehen, dass Art. 83 DSGVO nur unter dem Vorbehalt eines hinreichenden Datenschutzes der ausländischen Rechtsordnung eingeführt wurde. Im Gegenteil ging das Bestreben der EU dahin, ungeachtet der unterschiedlichen Datenschutzstandards im globalen Wettbewerb, ein rechtspolitisches Signal zu setzen, mit der DSGVO die globale Digitalisierung mitzugestalten und dabei die hohen europäischen Standards auch im internationalen Wettbewerb

---

578 Vgl. *Forwick*, Extraterritoriale US-amerikanische Exportkontrollen, S. 116, der eine Anwendung auf das Exportkontrollrecht in Erwägung zieht.

durchzusetzen.[579] Vor diesem Hintergrund erscheint es widersprüchlich, den nötigen Unrechtsgehalt im Einzelfall wegen fehlenden oder unzureichenden Datenschutzstandards im Ausland zu verneinen. Eine teleologische Reduktion ist daher abzulehnen.

4. *Rechtfertigung der Ordnungswidrigkeit*

Nachdem festgestellt wurde, dass weder das Internationale Privatrecht noch das Völkergewohnheitsrecht *de lege lata* im Stande sind, die Konfliktsituation zwischen dem Cloud Act und der DSGVO auflösen, noch eine Tatbestandseinschränkung im Wege der teleologischen Reduktion in Betracht kommt, bedarf es eines Blickes auf etwaige Rechtfertigungsgründe für einen Verstoß gegen die DSGVO. Die Rechtswidrigkeit als solche wird bei Erfüllen einer der Tatbestände von Art. 83 Abs. 4 bis 6 DSGVO grundsätzlich indiziert.[580] Ausnahmsweise kann das Verhalten jedoch gerechtfertigt sein, wenn ein von der Rechtsordnung anerkannter Rechtfertigungsgrund vorliegt. Maßgeblich ist, ob im nationalen Recht eine Kollisionsnorm existiert, die geeignet ist, die Konfliktsituation aufzulösen. Zwar kennen das Straf- und Ordnungswidrigkeitenrecht selbst – im Vergleich zum Internationalen Privatrecht – keine Kollisionsnormen in dem Sinne, dennoch ist grundsätzlich eine Strafverfolgung nach allen anwendbaren Strafrechtsordnungen möglich. Dies schließt auch eine mehrfache Bestrafung wegen desselben Sachverhalts über die Jurisdiktionsgrenzen hinweg ein.[581] Allerdings existieren Erlaubnissätze, die als Kollisionsregel begriffen werden können, sofern diese sich widersprechende Pflichten in einer konkreten Situation miteinander verknüpfen.[582] Allein die kollisionsbegründende Pflicht als solche entfaltet dabei jedoch keine rechtfertigende Wirkung.[583] Es ist dem Wirtschaftsleben und der damit einhergehenden Globalisierung immanent, dass zu berücksichtigende Verhaltenspflichten sich zum Teil widersprechen. Vielmehr bedarf es einer Kollisionsregel, welche die verschiedenen rechtlichen Anforderungen miteinander in Einklang bringt.[584] Dabei kommen

---

579 Zweiter Teil, C. II. 3. a).

580 *Cornelius*, in: Forgó/Helfrich/Schneider, Betrieblicher Datenschutz, Teil XIV, Rn. 126; *Holländer*, in: BeckOK, Datenschutzrecht, Art. 83 Rn. 17.

581 *Pelz*, CCZ 2013, 234.

582 Dazu *Hruschka*, in: FS Dreher, 1977, S. 197 und passim; *Neumann*, in: FS Roxin, 2001, S. 429; *Otto*, Pflichtenkollision und Rechtswidrigkeitsurteil, S. 110 ff.; *Rengier*, in: KK-OWiG, Vor § 15 Rn. 3 ff.; *Röhl/Röhl*, S. 157.

583 So wird dies teilweise für Problemfelder des Wirtschaftsstrafrechts angenommen, vgl. etwa *Eisele*, Compliance und Datenschutzstrafrecht, 2012, S. 77 zu § 28 BDSG als Rechtfertigungsgrund im Rahmen von § 203 StGB.

584 Vgl. *Kühl*, in: Lackner/Kühl, StGB, § 34 Rn. 1; *Rönnau*, NJW 2004, 976, 978; ähnlich schon *Dohna*, Die Rechtswidrigkeit als allgemeingültiges Merkmal im Tatbestande strafbarer Handlungen, 1905, S. 26, wonach die Rechtswidrigkeit das Kriterium sei,

insbesondere die in der Strafrechtsdogmatik anerkannten Rechtfertigungsgründe, namentlich die Grundsätze der rechtfertigenden Pflichtenkollision und der rechtfertigende Notstand nach § 16 OWiG, in Betracht. Im Falle des Widerspruchs zwischen dem Cloud Act und der DSGVO stellt sich die Frage, inwieweit die daraus resultierende Pflichtenkollision und die damit verbundene faktische Zwangslage im Wege der Rechtswidrigkeit eines Verstoßes gegen die DSGVO Berücksichtigung finden kann. Kann der Verstoß gegen die DSGVO gerechtfertigt werden, drohen dem Unternehmen – trotz Vorliegen der Voraussetzungen des Ordnungswidrigkeitentatbestands – keine Sanktionen in Deutschland. Der Widerspruch zwischen den sich gegenüberstehenden Pflichten wäre damit aufgelöst.

a) Rechtfertigende Pflichtenkollision

Spricht sich die Geschäftsleitung für die Einhaltung ausländischer und gegen die Einhaltung deutscher Regularien aus, wird vielfach die Figur der rechtfertigenden Pflichtenkollision als Rechtfertigung für das Begehen der Ordnungswidrigkeit herangezogen.[585]

Die rechtfertigende Pflichtenkollision im engeren Sinne stellt einen außergesetzlichen Erlaubnistatbestand eigener Art dar.[586] Sie liegt insbesondere dann vor, wenn zwei oder mehrere rechtliche Handlungspflichten derart zusammentreffen, dass nur die eine oder die andere erfüllt werden kann. Der Normadressat muss zur Erfüllung der einen Pflicht notwendigerweise die andere verletzen. Die Möglichkeit, beiden Pflichten nachzukommen, muss ausgeschlossen sein. Dabei ist zwischen gleichrangigen und verschiedenrangigen Pflichten zu differenzieren. Sind die jeweiligen Verhaltensgebote vom Wert des betroffenen Rechtsguts als verschiedenrangig zu klassifizieren, soll die Verletzung der nachrangigen zugunsten der vorrangigen Handlungspflicht gerechtfertigt sein.[587] Handelt es sich hingegen um gleichrangige Handlungspflichten, hat der Normadressat die Wahl, welcher der beiden Pflichten er nachkommt.[588] Der Normadressat handelt dann nicht rechtswidrig. Im Gegensatz zu § 34 StGB bzw. § 16 OWiG ist das Überwiegen einer Pflicht gerade nicht maßgeblich.[589]

„welches darüber entscheidet, ob und wann ein gegebener Tatbestand mit einem erlassenen Verbot kollidiert."

585 Vgl. etwa *Werkmeister/Mirza-Khanian*, CCZ 2016, 98, 99.

586 *Mitsch*, in: Baumann/Weber, StrafR AT, § 21 Rn. 95.

587 Vgl. *Küper*, JuS 1987, 81, 89; *Rengier*, in: KK-OWiG, Vorbm. zu § 15, § 16 Rn. 4; *Sternberg-Lieben*, in: Schönke/Schröder, StGB, Vorbm. zu den §§ 32 ff. Rn. 73.

588 *Mitsch*, in: Baumann/Weber, AT, § 21 Rn. 101; *Roxin*, Strafrecht AT I, § 16 Rn. 118; *Rönau*, in: LK-StGB, Vorbm. zu § 32 Rn. 115; *Sternberg-Lieben*, in: Schönke/Schröder, StGB, Vorbm. zu den §§ 32 ff. Rn. 73.

589 Statt vieler *Neumann*, in: NK-StGB, § 34 Rn. 125; *Rönnau*, in: LK-StGB, Vor § 32 Rn. 115.

Sog. unechte Pflichtenkollisionen, bei denen eine Unterlassungspflicht betroffen ist, sind hingegen von dem Anwendungsbereich dieses Erlaubnissatzes auszuklammern.[590] So wird zur Auflösung kollidierender Unterlassungspflichten nach herrschender Meinung auf den rechtfertigenden Notstand nach § 34 StGB bzw. § 16 OWiG zurückgegriffen.[591] Besteht eine Pflichtenkollision zwischen einem Handlungsgebot einerseits und einem Handlungsverbot andererseits, greift die ganz überwiegende Auffassung ebenfalls auf den rechtfertigenden Notstand als Kollisionsprinzip zurück.[592] Der rechtfertigende Notstand regelt zwar einen ähnlich strukturierten Interessenkonflikt wie die Pflichtenkollision, legt aber an das Verhalten des Normadressaten einen strengeren Beurteilungsmaßstab an, da er nur den Eingriff zur Bewahrung des wesentlich überwiegenden Interesses rechtfertigt.[593] Dies liegt in dem Umstand begründet, dass das Wesen der Pflichtenkollision als Rechtfertigungsgrund darin besteht, dass sie das Unrecht der Unterlassung einer gebotserfüllenden Handlung gerade wegen der Kumulationslage beseitigt, dass also die Rechtfertigung ihren Grund im Vorhandensein der anderen Handlungspflicht und der daraus resultierenden Insuffizienz der Pflichterfüllungskapazität hat.[594] Die Situation einer Pflichtenkollision erfordert, dass der Verpflichtete seine Pflichten jeweils nur durch ein die andere Pflicht in tatbestandsmäßiger Weise verletzendes Verhalten erfüllen kann.[595] In Fälle, in denen die Pflicht zur Vornahme einer interessebefriedigenden Handlung bereits aus anderen Gründen entfällt, die mit der Kumulation in keinem Zusammenhang stehen, kommt es zu keiner Pflichtenkumulation und daher auch zu keinem Bedarf für eine Rechtfertigung durch den Rechtfertigungsgrund der Pflichtenkollision.[596]

Der Rückgriff auf eine rechtfertigende Pflichtenkollision setzt demnach voraus, dass dem Täter zwei Handlungsgebote auferlegt werden. Im Falle einer Offenlegungspflicht auf Grundlage des Cloud Act ist dies jedoch gerade nicht der Fall. Das Unternehmen trifft als unmittelbarer Adressat die Pflicht, die angeforderten personenbezogenen Daten zu übermitteln. Dies stellt ein Handlungsgebot dar. Es fehlt jedoch an einer damit kollidierenden Handlungspflicht. Sowohl Art. 6 DSGVO als auch Art. 44 DSGVO normieren eine Unterlassungspflicht, personenbezogene Daten nicht weiterzugeben, sofern die jeweiligen Voraussetzungen

590 *Mitsch*, in: Baumann/Weber, AT, § 21 Rn. 96; *Perron*, in: Schönke/Schröder, StGB, § 34 Rn. 4; *Roxin*, Strafrecht AT I, § 16 Rn. 117.

591 *Kühl*, in: Lackner/Kühl, StGB, § 34 Rn. 15 m. w. N.

592 *Fischer*, StGB, Vor § 32 Rn. 11d; *Kühl*, in: Lackner/Kühl, StGB, § 34 Rn. 15; *Rönnau*, in: LK-StGB, Vor § 32 Rn. 120; *Sternberg-Lieben*, in: Schönke/Schröder, StGB, Vorbm. zu den §§ 32 ff. Rn. 71,72; ähnlich auch *Gropp*, in: FS Hirsch, 1999, S. 212 ff.

593 *Mitsch*, Rechtfertigung und Opferverhalten, 2004, S. 206.

594 *Mitsch*, Rechtfertigung und Opferverhalten, 2004, S. 207.

595 *Maurach/Zipf*, Strafrecht AT 1, § 27 Rn. 52,53.

596 *Mitsch*, Rechtfertigung und Opferverhalten, 2004, S. 207.

der Datenübermittlung nach Art. 6 DSGVO bzw. Art. 44 DSGVO nicht vorliegen. Nach überwiegender Auffassung statuieren beide Normen jeweils ein Verbot mit Erlaubnisvorbehalt.[597] Es handelt sich demnach um Verbotstatbestände, die mit der Offenlegungspflicht nach 18 U.S.C. §§ 2703, 2713 und dem damit einhergehenden Vermögenserhaltungsgebot kollidieren und damit als Unterlassungspflichten zu qualifizieren sind. Ist ein Unternehmen Adressat einer Offenlegungspflicht nach dem Cloud Act wird einerseits ein Tun, die Offenlegung der Daten, und andererseits ein Unterlassen verlangt, die Daten nicht zu übermitteln, sofern die Voraussetzungen der DSGVO nicht vorliegen. Es fehlt damit bereits an der Grundvoraussetzung zweier kollidierender Handlungsgebote und der daraus resultierenden Insuffizienz der Pflichterfüllungskapazität, die eine rechtfertigende Pflichtenkollision begründen könnte. Eine Rechtfertigung ist daher vielmehr im Wege des rechtfertigenden Notstands nach § 16 OWiG zu suchen.

b) Rechtfertigung nach § 16 OWiG

Eine Lösung der Pflichtenkollision ist daher über den rechtfertigenden Notstand nach § 16 OWiG zu erwägen. Der rechtfertigende Notstand erfordert zunächst eine Notstandslage im Sinne einer nicht anders abwendbaren gegenwärtigen Gefahr für ein Rechtsgut. Eine Notstandslage im Sinne einer wirtschaftlichen Zwangssituation liegt regelmäßig vor, wenn die Ordnungswidrigkeit unter dem Anschein wirtschaftlichen Drucks begangen wurde.[598] Es verwundert daher nicht, dass der rechtfertigende Notstand über das klassische Strafrecht hinaus auch in anderen Rechtsgebieten regelmäßig Anklang findet.[599] So wird er insbesondere in der Diskussion um Ausnahmen von der für Geschäftsführungsorgane geltenden

---

597 *Buchner/Petri*, in: Kühling/Buchner, DS-GVO BDSG, Art. 6 Rn. 11, 14; *Heberlein*, in: Ehmann/Selmayr, Datenschutz-Grundverordnung, Art. 6 Rn. 1; *Karg*, DuD 2013, 75, 77 f.; *Reimer*, in: Sydow, Europäische Datenschutzgrundverordnung, Art. 6 Rn. 1; *Sydow*, in: Sydow, Europäische Datenschutzgrundverordnung, Einl. Rn. 71; *Taeger*, in: Taeger/Gabel, DSGVO BDSG, Art. 6 Rn. 3, 5; Weichert, DuD 2013, 246; kritisch zu diesem Verbotsprinzip hingegen *Albers/Veit*, in: BeckOK, Datenschutzrecht, Art. 6 Rn. 2 („dogmatisch verfehlt"); *Buchner*, DuD 2016, 155, 157 f.; vgl. *Giesen*, PinG 2013, 62 noch zu § 4 BDSG; *Härting/Schneider*, CR 2015, 819, 822; ablehnend *Albrecht*, in: Simits/Hornung/Spiecker, Datenschutzrecht, Einf. zu Art. 6 Rn. 1, der gerade nicht von einem Verbotsprinzip ausgeht, sondern von einer Erlaubnistatbestandsnorm.

598 *Späth*, Rechtfertigungsgründe im Wirtschaftsstrafrecht, 2016, S. 110 m. w. N.

599 Vgl. zur Bedeutung des rechtfertigenden Notstands im Bereich des Wirtschaftsstrafrechts *Späth*, Rechtfertigungsgründe im Wirtschaftsrecht, 2016, S. 109 ff.

Legalitätspflicht im Gesellschaftsrecht herangezogen.[600] Kern der Vorschrift des § 16 OWiG ist eine Interessenabwägung. § 16 OWiG beruht auf dem Grundgedanken, dass die Rechtsordnung eine Inanspruchnahme fremder Rechtsgüter zulassen muss, wenn dies im Vergleich zum anderenfalls eintretenden Schaden das geringere Übel darstellt. Nach dem Prinzip des überwiegenden Interesses erfolgt eine Abwägung zwischen Erhaltungs- und Eingriffsgut.[601]

aa) Anwendbarkeit von § 16 OWiG

Bevor auf die Voraussetzungen einer Rechtfertigung nach § 16 OWiG im Einzelnen eingegangen wird, ist zunächst die Frage zu erörtern, ob § 16 OWiG auf unionsrechtliche Vorschriften wie Art. 83 DSGVO Anwendung findet. § 41 BDSG verweist im Falle des Verstoßes nach Art. 83 Abs. 4 bis 6 DSGVO auf die Vorschriften des Gesetzes über Ordnungswidrigkeiten sinngemäß, soweit das BDSG nichts anderes bestimmt.[602] In der Literatur findet sich lediglich der generelle Hinweis, dass sich Fragen der Rechtfertigung und auch der Vorwerfbarkeit daher nach den allgemeinen Regelungen des Ordnungswidrigkeitenrechts richten, soweit nicht europäisches Recht vorrangig ist.[603] In der DSGVO selbst existiert kein entsprechender Rechtfertigungstatbestand. Im Gegenteil lassen die expliziten Ausnahmen des § 41 Abs. 1 Satz 2 und 3 DSGVO vermuten, dass das OWiG im Übrigen Anwendung findet. Das LG Berlin stellt in Bezug auf die Anwendung des § 30 OWiG fest, dass die DSGVO zwar für die Bußgeldhöhe und die Zuständigkeit der Aufsichtsbehörde abschließende Regelungen trifft, nicht jedoch für materiell-rechtliche oder prozessuale Fragen wie die Zurechnung schuldhaften Verhaltens.[604] Dies ergebe sich zum einen aus Art. 83 Abs. 8 DSGVO, wonach die Mitgliedstaaten angemessene Verfahrensgarantien einschließlich wirksamer gerichtlicher Rechtsbehelfe und ordnungsgemäßer Verfahren vorzusehen hätten. Zum anderen folge dies aus der sinngleichen Regelung für das Verfahren in § 41 Abs. 2 BDSG. § 16 OWiG regelt, ähnlich wie § 30 OWiG, eine materiell-rechtliche Frage, nämlich die Rechtswidrigkeit der Ordnungswidrigkeit. Denn nach § 1 Abs. 1 OWiG ist nur eine rechtswidrige und vorwerfbare Handlung eine solche, die den Tatbestand einer Ordnungswidrigkeit erfüllen kann. § 16 OWiG findet demzufolge auf die unionsrechtliche Vorschrift des Art. 83 Abs. 4 DSGVO Anwendung.

---

600 Grundlegend *Fleischer*, ZIP 2005, 141, 150; *Poelzig/Thole*, ZGR 2010, 836, 857; *Spindler*, in: MüKo AktG, § 93 Rn. 103; vgl. *Schlaus*, AG 1988, 113, 116 im Hinblick auf den Auskauf opponierender Aktionäre.

601 *Kühl*, in: Lackner/Kühl, StGB, § 34 Rn. 1.

602 Vierter Teil, A. I. 1.

603 Statt vieler *Brodowski/Nowak*, in: BeckOK, Datenschutzrecht, § 41 BDSG Rn. 20.

604 LG Berlin, Beschluss v. 18.2.2021 – (526 OWi LG) 212 Js-OWi 1/20 (1/20).

bb) Notstandslage

Um nach § 16 OWiG gerechtfertigt zu sein, müsste die Offenlegungspflicht personenbezogener Daten der US-Behörde eine gegenwärtige Gefahr für ein notstandsfähiges Rechtsgut des Adressaten der Offenlegungspflicht, dem betroffenen Unternehmen, darstellen. Als notstandsfähiges Rechtsgut kommt dabei das Interesse des adressierten Unternehmens in Betracht, das Vermögen der Gesellschaft zu bewahren. Kommt die Gesellschaft der Offenlegungspflicht nach, entgeht sie einer Geldstrafe wegen Missachtung einer behördlichen Anordnung oder des Gerichts und damit einem möglichen Gerichtsverfahren im Ausland. Fraglich ist allerdings, inwieweit dieses rechtliche Interesse ein notstandsfähiges Schutzgut bzw. eine Rechtsposition darstellt, bei dessen Gefährdung dem Notstandstäter die Befugnisse des § 16 OWiG zuzugestehen sein könnten (sog. Erhaltungsgut). Denn nur ein schützenswertes Erhaltungsgut kann im Rahmen der Interessenabwägung des Notstands Berücksichtigung finden. Grundsätzlich sind Rechtsgüter aller Art notstandsfähig, welche neben Güter- auch Interessenkollisionen jeder Art umfassen.[605] Demnach ist jedes rechtlich geschützte Interesse notstandsfähig. Dies gilt unabhängig davon, ob der Schutz eine strafrechtliche Ausgestaltung erfahren hat oder von einem anderen Teil der Rechtsordnung diesen Schutz erfährt.[606] Wenngleich aufgrund dieses weitreichenden Verständnisses und der damit einhergehenden Befürchtung Restriktionen erwogen werden, der rechtfertigende Notstand könnte zu einem allgemeinen Rechtfertigungsgrund der Wahrnehmung berechtigter Interessen führen,[607] ist den rechtlichen Interessen die Notstandsfähigkeit jedenfalls dann nicht abzusprechen, wenn das Erhaltungsinteresse zur betroffenen Rechtssphäre des Notstandstäters gehört und die Rechtsordnung dies anerkennt. Entscheidend ist, vor dem Hintergrund des Grundgedankens des rechtfertigenden Notstands, die Erhaltung eines vorhandenen Wertbestandes, nicht hingegen die Schaffung neuer Werte wie z. B. einer bloßen Erwerbschance.[608] Dies gilt freilich unabhängig von dem konkreten Gewicht des Wertbestands im Rahmen der Interessenabwägung.[609] Entsprechendes ist anzunehmen für den Vermögenswert als solchen. Ein Rückgriff auf § 16 OWiG kann jedenfalls nicht daran scheitern, dass unterstellt wird, Gefahren für Vermögensinteressen seien unabhängig von der konkreten Situation für jedermann stets hinzunehmen.[610] Der Notstandstäter kann demzufolge durchaus eine Notstandshandlung zur Rettung des eigenen

605 So die herrschende Meinung, statt vieler *Kühl*, in: Lackner/Kühl, StGB, § 34 Rn. 4 m. w. N.

606 *Perron*, in: Schönke/Schröder, StGB, § 34 Rn. 9.

607 Vgl. hierzu *Erb*, in: MüKo StGB, § 34 Rn. 67 ff.; *Neumann*, in: NK-StGB, § 34 Rn. 24 ff.

608 *Erb*, in: MüKo StGB, § 34 Rn. 68.

609 *Erb*, in: MüKo StGB, § 34 Rn. 68.

610 *Kienapfel*, JR 1977, 26, 27; *Roxin*, Strafrecht AT I, § 16 Rn. 54; *Zieschang*, in: LK-StGB, § 34 Rn. 38.

Vermögens begehen, ohne dass es an einem notstandsfähigen Rechtsgut fehlen würde.[611] Das geldwerte Vermögensinteresse stellt zu Recht ein notstandsfähiges Rechtsgut i. S. d. § 16 OWiG dar.

Die Offenlegungspflicht und die damit verbundene Sanktion im Falle einer Zuwiderhandlung begründet eine gegenwärtige Gefahr für das Vermögenserhaltungsinteresse der Gesellschaft als notstandsfähiges Rechtsgut, weil nach menschlicher Erfahrung bei natürlicher Weiterentwicklung der Dinge der Eintritt eines Schadens, die Verhängung einer Geldstrafe wegen Verstoßes gegen 18 U.S.C. §§ 2703, 2713, mit an Sicherheit grenzender Wahrscheinlichkeit dann eintritt, wenn das Unternehmen sich weigert, die angeforderten Daten offenzulegen.

cc) Notstandshandlung

(1) Erforderlichkeit

Eine Rechtfertigung nach § 16 OWiG setzt dem Wortlaut nach voraus, dass es sich um eine nicht anders abwendbare Gefahr handelt, was gemeinhin unter den Begriff der Erforderlichkeit der Notstandshandlung subsumiert werden kann.[612] Die Erforderlichkeit ist zu bejahen, wenn die Notstandshandlung zur Rettung des bedrohten Rechtsguts geeignet ist und kein milderes Mittel zur Verfügung steht.[613] D. h. der Täter muss das nach Art und Ausmaß der mit ihm verbundenen Beeinträchtigungen relativ mildeste Mittel wählen, sofern zur Rettung des Erhaltungsguts mehrere Möglichkeiten zur Verfügung stehen.[614] Dem Vorrang eines Ausweichens oder der Zuhilfenahme sowie dem Grundsatz der möglichst geringen Beeinträchtigung fremder Interessen kommen im Falle der Erforderlichkeit besondere Bedeutungen zu. In der vorliegenden Konstellation könnte es demnach geboten sein, dass sich das betroffene Unternehmen zunächst an das den Beschluss erlassene Gericht wendet und von der vorgesehenen Widerspruchsmöglichkeit in 18 U.S.C. § 2703 (h) (2) (A) Gebrauch macht. Davon wäre nur dann abzusehen, wenn es sich dabei nicht um ein gleich geeignetes Mittel handelt, dass zur

---

611 Vgl. *Kienapfel*, JR 1977, 26, 27; *Roxin*, Strafrecht AT I, § 16 Rn. 54; *Zieschang*, in: LK-StGB, § 34 Rn. 38; kritisch *Bockelmann*, JZ 1959, 493, 498; *Küper*, JZ 1976, 515, 516; a. A. *Neumann*, in: NK-StGB, § 34 Rn. 28, der das Vorliegen eines notstandsfähigen Rechtsguts zum Schutz eigener Vermögensinteressen verneint, weil die Vermögensinteressen des Einzelnen nur gegenüber bestimmten Beeinträchtigungen von außen, nicht aber gegenüber den Dispositionen des Vermögensinhabers und deren Konsequenzen rechtlich geschützt seien.

612 Vgl. OLG Karlsruhe, NJW 2004, 3645, 3646; *Fischer*, StGB, § 34 Rn. 9; *Kühl*, in: Lackner/Kühl, § 34 Rn. 3; *Lenckner*, in: FS Lackner, 1987, S. 95 ff.; *Neumann*, in: NK-StGB, § 34 Rn. 58; *Roxin*, Strafrecht AT I, § 16 Rn. 23; *Zieschang*, in: LK-StGB, § 34 Rn. 50.

613 *Neumann*, in: NK-StGB, § 34 Rn. 60.

614 Erb, in: MüKo StGB, § 34 Rn. 114.

Rettung des Erhaltungsguts, das Vermögenserhaltungsinteresse der Gesellschaft, geeignet ist. Da die Voraussetzungen für die Inanspruchnahme einer solchen Widerspruchsmöglichkeit für deutsche Unternehmen aufgrund der fehlenden Qualifikation als qualifizierte ausländische Regierung bisher nicht gegeben sind, werden die Anstrengung eines solchen Verfahrens jedoch wenig bis keinen Erfolg haben.[615] Ob daneben andere mildere Mittel zu berücksichtigen sind, wird von den Umständen des Einzelfalls abhängen. So könnten z. B. die Kooperation bzw. Kommunikation mit der zuständigen Behörde oder die Einbeziehung der vorgesetzten Ministerien oder internationalen Institutionen ein milderes Mittel darstellen.[616] Für die weitere Untersuchung soll angenommen werden, dass dem Unternehmen keine weiteren Möglichkeiten zu Verfügung steht, um das Vermögen der Gesellschaft als Erhaltungsgut effektiv zu schützen, weil es sich dabei nach dem bisherigen Erfahrungswert um den praktischen Regelfall handelt.

(2) Interessenabwägung

Ist die Notstandshandlung, die Offenlegung personenbezogener Daten, erforderlich, bedarf es nach der allgemeinen gesetzlichen Formel eines wesentlichen Überwiegens des geschützten Interesses (Erhaltungsgut) gegenüber dem beeinträchtigten Interesse (Eingriffsgut). Bei der quantitativen Gegenüberstellung der kollidierenden Interessen sind alle Umstände zu berücksichtigen, die für den Grad der Schutzwürdigkeit von Bedeutung sind.[617] Die Abwägung beschränkt sich demnach nicht allein auf den objektiven Wert quantitativ erfassbarer Belange, sondern erfordert darüber hinaus eine umfassende Analyse der beiderseitigen Interessen, bei der weitere Gesichtspunkte, wie z. B. die individuellen Wertvorstellungen des Rechtsanwenders,[618] eine Rolle spielen.[619] Nach dem Prinzip der Gesamtabwägung sind grundsätzlich alle von der Notstandstat betroffenen rechtlich schutzwürdigen Interessen der beteiligten Rechtsgutsinhaber in die Abwägung miteinzubeziehen, demnach nicht nur das geschützte Interesse, sondern auch mittelbare Beeinträchtigungen anderer Interessen des Inhabers des Eingriffsgutes.[620] Es versteht sich

615 Erster Teil, A. III. 3. c) aa) (2).

616 Vgl. hierzu etwa *Seibt*, ZIP 2016, Beilage zu Heft 22, 73, 76 in Bezug auf die Auslösung der Pflichtenkollision durch Herstellung praktischer Konkordanz.

617 *Erb*, in: MüKo StGB, § 34 Rn. 137; *Küper*, JZ 1976, 515, 518; *Neumann*, in: NK-StGB, § 34 Rn. 69; *Perron*, in: Schönke/Schröder, § 34 Rn. 22, 25.

618 Vgl. OLG Frankfurt, Beschluss vom 11.12.1978 – 4 Ws 127/78, NJW 1979, 1172 f.; *Erb*, in: MüKo StGB, § 34 Rn. 137 ff.; *Küper*, JZ 1976, 515, 518; *Perron*, in: Schönke/Schröder, § 34 Rn. 25, 33

619 Vgl. etwa *Dencker*, JuS 1979, 779, 780; *Momsen/Savic*, in: BeckOK, StGB, § 34 Rn. 8; *Neumann*, in: NK-StGB, § 34 Rn. 65, 69; *Perron*, in: Schönke/Schröder, § 34 Rn. 22.

620 *Erb*, in: MüKo StGB, § 34 Rn. 136; *Fischer*, StGB, § 34 Rn. 12; *Neumann*, in: NK-StGB, § 34 Rn. 69; *Küper*, Der „verschuldete" rechtfertigende Notstand, 1983, S. 146 f.;

von selbst, dass sich angesichts der Kategorienverschiedenheit und Vielgestaltigkeit der ggf. zu berücksichtigen Faktoren eine Konkretisierung über die allgemein gesetzliche Formulierung hinaus verbietet. Vielmehr können die Voraussetzungen im Einzelfall erst aus der Anschaulichkeit der konkreten Situation heraus beurteilt werden. Dennoch soll an dieser Stelle ein abstrakt-genereller Überblick der sich gegenüberstehenden Interessen erfolgen.

Zwar könnte angenommen werden, es handele sich im Rahmen des Widerspruchs zwischen dem Cloud Act und der DSGVO um ein und dasselbe Rechtsgut des betroffenen Unternehmens, nämlich das Vermögen im Sinne einer geldwerten Bilanzposition, einerseits eine Geldstrafe wegen Verstoßes gegen 18 U.S.C. §§ 2703, 2713 zu erhalten, andererseits Gefahr der Verhängung einer Geldbuße nach Maßgabe der DSGVO zu laufen. Die Besonderheit in der vorliegenden Konstellation besteht aber darin, dass es sich um eine Interessenkollision handelt, bei der sich mehrere unterschiedliche Interessen gegenüberstehen. Diese Interessen betreffen einerseits den Bereich ein und desselben Rechtsgutträgers, nämlich das mit der Offenlegungspflicht adressierte Unternehmen. Andererseits werden aber auch Interessen anderweitiger Rechtsgutträger tangiert. So beeinträchtigt die Offenlegung personenbezogener Daten nicht nur das Unternehmen, das Adressat der Offenlegungspflicht ist. Vielmehr sind darüber hinaus auch die Grundrechte nach Art. 8 Abs. 1 GrCH und Art. 2 Abs. 1 i. V. m. Art. 1 Abs. 1 GG und damit die geschützten Rechtsgüter der informationellen Selbstbestimmung und des Schutzes personenbezogener Daten desjenigen betroffen, dessen Daten offengelegt werden sollen. Wenngleich im Falle der Interessenkollision, bei der sich mehrere unterschiedliche Interessen gegenüberstehen, teilweise abstrakt auf den (vorrangigen) Rechtfertigungstatbestand der Einwilligung verwiesen wird,[621] erweist sich dieser in der hier vorliegenden Konstellation als ungeeignet. Dies liegt zum einen daran, dass ein kollektiver Bezug der geschützten Rechtsgüter besteht. Bei Vorliegen überindividueller Schutzinteressen wie den Datenschutz kann die Einwilligung ihre unrechtsausschließende Wirkung daher nicht entfalten. Zum anderen wird dem Erfordernis der Einwilligung bereits auf Tatbestandsebene in Art. 6 Abs. 1 Satz 1 lit. a DSGVO und Art. 49 Abs. 1 Satz 1 lit. a DSGVO Rechnung getragen.

(a) Gegenüberstehende Erhaltungs- und Eingriffsgüter

Aufgrund der Fülle der sich gegenüberstehenden Interessen im Falle der Offenlegungspflicht eines deutschen Unternehmens gegenüber einer US-amerikanischen

---

Momsen/Savic, in: BeckOK, StGB, § 34 Rn. 9, der die Abwägung in zwei Stufen unterteilt, letztlich aber auch unmittelbar und mittelbar verbundene Interessen der Betroffenen mitberücksichtigt; *Zieschang*, in: LK-StGB, § 34 Rn. 55.

621 Vgl. *Erb*, in: MüKo StGB, § 34 Rn. 121; *Engländer*, in: Matt/Renzikowski, StGB, § 34 Rn. 21.

Behörde ist bereits klärungsbedürftig, welches Interesse das adressierte Unternehmen für die Verletzung des Rechtsguts von Art. 6, 44 DSGVO als notstandsfähiges Erhaltungsgut anführen kann.

Bei einer rechtlichen Verpflichtung ist wohl nicht allgemein auf eine Gefahr für die Willensentschließungsfreiheit des Adressaten abzustellen, denn dem Unternehmen steht nach wie vor offen, der Verpflichtung nachzukommen oder eben nicht. Allerdings stellt die mit einer Zuwiderhandlung verbundene Gefahr einer Geldstrafe wegen Verstoßes gegen 18 U.S.C. §§ 2703, 2713 eine Vermögenswerte Position dar, die über Notstandsgesichtspunkte grundsätzlich gerechtfertigt sein kann.[622] Darüber hinaus werden auch die Mitarbeiter des Unternehmens, insbesondere deren Geschäftsleiter, regelmäßig ein nachvollziehbares Interesse daran haben, für unternehmensbezogene Entscheidungen nicht zur Verantwortung gezogen zu werden. Fraglich ist in dem Zusammenhang, ob neben den Interessen des betroffenen Unternehmens auch solche der US-Behörde in die Abwägung miteinzubeziehen sind, zu deren Gunsten die Datenübermittlung erfolgt. Dem Wortlaut des § 16 Satz 1 OWiG muss das bedrohte Gut nicht dem Eingreifenden, sondern kann auch einem anderen zustehen, was allgemein unter dem Begriff der Notstandshilfe bekannt ist.[623] Intention der Datenoffenlegungspflicht aufgrund des Cloud Act ist der rechtzeitige Zugang zu den elektronischen Daten von Kommunikationsdiensteanbietern, der als wesentlicher Bestandteil der staatlichen Bemühungen zum Schutz der öffentlichen Sicherheit und zur Bekämpfung schwerer Kriminalität, einschließlich des Terrorismus, verstanden wird.[624] Auf Seiten des Eingriffsguts sind die Wertungen der DSGVO des durch Art. 8 Abs. 1 GrCH und Art. 2 Abs. 1 i. V. m. Art. 1 Abs. 1 GG geschützten Rechts auf Schutz personenbezogener Daten zu berücksichtigen. Die Datenübermittlung stellt regelmäßig eine Verletzung dieses Grundrechts des Einzelnen dar, dessen Daten betroffen sind. Zudem kommt dem Datenschutz als überindividuelles Schutzinteresse eine besondere Stellung zu, die es im Rahmen einer Interessenabwägung zu berücksichtigen gilt.

Inwieweit die angesprochenen Erhaltungsinteressen die Eingriffsgüter wesentlich überwiegen können, bestimmt sich anhand der anerkannten Bewertungsgesichtspunkte zur Interessenabwägung. Dabei sind der Grad der drohenden Gefahr, die Größe des drohenden Schadens sowie die Schutzwürdigkeit der Rechtsgüter entscheidend.

(b) Grad der drohenden Gefahr

Der Grad der Gefahr meint die Wahrscheinlichkeit des Schadenseintritts bzw. die Nähe der drohenden Beeinträchtigung für den Fall der Notstandshandlung für das

622 Vgl. Viertel Teil, A. II. 4. b) cc).

623 *Rengier*, in: KK-OWiG, § 16 Rn. 8.

624 Vgl. Cloud Act Sec. 102, S. 2201.

Eingriffsgut bzw. bei deren Unterlassung für das Erhaltungsgut.[625] Je wahrscheinlicher der Schadenseintritt, desto höher ist die Gewichtung des betroffenen Rechtsguts. Eine Rechtfertigung der Notstandshandlung kommt insbesondere dann in Betracht, wenn sich eine konkrete Gefährdung des Erhaltungsguts und eine abstrakte Gefährdung des Eingriffsguts gegenüberstehen.[626] Die Besonderheit des eingangs geschilderten hypothetischen Beispielfalles besteht darin, dass für das Erhaltungsgut des Unternehmens einerseits, sowie für das Eingriffsinteresse andererseits eine konkrete Gefahr in gleichem Maße besteht. Liegt auf beiden Seiten eine konkrete Gefahr vor, ist die Bejahung der Rechtswidrigkeit nahe.[627]

(c) Größe des drohenden Schadens

Ein weiterer Aspekt in der Interessenabwägung ist die Größe des drohenden Schadens. Ausschlaggebend sind im Einzelnen die Konkretheit des Schadenseintritts sowie die Größe von Personen-, Sach- und Vermögensschäden.[628] Insoweit ist relevant, in welcher Höhe Geldstrafen bzw. Geldbußen das Unternehmen im Falle einer Zuwiderhandlung bzw. eines Verstoßes treffen. Dies bedarf einer Bewertung im Einzelfall.

(d) Schutzwürdigkeit der Rechtsgüter

Sind neben den Rechtsgütern unterschiedlicher Rechtsgutträger wiederum verschiedenartige Rechtsgüter betroffen, bestehen erhebliche Wertungsprobleme. Dabei ist neben dem Gewicht der Beeinträchtigung für den jeweils Betroffenen die Schutzwürdigkeit der Eingriffsgüter zu berücksichtigen.[629] So ist die Schutzwürdigkeit z. B. stark herabgesetzt, wenn die Notstandsgefahr in zurechenbarer Weise verursacht oder mitverursacht wurde.

(3) Ergebnis der Interessenabwägung

Im Ergebnis besteht ein Wertungskonflikt im Falle einer Offenlegungspflicht deutscher Unternehmen gegenüber der US-Behörde, der sich im Rahmen der Interessenabwägung widerspiegelt. Das Konzept der DSGVO intendiert den Schutz personenbezogener Daten. Darüber hinaus erstreckt sich nach dem Willen des Gesetzgebers der Schutzbereich der DSGVO über die EU hinaus auch auf den internationalen Wettbewerb. So stellt die DSGVO etwa den Versuch der EU dar, die globale Digitalisierung mitzugestalten und dabei die hohen europäischen Standards

---

625 *Momsen/Savic*, in: BeckOK, StGB, § 34 Rn. 11.

626 *Rengier*, in: KK-OWiG, § 16 Rn. 30.

627 *Rengier*, in: KK-OWiG, § 16 Rn. 30.

628 Vgl. hierzu OLG Köln, Beschluss vom 12.12.1978, VRS 57, 143; BayObLG, Beschluss vom 26.5.1978 – 3 Ob OWi 38/78, NJW 1978, 2046; *Rengier*, in: KK-OWiG, § 16 Rn. 37.

629 *Erb*, in: MüKo StGB, § 34 Rn. 130.

auch im internationalen Wettbewerb durchzusetzen.[630] Der daraus resultierende Schutz würde nahezu gänzlich unterlaufen, wenn sich das der DSGVO unterliegende Unternehmen auf eine Rechtfertigung nach dem rechtfertigenden Notstand gemäß § 16 OWiG berufen könnte. Nicht zuletzt deshalb wird auch im allgemeinen Wirtschaftsstrafrecht eine Rechtfertigung nach den §§ 34 StGB, 16 OWiG mit der Begründung abgelehnt, dass dies die Rechtsordnung erheblich erschüttern würde.[631] Grundsätzlich wird in diesem Fall davon ausgegangen, dass jedenfalls die gesetzesadäquaten Risiken und Einschränkungen, die bei der Verfolgung des Gesetzeszwecks eintreten können, von dem Betroffenen hinzunehmen sind, weil der Gesetzgeber insoweit die gesamtgesellschaftlichen Interessen als schutzwürdiger erachtet und ihnen den Vorrang eingeräumt hat.[632] Insoweit ist jedoch auch anerkannt, dass sich dann Ausnahmen ergeben können, wenn es sich um außergewöhnliche, vom Gesetzgeber nicht einkalkulierte Gefahren handelt.[633] Ausgehend von diesem Grundgedanken ist im vorliegenden Fall ein wesentliches Überwiegen der wirtschaftlichen Interessen des Unternehmens zu verneinen. Der Vorrang des Europäischen Datenschutzrechts wird insbesondere durch die neue Regelung des Art. 48 DSGVO deutlich.[634] Dass sich der Gesetzgeber dieser Problematik bewusst war, lässt auch ErwGr 115 erkennen, der konstatiert, dass die Anwendung von der von Drittländern erlassenen Gesetze oder Rechtsakte gegen internationales Recht verstoßen und dem durch die DSGVO gewährleisteten Schutz natürlicher Personen zuwiderlaufen kann.[635] Die im Rahmen der Notstandsdogmatik anerkannten Bewertungsgesichtspunkte im Rahmen der Interessenabwägung, namentlich der Grad der drohenden Gefahr, die Größe des drohenden Schadens und die Schutzwürdigkeit der einzelnen Rechtsgüter mögen dieses von der DSGVO ausgehende Schutzbelang nicht zu relativieren. Aus Sicht des deutschen Straf- und Ordnungswidrigkeitenrechts wird das im Ausland geschützte Rechtsgut sowie das Vermögenserhaltungsinteresse des Unternehmens daher zumindest nicht den gleichen Wert haben und insoweit geringwertiger erscheinen.[636] Aufgrund dieser

---

630 *Selmayr/Ehmann*, in: Ehmann/Selmayr, Datenschutz-Grundverordnung, Einf. Rn. 24; *Selmayr*, ZD 2018, 197.

631 *Dannecker/Bülte*, in: Wabnitz/Janovsky/Schmidt, Hdb. Wirtschaftsstrafrecht, Kap. 1 Rn. 38b.

632 Vgl. zu solchen gesetzgeberischen Vorwegentscheidungen im wirtschaftlichen Kontext auch *Perron*, in: Schönke/Schröder, § 34 Rn. 35.

633 *Tiedemann*, Wirtschaftsstrafrecht, 2017, Rn. 369; gängige Beispielfälle sind Maßnahmen zum Schutz der Wirtschaft, des Umwelt- und Arbeitsschutzes etc.

634 Erster Teil, B. V. 2. g).

635 ErwGr 115 Satz 3.

636 In diese Richtung auch *Pelz*, CCZ 2013, 234, 239; *Spindler*, in: MüKo AktG, § 93 Rn. 105; *Werkmeister/Mirza-Khanian*, CCZ 2016, 98, 99.

Erwägungen ist im Ergebnis eine Rechtfertigung nach dem rechtfertigenden Notstand gemäß § 16 OWiG grundsätzlich zu verneinen.

c) Ergebnis der Rechtfertigung

Die Untersuchung zur Rechtfertigung der Ordnungswidrigkeit zeigt, dass im Falle einer Offenlegungspflicht auf Grundlage des Cloud Act weder eine Rechtfertigung des Ordnungswidrigkeitentatbestands gemäß § 16 OWiG noch die rechtfertigende Pflichtenkollision geeignet sind, den Widerspruch aufzulösen. Der rechtfertigende Notstand gemäß § 16 OWiG scheitert regelmäßig an der erforderlichen Interessenabwägung, die zugunsten des Datenschutzes als überindividuelles Interesse und des auf nationaler und europäischer Ebene verankerten Grundrechts der betroffenen Person zu entscheiden sein wird, dessen Daten offengelegt werden sollen. Die rechtfertigende Pflichtenkollision vermag den Widerspruch aufgrund fehlender Anwendbarkeit ebenfalls nicht zu rechtfertigen. Es wurde herausgearbeitet, dass eine solche stets die Gegenüberstellung zweier Handlungspflichten voraussetzt. Im Falle der von der DSGVO auferlegten Pflicht handelt es sich allerdings um eine Unterlassungspflicht, die Daten nicht weiterzugeben.

5. Vorwerfbarkeit der Ordnungswidrigkeit

Der in den §§ 1, 11 Abs. 2 und § 12 OWiG verwendete Begriff der Vorwerfbarkeit ist mit dem strafrechtlichen Terminus der Schuld gleichzusetzen.[637] Anders als bei dem Begriff der Schuld, mit dem eine sozialethische Missbilligung einhergeht, besteht der Vorwurf eines bloßen Ordnungsverstoßes darin, zurechenbar nicht korrekt gehandelt zu haben. Die Vorwerfbarkeit ist insbesondere ausgeschlossen, wenn ein sog. Entschuldigungsgrund besteht. Dabei sind die im Strafrecht anerkannten Entschuldigungsgründe auch im Ordnungswidrigkeitenrecht beachtlich.[638]

a) Entschuldigender Notstand

So wird teilweise auch im Ordnungswidrigkeitenrecht auf den entschuldigenden Notstand als möglichen Entschuldigungsgrund zurückgegriffen. Dennoch geht eine entsprechend verbreitete Ansicht davon aus, dass es den entschuldigenden Notstand im OWiG nicht gibt.[639] Unabhängig davon, setzt dieser jedoch eine Gefahr für Leib, Leben oder Freiheit voraus, deren Beeinträchtigung im Falle einer Offenlegungspflicht personenbezogener Daten nicht gefährdet ist. Der entschuldigende

---

637 *Göhler*, in: Göhler, Vor § 1 Rn. 30; *Rengier*, in: KK-OWiG, Vorbm. zu §§ 15, 16 Rn. 54.

638 *Mitsch*, in: KK-OWiG, Einl. Rn. 170.

639 KG, Beschluss vom 7.1.1998 – 2 Ss 322/97 – 3 Ws (b) 691/97, BeckRS 1998, 15295; *Coen*, BeckOK, OWiG, § 16 Rn. 87 m. w. N.; *Rengier*, in: KK-OWiG, Vorbm. zu §§ 15, 16 Rn. 58 m. w. N.

Notstand wird daher, unabhängig von seiner Anerkennung, bereits am Vorliegen einer Gefahr für ein notstandsfähiges Rechtsgut scheitern.

b) Unzumutbarkeit normgemäßen Verhaltens

Neben den klassischen Entschuldigungsgründen wird oftmals auch der Gedanke der Zumutbarkeit als Entschuldigungsgrund erwogen. Bei dem Begriff der Unzumutbarkeit normgemäßen Verhaltens handelt es sich keineswegs um einen inhaltlich bestimmten und hinreichend präzisierten normativen Begriff.[640] Nicht zuletzt deshalb bestehen zahlreiche Monographien, die sich mit der Semantik des Begriffs auseinandersetzen.[641] Unter dem Sammelbegriff der Unzumutbarkeit werden Situationen erfasst, in welchen vom Täter billigerweise nicht verlangt werden konnte, sich rechtmäßig zu verhalten.[642] Diesen Situationen ist stets immanent, dass sich der Täter in einer Pflichtenkollision befindet, ein Rechtsgut auf Kosten des anderen Rechtsgutes zu retten. Das inhaltsleere, formale Regulationsprinzip der Unzumutbarkeit[643] erlangt insbesondere im Bereich der Fahrlässigkeits- und Unterlassungsdelikte an Bedeutung und wird je nach dem beigegebenen inhaltlichen Bezug sowohl für die Schuld als auch für das Unrecht angewendet.[644] Darüber hinaus wird die Unzumutbarkeit normgemäßen Verhaltens jedoch auch bei vorsätzlichen positiven Zuwiderhandlungen in Betracht gezogen.[645] Es liegt daher nicht fern, die Unzumutbarkeit normgemäßen Verhaltens in der Pflichtenkollision eines Unternehmens zu erwägen, das sich einerseits einer Offenlegungspflicht gegenüber einer US-Behörde, andererseits einer Verletzung der DSGVO auseinandergesetzt sieht. Auch hier steht das rechtliche Interesse, der Offenlegungspflicht nachzukommen und somit keine Geldstrafe nach US-Recht zu riskieren, dem Interesse Dritter an dem Schutz personenbezogener Daten und dem Eigeninteresse gegenüber, nicht mit einem Bußgeld nach der DSGVO belangt zu werden.

Kann einer Handlungspflicht allerdings nur um den Preis entsprochen werden, dass eine Unterlassungspflicht verletzt wird, sind allgemeine

640 Zutreffend, *Henkel*, in: FS Mezger, 1954, S. 249 ff. und passim, der die Zumutbarkeit als tautologische Formel beschreibt; ebenso *Moos*, ZStW 116 (2004), 891,913.

641 *Momsen*, Die Zumutbarkeit als Begrenzung strafrechtlicher Pflichten, 2006, S. 1 ff.; *Wortmann*, Inhalt und Bedeutung der „Unzumutbarkeit normgemäßen Verhaltens" im Strafrecht, 2002, S. 1 ff.

642 Ausführlich zum Begriff der Unzumutbarkeit *Bechtel*, Schuldausschließungsgründe bei Täterschaft und Teilnahme, 2019, S. 48; vgl. auch *Stratenwerth/Kuhlen*, AT, § 10 Rn. 96,97.

643 *Duttge*, in: MüKo StGB, § 15 Rn. 209 m. w. N.; *Henkel*, in: FS Mezger, 1954, S. 303; *Moos, ZStW 116 (2004), 891, 913*; *Rönnau*, in: LK-StGB, Vor § 32 Rn. 322 ff.; *Roxin*, Strafrecht AT I, § 22 Rn. 145; *ders.*, in: FS Henkel, 1974, S. 173.

644 Ausführlich hierzu *Moos*, ZStW 116 (2004), 891, 911 ff.

645 *Rengier*, in: KK-OWiG, Vorbm. zu den §§ 15,16 Rn. 63.

Unzumutbarkeitserwägungen verfehlt.[646] Im Falle gesetzlicher Pflichten wird das Rechtsinstitut der Unzumutbarkeit einer Kollision von gesetzlich normierten Pflichten nicht gerecht, da diese nicht durch außergewöhnliche Umstände gekennzeichnet sind. Dahinter steht eine Abwägung widerstreitender Interessen zwischen dem bedrohten Rechtsgut auf der einen und den rechtlich schutzwürdigen Belangen auf der anderen Seite.[647] So ist auch hier kein überwiegendes Interesse der US-amerikanischen Strafverfolgung anzunehmen.[648] Jedenfalls stellt es keinen außergewöhnlichen Umstand dar, aufgrund einer Offenlegungspflicht einer US-amerikanischen Behörde Daten in die USA zu übermitteln und damit in Widerspruch zu nationalen Datenschutzbestimmungen der DSGVO zu geraten. In diesem Fall geht es vielmehr um die Abwägung widerstreitender Interessen und damit um ein Notstandsprinzip.

6. Rechtsfolgen der Ordnungswidrigkeit

a) Korrekturmöglichkeiten im Bußgeldverfahren

Vielfach wird erwogen, der faktischen Zwangslage im Rahmen des Bußgeldverfahrens Rechnung zu tragen.[649] Neben der Nichteinleitung des Verfahrens oder einer späteren Einstellung des Verfahrens bietet sich eine Berücksichtigung im Rahmen der Zumessung der Geldbuße an. Inwieweit diese Möglichkeiten in Betracht kommen, soll im Folgenden näher untersucht werden.

aa) Nichteinleitung bzw. Einstellung des Verfahrens

Bevor auf die Einstellung des Verfahrens näher eingegangen wird, stellt sich die Frage, inwieweit die Aufsichtsbehörde überhaupt verpflichtet ist, ein Ordnungswidrigkeitenverfahren einzuleiten. Ein Ausweg für den Geschäftsleiter aus dem Dilemma könnte sich indes aus der Nichteinleitung des Verfahrens gemäß § 47 OWiG ergeben. Demnach obliegt es der Behörde, nach pflichtgemäßem Ermessen über die Verfolgung einer Ordnungswidrigkeit zu entscheiden. Anders als bei der Strafverfolgung, bei der die Staatsanwaltschaft nach dem Legalitätsprinzip gemäß §§ 152 Abs. 2, 170 Abs. 1 StPO verpflichtet ist, bei Vorliegen eines Anfangsverdachts Ermittlungen durchzuführen und ggf. Anklage zu erheben, gilt dies im Ordnungswidrigkeitsverfahren nicht. Vielmehr stellt das dort geltende Opportunitätsprinzip gemäß § 47 OWiG die Verfolgung einer Ordnungswidrigkeit in das Ermessen der zuständigen Behörde. Eine Verpflichtung, bei Anhaltspunkten für die Begehung einer Ordnungswidrigkeit stets Ermittlungen anzustellen und ggf.

646 *Späth*, Rechtfertigungsgründe im Wirtschaftsstrafrecht, 2017, S. 224.

647 *Duttge*, in: MüKo StGB, § 15 Rn. 208.

648 Zur Gegenüberstellung der Interessen Viertel Teil, A. II. 4. b) cc)(2).

649 So etwa *Spindler*, in: MüKo AktG, § 93 Rn. 105; *Werkmeister/Mirza-Khanian*, CCZ 2016, 98, 99.

ein Bußgeldverfahren einzuleiten, besteht gerade nicht.[650] Nach § 47 OWiG können sowohl die Verfolgungsbehörden (§ 47 Abs. 1 Satz 2 OWiG) als auch, in einem späteren Stadium, das mit der Sache befasste Gericht (§ 47 Abs. 2 Satz 1 OWiG), das Ordnungswidrigkeitenverfahren einstellen.[651]

(1) Pflichtgemäßes Ermessen der zuständigen Behörde

Obwohl § 47 OWiG die Verfolgung in das pflichtgemäße Ermessen der zuständigen Behörde stellt, wird teilweise unter Verweis auf den Wortlaut der Art. 83 Abs. 2, 4, 5 und 6 DSGVO, wonach Geldbußen verhängt werden, und ErwGr 148 Satz 1, wonach diese verhängt werden sollten, eine Verpflichtung zur Verhängung eines Bußgeldes bei Erfüllung eines Bußgeldtatbestandes herausgelesen.[652] Zur Begründung wird oftmals die Gesetzeshistorie angeführt, wonach der Vorschlag des Rates sich im Gesetzgebungsverfahren der DSGVO nicht durchsetzen konnte, den Aufsichtsbehörden mit dem Wortlaut „kann" ein Entschließungsermessen über das „Ob" des Tätigwerdens zuzubilligen.[653] Der Aufsichtsbehörde soll dabei kein Ermessen zukommen, ob sie Geldbußen verhängt oder nicht. Gegen diese Ansicht spricht zunächst, dass es nach dem Wortlaut des Art. 58 Abs. 2 lit. i DSGVO der Aufsichtsbehörde obliegt, neben geeigneten Maßnahmen oder an Stelle solcher Maßnahmen eine Geldbuße zu verhängen. Insoweit ist fraglich, inwieweit die sprachliche Präzision des Art. 83 DSGVO herangezogen werden kann. Ein Blick auf die englische Fassung von Art. 83 Abs. 1 Satz 1 DSGVO (*shall be imposed*) bestätigt diese Zweifel. Hätte mit sprachlicher Präzision ein Legalitätsprinzip verdeutlichen werden sollen, wäre dem eine Formulierung wie *„are imposed"* deutlich gerechter geworden.[654] Der in Art. 83 Abs. 1 DSGVO enthaltene Verhältnismäßigkeitsgrundsatz spricht vielmehr für die Annahme eines Entschließungsermessens.[655] So sieht Art. 83 Abs. 2 DGSVO zudem vor, dass die Verhängung einer Geldbuße unter Berücksichtigung aller Umstände des Einzelfalls zu erfolgen hat. Auch ErwGr 148, wonach Geldbußen verhängt werden sollten, sieht in ErwGr 148 Satz 2 vor, dass im Falle eines geringfügigen Verstoßes oder einer unverhältnismäßigen Belastung anstelle der Geldbuße eine Verwarnung erteilt werden kann. Die zwingende Annahme einer Geldbuße hätte darüber hinaus zwangsläufig eine fehlende

---

650 *Seitz/Bauer*, in: Göhler, § 47, Rn. 1.

651 *Mitsch*, in: KK-OWiG, § 47 Rn. 2.

652 *Albrecht*, CR 2016, 88, 96; *Bergt*, in: Kühling/Buchner, DS-GVO BDSG, Art. 83 Rn. 30 f.; § 41 Rn. 16; *ders.*, DuD 2017, 555, 556 ff.; vgl. auch *Nemitz*, in: Ehmann/Selmayr, Datenschutz-Grundverordnung, Art. 83 Rn. 14, der von einer Ermessensreduzierung auf null ausgeht.

653 Vgl. *Bergt*, in: Kühling/Buchner, DS-GVO BDSG, Art. 83 Rn. 8; *Neun/Lubitzsch*, BB 2017, 1538, 1542.

654 *Neun/Lubitzsch*, BB 2017, 1538, 1542.

655 So auch *Grünwald/Hackl*, ZD 2017, 556, 557.

Anwendbarkeit des § 47 OWiG zur Folge haben müssen, wozu der Gesetzgeber sich jedoch nicht entschieden hat.[656] Im Gegenteil spricht sich dieser in § 41 Abs. 1 Satz 2 BDSG nur für die Nichtanwendbarkeit von §§ 17, 35 und § 36 OWiG aus. Daraus kann indes geschlossen werden, dass der Gesetzgeber sich durchaus mit der Nichtanwendbarkeit der Vorschriften des OWiG auseinandergesetzt hat und von einer Ausklammerung des § 47 OWiG bewusst abgesehen hat. Mit der vorherrschenden Ansicht[657] einhergehend, ist daher von einem Verfolgungsermessen der Aufsichtsbehörde auszugehen. Inwieweit die Behörde das ihr zugestandene Ermessen nutzen kann, um von der Verfolgung der Ordnungswidrigkeit abzusehen, bemisst sich maßgeblich nach dem Verständnis des pflichtgemäßen Ermessens in § 47 Abs. 1 Satz 1 OWiG. Der Begriff des pflichtgemäßen Ermessens wird im OWiG nicht näher definiert. Rechtsprechung und Literatur messen dem Begriff ausschließenden Charakter bei.[658] So sind unsachliche oder sachfremde Erwägungen, die willkürlichen Charakter haben, nicht pflichtgemäß.[659] Zur näheren Konkretisierung des Begriffs werden zudem die Kriterien der strafprozessualen Einstellung nach den §§ 153 ff. StPO hinzugezogen.[660] Insofern können die geringe Schuld und fehlendes öffentliche Interesse,[661] erheblich eigene Belastung des Täters durch die Ordnungswidrigkeit,[662] Auslandsbezug von Tat oder Täter[663] oder ein gesamtstaatliches Interesse[664] berücksichtigt werden. Eine geringe Schuld wird im Falle des Widerspruchs zwischen dem Cloud Act und der DSGVO regelmäßig nicht anzunehmen sein, da der Verletzung der sich gegenüberstehenden Pflichten eine vom Geschäftsleiter planmäßig und vorsätzlich getroffene Entscheidung zugrunde liegt. Wenngleich die Belastung des Unternehmens durch die Ordnungswidrigkeit durchaus erheblich sein kann und auch ein Auslandsbezug gegeben ist, wird das

---

656 *Frenzel*, in: Paal/Pauly, DS-GVO BDSG, § 41 Rn. 7.

657 Statt vieler *Artikel-29-Datenschutzgruppe*, Leitlinien für die Anwendung und Festsetzung von Geldbußen im Sinne der Verordnung (EU) 2016/679, 3.10.2017, WP 253, S. 7; *Born*, in: Specht/Mantz, DatenschutzR-HdB, § 8 Rn. 46 ff.; *Brodowski/Nowak*, in: BeckOK, Datenschutzrecht, § 41 Rn. 41 m. w. N.; *Eichler*, in: BeckOK, Datenschutzrecht, Art. 58 Rn. 32; *Frenzel*, in: Paal/Pauly, DS-GVO BDSG, Art. 83 Rn. 10 ff.; *Golla*, CR 2018, 353; *Holländer*, in: BeckOK, Datenschutzrecht, Art. 83 Rn. 26 f.; *Neun/Lubitzsch*, BB 2017, 1538, 1542; *Wolff*, in: Schantz/Wolff, DatenschutzR, Rn. 1126.

658 *Bohnert*, in: KK-OWiG, § 47 Rn. 18.

659 *Seitz/Bauer*, in: Göhler, § 47 OWiG, Rn. 7, 8.

660 *Bohnert/Krenberger/Krumm*, OWiG, § 47 Rn. 5; *Mitsch*, in: KK-OWiG, § 47 Rn. 110.

661 Vgl. § 153 StPO; kritisch hierzu Hanack, in: FS Gallas, 1973, S. 347 allerdings mit überholter Begründung.

662 *Bohnert/Krenberger/Krumm*, OWiG, § 47 Rn. 5.

663 *Bohnert/Krenberger/Krumm*, OWiG, § 47 Rn. 5.

664 Entsprechend dem Rechtsgedanken des § 153d Abs. 1 StPO; vgl. *Mitsch*, in: KK-OWiG, § 47 Rn. 118.

Interesse am Schutz personenbezogener Daten regelmäßig stärker zu gewichten sein. So wird aufgrund des schwerwiegenden Grundrechtseingriffs regelmäßig ein öffentliches Interesse an der Verfolgung zu bejahen sein. Ein Datenaustausch mit einem Drittland hat regelmäßig die Verletzung des Schutzes personenbezogener Daten und damit die Verletzung des Schutzes von Individualrechtsgüter zur Folge. Letztlich würde dieser Schutz und damit das Schutzkonzept der DSGVO gänzlich untergraben, würde den wirtschaftlichen Folgen einer Datenweitergabe die größere Relevanz zugesprochen werden. Zwar ist nicht ausgeschlossen, dass eine einzelfallbezogene Betrachtung eine andere Beurteilung rechtfertigen kann, bei der die Sensitivität der betreffenden Daten und der konkrete Umgang mit den Daten zu berücksichtigen sind, insbesondere wenn die Eingriffsintensität für den Betroffenen gemindert ist.[665] Jedoch wird den ausländischen Rechtsvorschriften sowie den daraus folgenden wirtschaftlichen Konsequenzen für das Unternehmen regelmäßig ein geringeres Gewicht zukommen. Andererseits hieße dies, dass die datenschutzrechtlichen Pflichten im Falle der Kollision mit ausländischen Pflichten für das betroffene Unternehmen und den Geschäftsleiter praktisch leerliefen, was im diametralen Widerspruch zu den von der EU-Kommission formulierten Zielen steht.

(2) Zwischenergebnis

Das Prinzip der Gewaltenteilung gebietet es, dass sich die Exekutive nicht über legislative Entscheidungen hinwegsetzen darf. Nicht zuletzt deshalb stellt die Verhängung der Geldbuße den Regelfall dar, wenngleich die Verhängung im pflichtgemäßen Ermessen der zuständigen Behörde steht. So wird zu Recht wenig Spielraum gesehen, bei nennenswerten Verstößen keine Bußgelder zu verhängen.[666] Schließlich sei es ein deutlich formuliertes Ziel der EU-Kommission gewesen, mit der DSGVO die Durchsetzung des Datenschutzrechts zu verbessern. Bußgelder seien dafür ein zentrales Mittel.[667] Die besseren Gründe sprechen somit gegen die Möglichkeit einer prinzipiellen Anwendung des § 47 OWiG und verdeutlichen, dass die Nichteinleitung des Verfahrens nach § 47 Abs. 1 OWiG kein geeignetes Mittel zur Auflösung der aufgezeigten Zwangslage darstellt.

bb) Zumessung der Geldbuße

Kommt eine Einstellung des Verfahrens nicht in Betracht, könnte eine Berücksichtigung der faktischen Zwangslage bei der Bemessung einer etwaigen Geldbuße erwogen werden. Gemäß § 17 Abs. 3 Satz 1 OWiG müssen die Bedeutung der Ordnungswidrigkeit und der den Täter treffende Vorwurf in die Bußgeldbemessung

---

665 So *Werkmeister/Mirza-Khanian*, CCZ 2016, 98, 100.

666 *Zimmer-Helfrich*, ZD 2020, 3.

667 *Zimmer-Helfrich*, ZD 2020, 3.

einfließen. Allerdings bestimmt § 41 BDSG, der die Vorschriften des Gesetzes über Ordnungswidrigkeiten sinngemäß für anwendbar erklärt, in § 41 Abs. 1 Satz 2 BDSG, dass § 17 OWiG keine Anwendung findet. Die Bußgeldbemessung für ein Verstoß gegen die DSGVO richtet sich demnach ausschließlich nach dem entwickelten Konzept der DSK. Dieses orientiert sich maßgeblich am Umsatz des Unternehmens und sieht keine Einschränkungen in Fällen eines Konfliktfalles vor. Zwar steht der zuständigen Behörde bei Zumessung der Geldbuße dennoch ein gewisser Ermessensspielraum zu. Allerdings handelt es sich dabei um keine verlässliche Lösung, die geeignet ist, den Widerspruch zwischen dem Cloud Act und der DSGVO aufzulösen. Vielmehr mindert sie lediglich die rechtlichen Konsequenzen.

b) Zusammenfassung

Den hier aufgeführten Korrekturmöglichkeiten im Bußgeldverfahren ist immanent, dass sie regelmäßig mit dem Schutzkonzept der DSGVO kollidieren. Der Gesetzgeber hat sich mit den Regelungen in Art. 44 ff. DSGVO bewusst mit der Datenübermittlung in ein Drittland auseinandergesetzt und der DSGVO den Vorrang gegenüber ausländischen Regelungen eingeräumt. Eine Korrekturmöglichkeit im Bußgeldverfahren würde etwaige Verstöße gegen die DSGVO folgenlos lassen und damit die Zielsetzung der DSGVO unterlaufen. Das dies nicht der Intention des Gesetzgebers bei Schaffung der DSGVO entsprach, liegt auf der Hand. Darüber hinaus bestehen erhebliche Rechtsunsicherheiten für die betroffenen Unternehmen, würden sie auf die Möglichkeit einer etwaigen Einstellung im Rahmen des Bußgeldverfahrens oder auf die Hoffnung eines geringeren Bußgeldes verwiesen werden. Das Ziel, den Datenschutzbehörden eine einheitliche Methode für eine systematische, transparente und nachvollziehbare Bemessung von Geldbußen zur Verfügung zu stellen,[668] wäre damit verfehlt.

7. Konfliktvermeidende Auswirkungen eines Durchführungsabkommens

Eine Auflösung des Widerspruchs im Außenverhältnis könnte in dem Abschluss eines nach dem Cloud Act vorgesehenen Durchführungsabkommens liegen. Der Abschluss eines solchen Durchführungsabkommens ist derzeit jedoch nicht absehbar. Dies liegt zum einen an der fehlenden Bereitschaft beider Seiten ein solches Abkommen zu schließen. Zum anderen stellt es sich als durchaus herausfordernd dar, das doch sehr weit auseinanderliegende Verständnis beider Länder von einem hinreichenden Datenschutzniveau miteinander in Einklang zu bringen. Ob es tatsächlich zum Abschluss eines solchen Durchführungsabkommens kommt, bleibt abzuwarten. Allerdings wird selbst dieses nicht geeignet sein, den bestehenden Widerspruch zwischen dem Cloud Act und der DSGVO aufzulösen. Denn bereits

---

668 *Zimmer-Helfrich*, ZD 2020, 3, 4.

jetzt werden zu Recht Stimmen laut, die einem solchen Durchführungsabkommen den Charakter als Rechtshilfeabkommen i. S. d. Art. 48 DSGVO absprechen.[669] Akte der internationalen Rechtshilfe, wie z. B. Rechtshilfeabkommen, vollziehen sich nach Art. 1 Abs. 3 GG unter dem Dach der deutschen Grundrechte.[670] Denn jede Maßnahme der Unterstützung durch die deutsche öffentliche Gewalt im Rahmen der internationalen Rechtshilfe stellt sich als Grundrechtsbeeinträchtigung dar, wenn sie der Verkürzung von Grundrechtssubstanz Vorschub leistet.[671] Eine wesentliche Voraussetzung der internationalen Rechtshilfe ist dabei die Gegenseitigkeit, die regelmäßig gewahrt werden muss.[672] Zwar sieht der Cloud Act für das Zustandekommen eines Durchführungsabkommens mit anderen Ländern entsprechende Voraussetzungen und Kriterien vor. Allerdings gelten diese nur für den Partner des bilateralen Abkommens.[673] Die USA hingegen unterliegen keinen Anforderungen. Um als Rechtshilfeabkommen qualifiziert zu werden, müsste ein Durchführungsabkommen jedoch für beide Seiten präzise Vorgaben für die Übermittlung vorsehen, welche das durch die Grundfreiheiten vorgegebene Schutzniveau nicht untergräbt und selbst Ermächtigungsgrundlagen für die Übermittlung enthält. Zudem müsste das Abkommen über ausreichend Garantien für die Personen verfügen, deren personenbezogene Daten verarbeitet werden, die einen wirksamen Schutz der Daten vor Missbrauchsrisiken sowie vor jedem unberechtigten Zugang und jeder unberechtigten Nutzung ermöglichen. Ob es zum Abschluss eines Durchführungsabkommens zwischen Deutschland und den USA kommt und ob dieses Abkommen als Rechtshilfeabkommen zu qualifizieren ist, wird sich zeigen.

8. *Lösungsansätze zur Vermeidung des Widerspruchs im Außenverhältnis*

Schließlich stellt sich Frage, ob Möglichkeiten bestehen, den Widerspruch von vornherein zu vermeiden und damit eine Pflichtenkollision zu umgehen. Zwar handelt es sich dabei streng genommen nicht um einen Lösungsansatz zur Auflösung des Widerspruchs. Allerdings wäre eine Möglichkeit zur Vermeidung der Pflichtenkollision i. R. d. Sorgfaltspflicht des Geschäftsleiters im Innenverhältnis zu berücksichtigen. So kann dem Geschäftsleiter im Rahmen der Sorgfaltspflicht eine Pflichtverletzung vorgeworfen werden, wenn er die Sorgfalt eines ordentlichen und gewissenhaften Geschäftsleiters nicht eingehalten hat.[674]

---

669 So etwa *Lejeune*, ITRB 2018, 118 f.

670 *Herdegen*, in: Maunz Dürig, GG, Art. 1 Abs. 3 Rn. 97.

671 *Herdegen*, in: Maunz Dürig, GG, Art. 1 Abs. 3 Rn. 97.

672 *Hackner*, in: Wabnitz/Janovsky/Schmidt, Hdb. Wirtschaftsstrafrecht, Kap. 25 Rn.133.

673 Erster Teil, A. III. 3. d).

674 Näher hierzu Vierter Teil, B. I. 1 ff.

a) *Beschwerdeverfahren des Cloud Act*

Der Cloud Act sieht in 18 U.S.C. § 2703 (h) (2) (A) die Möglichkeit vor, sich gegen eine unberechtigte Offenlegungspflicht der US-Behörden zur Wehr zu setzen und unter bestimmten Umständen die Änderung oder Aufhebung einer entsprechenden gerichtlichen Anordnung bzw. Verwaltungsanweisung zu beantragen.[675] Für deutsche Unternehmen verspricht der vorgesehene Rechtsbehelf jedoch kaum Schutz. Nach 18 U.S.C. § 2703 (h) (2) (A) (ii) kann nur die Verletzung der Gesetze einer qualifizierten ausländischen Regierung geltend gemacht werden. Eine solche verlangt den Abschluss eines Durchführungsabkommens i. S. d. 18 U.S.C. § 2523 mit den USA. Ein solches Durchführungsabkommen wurde zwischen der deutschen und der US-amerikanischen Regierung bisher allerdings nicht abgeschlossen, wenngleich zum jetzigen Zeitpunkt nach wie vor Verhandlungen zwischen den USA und der EU laufen.[676] Betroffene Unternehmen können sich demzufolge nicht auf einen Verstoß auf sie anwendbarer deutscher Rechtsvorschriften wie die DSGVO gegenüber den US-Behörden berufen. Insoweit bleiben die Verhandlungen der EU-Kommission mit den US-Behörden abzuwarten. Die Bundesregierung selbst unternimmt derzeit keine eigenen Anstrengungen im Hinblick auf ein bilaterales Durchführungsabkommen zwischen der Bundesrepublik Deutschland und den USA.[677] Die Umsetzung bzw. das Inkrafttreten der Rechtsinstrumente der EU-Kommission oder eines Abkommens mit den USA sind zeitnah nicht zu erwarten.[678]

b) *Datentreuhandmodell*

Als möglicher Lösungsansatz einer Offenlegungsverpflichtung nach 18 U.S.C §§ 2703, 2713 zu entfliehen und damit den Widerspruch zwischen Cloud Act und DSGVO im Außenverhältnis zu vermeiden, kommt das Ausweichen auf eine Datentreuhandkonstruktion in Bezug auf die Speicherung persönlicher Daten in Betracht. Die Möglichkeit des Zugriffs von US-Behörden auf im Ausland belegene Daten hängt einerseits davon ab, ob der in Anspruch genommene Datenverantwortliche persönlich der US-Gerichtsbarkeit unterliegt und andererseits, ob die Daten seiner physischen oder faktischen Kontrolle zugänglich sind.[679] Das Datentreuhandmodell soll diese Voraussetzungen umgehen, indem es die Daten physisch ins Ausland verlagert und den der US-amerikanischen Jurisdiktion unterliegenden Datenverantwortlichen den Zugriff auf die gespeicherten Daten rechtlich und faktisch nahezu vollständig entzieht. Stattdessen wird die Verantwortung einem

---

675 Erster Teil, A. III. 3. c).

676 Erster Teil, A. III. 3. c) aa) (2)(b).

677 Ausführlich hierzu BT-Drucks. 19/3392, S. 6 f.

678 BT-Drucks. 65/20, S. 3.

679 Erster Teil, A. III. 2. und 3.

territorial extern belegenen und nicht der Jurisdiktion der US-Gerichte und Behörde unterliegenden Datentreuhänder übertragen. Das Datentreuhandmodell sieht vor, dass die Datenherrschaft einem Datentreuhänder überantwortet wird, der nicht der US-amerikanischen Jurisdiktion unterliegt und vom Cloud-Anbieter organisatorisch sowie rechtlich unabhängig ist. Die Unabhängigkeit wird durch Treuhandvereinbarungen abgesichert, die den Zugang zu Kundendaten auf die Person eines Treuhänders konzentrieren. Das Ziel einer solchen Datentreuhandstruktur ist der faktische Entzug des Zugriffs auf die Daten US-amerikanischer Jurisdiktion unterliegender Unternehmen. Mangels Besitz, Gewahrsam oder Kontrolle[680] über die Daten nach US-amerikanischem Verständnis sind diese Unternehmen, aber auch ihre Tochtergesellschaften nicht in der Lage, der Offenlegungsverpflichtung nach 18 U.S.C §§ 2703, 2713 zu entsprechen. Ein der US-amerikanischen Gerichtsbarkeit unterliegender Zugriffsberechtigter existiert nicht, sodass die Offenlegungsverpflichtung ins Leere läuft. Das Datentreuhandmodell dient damit der Wahrung datenschutzrechtlicher Vorschriften innerhalb Deutschlands.

Microsoft richtete Ende 2015 erstmals ein solches Datentreuhandmodell für seine Kunden ein und reagierte damit auf die erstinstanzliche Entscheidung in dem Rechtsstreit in Sachen Microsoft und die damit verbundenen Unsicherheiten.[681] Diese sog. Microsoft Cloud Deutschland sah vor, dass sämtliche Kundendaten und Systeme in zwei Rechenzentren auf dem Gebiet der Bundesrepublik Deutschland, in Magdeburg und in Frankfurt am Main, gespeichert sind und sich damit physisch in Deutschland befinden.[682] Eine Kontrolle der dort gespeicherten Daten erfolgte nicht von Microsoft oder einem konzernangehörigen Unternehmen, sondern von der Gruppe rechtlich unabhängiger Datentreuhänder, der T-Systems International GmbH.[683] Zugang zu den Daten hatte, neben dem Kunden selbst, nur dieser Datentreuhänder. Um eine rechtliche Unabhängigkeit für den Kunden sicherzustellen, unterhielt der Kunde Vertragsbeziehungen zu Microsoft Ireland Ltd. als Lizenzgeberin und Auftragsdatenverarbeiterin, zu Microsoft Corp. als Auftragsverarbeiterin im Hinblick auf einige Wartungsaufgaben und zur T-Systems International GmbH als Datentreuhänderin.[684] Letztere sah eine Beschränkung des Zugangs zu den Daten für Dritte vor, wonach diesen nur Zugang zu Daten gewährt werden darf, wenn der Kunde oder deutsche Rechtsvorschriften dies erlauben oder wenn dieser Zugriff vertraglich, etwa zu Wartungszwecken, zugelassen ist und entsprechend den Modalitäten des Vertrages durchgeführt wird. Die Verwaltung der Daten oblag T-System International GmbH, die ihren Sitz in Frankfurt am Main hatte und nicht

680 Erster Teil, A. III. 3. a) bb).
681 Erster Teil, A. II. 1. und 2.
682 „Clouddienste aus deutschen Rechenzentren", abrufbar unter: https://www.microsoft.com/de-de/cloud/deutsche-cloud, letzter Aufruf: 14.9.2021.
683 *Schwartz/Pfeifer*, CR 2017, 165, 170.
684 *Schwartz/Pfeifer*, CR 2017, 165, 170.

der US-amerikanischen Gerichtsbarkeit unterlag. Nur sie war als deutsche Datentreuhänderin in der Lage, den physischen und technischen Zugriff auf die Kundendaten zu kontrollieren und faktisch auf die Kundendaten und die Infrastruktur zuzugreifen. Microsoft hingegen konnte nur auf individuelle Anfrage und nur für bestimmte festgelegte Zwecke, wie die technische Wartung und Reparaturdienste, temporär auf die Daten zugreifen.[685] Letztlich konnte das Cloud Modell von Microsoft jedoch aufgrund technischer Probleme, Leistungsschwäche und damit verbundene Kundenunzufriedenheit nicht überzeugen und wurde eingestellt.

In einzelnen Bereichen – wie etwa dem Gesundheitswesen – existieren bereits aufgrund staatlicher Vorgaben in spezifischen Einzelfällen wie dem Krebsregister oder Biobanken Datentreuhandmodelle für die Kooperation von Organisationen.[686] Allerdings fehlt es an der Erstreckung auf weitere Anwendungsbereiche und einer damit einhergehenden breitenwirksamen Nutzung im C2B Bereich. Das BMBF fördert deshalb als Beitrag zur Datenstrategie der Bundesregierung die Durchführung von Vorhaben zur Konzeption, Etablierung und Weiterentwicklung von bestehenden Datentreuhandmodellen.[687] Vorrangiges Ziel ist es, das gesellschaftliche Innovationspotential von Datentreuhandmodellen unter Einbeziehung der Wissenschaft zu erschließen und neue Formen des Datenteilens durch die Förderung innovativer Datentreuhandmodelle zu ermöglichen.[688] Fraglich bleibt allerdings, ob ein solches Datentreuhändermodell geeignet ist, den Widerspruch zwischen Cloud Act und DSGVO zu vermeiden und damit eine Pflichtenkollision zu umgehen. US-Gerichte haben ein extensives Verständnis zur territorialen und sachlichen Reichweite ihrer Normen.[689] Die Anforderungen an die Umgehung einer Offenlegungsverpflichtung nach 18 U.S.C §§ 2703, 2713 sind daher entsprechend hoch. Das Datentreuhandmodell ist nur dann vielversprechend, wenn der deutsche Datentreuhänder gegenüber dem Lizenzgeber bzw. dem Cloud-Anbieter nicht nur vertraglich unabhängig, sondern auch neutral dahingehend ist, dass keinerlei sonstige rechtsgeschäftlichen oder gesellschaftsrechtlichen Verbindungen zum Anbieter bestehen, über die US-amerikanische Gerichte letztlich doch einen Besitz, einen Gewahrsam oder eine Kontrolle über die Daten konstruieren können.

685 *Rath/Kuß/Maiworm*, CR 2016, 98; *Schwartz/Pfeifer*, CR 2017, 165, 170.

686 *BMBF*, Bekanntmachung der Richtlinie zur Förderung von Projekten zur Entwicklung und praktischen Erprobung von Datentreuhandmodellen in den Bereichen Forschung und Wirtschaft, BAnz AT 8.1.2021 B4.

687 *BMBF*, Bekanntmachung der Richtlinie zur Förderung von Projekten zur Entwicklung und praktischen Erprobung von Datentreuhandmodellen in den Bereichen Forschung und Wirtschaft, BAnz AT 8.1.2021 B4.

688 *BMBF*, Bekanntmachung der Richtlinie zur Förderung von Projekten zur Entwicklung und praktischen Erprobung von Datentreuhandmodellen in den Bereichen Forschung und Wirtschaft, BAnz AT 8.1.2021 B4.

689 Erster Teil, A. III. 2. und 3. ff.

Problematisch ist in diesem Zusammenhang, dass viele Anbieter eines solchen Datentreuhandmodells ein Verbindungsbüro oder sonstige Vertretungen in den USA haben, womit sie wiederum der US-amerikanischen Jurisdiktion unterliegen, sofern sich die Offenlegungspflicht nach 18 U.S.C §§ 2703, 2713 auch an diese richtet.[690] Wenngleich neben dem deutschen Datenschutzrecht auch vertragliche Regelungen mit Dritten aufgrund der Treuhandvereinbarung sowie die technischen Besonderheiten des Treuhandmodells gegen die Bejahung einer faktischen und rechtlichen Zugriffsmöglichkeit sprechen, wird letztlich erst die US-amerikanische Rechtsprechung zeigen, ob das Datentreuhandmodell den Zugriff von US-Behörden auf in Deutschland gespeicherte Daten vollständig verhindern kann.

9. Ergebnis

Die bisherige Untersuchung der bestehenden rechtlichen Ansätze demonstriert, dass diese nicht geeignet sind, den Konflikt zwischen einer US-behördlichen Offenlegungspflicht und der DSGVO im Außenverhältnis aufzulösen. Vielmehr zeigt sich, dass derzeit keine Mechanismen bestehen, die Pflichtenkollision im Außenverhältnis zu bewältigen, die aus dem Aufeinandertreffen unterschiedlicher Rechtsordnungen resultiert. So haben sich weder auf internationaler Ebene im Bereich des Internationalen Privatrechts und des Völkerrechts noch auf Ebene des nationalen Rechts durch die Möglichkeit, Rechtsverstöße zu rechtfertigen oder zu entschuldigen, rechtliche Ansätze zur Auflösung des Widerspruchs finden lassen. Auch die Lösungsansätze zur Vermeidung des Widerspruchs, insbesondere die Möglichkeit des Ausweichens auf ein Datentreuhandmodell, vermögen nach dem derzeitigen technischen Stand nicht zu überzeugen. Die Unternehmen und die Geschäftsleiter sind der Situation ausgesetzt, sich für eine der beiden Pflichten entscheiden zu müssen und die entsprechenden Konsequenzen zu tragen. Zwar erscheint einerseits die Haftung der gegen die DSGVO verstoßenden Gesellschaft unbillig. Andererseits mutet es seltsam an, dass Deutschland seine Sanktionen angesichts einer ansonsten drohenden Sanktionierung von Seiten der USA aufheben würde.

B. Das Innenverhältnis

Der Geschäftsleiter sieht sich nun zwei sich widersprechenden Pflichten gegenüberstehen. Entschließt sich der Geschäftsleiter im Falle des hypothetischen Beispielfalles der Offenlegungspflicht der Gesellschaft nach 18 U.S.C §§ 2703, 2713 nachzukommen und die E-Mails offenzulegen, verstößt er gegen Art. 83 Abs. 1, 2, 5 lit. a und c DSGVO i. V. m. Art. 41 BDSG i. V. m. Art. 6, 44 DSGVO und damit gegen seine Legalitätspflicht, die ihn verpflichtet, sich stets rechts- und gesetzestreu zu verhalten. Entscheidet er sich hingegen, der Offenlegungspflicht der

690 So auch *Rath/Spies*, CCZ 2018, 229, 230.

Gesellschaft nach 18 U.S.C. §§ 2703, 2713 nicht nachzukommen, nimmt er damit ein Bußgeld nach 18 U.S.C. §§ 401, 402 in Kauf und handelt damit der allgemeinen Schadensabwendungspflicht zuwider, die ihn verpflichtet, Schäden von der Gesellschaft abzuwenden. Es bestehen keine dogmatischen Erwägungen, die im Falle des Widerspruchs des Cloud Act und der DSGVO den Vorrang einer Pflicht im Außenverhältnis begründen. Die dargestellte Pflichtenkollision besteht letztlich darin, dass ein Rechtsverstoß durch die Gesellschaft unumgänglich ist. Dementsprechend stellt sich die Frage, was der unvermeidbare Rechtsverstoß durch die Gesellschaft und die damit einhergehende zwangsläufige Haftung der Gesellschaft für die Geschäftsleiter persönlich bedeutet. Unter Zugrundlegung rein wirtschaftlicher Zweckmäßigkeitserwägungen würde eine Gegenüberstellung der entstehenden Kosten eines Rechtsverstoßes entscheiden, gegen welche Pflicht verstoßen werden soll. Allerdings lässt dies zunächst das komplizierte Pflichtenregime des Geschäftsleiters außer Betracht.

Die Gesellschaft als juristische Person unterfällt im Außenverhältnis denselben Pflichten wie andere Personen des Rechts. Sie hat sich in ihren Außenbeziehungen rechtmäßig zu verhalten, d. h. entsprechend gesetzlichen und vertraglichen Verpflichtungen, wofür der Geschäftsleiter Sorge zu tragen hat.[691] Da das Unternehmen als juristische Person nur über ihre Geschäftsleiter handeln kann,[692] müssen diese diejenigen Pflichten einhalten, die die Gesellschaft im Außenverhältnis trifft.

Die Geschäftsleiter haben bei der Geschäftsführung nach § 93 Abs. 1 Satz 1 AktG bzw. § 43 Abs. 1 GmbHG die Sorgfalt eines ordentlichen und gewissenhaften Geschäftsleiters anzuwenden. Diese generalklauselartige Umschreibung der Verhaltenspflichten von Vorstandsmitgliedern bildet die zentrale Vorschrift des gesellschaftsrechtlichen Verantwortlichkeitsrechts.[693] Zu den Kardinalpflichten eines Geschäftsleiters gehört es, sich im Rahmen seiner Amtsführung stets rechts- und gesetzestreu zu verhalten.[694] Diese sog. Legalitätspflicht wird vielfach

---

691 BGH, Urteil vom 10.7.2012 – VI ZR 341/10 (OLG München), BGHZ 194, 26; BGH, Urteil vom 28.4.2008 – II ZR 264/06 (OLG Düsseldorf), BGHZ 176, 204 = NJW 2008, 2437, 2441; BGH, Urteil vom 6.4.1995 – IX ZR 61/94, BGHZ 129, 236; BGH, Urteil vom 12.10.1987 – II ZR 251/86 (Stuttgart), NJW 1988, 1321, 1323; *Lutter*, ZHR 157 (1993), 464, 470; *Spindler*, in: MüKo AktG, § 93 Rn. 87; *Ziemons*, in: MHLS, GmbH-Gesetz, § 43 Rn. 63; kritisch *Habersack*, FS U. H. Schneider, 2011, 432 ff.

692 Vgl. § 76 Abs. 1 AktG, § 78 Abs. 1 S. 1 AktG, § 35 Abs. 1 S. 1 GmbHG.

693 *Fleischer*, in: BeckOGK, AktG, § 93, Rn. 1.

694 Allgemeine Meinung, statt vieler OLG Karlsruhe, Urteil vom 31.7.2013 – Az. 7 U 184/12, NZG 2013, 1177; OLG Köln, Urteil vom 28.2.2013 – I-18 U 298/11, ZIP 2013, 644 Rn. 43; *Arnold*, ZGR 2014, 76, 78 f.; *Brock*, BB 2019, 1292; *Fabisch*, ZWeR 2013, 91, 97; *Fleischer*, in: BeckOGK, AktG, § 93, Rn. 19; *Hopt/Roth*, in: GroßKommAktG, § 93 Rn. 58; *Mertens/Cahn*, in: KölnKommAktG, § 93 Rn. 67; *Poelzig/Thole*, ZGR 2010, 836, 838; *Sailer-Coceani*, in: K. Schmidt/Lutter, AktG, § 93 Rn. 7; *Seibt/Cziupka*, AG 2015, 93.

als Verknüpfung zwischen dem Innen- und Außenverhältnis verstanden, wonach durch den Geschäftsleiter zu verantwortende Außenpflichtverstöße der Gesellschaft gegenüber Dritten oder der Allgemeinheit grundsätzlich zugleich auch Innenpflichtverstöße des Geschäftsleiters gegenüber seiner Gesellschaft darstellen.[695] Die der Fremdorganschaft geschuldete Durchbrechung zweier unterschiedlicher Rechtsverhältnisse und die damit einhergehende Verknüpfung von Innen- und Außenverhältnis führen allerdings dann zu Spannungen, wenn die betroffenen Rechtsverhältnisse unterschiedlichen Zwecken und Interessen dienen. Im Falle des Widerspruchs zwischen Cloud Act und DSGVO sind die sich gegenüberstehenden Interessen evident. Die Gesellschaft schuldet den deutschen Behörden, der Allgemeinheit sowie den betroffenen Personen, deren personenbezogene Daten herausverlangt werden, die Einhaltung der datenschutzrechtlichen Vorschriften nach der DSGVO. Der Geschäftsleiter wiederum schuldet der Gesellschaft zunächst nur ihre sorgfältige Leitung. Über die Legalitätspflicht soll der Geschäftsleiter gegenüber der Gesellschaft jedoch verpflichtet sein, für die Einhaltung der datenschutzrechtlichen Vorschriften nach der DSGVO zu sorgen.[696] Die maßgeblichen wirtschaftlichen Interessen der Gesellschaft, der Offenlegungspflicht nach 18 U.S.C. §§ 2703, 2713 nachzukommen und so einem Kostenrisiko zu entgehen, divergieren dabei mit den Interessen Dritter und der Allgemeinheit an der Einhaltung der die Gesellschaft betreffenden datenschutzrechtlichen Regeln.

I. Haftungsrechtliche Einordnung des Widerspruchs im Innenverhältnis

Eine Untersuchung der haftungsrechtlichen Konsequenzen des Widerspruchs im Innenverhältnis und der damit einhergehenden Frage, ob der Pflichtenkollision im Innenverhältnis Rechnung getragen werden kann, muss bei den Pflichten des Geschäftsleiters ansetzen. Dabei steht die Legalitätspflicht als entscheidendes Bindeglied zwischen Außen- und Innenverhältnis im Vordergrund der Untersuchung.

1. Die Legalitätspflicht

Wie bereits geschildert ist bei der Untersuchung eines organhaftungsrechtlichen Konzepts die Heranziehung der Legalitätspflicht unumgänglich. Bei der Beschränkung auf eine oberflächliche Beschreibung handelt es sich dabei nach herkömmlichem Verständnis um die Pflicht des Geschäftsleiters gegenüber der Gesellschaft, sich bei seiner Amtsführung rechtmäßig zu verhalten. Sie ist neben der Legalitätskontrollpflicht, wonach der äußere, durch Rechtsvorschriften gebildete

---

695 *Thole*, ZHR 173 (2009), 504, 509; ebenso *Holle*, Legalitätskontrolle im Kapitalgesellschafts- und Konzernrecht, 2014, S. 44 f.

696 Näher *Behling*, ZIP 2017, 697; *Fleischer*, in: BeckOGK, AktG, § 93 Rn. 28; *König*, AG 2017, 262, 267; *Korch/Chatard*, AG 2019, 551, 554 f.

Handlungsrahmen der Gesellschaft auf nachgelagerter Ebene einhalten werden soll, zentraler Bestandteil der Sorgfaltspflicht der Vorstandsmitglieder.[697]

Ein genauerer Blick auf eine konkretere Herauserarbeitung der damit angesprochenen gesellschaftsrechtlichen Pflichtenbindung zeigt, dass es im deutschen Schrifttum unterschiedlichste rechtliche Ausgestaltungen der Legalitätspflicht gibt.[698] Dies mag unter anderem damit zusammenhängen, dass sie keinen ausdrücklichen Niederschlag im Gesetz gefunden hat, wenngleich ihre Existenz in Rechtsprechung und Literatur als selbstverständlich anerkannt gilt.[699] So wird die Legalitätspflicht teilweise als Unterpunkt einer allgemeinen Leitungspflicht verstanden, die die umfangreiche Bindung des Vertretungsorgans an das Gesetz meint, und einer Ermessenspflicht gegenüber gestellt.[700] Andere wiederum teilen zwar ein ähnliches Verständnis der Legalitätspflicht,[701] wonach sie als Pflicht zur Einhaltung gesetzlicher Vorschriften zu verstehen ist, ordnen diese jedoch zusammen mit einer Sorgfaltspflicht im engeren Sinne und einer Überwachungspflicht der Sorgfaltspflicht unter, welche sie der Treuepflicht gegenüberstellen.[702] Teilweise wird die Legalitätspflicht auch als eigenständiges Gepräge gesehen, das

---

697 *Fleischer*, in: BeckOGK, AktG, § 93 Rn. 19; zur Legalitätskontrollpflicht *Fleischer*, NZG 2014, 321, 322.

698 *Altmeppen* in: Roth/Altmeppen, § 43 Rn. 6, beschreibt die Legalitätspflicht als „Wahrung des wirtschaftlichen Vorteils der Gesellschaft bei gleichzeitiger Beachtung der in der Rechtsordnung gesetzten Grenzen“; *Harzenetter*, Innenhaftung des Vorstands der Aktiengesellschaft für so genannte nützliche Pflichtverletzungen, 2008, S. 53 bezeichnet Vorstandspflichten ohne Handlungsermessen als Legalitätspflichten; *Poelzig/Thole*, ZGR 2010, 836, 838 verstehen unter der Legalitätspflicht die Rechtspflichten, zu deren Erfüllung die Gesellschaft ihrerseits verpflichtet ist.

699 BGHSt 55, 266, 275 = NJW 2010, 3458, 3460; BGHZ 176, 204, 220 f. = NJW 2008, 2437, 2441; BGHZ 133, 370, 375 = NJW 1997, 130, 131; *Altmeppen*, in: Roth/Altmeppen, § 43 Rn. 6; *Glöckner/Müller-Tautphaeus*, AG 2001, 344; *Hopt/Roth*, in: GroßKommAktG, § 93 Rn. 73; *Kleindiek*, in: Lutter/Hommelhoff, GmbHG, § 43 Rn. 12; *Mertens/Cahn*, in: KölnKommAktG, § 93 Rn. 71; *Sailre-Coceani*, in: K. Schmidt/Lutter, AktG, § 93 Rn. 7; die Ablehnung der Legalitätspflicht in Gänze wird nur sehr vereinzelt werden, so etwa *Sieg/Zeidler*, in: Hauschka/Moosmayer/Lösler, § 3 Rn. 36; *Brock*, Legalitätsprinzip und Nützlichkeitserwägungen, 2017, S. 173, befürwortet ein „inhaltlich eingeschränktes Legalitätsprinzip“.

700 *Paefgen*, Unternehmerische Entscheidungen und Rechtsbindung der Organe in der AG, 2002, S. 17.

701 *Fleischer*, ZIP 2005, 141, 142 f.; *ders.*, in: Spindler/Stilz, § 93 Rn. 14; *ders.*, in: BeckOGK, AktG, § 93 Rn. 19.

702 *Fleischer*, in: Spindler/Stilz, § 93 Rn. 14 ff., *ders.*, Hdb. Vorstandsrecht, § 7 Rn. 2; ähnlich auch *Dauner-Lieb*, in: Henssler/Strohn, GesR, § 93 AktG Rn. 7.

neben der Sorgfalts- und Treuepflicht die dritte Pflichtkategorie bildet.[703] Die überwiegende Literatur teilt die Legalitätspflicht in zwei Bereiche auf, einer internen Pflichtenbindung gegenüber der Gesellschaft und einer externen Pflichtenbindung als Summe derjenigen Pflichten, die die Gesellschaft als Rechtssubjekt treffen.[704]

a) Interne Legalitätspflicht

Die interne Legalitätspflicht umfasst demnach in erster Linie die unmittelbar an den Geschäftsleiter gerichteten Verhaltensanforderungen, die sich für die Organmitglieder aus Gesetz, Satzung und privatautonomen Bindungen[705] ergeben können und konkretisiert speziell die organschaftlichen Bindungen des Organmitglieds bei der Amtsausübung.[706] Die interne Komponente der Legalitätspflicht enthält dabei keinen originären Inhalt, als vielmehr eine bloße Selbstverständlichkeit, dass der Geschäftsleiter an die gesetzlichen Innenpflichten als originärer Normadressat gebunden ist.[707] Nicht zuletzt wegen der fehlenden Werthaltigkeit dieser Unterscheidung wird diese vielfach kritisiert.[708] In der Tat ergibt sich die Pflichtwidrigkeit eines Innenpflichtverstoßes, wie z. B. gegen das Wettbewerbsverbot gemäß § 88 AktG, gegen die Buchführungspflicht gemäß § 91 Abs. 1 AktG oder gegen § 82 Abs. 2 AktG, bereits aus der Norm selbst, ohne dass es dazu einer Legalitätspflicht bedürfte.[709] Im Rahmen dieser Abhandlung wird die interne Legalitätspflicht, die unmittelbar das organschaftliche Verhältnis mit der Gesellschaft

---

703 *Grigoleit*, in: FS K. Schmidt, 2019, 367, 368 ff.; *Tomasic*, in: Grigoleit, AktG, § 93 Rn. 33.

704 LG Duisburg, 26.9.2013 – 21 O 130/11, BeckRS 2013, 18073; *Abeltshauser*, Leitungshaftung im Kapitalgesellschaftsrecht, 1998, S. 205; *Bayer*, GmbHR 2014, 897, 900; *Fleischer*, ZIP 2005, 141, 142; *ders.*, in: MüKo GmbH, § 43 Rn. 22 ff, 30 ff.; *Harzenetter*, Innenhaftung des Vorstands der Aktiengesellschaft für so genannte nützliche Pflichtverletzungen, 2008, S. 53 ff.; *Kaulich*, Die Haftung der Vorstandsmitglieder für Rechtsanwendungsfehler, 2012, S. 92 f.; *Langenbuchner*, FS Lwowski, 2014, S. 333; *Merkt*, in: FS Hommelhoff, 2012, S. 713; ähnlich *Paefgen*, Unternehmerische Entscheidungen und Rechtsbindung der Organe in der AG, 2002, S. 17 f.

705 Zur umstrittenen Einbeziehung privatautonom gesetzter Pflichtbindungen *Paefgen*, AG 2014, 554, 559 m. w. N.

706 *Bayer*, GmbHR 2014, 897, 900; *Brock*, BB 2019, 1291; *Fleischer*, ZIP 2005, 141, 142; *Habersack*, FS U. H. Schneider, 2011, S. 432.

707 *Habersack*, FS U. H. Schneider, 2011, S. 431 f.

708 *Binder*, ZGR 2013, 760, 786; *Hellwig/Behme*, in: FS Hommelhoff, 2012, S. 351; *Rahlmeyer*, Vorstandshaftung zwischen traditionellem deutschen Aktienrecht und kapitalmarktorientierter Corporate Governance, 2010, S. 54, bezeichnet die Konstruktion der internen Legalitätspflicht als „dogmatischer Umweg".

709 *Habersack*, FS U. H. Schneider, 2011, S. 431 f.; *Hoffmann-Becking*, in: MünchHdbAG, § 25 Rn. 31.

betrifft, daher mangels Bedeutungsgehalt für die nachfolgende Untersuchung von dem Begriff der Legalitätspflicht ausgenommen.

b) Externe Legalitätspflicht

Nach der externen Legalitätspflicht hingegen ist der Geschäftsleiter als handelndes Organ der Gesellschaft verpflichtet, diejenigen Pflichten einzuhalten, die die Gesellschaft als Rechtssubjekt im Außenverhältnis treffen.[710] Dies beinhaltet sowohl gesetzliche als auch ungeschriebene Rechtspflichten der Gesellschaft, folglich allgemeine Rechtsbindungen privatrechtlicher und öffentlich-rechtlicher Natur, unter anderem Bestimmungen der DSGVO sowie des Straf- und Ordnungswidrigkeitenrechts.[711] Dabei kommt der externen Legalitätspflicht eine maßgebliche Bedeutung im Hinblick auf die Haftung des Geschäftsleiters zu, weil sie – zumindest nach herrschender Ansicht[712] – die äußere Pflichtenbindung in das Innenverhältnis transportiert und damit beide Rechtsverhältnisse miteinander verknüpft.[713]

c) Abgrenzung zur Schadensabwendungspflicht

Die Legalitätspflicht ist von der Schadensabwendungspflicht abzugrenzen. Die Zuordnung der Legalitätspflicht zur Schadensabwendungspflicht liegt zwar nahe, da die Einhaltung gesetzlicher Pflichten oftmals mit der Pflicht einhergeht, das Vermögensinteresse der Gesellschaft zu schützen und Schäden von ihr abzuwenden. So führen Gesetzesverstöße häufig zu finanziellen Einbußen etwa in Form von Strafen, Bußgeldern und Schadensersatzverpflichtungen oftmals einhergehend mit

---

710 BGHZ 194, 26 Rn. 22 = NJW 2012, 3439, 3441; BGH, Beschluss vom 13.9.2010 – 1 StR 220/09, NJW 2011, 88, 92; BGHSt 55, 266 = NJW 2010, 3458, 3460; BGHZ 133, 370, 375 = NJW 1997, 130, 132; LG München I, Urteil vom 10.12.2013, NZG 2014, 345, 346/347; *Abeltshauser*, Leitungshaftung im Kapitalgesellschaftsrecht, 1998, S. 213; *Fleischer*, ZIP 2005, 141, 144; *ders.*, in: BeckOGK, AktG, § 93 Rn. 28; *Hopt/Roth*, in: GroßkommAktG, § 93 Rn. 133; *Mertens/Cahn*, in: KölnKommAktG, § 93 Rn. 71; *Paefgen*, Unternehmerische Entscheidungen und Rechtsbindung der Organe in der AG, 2002, S. 24; *Raiser/Veil*, KapGesR, § 14 Rn. 81; *Thole*, ZHR 173 (2009), 504 ff.

711 LAG Düsseldorf, Teilurteil vom 20.1.2015 – 16 Sa 459/14, BB 2015, 1018, 1020; LG München I, Urteil vom 10.12.2013, NZG 2014, 345, 346; *Abeltshauser*, Leitungshaftung im Kapitalgesellschaftsrecht, 1998, S. 213; *Fleischer*, ZIP 2005, 141 (144); *Hopt/Roth*, in: GroßkommAktG, § 93 Rn. 74; *Reichert*, in: FS Hommelhoff, 2012, S. 913 f.; speziell zur Einhaltung der Bestimmungen der DSGVO *König*, AG 2017, 262, 264; *Korch/Chatard*, AG 2019, 551 f.

712 *Fleischer*, in: BeckOGK, AktG, § 93 Rn. 29; *Hölters*, in: Hölters, AktG, § 93 Rn. 69; *Hopt/Roth*, in: GroßkommAktG, § 93 Rn. 133; *Mertens/Cahn*, in: KölnKommAktG, § 93 Rn. 71, 77.

713 *Seibt/Cziupka*, AG 2015, 93, 94, kritisch hierzu *Spindler*, in: MüKo AktG, § 93 Rn. 87.

Reputationsschäden. In der Literatur wird jedoch ausdrücklich festgestellt, dass die Legalitätspflicht nicht, wie es ihre Begründung in der Lehre impliziert, mit der allgemeinen Schadensabwendungspflicht zu vermischen ist.[714] Die Pflicht, Schäden von der Gesellschaft abzuwenden, sei als eine weitere Unterpflicht zu den Pflichten des § 93 Abs. 1 Satz 1 AktG anerkanntermaßen verselbständigt; sie trete neben die Legalitätspflicht.[715]

Dass der Schutz des Vermögensinteresses nicht regelmäßig mit der Einhaltung gesetzlicher Pflichten einhergeht, zeigen die Fälle, die gemeinhin unter dem Stichwort der nützlichen Rechtsverstöße[716] subsumiert werden. In diesen Fällen geht die Einhaltung gesetzlicher Pflichten gerade nicht mit dem wirtschaftlichen Interesse der Gesellschaft einher. Ob dann von einer Pflichtwidrigkeit nützlicher Rechtsverstöße auszugehen und ein damit einhergehender Vorrang der Legalitätspflicht anzunehmen ist, wird an späterer Stelle thematisiert.[717] Die Fälle der nützlichen Rechtsverstöße machen jedoch deutlich, dass die Legalitätspflicht über das wirtschaftliche Interesse der Gesellschaft hinaus geht, das öffentliche Interesse und das Interesse Dritter an der Rechtsbefolgung umfasst[718] und sich damit von der Schadensabwendungspflicht abgrenzt.

Die als Unterpflicht der Sorgfaltspflicht zu qualifizierende Schadensabwendungspflicht darf jedoch nicht dazu führen, dass allein von einem Eintritt eines Schadens auf die Verletzung der Schadensabwendungspflicht und damit der Sorgfaltspflicht geschlossen wird. Allein der Eintritt eines Schadens stellt nicht zwangsläufig eine Verletzung der Schadensabwendungspflicht dar.[719] Dies gilt auch, wenn er durch den Geschäftsleiter selbst verursacht wurde. Unter ökonomischen Erwägungen leuchtet dies ein. Der Rückschluss von einem Schaden auf eine Pflichtverletzung würde zu einer gänzlichen Lahmlegung der Geschäftstätigkeit des Geschäftsleiters führen, der organschaftlichen Pflichten unterliegt. So wäre es aus Sicht des Geschäftsleiters die beste Strategie, nur besonders risikoarme Geschäfte zu tätigen.[720] Die Schadensabwendungspflicht kann daher nicht so verstanden werden, dass sie den Geschäftsleiter dazu verpflichtet, jeglichen Schaden von der Gesellschaft fernzuhalten. Den Geschäftsleiter trifft keineswegs die Pflicht, Maßnahmen allein deshalb zu unterlassen, weil aus ihnen ein Schaden für die Gesellschaft erwachsen könnte.[721] Nicht zuletzt deshalb ist die

---

714 *Thole*, ZHR 173 (2009) 504, 517.

715 *Thole*, ZHR 173 (2009) 504, 517.

716 Näher hierzu unter B. I. 2. b).

717 Vierter Teil, B. I. 2. b).

718 *Habersack*, in: FS U. H. Schneider, 2011, S. 432 ff.; vgl. auch *Hoffmann/Schieffer*, NZG 2017, 401,402; *Thole*, ZHR 173 (2009), 504, 531 („teils normativ öffentlich-rechtlich aufgeladene Pflicht").

719 Vgl. *Bicker*, AG 2014, 8, 9; *Fleischer*, ZIP 2005, 141, 144.

720 Ähnlich *Schäfer*, ZIP 2005, 1253, 1253.

721 *Schäfer*, ZIP 2005, 1253, 1254.

Schadensabwendungspflicht auch unter Berücksichtigung des nunmehr in § 93 Abs. 1 Satz 2 AktG kodifizierten Ermessenspielraum zu sehen. So hat der BGH in seiner ARAG-Garmenbeck-Entscheidung ausgeführt, dass das bewusste Eingehen geschäftlicher Risiken trotz der Gefahr von Fehlbeurteilungen und Fehleinschätzungen Teil eines weiten Handlungsspielraums von Geschäftsleitern sei, ohne den die unternehmerische Tätigkeit schlechterdings nicht denkbar sei.[722]

d) Reichweite der Legalitätspflicht im Hinblick auf den Cloud Act

Gerade im Hinblick auf den aufgezeigten Widerspruch stellt sich im Innenverhältnis die im juristischen Schrifttum vielfach diskutierte Frage nach der Reichweite der Legalitätspflicht. Insbesondere in Bezug auf den Cloud Act, der als US-amerikanisches Gesetz aus deutscher Sicht ausländisches Recht darstellt, ist dies von wesentlicher Bedeutung für die Beurteilung der haftungsrechtlichen Konsequenzen des Widerspruchs im Innenverhältnis. Unzweifelhaft können ausländische Rechtsordnungen ohne Weiteres Pflichten für die Gesellschaft und sogar unmittelbar für deren Organe aufstellen, soweit sie in deren Hoheits- bzw. Regelungsbereich tätig sind. Fraglich ist allerdings, inwieweit ausländisches Recht auch unmittelbare Pflichten für den Vorstand statuiert und damit in das aktienrechtliche Pflichtregime des Vorstands gegenüber seiner Gesellschaft eingreift. Tatsächlich wird in der Literatur kontrovers diskutiert, ob die Legalitätspflicht auch ausländische Rechtspflichten der Gesellschaft umfasst.

aa) Meinungsstand

Eine Mindermeinung in der Literatur geht von einer strikten Geltung des jeweils anwendbaren nationalen und ausländischen Rechts aus.[723] So sei die Verpflichtung für das rechtmäßige Handeln der Gesellschaft grundsätzlich nicht auf die Einhaltung des deutschen Rechts begrenzt.[724] Soweit das Handeln der Gesellschaft ausländischem Recht unterworfen sei, müsse der Vorstand kraft seiner nach deutschem Recht gegenüber der Gesellschaft bestehenden Pflicht, geltendes Recht zu respektieren, auch für dessen Beachtung sorgen.[725] Teilweise wird diese Ansicht dahingehend eingeschränkt, dass die Beachtlichkeit ausländischen Rechts dann zu relativieren sei, wenn sich die Anforderungen nach ausländischem und deutschem

---

722 BGH, Urteil vom 21.4.1997 – II ZR 175/95 (Düsseldorf), NJW 1997, 1926, 1927.

723 *Bicker*, AG 2014, 8, 12; *Mertens/Cahn*, in: KölnKommAktG, § 93 Rn. 73; *Ziemons*, in: MHLS, GmbHG, § 43 Rn. 67.

724 *Mertens/Cahn*, KölnKommAktG, § 93 Rn. 73; vgl. auch *Hopt/Roth*, in: GroßKommAktG, § 93 Rn. 142.

725 *Mertens/Cahn*, in: KölnKommAktG, § 93 Rn. 73.

Recht in einem unauflösbaren Widerspruch befinden.[726] In diesem Fall gehe deutsches Recht vor.[727] Darüber hinaus sei von einer solch strikten Geltung dann abzuweichen, wenn ausländische Rechtsnormen tatsächlich in der Rechtspraxis nicht gelebt oder umgesetzt werden, mithin „totes Recht" seien.[728] Die wohl überwiegende Anzahl an Literaturstimmen orientiert sich hingegen an den Vorgaben des deutschen Kollisionsrechts.[729] Während überwiegend apodiktisch auf die generelle kollisionsrechtliche bzw. völkerrechtliche Zulässigkeit ausländischen Rechts verwiesen wird,[730] differenzieren manche Autoren zwischen ausländischen Vorschriften, die nach inländisch geltendem Kollisionsregeln für anwendbar erklärt wurden und solchen ausländischen Vorschriften, die lediglich allein über ausländisches Kollisionsrecht anwendbar sind.[731] Letztere sollen nur dann relevant sein, wenn sich die Pflicht zur Einhaltung dieser Norm aus dem anwendbaren deutschen Sachrecht ergibt und das maßgebliche Verhalten des Vorstands in einem inländischen Rechtsbruch mündet, mithin als sittenwidrig i. S d. § 138 BGB einzustufen ist.[732] Erkläre deutsches oder supranationales Kollisionsrecht die ausländische Vorschrift für verbindlich, beruhe die Anwendbarkeit der Regelung auf einem nationalen Rechtsanwendungsbefehl, der die ausländische Norm als bindend festlege und sie damit auf eine Ebene mit den inländischen Normen hebe.[733] Schließlich wird vertreten, dass ausländische Normen grundsätzlich von der Legalitätspflicht ausgeschlossen sind.[734] Danach bestehe für die deutsche Gesellschaftsrechtsordnung kein Anlass, sich zum zusätzlichen Vollstrecker ausländischer Verhaltensgebote zu machen.[735] Vielmehr wäre es geradezu ein Akt nationaler Übergriffigkeit, wenn sich das deutsche Gesellschaftsrecht eine Ergänzung des auslandsrechtlichen Sanktionskontexts anmaßen würde.[736]

---

726 *Mertens/Cahn*, in: KölnKommAktG, § 93 Rn. 73; ähnlich auch *Bicker*, AG 2014, 8, 12, der voraussetzt, dass ausländische Pflichten dem Ordre Public nach deutschem Rechtsverständnis standhalten.

727 Einen solchen Vorrang ausdrücklich ablehnend *Cichy/Cziupka*, BB 2014, 1482, 1484.

728 So etwa *Bicker*, AG 2014, 8, 12.

729 *Breitenfeld*, Organschaftliche Binnenhaftung, 2016, S. 101 ff.; *Brock*, BB 2019, 1292; *Cichy/Cziupka*, BB 2014, 1482, 1484; *Koch*, in: Hüffer/Koch, § 93 Rn. 6a.

730 *Koch*, in: Hüffer/Koch, § 93 Rn. 6a; *Spindler*, in: MüKo AktG, § 93 Rn. 109 ff.

731 *Brock*, BB 2019, 1292, 1293 f.; *Cichy/Cziupka*, BB 2014, 1482, 1484; *Koch*, in: Hüffer/Koch, § 93 Rn. 6a.

732 *Cichy/Cziupka*, BB 2014, 1482, 1484; *Hopt/Roth*, in: GroßkommAktG, § 93, Rn. 143; dies ausdrücklichablehnend *Koch*, in: Hüffer/Koch, § 93 Rn. 6a.

733 *Brock*, BB 2019, 1292, 1293; *Cichy/Cziupka*, BB 2014, 1482, 1483; *Fleischer*, in: MüKo GmbHG, § 43, Rn. 34; *Kaulich*, Die Haftung von Vorstandsmitgliedern, 2012, S. 256 f.; *Paefgen*, WM 2016, 433, 440.

734 *Grigoleit/Tomasic*, in: Grigoleit, AktG, § 93 Rn. 13.

735 *Grigoleit/Tomasic*, in: Grigoleit, AktG, § 93, Rn. 19.

736 *Grigoleit/Tomasic*, in: Grigoleit, AktG, § 93 Rn. 19.

bb) Stellungnahme

In Anbetracht der Begründungsbedürftigkeit einer haftungsbewehrten Legalitätspflicht erscheint die Einschränkung der Legalitätspflicht entsprechend der differenzierenden Ansicht sachgerecht. Erklärt das deutsche Kollisionsrecht die ausländischen Bestimmungen für anwendbar, ist es nur die logische Konsequenz, dass die Vorschriften in den Pflichtenkatalog der Legalitätspflicht einbezogen werden. Dies entspricht der Einheit der deutschen Rechtsordnung und dient der Sicherstellung ihrer effektiven Umsetzung.[737] Die ausländische Pflicht entfaltet in diesem Fall mittelbare Wirkung, weil deren Anwendung auf einen deutschen Rechtsanwendungsbefehl zurück geht. Allerdings wird dies weder bei ausländischen Vorschriften des Öffentlichen Rechts noch des Strafrechts aufgrund des Territorialprinzips regelmäßig der Fall sein.[738] Bei der Verletzung ausländischer Vorschriften hingegen, die nicht mittels deutschen Kollisionsrechts für anwendbar erklärt wurden, kann auf diese Argumentation nicht zurückgegriffen werden. In diesem Fall basiert die ausländische Eingriffsnorm gerade nicht auf einem deutschen Rechtsanwendungsbefehl, der ihre Einbeziehung in den Pflichtenkatalog der Legalitätspflicht rechtfertigt. Nur wenn die der Norm zugrundeliegende Wertung in Deutschland geteilt wird, kann sie über das Einfallstor deutschen Sachrechts Eingang in das Pflichtenregime des Geschäftsleiters finden. Zu beachten ist aber, dass der Anwendungsbereich des Kollisionsrechts dadurch nicht umgangen werden darf.[739]

Die Argumentation, es gehe im Rahmen der pflichtgemäßen Geschäftsleitung des § 93 Abs. 1 AktG nicht um die Geltung von deutschem bzw. ausländischem Recht, sodass nicht auf das Kollisionsrecht abgestellt werden könne,[740] überzeugt indes nicht. Weder die Begründungsansätze der Legalitätspflicht noch das Kollisionsrecht vermögen im Falle fehlender kollisionsrechtlicher Anerkennung die Erstreckung der Legalitätspflicht auf ausländisches Recht begründen.[741] Dies gilt unabhängig davon, welcher dogmatische Begründungsansatz für die Legalitätspflicht herangezogen wird.[742] So knüpfen die Normen des deutschen Aktiengesetzes, wie etwa die §§ 396 und 148 Abs. 1 Satz 2 Nr. 3 AktG, die vielfach argumentative Bedeutung im Rahmen der Diskussion um die Herleitung der Legalitätspflicht des Vorstands erlangen und als Begründung im Hinblick auf normative Anknüpfungen

---

737 Ebenso *Breitenfeld*, Organschaftliche Binnenhaftung, 2016, S. 103; *Kaulich*, Die Haftung von Vorstandsmitgliedern, 2012, S. 256 f.

738 Vgl. Dritter Teil, B. I. 2.

739 So auch *Koch*, in: Hüffer/Koch, § 93 Rn. 6a.

740 *Bicker*, AG 2014, 8, 12.

741 Ebenso *Brock*, BB 2019, 1292, 1293.

742 Die Begründungsansätze der Legalitätspflicht werden in der Literatur kontrovers diskutiert; im Überblick statt vieler *Breitenfeld*, Organschaftliche Binnenhaftung, 2016, S. 49 ff.; *Kuschnereit*, Die aktienrechtliche Legalitätspflicht, 2019, S. 3 ff.

an das Gemeinwohl im Aktiengesetz herangezogen werden, nur an deutsche Rechtsnormen an.[743] Aber auch der Grundsatz von der Einheit der Rechtsordnung, auf die die Legalitätspflicht vielfach gestützt wird,[744] vermag nur eine Bindung des Vorstands an andere Rechtsmaterien des gleichen und über die Kompetenzordnung des Grundgesetzes verbundener nationaler Normgeber begründen. Eine Verantwortlichkeit des Vorstands und eine damit einhergehende binnenrechtliche Einstandspflicht nach deutschem Aktienrecht können daher auch nur an die deutsche Rechtsordnung und an die mit ihr verfolgten Werte anknüpfen.

Sofern im Hinblick auf Vorschriften öffentlich-rechtlicher Natur wie zum Beispiel etwaige Einfuhrbestimmungen argumentiert wird, es liege auf der Hand, dass nicht nur das deutsche Ausfuhrrecht, sondern auch das ausländische Einfuhrrecht beachtet werden muss,[745] wird die Differenzierung zwischen Außen- und Innenverhältnis verkannt. So steht außer Frage, dass eine Gesellschaft, sofern sie Bezugspunkte zu den USA aufweist und damit der dort geltenden Jurisdiktion unterliegt, auch an dort geltendes Recht gebunden ist und dieses zu beachten hat. Zugleich bedeutet dies aber nicht, dass ausländisches Recht Pflichten für den Geschäftsleiter nach deutschem Aktienrecht im Innenverhältnis statuieren kann, wonach dieser für alle Schäden der Gesellschaft im Innenverhältnis haftbar gemacht werden kann. Zudem ist es inkonsequent, auf Grundlage der Ansicht, der Geschäftsleiter habe sowohl deutsches als auch ausländisches Recht in gleichem Maße zu berücksichtigen, dann eine Ausnahme der Geltung ausländischer Rechtsnormen zu machen, wenn es sich um praktisch nicht gelebtes bzw. umgesetztes ausländisches Recht handelt.[746] Neben den damit einhergehenden Unsicherheiten ist eine solche Ausnahme dogmatisch nicht zu begründen.

Die deutsche Rechtsprechung ist bei der Anwendung ausländischer Eingriffsnormen bislang der Methode gefolgt, ausländische Verbotsgesetze im Rahmen zivilrechtlicher Generalklauseln (Sittenwidrigkeit, §§ 138, 826 BGB; Wegfall der Geschäftsgrundlage, § 313 BGB) zu berücksichtigen.[747] In den Fällen, in denen ein Rechtsgeschäft seinem Inhalt nach sittenwidrig ist, kennen die Parteien stets

---

743 *Koch*, in: Hüffer/Koch, AktG, § 396 Rn. 3; *Schürnbrand*, in: MüKo AktG, § 396 Rn. 7; *Spindler*, in: BeckOGK, AktG, § 396 Rn. 9.

744 *Cichy/Cziupka*, BB 2014, 1482, 1484; *Lohse*, in: FS Hüffer, S. 581, 597; ähnlich *Rahlmeyer*, Vorstandshaftung zwischen traditionellem deutschen Aktienrecht und kapitalmarktorientierter Corporate Governance, 2010, S. 54 („Geltungsanspruch der jeweiligen Rechtsordnung"); vgl. *Glöckner/Müller-Tautphaeus*, AG 2001, 344, 345 für qualifizierte Rechtsverstöße; *Spindler*, in: MüKo AktG, § 93 Rn. 168; *Wilsing*, in: Krieger/U. H. Schneider, Hdb. Managerhaftung, § 31 Rn. 24.

745 *Ziemons*, in: MHLS, GmbHG, § 43 Rn. 67.

746 So aber *Bicker*, AG 2014, 8, 12.

747 Vgl. statt vieler BGHZ 34, 169 = NJW 1961, 822; BGHZ 59, 82 = NJW 1972, 1575; BGH, NJW 1984, 1746.

die die Sittenwidrigkeit begründenden Umstände. So geht ein im Außenverhältnis nach § 138 BGB nichtiges Rechtsgeschäft regelmäßig mit der Verletzung der Legalitätspflicht des Geschäftsleiters im Innenverhältnis einher. Der Geschäftsleiter hat – abgesehen von seiner eigenen Bindung an Gesetz und Recht – für die Einhaltung der gesetzlichen Bestimmungen und unternehmensinternen Richtlinien durch die nachgeordneten Mitarbeiter zu sorgen. Verstößt die Gesellschaft gegen eine Norm des deutschen Rechts im Außenverhältnis, wie z. B. § 138 BGB, setzt der Geschäftsleiter sich zugleich regelmäßig über die im Innenverhältnis geltende Legalitätspflicht hinweg. Jedoch zeigt die häufig in diesem Zusammenhang herangezogene frühere Rechtsprechung des BGH zu Schmiergeldzahlungen im Ausland[748], dass diese Regelmäßigkeit der Verknüpfung der Pflichten im Außen- und Innenverhältnis keinen Automatismus darstellt. So nahm der BGH zwar an, dass die Vereinbarung, durch die ein ausländischer Beamter in strafbarer Weise gegen Zahlung eines Schmiergeldes die Vornahme einer bestimmten Amtshandlung verspricht, nach § 138 BGB nichtig sei.[749] Allerdings könne von einem deutschen Unternehmen nicht erwartet werden, dass er in den Ländern, in denen staatliche Aufträge nur durch Bestechung der zuständigen Staatsorgane zu erlangen seien, auf dieses Mittel völlig verzichte und damit das Geschäft weniger gewissenhaften Konkurrenten überließe.[750] Er werde daher seinen Angestellten und Handelsvertretern, die bei der Bewerbung um solche Aufträge in ortsüblicher Weise mit Schmiergeldern arbeiten, nicht den Vorwurf einer Verletzung ihrer Dienst- oder Vertragspflichten machen können.[751] Wenngleich zurecht angezweifelt werden kann, dass der BGH damit ein allgemein gültiges Prinzip hinsichtlich der Reichweite der Legalitätspflicht in Bezug auf ausländisches Recht statuieren wollte,[752] wird dennoch deutlich, dass die Frage der rechtlichen Anerkennung einer Pflicht von den Innenpflichten des Geschäftsleiters zu separieren ist. Jedenfalls kann nicht angenommen werden, dass der BGH bei der Erfüllung ausländischer Pflichten von einer für die deutsche Gesellschaft bindenden Pflicht ausgegangen ist. Die Legalitätspflicht umfasst bei grenzüberschreitenden Lebenssachverhalten alle deutschen Vorschriften, die unmittelbar Bindungswirkung entfalten und damit juristische Geltung beanspruchen. Darüber hinaus erstreckt sich die Legalitätspflicht auch

---

748 BGHZ 94, 268 = NJW 1985, 2405.

749 BGHZ 94, 268 = NJW 1985, 2405, 2406.

750 BGHZ 94, 268 = NJW 1985, 2405, 2406.

751 Aufgrund des OECD-Übereinkommen über die Bekämpfung der Bestechung ausländischer Amtsträger im internationalen Geschäftsverkehr vom 17.12.1997 sind derartige Bestechungshandlungen nunmehr auch nach deutschem Recht strafbar und demzufolge von der Legalitätspflicht umfasst, vgl. hierzu §§ 299 ff. StGB, zur Rechtsentwicklung *Fleischer*, in: BeckOGK, AktG, § 93 Rn. 33 f.

752 *Rowold*, Pflichten und Handlungsmöglichkeiten von Vorstandsmitgliedern bei internationalen Normenkonflikten, 2020, S. 87.

auf ausländische Normen, die aufgrund von nationalem oder supranationalem Kollisionsrecht anzuwenden sind und damit auf einen deutschen Rechtsanwendungsbefehl beruhen. Ausländische Normen, die lediglich über das ausländische Kollisionsrecht anwendbar sind und damit keine innerstaatliche Geltung beanspruchen, sind *a priori* vom Anwendungsbereich der Legalitätspflicht auszunehmen. Etwas anderes gilt dann, wenn sie über das Einfallstor der Sittenwidrigkeit gemäß § 138 BGB Eingang in die deutsche Rechtsordnung finden, wovon im Falle des Widerspruchs zu deutschem Recht jedoch nicht auszugehen ist.

Selbst wenn von einer strikten Geltung des jeweils anwendbaren nationalen und ausländischen Rechts auszugehen wäre, wie es teilweise vertreten wird,[753] soll dies nur gelten, wenn die ausländischen Pflichten dem *Ordre Public* nach deutschem Rechtsverständnis[754] standhalten und nicht im Widerspruch zur deutschen Rechtsordnung stehen.[755] Im Falle des Widerspruchs zwischen dem Cloud Act und der DSGVO ist aber gerade dies der Fall. So verpflichtet der Cloud Act Unternehmen im Falle einer Offenlegungspflicht der US-Behörde personenbezogene Daten zu offenbaren, deren Übermittlung nach der DSGVO unzulässig ist. Letztlich kommen Vertreter dieser Ansicht daher zu demselben Schluss, dass ausländische Normen des Cloud Act nicht von der Legalitätspflicht umfasst sind.

Im Ergebnis bedeutet dies jedoch nicht, dass dem bewussten Rechtsverstoß gegen ausländisches Recht innerhalb der Verhaltenspflichten des Vorstands keine Bedeutung zukommt. Die Pflicht zur Einhaltung des ausländischen Rechts folgt aus der allgemeinen Sorgfaltspflicht des § 93 Abs. 1 Satz 1 AktG bzw. § 43 Abs. 1 GmbHG des Geschäftsleiters gegenüber der Gesellschaft. So schließt die fehlende Bindungswirkung einer Norm im Innenverhältnis freilich nicht aus, dass ein Verstoß mit Blick auf drohende Sanktionen bzw. Bußgelder aufgrund der allgemeinen Schadensabwendungspflicht pflichtwidrig sein kann.[756] Die Verletzung der sich aus der allgemeinen Pflicht zur sorgfältigen Leitung im Unternehmensinteresse ergebende Schadensabwendungspflicht ist dabei – ebenso wie die Legalitätspflicht – durchaus geeignet, die Haftung nach § 93 Abs. 2 AktG auszulösen.[757] Unter welchen Voraussetzungen dies der Fall ist, wird an späterer Stelle zu untersuchen sein.[758]

---

753 Vierter Teil, B. I. 1. d) aa).

754 So *Bicker*, AG 2014, 8, 14.

755 *Mertens/Cahn*, in: KölnKommAktG, § 93 Rn. 73.

756 *Cichy/Cziupka*, BB 2014, 1482, 1484; *Fleischer*, in: BeckOGK, AktG, § 93, Rn. 34; *Koch*, in: Hüffer/Koch, AktG, § 93 Rn. 6a; *Louven*, KSzW 2016, 241, 246; *Simon/Merkelbach*, AG 2014, 318, 319.

757 *Poelzig/Thole*, ZGR 2010, 844.

758 Viertel Teil, B. II. 1.

e) Zusammenfassung

Die DSGVO entfaltet als Verordnung der EU in Deutschland gemäß Art. 288 Abs. 2 AEUV unmittelbare Geltung. Sich daraus ergebene Pflichten fallen daher unter die Legalitätspflicht. Zwar umfasst die Legalitätspflicht auch ausländisches Recht. Jedoch gilt dies nur dann, wenn dieses kollisionsrechtlich anerkannt oder über deutsches Sachrecht Eingang findet. Infolgedessen umfasst die Legalitätspflicht nicht die Einhaltung ausländischen Rechts und damit verbundene Pflichten, die eine Offenlegung personenbezogener Daten gegenüber US-amerikanische Behörden verlangt. Dies bedeutet zugleich, dass eine Zuwiderhandlung gegen die Offenlegungspflicht gegenüber der US-Behörde auf Grundlage des Cloud Act kein Verstoß gegen die Legalitätspflicht im deutschen Recht begründet. Nichtdestotrotz ist sie unter bestimmten Voraussetzungen im Rahmen einer Sorgfaltspflicht im engeren Sinne zu beachten. Dies gilt insbesondere sofern ihre Nichtbeachtung zu Bußgeldzahlungen führen kann.

2. Umfang der Legalitätspflicht

Im Hinblick auf das weitreichende Pflichtengefüge, das die Legalitätspflicht abdeckt, stellt sich die Frage, wo die Grenzen der Legalitätspflicht liegen. So wird in verschiedenen rechtlichen Konstellationen vertreten, die Strenge der Legalitätspflicht zu durchbrechen, weil sie ansonsten ein unverhältnismäßiges Haftungsrisiko begründen würde. Z. B. ist weitestgehend anerkannt, dass sich die Legalitätspflicht nicht auf vertragliche Gesellschaftspflichten erstreckt, was letztlich damit begründet werden kann, dass die Vertragspflichten einer Gesellschaft keine Rechtsnormqualität aufweisen.[759] Im Hinblick auf die Reichweite der Legalitätspflicht sind insbesondere solche Ausnahmen in den Blick zu nehmen, die im Falle der vorliegenden Pflichtenkollision geeignet sind, die Legalitätspflicht zu durchbrechen und so einem Haftungsrisiko des Geschäftsleiters zu entgehen. Die Untersuchung etwaiger Ausnahmen von der Legalitätspflicht erfolgt dabei stets unter der Prämisse, dass gegen die DSGVO verstoßen wird, da – wie eben festgestellt – nur hinsichtlich der DSGVO eine Legalitätspflicht anzunehmen ist.

a) Business Judgement Rule

Muss der Geschäftsleiter sich zwischen einem Verstoß gegen die Offenlegungspflicht einer US-Behörde und einem Verstoß gegen die DSGVO entscheiden, könnte erwogen werden, es handele sich bei dieser Entscheidung um einen Fall der *Business Judgement Rule.* Die durch das UMAG[760] in § 93 Abs. 1 Satz 2 AktG

759 Statt vieler *Habersack*, NZG 2016, 321, 324; *Heermann*, NJW 2016, 1687, 1691; *Koch*, in: Hüffer/Koch, AktG, § 93 Rn. 17; *ders.*, ZGR 2006, 769; *Spindler*, in: MüKo AktG, § 93 Rn. 102; *Ziemons*, in: MHLS, GmbHG, § 43 Rn. 76.

760 Gesetz zur Unternehmensintegrität und Modernisierung des Anfechtungsrechts vom 22.9.2005, BGBl. S. 2802.

normierte *Business Judgement Rule* ermöglicht eine Haftungsfreistellung für fehlgeschlagene unternehmerische Entscheidungen und gewährt dem Vorstand damit einen gewissen haftungsfreien Ermessensspielraum, wie er seit der ARAG/Garmenbeck-Entscheidung des BGH[761] anerkannt ist. Demnach liegt keine Pflichtverletzung vor, wenn das Vorstandsmitglied bei einer unternehmerischen Entscheidung vernünftigerweise annehmen durfte, auf der Grundlage angemessener Informationen zum Wohle der Gesellschaft zu handeln. Gerade unternehmerische Entscheidungen sind typischerweise Entscheidungen unter Unsicherheit, denen größtenteils prognostische Elemente zugrunde liegen und die nicht der ex-post eingreifenden gerichtlichen Kontrolle unterliegen sollen. Dabei erscheint jedoch der Begriff der unternehmerischen Entscheidung problematisch. Zwar sollen unternehmerische Entscheidungen infolge ihrer Zukunftsbezogenheit durch Prognosen und nicht durch justiziable Einschätzungen geprägt sein.[762] Jedoch unterliegen auch viele Entscheidungen, z. B. unternehmenspolitischer Natur, einem prognostischen Risiko. Aufgrund des umfassenden Geltungsanspruchs der Rechtsordnung sind gesetzliche Vorschriften jedoch stets einzuhalten. Durch diese Eingrenzung auf unternehmerische Entscheidungen ist die *Business Judgement Rule* nur in bestimmten Entscheidungssituationen einschlägig. § 93 Abs. 1 Satz 2 AktG greift daher nicht bei rechtlich gebundenen Entscheidungen, d. h. Treuepflichten, Informationspflichten und sonstigen Gesetzes- und Satzungsverstößen[763] und findet somit keine Anwendung auf die Auslegung gesetzlicher Pflichten durch den Geschäftsleiter. Da es sich bei der Einhaltung der DSGVO um eine rechtlich gebundene Entscheidung handelt, kommt eine Haftungsentlastung nach § 93 Abs. 1 Satz 2 AktG grundsätzlich nicht in Betracht.

b) Nützliche Rechtsverstöße

Im Zusammenhang mit der Reichweite der Legalitätspflicht, aber auch im Kontext mit nationalen und internationalen Pflichtenkollisionen im Allgemeinen, wird kontrovers diskutiert, ob sich die Geschäftsleiter im Innenverhältnis darauf berufen können, dass der Rechtsbruch subjektiv im Interesse der Gesellschaft und objektiv zu deren Nutzen erfolgte.[764] Die dahinterstehende Frage ist, ob die Nützlichkeit der Gesetzesverletzungen den Vorwurf einer Sorgfaltspflichtverletzung

---

761 BGH, Urteil vom 21.4.1997 – II ZR 175/95 (Düsseldorf), NJW 1997, 1926, 1927.

762 *Spindler*, AG 2013, 889, 891.

763 *Buchta*, DB 2006, 1939; *Schäfer*, ZIP 2005, 1253, 1256; *Zimmermann*, WM 2008, 433, 435.

764 Vgl. *Bayer*, in: FS K. Schmidt, 2009, S. 85, 90; *Fleischer*, ZIP 2005, 141, 145; *ders.*, in: in BeckOGK, AktG, § 93 Rn. 36; *Habersack*, in: FS U.H. Schneider, 2011, S. 437 ff.; monografisch *Harzenetter*, Innenhaftung des Vorstands der Aktiengesellschaft für so genannte nützliche Pflichtverletzungen, 2008, passim; *Thole*, ZHR 173 (2009), 504, 512 f.

nach § 93 Abs. 1 Satz 1 AktG entfallen lässt.[765] Im Hinblick auf den Widerspruch stellt sich die Frage, ob die Nützlichkeit eines Verstoßes gegen die DSGVO, in den USA keinen haftungsrechtlichen Konsequenzen ausgesetzt zu sein, eine Ausnahme der Legalitätspflicht begründet.

Der Konflikt bei den sog. nützlichen Rechtsverstößen besteht darin, dass das durch den Geschäftsleiter vorgenommene und der Gesellschaft zuzurechnende gesetzeswidrige Verhalten finanzielle Einbußen für das Unternehmen verursacht und damit mit der allgemeinen Aufgabe des Geschäftsleiters divergiert, drohende wirtschaftliche Schäden von der Gesellschaft abzuwenden. Entscheidet der Geschäftsleiter sich aufgrund von Zweckmäßigkeitsüberlegungen gegen die DSGVO zu verstoßen und der Offenlegungspflicht gegenüber der US-amerikanischen Behörde nachzukommen, droht der Gesellschaft ein hohes Bußgeld. Entscheidet sich der Geschäftsleiter aufgrund von Zweckmäßigkeitsüberlegungen der Offenlegungspflicht der US-amerikanischen Behörde nicht nachzukommen und DSGVO-konform zu handeln, droht der Gesellschaft ebenfalls ein der Höhe nach unbestimmtes Bußgeld nach amerikanischem Recht. Aus rein betriebswirtschaftlichen Gesichtspunkten wird sich der Geschäftsleiter regelmäßig für die im Ergebnis mildere Strafe und damit für das „geringere Übel" entscheiden, was letztlich der Gesellschaft zugutekommt. In diesem Fall stellt sich die Frage des nützlichen Rechtsverstoßes.

Im Schrifttum finden sich zu der vor wenigen Jahren noch rudimentär behandelten Frage der nützlichen Rechtsverstöße[766] mittlerweile eine ganze Reihe an wissenschaftlichen Auseinandersetzungen aus deutscher Sicht.[767] Die dazu vertretenen Auffassungen lassen sich im Wesentlichen in zwei Ansichten zusammenfassen. So wird teilweise vertreten,[768] die Zulässigkeit des nützlichen Rechtsverstoßes sei an die Schwere und die Bedeutung des jeweiligen Rechtsverstoßes anzuknüpfen. Die noch deutlich herrschende Auffassung[769] wendet sich strikt gegen die

---

765 *Fleischer*, ZIP 2005, 141, 142.

766 Vgl. *Fleischer*, ZIP 2005, 141 („im aktienrechtlichen Verantwortlichkeitsrecht bislang wenig Aufmerksamkeit gefunden").

767 Vgl. etwa *Habersack*, in: FS U. H. Schneider, 2011, S. 435; *Kocher*, CCZ 2009, 215, 218; *Kort*, in: FS Hopt, 2010, S. 992 f.; *Spindler*, in FS Canaris Bd. II, 2007, S. 425 f.; *Thole*, ZHR 173 (2009), 504, 512.

768 Vgl. etwa *Glöckner/Müller-Tautphaeus*, AG 2001, 344, 345; *Habersack*, in: FS U. H. Schneider, 2011, S. 439; *Kocher*, CCZ 2009, 215, 218; *U. H. Schneider*, in: FS Hüffer, 2010, S. 909; ähnlich *Fleischer*, ZIP 2005, 141, 149, der sich für einen „Schuss Pragmatismus" für die Lösung von Sonderfällen ausspricht.

769 Statt vieler BGHSt 55, 288 = NJW 2011, 88, 92; BGHSt 55, 266 = NJW 2010, 3458; OLG Karlsruhe, NZG 2013, 1177, 1178 f.; LAG Düsseldorf, (Teil-)Urteil vom 20.1.2015 – 16 Sa 459/14, NZG 2015, 185, 185 f.; *Bayer*, GmbHR 2014, 897, 900; *Fleischer*, in: BeckOGK, AktG § 93 Rn. 50; *ders.*, ZIP 2005, 141, 145; *Habersack*, FS U. H. Schneider, 2011, S. 435; *Hölters*, in: Hölters, AktG, § 93 Rn. 75; *Hopt/Roth*, in: GroßkommAktG, § 93

Berücksichtigung betriebswirtschaftlicher Gesichtspunkte auf Ebene der Pflichtverletzung und lehnt einen nützlichen Rechtsverstoß ab.

aa) Begriff der Nützlichkeit

Wenngleich der Begriff der Nützlichkeit im deutschen Schrifttum nicht abschließend geklärt ist, wird hierunter weitestgehend eine faktisch-ökonomische Sichtweise zugrunde gelegt, wonach finanzielle Vorteile die Nachteile eines Verhaltens überwiegen.[770] So soll die Verletzung von Gesetzesvorschriften dazu dienen, Gewinne des Unternehmens zu erhöhen.[771] Eine Nützlichkeit des Rechtsverstoßes ist regelmäßig dann anzunehmen, wenn die prognostizierten Vorteile im Ergebnis – bei rein wirtschaftlicher Betrachtung aus Sicht des Unternehmens – den drohenden Schaden überwiegen.[772] Insoweit könnte bereits die Frage gestellt werden, ob das Konstrukt des nützlichen Rechtsverstoßes – unabhängig von dessen Anerkennung – auf die hier vorliegende Situation anzuwenden ist. Denn der Geschäftsleiter kann sich lediglich entscheiden, entweder gegen die Offenlegungspflicht der US-amerikanischen Behörde oder gegen die DSGVO zu verstoßen. In beiden Fällen drohen der Gesellschaft Sanktionen in Form eines Bußgeldes. Der Vorteil, der der Gesellschaft daraus erwächst, besteht darin, nicht mit einer ggf. höheren Sanktion belegt zu werden, weil die jeweilige Pflicht eingehalten wird. Anders als die im Rahmen des nützlichen Rechtsverstoßes regelmäßig wiederkehrenden Beispiele[773] basiert der Vorteil nicht ausschließlich auf der Handlung, sich gegen einen Rechtsverstoß zu entscheiden. Vielmehr ist es das Ergebnis einer mit der Handlung einhergehenden Unterlassung, gegen ein Gesetz zu verstoßen. Allerdings muss der Vorteil im Rahmen einer nützlichen Pflichtverletzung nicht zwangsläufig in einem Gewinn für die Gesellschaft bestehen. Vielmehr kann auch die Abwendung eines höheren Bußgelds als Vorteil i. S. e. nützlichen Rechtsverstoßes für die Gesellschaft qualifiziert werden.

Rn. 134; *Ihrig*, WM 2004, 2098, 2104; *Mertens/Cahn*, in: KölnKommAktG, § 93 Rn. 71; *Oetker*, in: Henssler/Strohn, GesR, § 43 GmbHG Rn. 25; *Raiser/Veil*, KapGesR § 14 Rn. 81; *U. Schmidt*, in: Heidel, AktG, § 93 Rn. 10; *U. H. Schneider*, FS Hüffer, 2010, S. 909; *Thole*, ZHR 173 (2009), 504, 513; kritisch hierzu *Brock*, Legalitätsprinzip und Nützlichkeitserwägungen, 2017, 280 ff.

770 *Thole*, ZHR 173 (2009), 504, 512 f.

771 *Thole*, ZHR 173 (2009), 504, 512 f.

772 So auch *Fleischer*, ZIP 2005, 141; ausführlich zum Begriff der Nützlichkeit *Harzenetter*, Haftung für nützliche Pflichtverletzungen, 2008, 43 ff.

773 *Fleischer*, ZIP 2005, 141.

bb) Zulässigkeit eines nützlichen Rechtsverstoßes

Insbesondere im US-amerikanischen Schrifttum wird die Zulässigkeit nützlicher Rechtsverstöße bejaht.[774] Relevant für die Ermittlung der Geschäftsleiterpflichten sei demnach einzig und allein eine Kosten-Nutzen-Rechnung aus ökonomischer Sicht.[775] In diesem Fall wird aufgrund ökonomischer Vorteile eines Verstoßes eine Ausnahme der Legalitätspflicht zugelassen. Trotz eindeutiger Gesetzeswidrigkeit des Verhaltens wäre eine Pflichtverletzung des Organs gegenüber der Gesellschaft in diesem Fall abzulehnen. Nur wenn die Gesetzesverletzung *ex ante* wirtschaftlich negativ für das Unternehmen ist, soll eine Pflichtverletzung des Geschäftsleiters für rechtswidriges Verhalten in Betracht kommen.[776] Allerdings entfällt die Pflichtwidrigkeit von Rechtsverstößen nicht bereits deshalb, weil sie im Interesse der Gesellschaft begangen wurde. Wie in der Literatur zutreffend festgestellt wird, sei die Rechtsordnung keine beliebige, ökonomischen Erwägungen zugängliche Richtlinie, sondern das obligatorische Grundgerüst eines funktionierenden Zusammenlebens.[777] Wie jedes Rechtssubjekt ist auch der Geschäftsleiter als originärer Pflichtenadressat der von der Rechtsordnung ausgehenden unmittelbaren Pflichtenbindung unterworfen.[778]

Sofern eine differenzierende Ansicht eine entsprechende Berücksichtigung von Nützlichkeitserwägungen von der Bedeutung des Rechtsverstoßes für die Allgemeinheit abhängen lassen will, kann dem entgegengehalten werden, dass es keine Rechtsnormen zweiter Klasse gibt, die von der organschaftlichen Legalitätspflicht auszunehmen seien. Auch Ordnungswidrigkeiten sind im öffentlichen Interesse erlassen und erheben unter Sanktionierung eines rechtswidrigen und vorwerfbaren Verhaltens Anspruch auf unbedingte Einhaltung.[779] Die Differenzierung

---

774 *Easterbrook/Fischel*, 80 Mich. L. Rev. (1981–1982), 1155 f.; *Engel*, 32 Stan. L. Rev. 1 (1979), 1; *Ryan*, 66 Wash. L. Rev. (1991), 413, 455.

775 Vgl. *Easterbrook/Fischel*, 80 Mich. L. Rev. (1981–1982), 1155, 1168 (Fn. 36): „Managers have no general obligation to avoid violating regulatory laws, when violations are profitable to the firm, because the sanctions set by the legislature and courts are a measure of how much firms should spend to achieve compliance."; so auch *Engel*, 32 Stan. L. Rev. 1 (1979), 1.

776 Vgl. *Ulen*, Wis. L. Rev. (1997), 433, 436.

777 *Breitenfeld*, Organschaftliche Binnenhaftung, 2016, S 138.

778 *Breitenfeld*, Organschaftliche Binnenhaftung, 2016, S. 139.

779 *Mertens/Cahn*, in: KölnKommAktG, § 93 Rn. 11; *Spindler* in FS Canaris Bd. II, 2007, S. 412; *ders.*, in MüKo AktG, § 93 Rn. 87; *Thole*, ZHR 173 (2009), 504, 520; kritisch *Fleischer*, ZIP 2005, 141, 149, der lediglich in seltenen Grenzfällen eine Differenzierung nicht ausschließt; a. A. aber *Paefgen*, Unternehmerische Entscheidungen und Rechtsbindung der Organe in der AG, 2002, S. 25; *U.H. Schneider*, in: FS Hüffer, 2010, S 909, 910.

zwischen Strafrechts- und Ordnungswidrigkeitsnormen ist darüber hinaus dogmatisch schwer haltbar und ohne Stütze im Gesetz.[780]

Die Theorie eines effizienten Gesetzesbruchs (*efficient breach of public law*), wie sie teilweise in den Vereinigten Staaten vertreten wird, ist in der deutschen Rechtsordnung nicht anzuerkennen.[781] Im Gegenteil finden sich im Aktiengesetz Anhaltspunkte, die deutlich machen, dass der unternehmerischen Tätigkeit durch gesetzliche Pflichten Grenzen gesetzt sind. So nimmt § 93 Abs. 4 AktG eine Entlastung des Vorstands nur bei Befolgung gesetzesmäßiger Beschlüsse der Hauptversammlung an. § 82 Abs. 2 AktG bindet den Vorstand an die ihm auferlegten Beschränkungen, die im Rahmen der Vorschriften über die Aktiengesellschaft zulässig sind. Aber auch § 396 AktG, der vielfach zur Begründung der Legalitätspflicht herangezogen wird, macht deutlich, dass Rechtsverletzungen durch Vorstände nicht geduldet sind.[782] Mit der überwiegenden Ansicht einhergehend,[783] ist der nützliche Rechtsverstoß daher abzulehnen. Wenngleich dem effizienten Gesetzesbruch aus ökonomischen Gesichtspunkten eine gewisse *ratio* abzugewinnen ist, steht die Einhaltung gesetzlicher Pflichten nicht zur Disposition des Geschäftsleiters. Dies gilt unabhängig von Außen- und Innenverhältnis. Wie jedes andere Rechtssubjekt unterliegt er einer unmittelbaren Pflichtenbindung. Für Nützlichkeitserwägungen ist insoweit kein Raum.

Zur Begründung kann der für alle Gesellschaften geltende allgemeine Rechtssatz angeführt werden, nach dem die Einhaltung der Gesetzesbestimmungen dem Gesellschaftsinteresse vorgeordnet ist.[784]

c) Unklare oder umstrittene Rechtslage

Auch die Anerkennung eines rechtlichen Einschätzungsspielraums i. R. e. *Legal Judgement Rule* ist immer wieder Gegenstand des Diskurses um die Reichweite der Legalitätspflicht.[785] So soll dem Vorstandsmitglied dann ein Ermessensspielraum

---

780 *Dreher*, in: FS Konzen, 2006, S. 92.

781 *Bayer*, FS K. Schmidt, 2009, S. 91; *Fleischer*, ZIP 2005, 141, 147.

782 *Fleischer*, ZIP 2005, 141, 148; *Thole*, ZHR 173 (2009), 504, 514.

783 Statt vieler *Bayer*, in: FS K. Schmidt, 2009, S. 91; *Beurskens*, in: Baumbach/Hueck, GmbHG, § 43 Rn. 12 f.; *Binder*, AG 2008, 274, 279; *Fleischer*, ZIP 2005, 141, 145; *Götze/Bicker*, in: Krieger/U. H. Schneider, Hdb Managerhaftung, § 30 Rn. 40; *Hölters*, in: Hölters, AktG, § 93 Rn. 75; *Hopt/Roth*, in: GroßKommAktG, § 93 Rn. 134; *Ihrig*, WM 2004, 2098, 2104; *Mertens/Cahn*, in: KölnKommAktG, § 93 Rn. 34; *Raiser/Veil*, KapGesR, § 14 Rn. 81; *Spindler*, in: FS Canaris Bd. II, 2007, S. 425; *Thole*, ZHR 173 (2009), 504, 512; *Ziemons*, in: MHLS, GmbHG, § 43 Rn. 74 f.

784 *Fleischer*, ZIP 2005, 141, 148.

785 Statt vieler *Binder/Kraayvanger*, BB 2015, 1219, 1221 f.; *Buck-Heeb*, BB 2013, 2247; *Bürkle*, VersR 2013, 792, 793; *Hasselbach/Ebbinghaus*, AG 2014, 873, 874; *Kocher*, CCZ 2009, 215, 217; *Nietsch*, ZGR 2015, 631, 648 ff.; *Paefgen*, AG 2014, 554, 559 f.; *Seibt/Cziupka*, AG 2015, 93, 99.

eingeräumt werden, wenn es sich um eine unklare oder umstrittene Rechtslage handelt. Unabhängig von der Anerkennung einer sog. *Legal Judgement Rule* handelt sich jedoch bei den Vorschriften der DSGVO, die sich zu einer Offenlegungspflicht auf Grundlage des Cloud Act in Widerspruch setzen, nicht um eine unklare oder umstrittene Rechtslage. Von einer solchen Rechtslage ist insbesondere dann auszugehen, wenn innerhalb ein und derselben Rechtsordnung gerichtliche Entscheidungen bezüglich der Rechtslage fehlen oder divergierende Rechtsprechungen existieren. Denkbar ist auch, dass nur vereinzelte Rechtsprechung, aber keine höchstrichterliche Entscheidung vorliegt oder ein OLG und das Schrifttum unterschiedliche Rechtsmeinungen vertreten. Im Falle des Widerspruchs zwischen dem Cloud Act und der DSGVO sind die Rechtspflichten der Gesellschaft jedoch evident. Aufgrund dessen ist der Vorstand gezwungen, sich bewusst gegen eine Rechtsordnung zu entscheiden und gegen diese zu verstoßen.

d) Entschuldigender Rechtsirrtum

Etwas anderes könnte dann gelten, wenn sich der Geschäftsleiter auf einen entschuldigenden Rechtsirrtum berufen könnte, welcher sein Verschulden i. R. d. § 93 Abs. 2 AktG bzw. § 43 Abs. 2 GmbHG entfallen ließe. Denkbar ist etwa, dass sich der Geschäftsleiter in dem Irrtum darüber befindet, dass eine Offenlegung nach der DSGVO zulässig oder die DSGVO nicht anwendbar ist. Z. B. könnte der Geschäftsleiter eines Unternehmens irrtümlich annehmen, eine Offenlegung personenbezogener Daten gegenüber einer US-amerikanischen Behörde sei aufgrund deren behördlichen Anordnung nach Art. 6 bzw. Art. 44 ff. DSGVO zulässig oder die behördliche Anordnung nach 18 U.S.C. §§ 2703, 2713 sei gegenüber der DSGVO höherrangig, sodass die DSGVO hinter ihr zurücktrete. Der Geschäftsleiter nimmt in diesem Fall eine fehlerhafte juristische Wertung vor. An das Vorliegen eines sog. unverschuldeten Rechtsirrtums im Innenverhältnis, der eine Haftung nach § 93 Abs. 2 AktG, § 43 Abs. 2 GmbHG entfallen lässt, sind jedoch strenge Maßstäbe anzulegen.[786] Um einen unverschuldeten Rechtsirrtum darzulegen, muss nach ständiger Rechtsprechung des BGH die Rechtslage sorgfältig geprüft, soweit erforderlich Rechtsrat eingeholt und die höchstrichterliche Rechtsprechung sorgfältig beachtet werden.[787] Dabei trifft den Geschäftsleiter grundsätzlich das Risiko, die Rechtslage zu verkennen.[788] So ist ein Rechtsirrtum nicht entschuldigt, wenn eine Überprüfung der Rechtslage unterlassen worden ist.[789] Im Falle der Verkennung der Anwendbarkeit der DSGVO wird kaum anzunehmen sein, dass der Geschäftsleiter nach sorgfältiger Prüfung der Rechtslage einen vertretbaren Rechtsstandpunkt

786 BGH, Urteil vom 20.9.2011 – II ZR 234/09, NZG 2011, 1271, 1273 – „Ision".
787 BGH, Urteil vom 20.9.2011 – II ZR 234/09, NZG 2011, 1271, 1273 – „Ision" m. w. N.
788 Vgl. BGH, Beschluss vom 29.6.2010 – XI ZR 308/09 (OLG Hamm); BGH, Beschluss vom 21.12.1995 – V ZB 4/94 (KG), NJW 1996, 1216, 1218.
789 BGH, Urteil vom 20.9.2011 – II ZR 234/09, NZG 2011, 1271, 1273 – „Ision".

eingenommen hat. Denn anders als bei Vorliegen einer unsicheren Rechtslage ist bei der Verkennung der anwendbaren Gesetze die Glaubwürdigkeit des Einwandes, eine sorgfältige Prüfung der Rechtslage vorgenommen zu haben, als gering einzuschätzen. Insoweit wird sich der Geschäftsleiter i. d. R. nicht auf einen entschuldigenden Rechtsirrtum berufen können.

e) Überwiegendes Unternehmensinteresse

Insbesondere in solchen Fällen, in denen die deutsche und die ausländische Rechtsordnung in einem zunächst unauflösbaren Widerspruch stehen, verpflichtet die Legalitätspflicht den Geschäftsleiter zur Einhaltung deutschen Rechts. *Vice versa* muss der Geschäftsleiter ggf. drohende ausländische Sanktionen in Kauf nehmen. Die Höhe der Sanktionen ist dabei unbeachtlich. Dem Geschäftsleiter ist aufgrund seines Pflichtenregimes eine Risikoabwägung verwehrt, wie sie aus betriebswirtschaftlicher Sicht sinnvoll wäre. Aufgrund dessen wird vorgeschlagen, eine Ausnahme von der Legalitätspflicht zu machen und den Geschäftsleiter im Innenverhältnis dazu zu berechtigen, unter Abwägung der Gesellschaftsinteressen eine unternehmerische Entscheidung zu treffen.

Während in der Literatur bei der Abwägung der Handlungsalternativen teilweise lediglich auf einen unternehmerischen Ermessensspielraum verwiesen wird, wollen andere zur Auflösung der Pflichtenkollision ein sog. 3-Stufen-Modell anwenden und das Pflichtenprogramm von Geschäftsleitern vor dem Hintergrund der Legalitätspflicht der Normenkonfliktsituation entsprechend anpassen. Demzufolge soll der Konflikt auf einer ersten Stufe durch Herstellung praktischer Konkordanz, auf einer zweiten Stufe durch Vorrang deutscher *Ordre-Public*-Vorschriften und auf einer dritten Stufe durch eine unternehmenswohlbezogene Interessenabwägung aufgelöst werden.[790] Eng mit dieser Ansicht verbunden ist die vereinzelt vertretene Auffassung, dass eine *de minimis*-Schwelle dahingehend gilt, dass die Verletzung von Vorschriften, die bloßes Ordnungsrecht darstellen, von der Legalitätspflicht nicht umfasst sind.

Gegen eine solche Anpassung des Pflichtenprogramms auf Ebene der Pflichtverletzung spricht, dass die aus der Gesetzespflicht resultierende Legalitätspflicht – anders als unternehmerische Entscheidungen – nicht dispositiv ist und daher nicht abbedungen werden kann. Dies gilt jedenfalls, sofern die Legalitätspflicht als Ausprägung der Gesetzespflicht erfasst wird.[791] Von zentraler Bedeutung und häufig übersehen ist, dass die Legalitätspflicht nicht einfach die strikte Bindung an das Gesetz bedeutet, sondern dass auch insoweit sehr wohl bestimmte Ermessensspielräume bestehen.[792] Doch selbst wenn im Falle des Widerspruchs ein solches 3-Stufen-Modell angewendet wird, genießen die Vorschriften der DSGVO gegenüber

---

790 *Seibt*, ZIP 2016, Beilage zu Heft 22, 73, 76.

791 Vgl. *Hopt/Roth*, in: GroßKommAktG, § 93 Rn. 74.

792 *Hopt/Roth*, in: GroßKommAktG, § 93 Rn. 74.

dem ausländischen Cloud Act im Ergebnis Vorrang, weil sich diese in Widerspruch zueinander setzen und auf zweiter Stufe des 3-Stufen-Modells den deutschen *Ordre-Public*-Vorschriften Vorrang eingeräumt wird. Im Ergebnis ist nach dieser Auffassung daher im vorliegenden Fall keine Ausnahme der Legalitätspflicht hinsichtlich der Vorschriften der DSGVO anzunehmen.

3. *Kein Gleichlauf zwischen Innen- und Außenverhältnis*

Während in Bezug auf einen Verstoß gegen die DSGVO von einem strikten Gleichlauf zwischen der bußgeldrechtlichen Verantwortlichkeit der Gesellschaft im Außenverhältnis und einer Pflichtverletzung im Innenverhältnis auszugehen ist, kann ein solcher nicht für die Zuwiderhandlung gegen 18 U.S.C. §§ 2703, 2713 angenommen werden. Letzteres widerspricht der teilweise im juristischen Schrifttum vertretenen Auffassung, wonach ein rechtswidriges Verhalten der Gesellschaft im Außenverhältnis eine Pflichtverletzung des Vorstands im Innenverhältnis impliziere.[793] In der Tat mutet es zunächst seltsam an, ein und demselben Verhalten des Geschäftsleiters im Außenverhältnis einer anderen Bewertung als im Innenverhältnis zuzuführen. So könnte angenommen werden, dass das Außen- und Innenverhältnis einheitlich zu bewerten sei,[794] was zu einem strikten Gleichlauf der organschaftlichen Innenhaftung mit der Außenhaftung der Gesellschaft führen würde. Allerdings lässt diese Annahme außer Acht, dass das Handeln des Geschäftsleiters stets zwei Aspekte aufweist. Zum einen erstreckt sich die Tätigkeit des Geschäftsleiters im Handeln der Gesellschaft, die als eigenständiges Rechtssubjekt im Rechtsverkehr tätig wird. Zum anderen handelt der Geschäftsleiter gegenüber der Gesellschaft. Dabei handelt es sich um zwei unterschiedliche Rechtsbeziehungen mit damit einhergehenden unterschiedlichen Verhaltens- und Pflichtenmaßstäben. So ergeben sich die Pflichten im Außenverhältnis aus den gesetzlichen und vertraglichen Verpflichtungen sowie den anerkannten Grundsätzen der Geschäftsmoral[795] und folgen damit einem festen Rahmen, der sich an einer effizienten Umsetzung der Rechtsordnung orientiert. Die Pflicht zur sorgfältigen Unternehmensleitung hingegen folgt einem im Einzelfall zu konkretisierenden Pflichtenmaßstab, der sich nach einem pflichtbewussten, selbständig tätigen Leiter eines Vergleichsunternehmens der konkreten Art[796] bemisst. Außerdem würde die Annahme eines strikten Gleichlaufs zwischen Innen- und Außenverhältnis faktisch zu einer unmittelbaren Außenhaftung der Geschäftsleiter führen. Zum einen würde dies den Pflichtenmaßstab des § 93 Abs. 1 Satz 1 AktG, wonach Vorstandsmitglieder die Sorgfalt eines ordentlichen Geschäftsleiters anzuwenden

---

793 Vgl. *Abeltshauser*, Leitungshaftung im Kapitalgesellschaftsrecht, 1998, S. 213; sowie bereits unter Vierter Teil, B. I. 1.

794 *Kaulich*, Die Haftung von Vorstandsmitgliedern, 2012, S. 106.

795 *Ziemons/Pöschke*, in: BeckOK, GmbHG, § 43 Rn. 51 m. w. N.

796 Viertel Teil B. I. 1. c).

haben, und die Haftungsprivilegierung in § 93 Abs. 1 Satz 2 AktG redundant werden lassen. Zum anderen steht dies im Widerspruch mit einer interessengerechten Risikoverteilung. So trägt die Gesellschaft den wirtschaftlichen Nutzen der Tätigkeit des Geschäftsleiters, der unternehmerische Geschäfte für das Unternehmen tätigt und ihr Vermögen mehrt. Es ist daher auch sachgerecht, wenn das damit verbundene Risiko in gebotenem Maße bei der Gesellschaft verbleibt.

Zusammenfassend ist zu konstatieren, dass es sich bei dem Innen- und Außenverhältnis um unterschiedliche Rechtsverhältnisse handelt, die unterschiedlichen Pflichtenstandards folgen. Demzufolge kann nicht von einem strikten Gleichlauf beider Rechtsverhältnisse ausgegangen werden. Vielmehr ist eine Differenzierung beider Rechtsverhältnisse aus rechtlicher und systematischer Sicht geboten. Es mutet daher nicht seltsam an, dass Verhalten des Vorstands, gegen den Cloud Act zu verstoßen, im Innenverhältnis anders zu beurteilen als im Außenverhältnis. Vielmehr ist dies unter Berücksichtigung des komplexen Pflichtenregimes des Geschäftsleiters und einer damit einhergehenden Haftung erforderlich.

4. Zusammenfassung und Zwischenergebnis

Es wurde herausgearbeitet, dass sich die Bewältigung des Widerspruchs zwischen dem Cloud Act und der DSGVO im Innenverhältnis maßgeblich an der Beurteilung der Reichweite der Legalitätspflicht orientiert. Dreh- und Angelpunkt ist dabei die Frage, ob die Legalitätspflicht ausländisches Recht umfasst. Die hiesigen Ausführungen haben gezeigt, dass die Legalitätspflicht des Geschäftsleiters die Einhaltung datenschutzrechtlicher Vorschriften beinhaltet. Insoweit ist auch keine Ausnahme der Legalitätspflicht im Falle des Widerspruchs zum Cloud Act zu machen. Verstößt der Geschäftsleiter gegen die DSGVO stellt dies zugleich eine Legalitätspflichtverletzung im Innenverhältnis dar. Der Cloud Act hingegen fällt nicht unter die Legalitätspflicht, weil er als ausländisches Recht, das im Widerspruch zu deutschem Recht steht, nicht geeignet ist, Pflichten für den Geschäftsleiter im Innenverhältnis zu statuieren. Folglich hat ein Verstoß gegen den Cloud Act nicht zwangsläufig eine Pflichtverletzung im Innenverhältnis zur Folge. Im Einzelfall kann ein solcher Verstoß jedoch im Rahmen der Sorgfaltspflicht gemäß § 93 Abs. 1 Satz 1 AktG Berücksichtigung finden, sofern der Geschäftsleiter mit einem bewussten Rechtsverstoß die Sorgfalt eines ordentlichen und gewissenhaften Geschäftsleiters außer Acht gelassen hat.

Unter Zugrundelegung der hier vertretenen Auffassung kann daher – anders als im Außenverhältnis – im Innenverhältnis im Falle des Widerspruchs nicht von einer Kollision zweier gesetzlicher Pflichten gesprochen werden. Vielmehr steht die gesetzliche Norm der DSGVO, wonach eine Datenübermittlung nur unter den dort genannten Voraussetzungen zulässig ist, und die damit einhergehende Legalitätspflicht der allgemeinen Aufgabe des Vorstands gegenüber, drohende wirtschaftliche Schäden von der Gesellschaft abzuwenden. Die Legalitätspflicht gebietet in diesem Fall die Einhaltung datenschutzrechtlicher Vorschriften, wonach eine Datenübermittlung in die USA nicht zulässig ist. Das wirtschaftliche Interesse der

Gesellschaft verlangt hingegen, Schäden nach US-amerikanischem Recht zu verhindern, indem der Offenlegungspflicht nachgekommen wird. Die hierfür allein fruchtbar zu machende Pflicht in Form der Schadensabwendungspflicht, die sich aus dem Sorgfaltsmaßstab des § 93 Abs. 1 Satz 1 AktG ergibt, erfasst zwar auch bzw. gerade aktives sorgfaltswidriges Verhalten des Organs. Allerdings ist zweifelhaft inwieweit ein Verhalten, das mit gesetzlichen Vorgaben des deutschen Rechts in Konflikt steht, zu verpflichtendem Inhalt einer unbestimmten Generalklausel wie der Sorgfaltspflicht in Form einer Schadensabwendungspflicht gemacht werden kann. Dies gilt es im Rahmen der Pflichtenkollision im Innenverhältnis näher zu untersuchen.

Zusammenfassend lässt sich feststellen, dass der Geschäftsleiter unter Berücksichtigung seines organschaftlichen Pflichtenregimes an die Einhaltung der Vorschriften der DSGVO im Innenverhältnis gebunden ist. Entscheidet er sich, z. B. aus wirtschaftlichen Gesichtspunkten, gegen die DSGVO zu verstoßen, haftet er gemäß § 93 Abs. 2 AktG im Innenverhältnis. Dies gilt jedoch nicht, wenn er sich zur Einhaltung der Vorschriften der DSGVO entscheidet und der Offenlegungspflicht gegenüber der US-Behörde nicht nachkommt. In diesem Fall kann ihm allein aufgrund des Verstoßes gegen 18 U.S.C. §§ 2703, 2713, was einen wirtschaftlichen Schaden zur Folge hat, kein Vorwurf gemacht werden. Dies bedeutet nicht, dass eine Haftung des Geschäftsleiters gänzlich ausgeschlossen ist. So kann ihm im Rahmen der Sorgfaltspflicht eine Pflichtverletzung vorgeworfen werden, wenn er die Sorgfalt eines ordentlichen und gewissenhaften Geschäftsleiters nicht eingehalten hat. Anknüpfungspunkt ist dann aber nicht der Gesetzesverstoß als solcher, sondern die im Einzelfall zu bestimmenden Anforderungen der Sorgfaltspflicht. Denkbar ist etwa, dass der Geschäftsleiter bereits dann pflichtgemäß handelt, wenn er den Umständen nach angemessene Informationen über die ausländische Rechtslage einholt und in sein Entscheidungskalkül miteinbezieht.[797] So wird regelmäßig zu erwarten sein, dass sich der Geschäftsleiter anhand entsprechender Kooperationsbemühungen und Kommunikation mit der zuständigen deutschen Datenschutzbehörde als auch der auskunftsverlangenden US-Behörde um eine Einigung bemüht.[798] Der Entwurf der EU-Kommission vom 12.11.2020[799] äußert sich konkret zu den Anforderungen und fordert neben einer Benachrichtigung des Betroffenen eine Überprüfung der Rechtmäßigkeit und Datenminimierung. Ist es dem Unternehmen untersagt, die betroffene Person zu informieren, soll dieses sich nach besten Kräften bemühen, eine Aufhebung des Verbots zu erwirken, um so

---

797 So im Ergebnis auch *Cichy/Cziupka*, BB 2014, 1482, 1485.

798 *Seibt*, ZIP 2016, Beilage zu Heft 22, 73, 76.

799 *EU-Kommission*, Entwurf vom 12.11.2020, Annex to the Commission implementing Decision on standard contractual clauses for the transfer of personal data to third countries pursuant to Regulation (EU) 2016/679 of the European Parliament and of the Council.

viele Informationen wie möglich und so schnell wie möglich mit der betroffenen Person zu teilen.[800] Das Unternehmen soll insbesondere überprüfen, ob die ersuchende Behörde sich im Rahmen der ihr eingeräumten Befugnisse bewegt und alle verfügbaren Rechtsmittel ausschöpft.[801]

II. Die Pflichtenkollision im Innenverhältnis

Unter Zugrundlegung der bisherigen Untersuchung scheint die Beantwortung der Frage nach dem gebotenen Handeln des Vorstands zur Lösung der Kollisionsproblematik auf der Hand zu liegen. Die Legalitätspflicht gebietet die Einhaltung der DSGVO, sodass der Vorstand sich regelmäßig für einen Verstoß gegen die Offenlegungspflicht auf Grundlage des Cloud Act entscheiden müsste.

1. Verdichtung zu einer Schadensabwendungspflicht

Im Einzelfall kann dieser Grundsatz jedoch mit der Pflicht des Geschäftsleiters zur Wahrung des überwiegenden Interesses kollidieren und zu einem Bruch mit der Sorgfaltspflicht in Form der Schadensabwendungspflicht führen. So sind die Geschäftsleiter verpflichtet, stets im Sinne des Unternehmens zu handeln, Vorteile der Gesellschaft zu erzielen und etwaige Schäden von ihr abzuwenden.[802] Zwar wurde bereits dargelegt, dass nicht jeder Schaden der Gesellschaft eine Pflichtverletzung des Geschäftsleiters wegen Verletzung seiner Schadensabwendungspflicht im Innenverhältnis darstellt und den Geschäftsleiter keineswegs die Pflicht trifft, Maßnahmen allein deshalb zu unterlassen, weil aus ihnen ein Schaden für die Gesellschaft erwachsen könnte.[803] Nach einer der ungeschriebenen Ausformungen der Schadensabwendungspflicht ist die Geschäftsleitung aber verpflichtet, keine nachteiligen Geschäfte abzuschließen und keine übergroßen und erst recht keine existenzbedrohenden Risiken einzugehen.[804] Die Legalitätspflicht könnte im Einzelfall aber genau dazu führen, dass der Geschäftsleiter eine betriebswirtschaftlich unvernünftige Entscheidung treffen muss, was im Ergebnis zu weitreichenden

---

800 *EU-Kommission*, Entwurf vom 12.11.2020, Annex to the Commission implementing Decision on standard contractual clauses for the transfer of personal data to third countries pursuant to Regulation (EU) 2016/679 of the European Parliament and of the Council, S. 14.

801 *EU-Kommission*, Entwurf vom 12.11.2020, Annex to the Commission implementing Decision on standard contractual clauses for the transfer of personal data to third countries pursuant to Regulation (EU) 2016/679 of the European Parliament and of the Council, S. 15.

802 Viertel Teil, B. I. 1. c).

803 Viertel Teil, B. I. 1. c).

804 *Kleindiek*, in: Lutter/Hommelhoff, GmbHG, § 43 Rn. 28; *Lutter*, GmbHR 2000, 301, 305.

wirtschaftlichen bis hin zu existenzbedrohenden Nachteilen führen kann und das Risiko eines Schadens der Gesellschaft in nicht verantwortlicher Weise überspannt.

Es scheint daher nicht abwegig zu sein, dass die USA im Falle einer Zuwiderhandlung gegen den Cloud Act Bußgelder verhängen, die solche der DSGVO übersteigen. Zuwiderhandlungen werden in den USA konsequent verfolgt und streng sanktioniert. Kein Land verhängt so viele Bußgelder wie die USA.[805] So drohen den Gesellschaften regelmäßig drakonische Geldstrafen in Millionen- bis hin zur Milliardenhöhe, sollten sie sich im Einzelfall einer Offenlegungspflicht personenbezogener Daten gegenüber US-amerikanischen Behörde verweigern.

Übersteigt das von Seiten der USA drohende Bußgeld das der DSGVO, könnte erwogen werden, das wirtschaftliche Interesse der Gesellschaft, Schäden nach US-amerikanischem Recht zu verhindern, im Rahmen der Schadensabwendungspflicht zu einem derartigen Handlungsgebot zu verdichten, das mit den gesetzlichen Vorgaben des deutschen Rechts in Konflikt steht.[806] Dies kann jedoch nur dann angenommen werden, wenn sich die wirtschaftliche Situation der Gesellschaft im Falle des Widerspruchs zwischen Cloud Act und DSGVO aufgrund der Unterlassungspflicht der Übermittlung personenbezogener Daten im Rahmen der Legalitätspflicht derart nachteilig zu verändern droht, dass von einer Existenzbedrohung die Rede sein kann. Es wird jedenfalls kaum vertretbar sein, bereits bei einem für die Gesellschaft verkraftbaren drohenden Schaden die Sorgfaltspflicht zu einem derartigen Handlungsgebot an den Geschäftsleiter zu verdichten, das dann auch noch gegenüber gesetzlichen Pflichten gleichrangig oder gar vorrangig wäre. Bei der Gefahr einer schwerwiegenden wirtschaftlich nachteiligen Veränderung befindet sich der Geschäftsleiter in einer Pflichtenkollision zwischen der Legalitätspflicht einerseits und der Sorgfaltspflicht in Form der Schadensabwendungspflicht andererseits. Ob in einem solchen Extremfall die Legalitätspflicht gegenüber der Schadensabwendungspflicht grundsätzlich vorrangig ist und die Pflichtenkollision zugunsten der Offenlegungspflicht nach 18 U.S.C. §§ 2703, 2713 aufgelöst werden kann, ohne dass den Geschäftsleiter ein Haftungsrisiko i. S. d. § 93 Abs. 2 AktG trifft, gilt es im Folgenden zu untersuchen. Dabei ist zunächst auf die allgemeine Behandlung von Pflichtenkollisionen im Gesellschaftsrecht einzugehen, bevor im Anschluss konkrete Lösungsansätze zur Auflösung der Pflichtenkollision zwischen der Legalitätspflicht und der Schadensabwendungspflicht zu untersuchen sind.

---

805 *Wiebke*, „Enorme Breite an illegalen Aktivitäten, in: Handelsblatt vom 17.1.2017, abrufbar unter: https://www.handelsblatt.com/finanzen/banken-versicherungen/deutsche-bank-vergleich-enorme-breite-an-illegalen-aktivitaeten/19238348.html, letzter Aufruf: 14.9.2021.

806 In diese Richtung, letztlich aber ablehnend *Werkmeister/Mirza-Khanian*, CCZ 2016, 98, 99.

2. *Die Pflichtenkollision im Gesellschaftsrecht*

Trotz der Brisanz des Themas, hat die Pflichtenkollision im Gesellschaftsrecht bisher wenig Beachtung gefunden. Während Rechtsprechung und Literatur vorrangig Einzelfälle diskutieren, bestehen bisher nur wenige wissenschaftliche Auseinandersetzungen mit der Pflichtenkollision im Allgemeinen.[807] Dennoch scheinen Rechtsprechung und Schrifttum sich im Falle des Zusammentreffens mehrerer Pflichten des Geschäftsleiters im Ergebnis einig zu sein, dass eine Haftung des Leitungsorgans ausscheidet.[808] Die Begründungsansätze reichen von der Verneinung einer Pflichtverletzung über die Ablehnung des Verschuldens des Geschäftsleiters bis hin zu der Annahme einer fehlenden Rechtswidrigkeit. So wird einmal ein übergesetzlicher Rechtfertigungsgrund angenommen, ein anderes Mal die Rechtswidrigkeit des Geschäftsleiterhandelns auf der Grundlage von oder unter Berücksichtigung strafrechtlicher Rechtfertigungsgründe oder nach Maßgabe einer objektiven Verbotsausnahme zum jeweiligen Tatbestand ausgeschlossen.[809] Insbesondere die rechtfertigende Pflichtenkollision[810] sowie eine Art aktienrechtlicher Notstand[811] werden immer wieder als Begründungsansätze herangezogen.

3. *Die Pflichtenkollision zwischen Legalitätspflicht und Schadensabwendungspflicht*

Es liegt in der Natur der Sache, dass die widersprüchlichen Verhaltensvorgaben durch die Legalitätspflicht einerseits und die Schadensabwendungspflicht andererseits nicht bestehen bleiben können. Die Auflösung der Pflichtenkollision zwischen der Legalitätspflicht und der Schadensabwendungspflicht ist daher – ähnlich wie im Außenverhältnis – nur auf zwei verschiedenen Wegen möglich. Zum einen könnten dogmatische Erwägungen den Vorrang einer Pflicht begründen. Zum anderen könnte dem Geschäftsleiter ein Wahlrecht dahingehend eingeräumt werden, sich für eine der beiden Pflichten zu entscheiden, wenn diese gleichwertig nebeneinanderstehen. Nur dann kann von einer Kollision im hier relevanten Fall gesprochen werden, weil der Geschäftsleiter vor der Wahl steht, entweder die

---

807 Zu nennen sind hier insbesondere *Mahret*, Pflichtenkollisionen von Geschäftsleitern, 2017; *Poelzig/Thole*, ZGR 2010, 836.

808 Statt vieler *Bicker*, AG 2014, 8, 12; *Breitenfeld*, Organschaftliche Binnenhaftung, 2016, S. 139; *Fleischer*, in: MüKo GmbH, § 43 Rn. 41; *Hölters*, in: Hölters, AktG, § 93 Rn. 78; *Hopt/Roth*, GroßKommAktG, § 93 Rn. 135; *Poelzig/Thole*, ZGR 2010, 835, 851; *Schneider*, NZG 2009, 1413; *Spindler*, in: MüKo AktG, § 93 Rn. 90; *Weusthoff*, Die Organhaftung der Aktiengesellschaft bei fehlerhafter Rechtseinschätzung, 2016, S. 72 f.

809 *Poelzig/Thole*, ZGR 2010, 835, 851.

810 *Bicker*, AG 2014, 8, 12; *Werkmeister/Mirza-Khanian*, CCZ 2016, 98, 99.

811 *Spindler*, in: MüKo AktG, § 93 Rn. 103.

eine oder die andere Pflicht zu verletzen. Für letzteres ist allerdings dann kein Raum mehr, wenn sich für eine der Pflichten ein dogmatischer Vorrang ergibt. Insoweit handelt es sich dann nur *prima facie* um eine Pflichtenkollision im gesellschaftsrechtlichen Sinne. So allgemein gehalten der Inhalt der Schadensabwendungspflicht ist, ist an dieser Stelle nicht daran zu zweifeln, dass ihr Tatbestand die Offenlegung personenbezogener Daten gegenüber US-amerikanische Behörden und die damit verbundene Strafandrohung im Falle einer Zuwiderhandlung enthalten kann.

Im Folgenden ist nun zu untersuchen, ob dogmatische Überlegungen den Vorrang einer Pflicht im Innenverhältnis vorgeben, sodass der Geschäftsleiter sich im Falle der geschilderten Pflichtenkollision zwischen Legalitätspflicht und Schadensabwendungspflicht für eine der beiden Pflichten entscheiden muss, um nicht im Innenverhältnis einem Haftungsrisiko ausgesetzt zu sein.

a) Grundsätzlicher Vorrang der Legalitätspflicht

Die vorherrschende Auffassung im Schrifttum[812] geht von einem grundsätzlichen Vorrang der Legalitätspflicht aus und nimmt an, dass die Schadensabwendungspflicht auch bzw. gerade im Binnenverhältnis hinter die Pflicht zur Einhaltung allgemeinschützender gesetzlicher Vorgaben tritt, die originär auf die Gesellschaft abzielen.[813] So wird es teilweise als einen allgemeinen Grundsatz begriffen, dass die Modalitäten der Unternehmensführung, wenn ihre Beeinträchtigung als eine vom Gesetzgeber einkalkulierte Folge einer gesetzlichen Regelung erscheint, in der Regel hinter das gesetzlich geschützte Interesse zurücktreten.[814] Schließlich habe der Wirtschaftsgesetzgeber das bedrohte Interesse von Gesellschaften regelmäßig gesehen und als geringwertiger eingestuft.[815] Begründet wird dies mit einem Rückgriff auf die Argumentation zur nützlichen Pflichtverletzung, bei der die Legalitätspflicht ebenfalls der Förderung des Unternehmenswohls vorgeschaltet ist.[816] Anders als im Falle des nützlichen Rechtsverstoßes, bei dem sich in der Ausgangslage regelmäßig eine Pflicht und eine Opportunitätserwägung gegenüberstehen, treffen zwar in der vorliegenden Kollision zwei Pflichten aufeinander, die Legalitätspflicht einerseits und die Schadensabwendungspflicht andererseits. Dennoch zeigen Tendenzen in der Rechtsprechung, dass auch in einem solchen

---

812 *Altmeppen*, in: Roth/Altmeppen, GmbHG, § 43 Rn. 6; *Fleischer*, ZIP 2005, 141, 148; *Hopt/Roth*, GroßKommAktG, § 93 Rn. 135; *Ihrig*, WM 2004, 2098, 2104; *Paefgen*, Unternehmerische Entscheidung und Rechtsbindung in der AG, 2002, S. 24; Raiser/Veil, KapGesR § 14 Rn. 80; *Verse*, in: Scholz, GmbHG, § 43 Rn. 106 f.

813 *Fleischer*, BB 2008, 1070, 1071; *ders.*, ZIP 2005, 141, 148; *Poelzig/Thole*, ZGR 2010, 835, 849; vgl. auch *Perron*, in: Schönke/Schröder, StGB, § 34 Rn. 35.

814 *Poelzig/Thole*, ZGR 2010, 836, 862.

815 *Fleischer*, ZIP 2005, 141, 150 f.

816 *Poelzig/Thole*, ZGR 2010, 836, 862.

Fall der Legalitätspflicht eine gewisse Sonderstellung zukommt. So ist die Legalitätspflicht grundsätzlich verhältnismäßig schwer zu überwinden.[817] Sowohl Anweisungen zu rechtswidrigem Verhalten als auch Schmiergeldzahlungen werden durch sie ausgeschlossen.[818] Letzteres zeigt aber auch, dass die Legalitätspflicht nach Ansicht der Rechtsprechung durchaus einer Abwägung zugunsten anderer Geschäftsleiterpflichten zugänglich ist. Im Falle ausländischer Rechtsvorschriften geht die überwiegende Auffassung in der Literatur – ohne dies allerdings näher zu begründen – ebenfalls von einem Vorrang der Legalitätspflicht und damit der Rechtsbefolgung deutschen Rechts aus.[819] Im Folgenden soll untersucht werden, inwieweit dogmatische Erwägungen den Vorrang der Legalitätspflicht und damit der Rechtsbefolgung deutschen Rechts gegenüber der Schadensabwendungspflicht und damit der Rechtsbefolgung ausländischen Rechtsvorschriften begründen.

aa) Dogmatischer Begründungsansatz

(1) Rechtsgedanke des § 275 BGB

Dogmatisch begründen lässt sich der Vorrang der Legalitätspflicht gegenüber der Schadensabwendungspflicht im Falle ausländischer Pflichten mit der gesetzgeberischen Wertung, die in § 275 BGB zum Ausdruck kommt. Dies bedarf jedoch einer näheren Begründung. Die Vorschrift des § 275 Abs. 1 BGB sieht den Ausschluss eines Erfüllungsanspruchs vor, soweit die Erbringung der geforderten Leistung unmöglich ist. Eine solche Unmöglichkeit kann sich dabei sowohl aus tatsächlichen als auch rechtlichen Gesichtspunkten ergeben.[820] § 275 Abs. 1 BGB beruht auf der naturgesetzlich vorgegebenen Erkenntnis, dass die Verurteilung zu einer unmöglichen Leistung sinnlos ist.[821] So ist es wenig zielführend, dem Gläubiger einen titulierbaren Anspruch auf eine Leistung zuzugestehen, welche dieser nicht leisten kann und dessen Vollstreckung nicht erfolgsversprechend ist. Im Hinblick auf die tatsächliche Unmöglichkeit ist dies einleuchtend. Im Falle der rechtlichen Unmöglichkeit hingegen, die von Rechtsprechung und Schrifttum allgemein anerkannt ist,[822] ergibt sich dies nicht ohne Weiteres. Rechtliche Unmöglichkeit liegt vor,

---

817 *Mahret*, Pflichtenkollisionen von Geschäftsleitern, 2017, S. 137.

818 Vierter Teil, B. I. 1. d) bb); vgl. etwa auch BGHZ 75, 321, 326, in dem der BGH feststellt, dass eine Gesellschafterweisung bei für den Geschäftsführer erkennbarer Ungesetzlichkeit keine Wirkung entfaltet.

819 *Bicker*, AG 2014, 8, 12; *Hopt/Roth*, in: GroßKommAktG, § 93 Rn. 135; *Mertens/Cahn*, in: KölnKommAktG, § 93 Rn. 73.

820 So die allgemeine Auffassung in Rechtsprechung und Schrifttum; BGH, Urteil vom 21.1.2010 – Xa ZR 175/07, GmbHR 2010, 432, 435; BGHZ 96, 385, 387 = NJW 1986, 1605; *Grüneberg*, in: Palandt, § 275 Rn. 16; *Schermaier*, in: HKK-BGB, § 275, Rn. 6; differenzierter *Ernst*, in: MüKo BGB, Bd. 2, § 275 Rn. 41 ff.

821 *Riehm*, in: BeckOGK, BGB, § 275 Rn. 3.

822 Statt vieler Lorenz, in BeckOK, BGB, § 275, Rn. 44.

wenn der geschuldete Erfolg aus Rechtsgründen nicht herbeigeführt werden kann oder nicht herbeigeführt werden darf.[823] Dies umfasst sowohl die Konstellation, dass die Rechtsordnung den angestrebten Erfolg nicht anerkennt, als auch solche Fälle, in denen der geschuldete Erfolg herbeigeführt werden könnte, der Schuldner zur Bewirkung der Leistung aber gegen die Rechtsordnung verstoßen müsste.[824] Im Falle der in Rede stehenden Pflichtenkollision zwischen Legalitätspflicht und Schadensabwendungspflicht hat der Geschäftsleiter zwei Handlungsmöglichkeiten. Eine tatsächliche Unmöglichkeit ist somit von vorneherein ausgeschlossen. Ein grundsätzlicher Vorrang der Legalitätspflicht kann sich daher nur aus einer rechtlichen Unmöglichkeit ergeben.

(2) § 275 BGB als tauglicher Begründungsansatz

Zunächst muss in Zweifel gezogen werden, ob eine Norm des Allgemeinen Schuldrechts insoweit als dogmatischer Begründungsansatz im Rahmen des gesellschaftsrechtlichen Pflichtengefüges begriffen werden kann, dass sie geeignet ist, den Vorrang kollidierender Geschäftsleiterpflichten zu begründen. So muss eine Übertragung der allgemeinen Regeln des Schuldrechts auf das gesellschaftsrechtliche Pflichtengefüge dem Bedenken Rechnung tragen, dass das Kapitalgesellschaftsrecht als Organisationsrecht anderen Grundprinzipien folgt als das allgemeine Schuldrecht.[825] Der rechtlichen Unmöglichkeit i. S. d. § 275 Abs. 1 BGB liegt der Gedanke zugrunde, dass es einzelnen Rechtssubjekten innerhalb einer Rechtsordnung, der sie unterworfen sind, nicht möglich sein kann, das allgemeingültige Recht innerhalb ihrer privatautonomen Gestaltungsfreiheit außer Kraft zu setzen. Im Falle der Pflichtenkollision zwischen Legalitätspflicht und Schadensabwendungspflicht ergeben sich beide Pflichten jedoch nicht aus einer privatautonomen Vereinbarung zwischen dem Geschäftsleiter und der Gesellschaft. Vielmehr resultieren sie aus dem Rechtsverhältnis, dass sich aus dem Bestellungsakt ergibt und welches von einem autonomen Willen der Parteien unabhängig ist. Dieses Rechtsverhältnis entsteht durch die Verwirklichung eines gesetzlichen Tatbestands,[826] sodass es letztlich als gesetzliches Schuldverhältnis qualifiziert bzw. zumindest mit einem solchen gleichgesetzt werden kann. Der § 275 Abs. 1 BGB zugrundeliegende Gedanke kann somit nicht ohne Weiteres auf die Kollision zwischen Legalitätspflicht und Schadensabwendungspflicht übertragen werden, ohne dass es keiner näheren Begründung bedarf. Wenngleich die kollidierenden Geschäftsleiterpflichten nicht aus einer privatautonomen Vereinbarung resultieren, so gelten sie dennoch nicht gegenüber dem Staat, sondern gegenüber der

---

823 BGHZ 195, 195 = NJW 2013, 152, 154; BGH, Urteil v. 21.01.2010 – Xa ZR 175/07 (OLG München), NZG 2010, 310, 312; Ernst, in: MüKo BGB, Bd. 2, § 275, Rn. 41.

824 *Ernst*, in: MüKo BGB, Bd. 2, § 275 Rn. 42, 44.

825 Ähnlich *Poelzig/Thole*, ZGR 2010, 836, 856.

826 *Wandt*, Gesetzliche Schuldverhältnisse, § 1, Rn. 2.

Gesellschaft im Innenverhältnis. Ihre Geltendmachung obliegt, ähnlich wie bei einer privatautonomen Vereinbarung, dem privatrechtlich Handelnden. Wie bei einer aus einer privatautonomen Vereinbarung erwachsenden Pflicht, müssen die im gesellschaftsrechtlichen Innenverhältnis geltenden Pflichten zunächst gerichtlich festgestellt werden, bevor sie von staatlicher Seite vollstreckt werden. Der dem § 275 Abs. 1 BGB zugrundeliegende Gedanke, allgemeingültiges Recht mittels privatautonomer Gestaltungsfreiheit nicht außer Kraft setzen zu können, kann daher dem Grunde nach auf die Kollision zwischen Legalitätspflicht und Schadensabwendungspflicht übertragen werden.

Mit der Schaffung eines gesetzlichen Schuldverhältnisses zwischen dem Geschäftsleiter und der Gesellschaft und der damit einhergehenden Pflicht ist eine Art Kompetenzübertragung auf den Geschäftsleiter verbunden. Aufgrund dieser Kompetenzübertragung kann angenommen werden, dass der Gesetzgeber nur insoweit Rechte gewähren wollte, wie sie dem übrigen Rahmen seiner Gesetzgebung entsprechen.[827] Während mit der Legalitätspflicht eine Übertragung des gesetzlichen Rahmens auf das Innenverhältnis des Geschäftsleiters gegenüber der Gesellschaft erfolgt,[828] unterliegt die Schadensabwendungspflicht hingegen, aufgrund ihrer Ableitung aus § 93 Abs. 1 Satz 1 AktG bzw. § 43 Abs. 1 GmbHG und der damit einhergehenden Unbestimmtheit, einer näheren Konkretisierung durch das Gesellschaftsinteresse selbst. So wird in der Literatur konstatiert, dass es kein privatautonomes Gesellschaftsinteresse geben könne, das ein Verhalten des Geschäftsleiters über die gesetzlichen Grenzen determiniere.[829] Das ist auch deshalb einleuchtend, da ansonsten Recht und Gesetz durch Schaffung gesellschaftsrechtlicher Strukturen umgangen werden könnte. Aus dem Grundgedanken des § 275 Abs. 1 BGB folgt daher, dass die Legalitätspflicht gegenüber der Schadensabwendungspflicht aufgrund einer mit der rechtlichen Unmöglichkeit vergleichbaren Situation vorrangig ist. Die Richtigkeit des dogmatischen Ansatzes des § 275 Abs. 1 BGB wird mit einem Blick auf die Rechtsfolgen der Unmöglichkeit bestätigt. Rechtsfolge der Unmöglichkeit i. S. d. § 275 Abs. 1 ist der Ausschluss des Erfüllungsanspruchs des Gläubigers. Dieser Ausschluss tritt unabhängig von einem Vertretenmüssen der Unmöglichkeit ein.[830] Hat der Schuldner die Unmöglichkeit jedoch zu vertreten, kann der Gläubiger gemäß § 275 Abs. 4 BGB entsprechend Schadensersatz statt der Leistung nach § 311a Abs. 2 BGB oder §§ 280 Abs. 1, 3,

---

827 *Mahret*, Pflichtenkollisionen von Geschäftsleitern, 2017, S. 229.

828 *Hopt/Roth*, in: GroßKommAktG, § 93 Rn. 132, der den Grund für die Haftung des Vorstands gegenüber der Gesellschaft darin erblickt, dass der Gesetzgeber durch die betreffenden Vorschriften einen bestimmten Verhaltensmaßstab auch bei der Leitung des Unternehmens sicherstellen wollte.

829 *Holle*, Legalitätskontrolle im Kapitalgesellschafts- und Konzernrecht, 2014, S. 54 f.; zustimmend *Koch*, in: Hüffer/Koch, AktG, § 93 Rn. 6.

830 *Riehm*, in: BeckOGK, BGB, § 275 BGB, Rn. 151.

283 BGB verlangen. Alternativ zum Schadensersatz statt der Leistung kann der Gläubiger gemäß § 284 BGB den Ersatz seiner vergeblichen Aufwendungen verlangen. Zudem steht ihm ggf. ein Anspruch auf Herausgabe des *stellvertretenden commodum* nach § 285 BGB zu. Für das Verhältnis zwischen der Gesellschaft als Gläubiger und dem Geschäftsleiter als Schuldner ergibt sich unter Heranziehung der speziellen Regeln des Schadensersatzanspruchs im Rahmen von § 93 Abs. 2 AktG und § 43 Abs. 2 GmbHG, dass dem Geschäftsleiter mangels Vertretenmüssen nicht der Vorwurf einer Sorgfaltspflichtwidrigkeit nach § 93 Abs. 1 Satz 1 AktG gemacht werden kann. Ein Schadensersatzanspruch wegen Verletzung der Schadensabwendungspflicht besteht dann nicht.

bb) Zusammenfassung

Zusammenfassend ist festzustellen, dass ein grundsätzlicher Vorrang der Legalitätspflicht anzunehmen ist. Dies lässt sich unter Heranziehung des Rechtsgedankens aus § 275 Abs. 1 BGB und der Vergleichbarkeit einer rechtlichen Unmöglichkeit begründen. Es wäre widersinnig, würde die deutsche Rechtsordnung ihre eigene Norm als rechtlich unmöglich ansehen, weil ihr die Bestimmung eines anderen Staates widerspricht. Räumt man der Legalitätspflicht im Hinblick auf den Rechtsgedanken des § 275 Abs. 1 BGB den Vorrang ein, bedeutet dies im Umkehrschluss zugleich, dass keine Pflicht bestehen kann, deutsches Recht zu verletzen. Dies liefe dem der Legalitätspflicht zugrundeliegenden Gedanken der Einheit der Rechtsordnung zuwider. Eine Rechtsordnung, die ein Verhalten im Außenverhältnis die Anerkennung versagt und entsprechend sanktioniert, ist inkonsistent, wenn sie dieses Verhalten im Innenverhältnis billigen würde. Die Erfüllung der Schadensabwendungspflicht, die eine ausländische Pflicht zum Gegenstand hat und im Widerspruch zu deutschen Regelungen steht, ist rechtlich unmöglich und daher gemäß § 275 Abs. 1 BGB nicht geschuldet.

b) Ausnahme von dem Vorrang der Legalitätspflicht

Zwar wurde festgestellt, dass die Legalitätspflicht grundsätzlichen Vorrang genießt. Denkbar ist aber, dass aufgrund der spezifischen Kollisionslage eine Ausnahme des grundsätzlichen Vorrangs der sich aus der DSGVO ergebenden Gesetzespflicht und damit einhergehenden Legalitätspflicht zuzulassen ist, sodass es dem Vorstand ausnahmsweise gestattet werden kann, der Offenlegungspflicht auf Grundlage des Cloud Act zu folgen, ohne eines Innenregresses gegenüber der Gesellschaft ausgesetzt zu sein.

aa) Unzumutbarkeit gemäß § 275 Abs. 3 BGB

Eine solche Ausnahme könnte sich aus dem Leistungsverweigerungsrecht der Unzumutbarkeit gemäß § 275 Abs. 3 BGB ergeben. Tatbestandlich beschränkt sich die Anwendung des § 275 Abs. 3 BGB nach dem Wortlaut der Vorschrift zunächst auf eine persönliche Leistungserbringung des Geschäftsleiters. Dieses

Spezifikum der persönlichen Leistungspflichten besteht in ihrer Unvertretbarkeit. Mit anderen Worten sind die Leistungspflichten nicht delegierbar.[831] Sie zeichnen sich durch ein besonderes Vertrauen des Gläubigers in die Person des Schuldners aus, dass sich nicht allgemein auf die Leistungsfähigkeit und -bereitschaft eines jeden Schuldners bezieht, sondern dem Gläubiger in bestimmen Schuldverhältnissen in erhöhtem Maße abverlangt wird.[832] Eine höchstpersönliche Tätigkeit, wonach allein der Schuldner zur Erbringung der Leistung in der Lage ist, ist gerade nicht erforderlich.[833] Im Hinblick auf die Tätigkeit des Geschäftsleiters ist dieses Tatbestandsmerkmal unproblematisch zu bejahen. So sind Geschäftsleiterpflichten grundsätzlich nicht delegierbar.[834] Weitaus komplexer liegt der Fall im Hinblick auf die erforderliche Abwägung. Die Unzumutbarkeit gemäß § 275 Abs. 3 BGB ist nur dann anzunehmen, wenn der persönlichen Leistung ein Hindernis entgegensteht, hinter welchem das Leistungsinteresse des Gläubigers im Rahmen einer Abwägung zurückzustehen hat. Dies erfordert grundsätzlich, dass die Leistungserbringung in hohem Maße belastend ist.[835] Zwar steht außer Frage, dass § 275 Abs. 3 BGB durchaus geeignet sein kann, rechtliche Konfliktsituationen aufzulösen. Allerdings wird im Rahmen der erforderlichen Abwägung nicht jede Sanktionsandrohung eines Drittstaats dazu führen, dass die Erfüllung einer Innenpflicht für den Geschäftsleiter unzumutbar ist.[836] Vielmehr haben praktische Fälle in der Vergangenheit gezeigt, dass die Schwelle der Unzumutbarkeit sehr hoch anzusetzen ist und im Hinblick auf Sanktionen in einem Drittstaat erst dort anzunehmen sein wird, wo dem Geschäftsleiter Sanktionen angedroht werden, die über das hinaus gehen, was ihm durch die Gesellschaft im Innenverhältnis ersetzt werden könnte.[837] So wurde etwa eine Unzumutbarkeit i. S. d. § 275 Abs. 3 BGB in einem Fall des Arbeitnehmers angenommen, der seine Arbeit nicht verrichten wollte, weil er in der Türkei zum Wehrdienst einberufen worden ist und bei Nichtbefolgen des Einberufungsbefehls mit erheblichen Nachteilen bis hin zur

---

831 *Ernst*, in: MüKo BGB, § 275 Rn. 117 f.; *Riehm*, in: BeckOGK, BGB, § 275, Rn. 292; ausführlich zum Begriff der persönlichen Leistung mit Unterscheidungskraft gegenüber anderen Leistungen *Weller*, Persönliche Leistungen, 2012, S. 21 ff., S. 241 ff.

832 *Weller*, Persönliche Leistungen, 2012, S. 241.

833 *Ernst*, in: MüKo BGB, Bd. 2, § 275 Rn. 117.

834 Vgl. *Fleischer*, NZG 2003, 449, 450 ff. zum nicht delegierbaren Kernbereich der Vorstandstätigkeit.

835 BAG, Urteil vom 22.10.2015 – 2 AZR 569/14 Rn. 26, NZA 2016, 417, 419; BAG, Beschluss vom 13.8.2010 – 1 AZR 173/09, NZA-RR 2010, 640, 641; *Caspers*, in: Staudinger, BGB, § 275 Rn. 108; *Ernst*, in: MüKo BGB, Bd. 2, § 275 Rn. 121.

836 So auch *Mahret*, Pflichtenkollisionen von Geschäftsleitern, 2017, S. 230.

837 Vgl. BAGE 41, 229, 243 = NJW 1983, 2782, 2784.

Todesstrafe rechnen musste.[838] Zwar drohen dem Geschäftsleiter bei Zuwiderhandlung gegen die Offenlegungspflicht auf US-amerikanischer Seite in der Regel keine persönlichen Sanktionen, sondern – ähnlich wie bei einem Verstoß gegen die DSGVO – eine Sanktion in Form eines Bußgeldes für die Gesellschaft. Eine Weitergabe durch die Gesellschaft im Wege des Haftungsregresses, die zu einer persönlichen Betroffenheit des Geschäftsleiters führt, ist dabei jedoch nicht ausgeschlossen. Konsequenz einer gesetzestreuen Anwendung des § 93 Abs. 2 AktG bzw. § 43 Abs. 2 GmbHG ist die Abwälzung einer an der wirtschaftlichen Leistungsfähigkeit eines ganzen Unternehmens oder Unternehmensverbundes bemessene Sanktion auf Organmitglieder im Wege des Innenregresses. Dabei stellt sich immer wieder die Frage nach der Richtigkeit der gesetzestreuen Lösung, insbesondere im Hinblick auf die Größenordnungen dieser sog. Verbandsgeldbußen. Schon seit Jahren herrscht eine intensive rechtspolitische Debatte über die Frage, ob Verbandsgeldbußen der Gesellschaft im Rahmen von Organhaftungsansprüchen ersatzfähig sind bzw. inwieweit eine solche Ersatzfähigkeit besteht. Dies gilt insbesondere im Kartellrecht, in welchem Verbandsgeldbußen mittlerweile astronomische Summen erreicht haben. Im Jahre 2019 betrug die Summe der verhängten Bußgelder insgesamt EUR 646.405.000.[839] Das davon höchste verhängte Einzelbußgeld gegen ein Unternehmen belief sich auf EUR 370.000.000.[840] Die hierzu vertretenen Ansichten zur Ersatzfähigkeit der Verluste infolge von Verbandsgeldbußen reichen hierbei von einem vollständigen Regressrückgriff[841] über eine Regressbeschränkung[842] bis hin zu einem Regressausschluss.[843] So wird im Rahmen eines vollständigen Regressrückgriffs angeführt, ein Regressausschluss bzw. eine Begrenzung des Regresses bei Geschäftsleitern verstoße gegen das allgemeine Gerechtigkeitsempfinden.[844] Im Schadensrecht gelte die volle Einstandspflicht für verursachte Schäden mit dem gesamten Privatvermögen ohne Rücksicht auf die Zahlungsfähigkeit der Betroffenen.[845] Ein Sonderrecht für Geschäftsleiter gebe es

838 BAGE 41, 229, 243 = NJW 1983, 2782, 2784; vgl. auch BAGE 59, 32, 45 = NZG 1989, 464; 43, 263, 268 = NJW 1984, 575; *Dauner-Lieb*, in: NK-Komm, § 275 Rn. 62; *Misera*, SAE 1983, 271.

839 *Das Bundeskartellamt*, Jahresbericht 2019, S. 17, abrufbar unter https://www.bundeskartellamt.de/SharedDocs/Publikation/DE/Jahresbericht/Jahresbericht_2019.pdf?__blob=publicationFile&v=5, letzter Aufruf: 14.9.2021.

840 *Das Bundeskartellamt*, Jahresbericht 2019, S. 17.

841 *Schöne/Petersen*, AG 2012, 700 ff.

842 Statt vieler Habersack, ZHR 2013, 782, 802.

843 Mit unterschiedlichen Begründungsansätzen statt vieler *Blaurock*, in: FS Bornkamm, 2014, S. 114; *Dreher*, in: FS Konzen, 2006, S. 104; *Holly/Friedhofen*, NZA 1992, 145, 149 f.; *Koch*, Liber Amicorum M. Winter, 327, 334; *Lotze*, NZKart 2014, 162, 166; *Zimmermann*, WM 2008, 433, 437.

844 *Schöne/Petersen*, AG 2012, 701.

845 *Schöne/Petersen*, AG 2012, 701.

nicht.[846] Diese Argumentation lässt jedoch die Besonderheit der Rechtsbeziehung zwischen Geschäftsleiter und Gesellschaft außer Acht. So übernimmt der Geschäftsleiter ein immenses Risiko für die Gesellschaft, um unternehmerische Geschäfte für sie zu tätigen und ihr Vermögen zu mehren. Dabei trägt die Gesellschaft den vollen wirtschaftlichen Nutzen aus der Tätigkeit des Geschäftsleiters. Ein vollständiger Regressrückgriff ist daher unangemessen.

Für einen Regressausschluss hingegen werden teilweise sanktionsrechtlichen Begründungen herangezogen, wie z. B. die Höchstpersönlichkeit der Sanktion,[847] eine teleologische Reduktion der § 93 AktG bzw. § 43 GmbHG[848] oder der abschließende Charakter des Sanktionsrechts.[849] Aber auch die Einschränkung der Verfolgungspflicht des Aufsichtsrats sowie die gesellschaftsrechtliche Treuepflicht werden als dogmatische Grundlage für einen Regressausschluss diskutiert. Letztlich überzeugend ist eine Regressreduzierung, die ihre Stütze in der gesellschaftsrechtlichen Fürsorgepflicht i. V. m. den Grundsätzen betrieblich veranlasster Tätigkeit findet. Bei den Grundsätzen handelt es sich um eine richterliche Rechtsfortbildung, die die Haftung des Arbeitsnehmers unter bestimmen Voraussetzungen einschränkt. Die Rechtsfigur der betrieblich veranlassten Tätigkeit trägt dem Umstand Rechnung, dass der Arbeitnehmer in die organisatorische Einheit des Betriebs eingegliedert wird und im Interesse des Arbeitgebers Tätigkeiten für den Betrieb ausführt.[850] Die Gesellschaft, der die wirtschaftlichen Chancen zugewiesen werden, soll auch das unternehmerische Betriebsrisiko tragen.[851] Es geht zum einen um das Missverhältnis zwischen Entlohnung und Haftungsübernahme, zum anderen um die drohende Existenzgefährdung des Beschäftigten.[852] Ähnlich wie bei Arbeitnehmern kann es im Falle des Innenregresses nach § 93 Abs. 2 AktG bzw. § 43 Abs. 2 GmbHG zu erheblichen Diskrepanzen zwischen Schadenshöhe und persönlicher Leistungsfähigkeit des Geschäftsleiters kommen. Gerade diese Diskrepanzen, die auf allen anderen Unternehmensebenen eine Haftungsmilderung legitimiert, begründet eine vergleichbare Schutzwürdigkeit des Geschäftsleiters. Wenngleich der Geschäftsleiter – anders als der Arbeitnehmer – bei seiner Tätigkeit nicht weisungsgebunden ist, spricht einiges dafür, die Haftungsprivilegierung auf seine Fürsorgepflicht mit dem Wertungstransfer der arbeitsrechtlichen Grundsätze zu stützen. Die gesetzliche Regelung des § 93 Abs. 2 AktG bzw. § 43 Abs. 2 GmbHG darf dabei nicht umgangen werden. So ist die Wertung arbeitsrechtlicher

846 *Schöne/Petersen*, AG 2012, 701.

847 *Zimmermann*, WM 2008, 433, 436.

848 *Koch*, Liber Amicorum M. Winter, 327, 334.

849 *Blaurock*, in: FS Bornkamm, 2014, S. 114; *Dreher*, in: FS Konzen, 2006, S. 104; *Lotze*, NZKart 2014, 162, 166.

850 *Henssler*, MüKo BGB, Bd. 5, § 619a Rn. 9; *Linck*, in: Schaub, ArbR-HdB, § 59 Rn. 27.

851 *Henssler*, MüKo BGB, Bd. 5, § 619a Rn. 9.

852 *Dütz*, NJW 1986, 1779, 1784; *Otto*, AuR 1995, 72, 73.

Grundsätze stets von zahlreichen Umständen des Einzelfalls abhängig und kann nicht auf alle Fälle der Regressnahme der Gesellschaft bei ihrem Geschäftsleiter pauschalisiert werden. Zwar erschwert diese Einzelfallbezogenheit die juristische Handhabung, entspricht aber zugleich dem rechtlichen Ursprung der Beschränkungsmöglichkeit in der gesellschaftlichen Fürsorgepflicht.

Die Unzumutbarkeitserwägung gemäß § 275 Abs. 3 BGB ist daher im Ausnahmefall zwar durchaus geeignet ist, eine auf die Verletzung ausländischen Rechts gerichtete Pflicht in Form der Legalitätspflicht des Geschäftsleiters gegenüber der Gesellschaft auszusetzen, auch wenn dies im Widerspruch zu deutschem Recht steht. Die Anforderungen dafür sind jedoch sehr hoch und fordern im Falle von Sanktionen regelmäßig eine persönliche Betroffenheit des Geschäftsleiters, die von der Gesellschaft nicht im Wege eines Innenregresses gemäß § 670 BGB ausgeglichen werden kann. Im Falle des Widerspruchs zwischen dem Cloud Act und der DSGVO, in dem sich unter Umständen Legalitätspflicht und Schadensabwendungspflicht gegenüberstehen, ist dies regelmäßig nicht anzunehmen.

bb) Keine Rechtfertigungsmöglichkeiten

Eng im Zusammenhang mit der Ausnahme von dem grundsätzlichen Vorrang der sich aus der DSGVO ergebenden Unterlassungspflicht zur Offenlegung personenbezogener Daten und der damit einhergehenden Legalitätspflicht steht eine etwaige Rechtfertigung des Verstoßes gegen die Legalitätspflicht im Innenverhältnis gegenüber der Gesellschaft. Dass die Rechtfertigungsgründe im Strafrecht geeignet sind, als Kollisionsnorm zu wirken und damit einen Pflichtenvorrang zu begründen, wurde bereits an früherer Stelle erörtert.[853] Nicht zuletzt deshalb wird im Zusammenhang mit Pflichtenkollisionen in der Literatur immer wieder die Lösung kollidierender Geschäftsleiterpflichten unter Heranziehung der rechtfertigenden Pflichtenkollision[854] einerseits oder des rechtfertigenden Notstands[855] andererseits bemüht. Dabei wird wie selbstverständlich davon ausgegangen, dass strafrechtliche Erlaubnissätze auf das Gesellschaftsrecht übertragen werden können. Das mag dem Umstand geschuldet sein, dass die Gegenüberstellung des Geschäftsleiters zweier konfligierender, sich gegenseitig ausschließender Pflichten der Situation ähnelt, die dem strafrechtlichen Notstandsbegriff gemäß § 34 StGB[856] und der rechtfertigenden Pflichtenkollision zugrunde liegt. Teilweise werden in

853 Viertel Teil, A. II. 4.

854 *Bicker*, AG 2014, 8, 12; vgl. auch *Klöhn*, EWiR 2010, 223, 223 im Kontext des Nichtabführens von Arbeitnehmeranteilen zur Sozialversicherung im Stadium der Insolvenzreife.

855 *Brand*, GmbHR 2010, 237, 241 ff.; vgl. auch *Poelzig/Thole*, ZGR 2010, 836, 856 f.; *Sinn*, NStZ 2007, 155, 156.

856 *Perron*, in: Schönke/Schröder, § 34 Rn. 4, 8; *Sternberg-Lieben*, in: Schönke/Schröder, StGB, Vorbm. zu § 32 Rn. 73.

den strafrechtlichen Rechtsfertigungsgründen nicht etwa singuläre Erscheinungsformen einer Rechtfertigungsdoktrin innerhalb einer Teilrechtsordnung gesehen, als vielmehr Ausdruck allgemeiner, übergreifender Gedanken über die Auflösung von Pflicht- und Interessenkollisionen.[857] Begründen lässt sich die Übertragung strafrechtlicher Erlaubnissätze auf die gesellschaftsrechtliche Dogmatik mit der dahinterstehenden Wertung der Rechtfertigungsgründe. Dem Notstand liegt der Gedanke des Mindestsolidaritätsanspruchs[858] zugrunde, wonach der Täter zwar Unrecht verwirklicht, dieses aber vom rechtlichen Standpunkt aus richtig zu bewerten ist, weil durch die Verletzung eines geringwertigen Rechtsguts ein höherwertiges Rechtsgut geschützt wird. Gleiches zeigt sich in den zivilrechtlichen Notstandsregeln der §§ 228, 904 BGB, die als privatrechtliche Rechtfertigungsgründe im Gesellschaftsrecht als bloßes Teilgebiet des Zivilrechts ohne Weiteres Anwendung finden.[859] Der Grundgedanke der rechtfertigenden Pflichtenkollision hingegen ist der Widerstreit zweier oder mehrerer Handlungspflichten, von denen nur eine erfüllt werden kann. Ihr liegt die Erkenntnis zugrunde, dass ein Verhalten nur dann als rechtswidrig beurteilt werden kann, wenn es zumindest eine rechtmäßige Verhaltensalternative gibt.[860] Beide Situationen sind auf das Gesellschaftsrecht übertragbar. Die strafrechtlichen Erlaubnissätze sind durchaus geeignet, ihrem Sinn und Zweck nach im Rahmen einer gesellschaftsrechtlichen Pflichtenkollision einen Vorrang zu begründen. Die Besonderheit in der hier vorliegenden Situation äußert sich jedoch dahingehend, dass § 275 Abs. 1 BGB bereits ein Vorrangverhältnis hinsichtlich der Legalitätspflicht begründet. Insofern stellt sich nicht die Frage, inwieweit die strafrechtlichen Erlaubnissätze einen Vorrang begründen, sondern ob sie auch geeignet sind, eine Ausnahme eines begründeten Vorrangs zuzulassen. Um Letzteres beantworten zu können, ist ein Blick auf die Grundfragen der Rechtfertigung im Strafrecht zu werfen. Ein Verhalten, mit dem der Täter vorsätzlich alle objektiven Tatumstände eines Delikts verwirklicht hat, ist Unrecht.[861] Es ist grundsätzlich rechtswidrig. Die Feststellung, dass ein Verhalten des Täters Unrecht ist, weil es unter einen bestimmten (Unrechts-)Tatbestand subsumiert werden kann, ist allerdings nicht zufriedenstellend.[862] So kann die Verwirklichung des (Unrechts-)Tatbestandes nicht mehr aussagen, als dass die Tat deshalb in der Regel rechtswidrig ist.[863] Deshalb muss das tatbestandsmäßige

857 *Poelzig/Thole*, ZGR 2010, 836, 857.
858 *Momsen/Savic*, in: BeckOK, StGB, § 34 Rn. 1.
859 *Brock*, Legalitätsprinzip und Nützlichkeitserwägungen, 2017, S. 234; *Roxin* sieht in dem zivilrechtlichen Notstand eine Konkretisierung des § 34 StGB, *Roxin*, Strafrecht AT I, § 16, Rn. 111.
860 *Roxin*, Strafrecht AT I, § 16 Rn. 118.
861 *Kühl*, Strafrecht AT I, § 6 Rn. 1.
862 *Kühl*, Strafrecht AT I, § 6 Rn. 6.
863 *Kühl*, Strafrecht AT I, § 6 Rn. 6.

Verhalten in atypischen Situationen, wie z. B. in Notsituationen, im Rahmen einer besonderen Wertungsstufe bzw. einem zweiten Prüfungsschritt einer zusätzlichen Kontrolle unterzogen werden.[864] Es handelt sich dabei um ein Regel-Ausnahme-Verhältnis. Stehen sich zwei Handlungspflichten gegenüber, verneint die Strafrechtsdogmatik die Rechtswidrigkeit des Handelns auf der Grundlage des § 34 StGB, wenn der Täter der höherwertigen Handlungspflicht nachkommt und infolgedessen das als geringer zu erachtende Interesse unberücksichtigt lassen muss.[865] Eine echte rechtfertigende Pflichtenkollision liegt hingegen nur dann vor, wenn sich zwei gleichwertige Handlungspflichten gegenüberstehen. Eine solche Gleichwertigkeit ist etwa bei Rechtsgütern wie dem Leben anzunehmen, welches keiner Abwägung zugänglich ist und somit in einer Konfliktsituation mit demselben Rechtsgut als gleichwertig anzusehen ist.[866] In diesem Fall lässt sich ein Vorrang der einen gegenüber der anderen Pflicht nicht feststellen, weil das durch sie jeweils geschützte Interesse gleichrangig mit dem anderen einzuordnen ist. Streng genommen ist die rechtfertigende Pflichtenkollision aufgrund dessen dem Grunde nach gar nicht geeignet einen Vorrang der einen gegenüber der anderen Pflicht zu begründen. Denn letztlich schließt sie keine Pflicht aus, sondern betrachtet nach dem Grundsatz *impossibilium nulla obligatio est* das Unterlassen einer Pflicht lediglich als nicht rechtswidrig, um das absurde Ergebnis eines unausweichlichen Rechtswidrigkeitsvorwurfs zu vermeiden, dem der Betroffene nicht entgegnen könnte, wie auch immer er sich verhält.[867] Der rechtfertigenden Pflichtenkollision liegt gerade die Erkenntnis zugrunde, dass ein Verhalten nur dann als rechtswidrig beurteilt werden kann, wenn es zumindest eine rechtmäßige Verhaltensalternative gab.[868] Denn nur dann tritt ein Problem auf, dass sich mit Hilfe des rechtfertigenden Notstands nicht bewältigen lässt.[869] Eine Rechtfertigung auf Grundlage des § 34 StGB scheidet dann aus, weil dieser Rechtfertigungsgrund auf einer Güter- und Interessenabwägung und dem Vorrang des überwiegenden Interesses basiert.[870] Überträgt man die Überlegungen auf die Pflichtenkollision zwischen der Legalitätspflicht und Schadenswendungspflicht als solche, würde die Anwendbarkeit von Notstandsregeln voraussetzen, dass keine Lösung der Pflichtenkollision auf Tatbestandsebene erfolgt ist,[871] denn beide Rechtfertigungsgründe setzen voraus, dass bisher keine Wertung beider Pflichten stattgefunden hat. Jedenfalls sind sie

---

864 *Kühl*, Strafrecht AT I, § 6 Rn. 6.

865 *Gropp*, in: FS Hirsch, 1999, S. 214; *Kühl*, in: Lackner/Kühl, § 34 Rn. 15; *Sternberg-Lieben*, in: Schönke/Schröder, Vorbm. zu §§ 32 ff. Rn. 73 m. w. N.

866 *Roxin*, Strafrecht AT I, § 16 Rn. 33.

867 Vgl. Erb, in: MüKo StGB, § 34 Rn. 47.

868 Viertel Teil, A. II. 4. a).

869 *Roxin*, Strafrecht AT I, § 16 Rn. 118.

870 *Perron*, in: Schönke/Schröder, § 34 StGB, Rn. 1.

871 *Mahret*, Pflichtenkollisionen von Geschäftsleitern, 2017, S. 234.

nicht geeignet, eine Ausnahme eines begründeten Vorrangs auf Tatbestandsebene zuzulassen. Denn der Geschäftsleiter könnte auf Grundlage von § 34 StGB lediglich gerechtfertigt werden, die höherrangige Pflicht zu erfüllen. Höherrangige Pflicht ist jedoch, wie bereits festgestellt wurde,[872] die Legalitätspflicht. Da ein Verstoß gegen die Schadensabwendungspflicht auf Grund von § 275 Abs. 1 BGB im Innenverhältnis nicht geschuldet ist und dem Geschäftsleiter demzufolge keine Haftung nach § 93 Abs. 2 Satz 1 AktG droht, bedarf es auch keiner Rechtfertigung hinsichtlich der Verletzung dieser Pflicht. Ein Verstoß gegen die Schadensabwendungspflicht kann demgegenüber nicht mit § 34 StGB gerechtfertigt werden, weil eine vorangegangene Wertung aus § 275 Abs. 1 BGB die Schadensabwendungspflicht als geringfügigere Pflicht eingestuft hat. Im Ergebnis wäre es nicht einleuchtend, warum ein bereits bestehender Vorrang durch die Hintertür eines ungeschriebenen Rechtfertigungsgrundes umgangen werden könnte. Im konkreten Fall würde dies zu dem Ergebnis führen, dass nach einer Abwägung im Rahmen des § 275 Abs. 3 BGB auf einer anderen Ebene erneut eine Abwägung erforderlich wäre. Selbst wenn dies zu zulassen wäre, könnte die erneute Abwägung nicht zu einem anderen Ergebnis führen als das im Rahmen von § 275 Abs. 3 BGB gefundene Ergebnis. Im Verhältnis zu einem bereits begründeten Vorrang einer Pflicht ist die Rechtfertigungslösung daher nachrangig. Jedenfalls ist sie nicht geeignet, eine Ausnahme eines begründeten Vorrangs zuzulassen.

c) Zusammenfassung

Es hat sich gezeigt, dass die Pflichtenbindung des Geschäftsleiters im Innenverhältnis anhand des Rechtsgedankens aus § 275 Abs. 1 BGB begrenzt werden kann. So ist die Erfüllung der Offenlegungspflicht auf Grundlage des Cloud Act rechtlich unmöglich und damit gemäß § 275 Abs. 1 BGB im Innenverhältnis gegenüber der Gesellschaft nicht geschuldet. Der Geschäftsleiter ist von seiner Binnenpflicht befreit, Schäden von der Gesellschaft abzuwenden, die aufgrund eines Bußgelds nach US-amerikanischem Recht drohen. Die Erfüllung der Legalitätspflicht, die die Verletzung der Schadensabwendungspflicht zur Folge hätte, ist rechtlich zwar nicht unmöglich, im Einzelfall kann es aber zu einer Unzumutbarkeit gemäß § 275 Abs. 3 BGB der Legalitätspflicht kommen. Eine im Rahmen des § 275 Abs. 3 BGB vorgenommene Abwägung wird der Schadensabwendungspflicht jedoch nur dann den Vorrang gewähren, wenn sich die Leistungserbringung als in hohem Maße belastend darstellt. Dies wird regelmäßig erst dann anzunehmen sein, wenn dem Geschäftsleiter persönliche Sanktionen drohen, deren Nachteile nicht von der Gesellschaft im Innenverhältnis ausgeglichen werden können. Da im Falle einer Zuwiderhandlung der Offenlegungspflicht US-amerikanischen Behörden regelmäßig keine persönlichen Sanktionen drohen, sondern lediglich die Gesellschaft mit einem Bußgeld rechnen muss, wird sich der Geschäftsleiter im Innenverhältnis

---

872 Vierter Teil, B. II. 3. a).

nicht auf die Unzumutbarkeit gemäß § 275 Abs. 3 BGB berufen können, sofern er sich dazu entscheidet, der Offenlegungspflicht auf Grundlage des Cloud Act nachzukommen. Er haftet der Gesellschaft dann im Innenverhältnis gemäß § 93 Abs. 2 AktG wegen Verletzung der Legalitätspflicht. Umgekehrt gilt, dass der Geschäftsleiter für eine Verletzung seiner Schadensabwendungspflicht von der Gesellschaft nicht in Anspruch genommen werden kann, sofern er sich zur Einhaltung der Legalitätspflicht und damit gegen die Offenlegungspflicht auf Grundlage des Cloud Act entscheidet.

4. *Fazit*

Es besteht ein dogmatischer Vorrang, die Pflichten der DSGVO einzuhalten. In diesem Fall haftet der Geschäftsleiter nicht wegen Verletzung seiner Schadensabwendungspflicht. Verletzt er hingegen die Vorschriften der DSGVO geht dies mit einer Legalitätspflichtverletzung einher, die eine Haftung nach § 93 Abs. 1 AktG begründet.

III. Rechtliche Konsequenzen des Widerspruchs im Innenverhältnis

Im Einzelfall kann die Entscheidung, die Vorschriften der DSGVO zu verletzen, das aus betriebswirtschaftlicher Sicht geringere Übel darstellen. In diesem Fall drohen dem Geschäftsleiter haftungsrechtliche Konsequenzen. Diese können zum einen zivilrechtliche Sanktionen nach sich ziehen und eine Schadensersatzpflicht des Geschäftsleiters nach § 93 Abs. 2 AktG bzw. § 43 Abs. 2 GmbHG begründen. Zum anderen sind weitere Konsequenzen denkbar, die aus der Stellung des Geschäftsleiters als Organ folgen, wie z. B. der Widerruf der Bestellung und die Aufhebung des Vorstandsdienstvertrages. Tatsächlich wird immer wieder aus Vorstandskreisen berichtet, dass ein erheblicher Teil der Sitzungen damit zugebracht wird, die eigenen Haftungsrisiken zu bewerten.[873] Im Folgenden sollen daher drohende Rechtsfolgen eines Verstoßes gegen die Legalitätspflicht überblicksartig dargestellt werden, um die praktische Relevanz des Widerspruchs zu unterstreichen. Dabei ist zunächst ein Blick auf das rechtmäßige Alternativverhalten zu richten, bevor auf die Schadensersatzpflicht eingegangen wird.

1. *Rechtmäßiges Alternativverhalten*

Eng mit der Frage der Schadensersatzpflicht ist das im Rahmen des Rechtswidrigkeitszusammenhangs des Schadens relevante rechtmäßige Alternativverhalten verbunden. Die Berufung des Schädigers auf ein rechtmäßiges Alternativverhalten, d. h. den Einwand, der Schaden wäre auch bei einer ebenfalls möglichen,

873 *Nietsch*, ZGR 2015, 631, 634.

rechtmäßigen Verhaltensweise entstanden, kann nach der Rechtsprechung des BGH für die Zurechnung eines Schadenserfolgs beachtlich sein.[874] Der Einwand pflichtgemäßen Alternativverhaltens ist zwar auch bei Verstößen gegen die gesellschaftsrechtliche Kompetenzordnung zulässig.[875] So kann sich der Schädiger grundsätzlich auf den Einwand berufen, der Schaden wäre auch bei einer ebenfalls möglichen, rechtmäßigen Verhaltensweise entstanden. Voraussetzungen ist allerdings stets, dass derselben Erfolg herbeigeführt worden wäre.[876] Im Falle der vorliegenden Pflichtenkollision ist der Schaden aufgrund eines Verstoßes gegen Art. 83 Abs. 1, 2, 5 lit. a und c DSGVO i. V. m. Art. 41 BDSG i. V. m. Art. 6, 44 DSGVO jedoch nicht identisch mit dem Schaden, der bei Zuwiderhandlung gegen die Offenlegungspflicht nach 18 U.S.C. §§ 2703, 2713 entstehen würde. Es fehlt an einem konkreten Rechtswidrigkeitszusammenhang des Schadens. Der Geschäftsleiter kann sich daher nicht auf ein rechtmäßiges Alternativverhalten berufen. Die Vermeidung sonstiger Schäden ist vielmehr eine Frage des Vorteilsausgleichs.

2. *Schadensersatz*

Die Verletzung der Legalitätspflicht begründet eine Schadensersatzpflicht des Geschäftsleiters im Innenverhältnis gegenüber der Gesellschaft nach § 93 Abs. 2 AktG bzw. § 43 Abs. 2 GmbHG. In diesem Zusammenhang stellt sich die Frage, inwieweit ein sog. Vorteilsausgleich in Betracht kommt.

a) Vorteilsausgleich

Sollte eine Abwägung der drohenden Rechtsfolgen ergeben, dass es aus rein wirtschaftlicher Sicht sinnvoller ist, die Legalitätspflicht zu verletzen, weil es das geringere Übel darstellt, stellt sich die Frage, inwieweit die Pflichtenkollision des Geschäftsleiters im Rahmen des Vorteilsausgleichs berücksichtigt werden kann. Ein Vorteilsausgleich könnte zu dem Ergebnis führen, dass die Gesellschaft keinen ersatzfähigen Schaden erlitten hat. Die Pflichtverletzung des Geschäftsleiters bliebe im Ergebnis sanktionslos. Im konkreten Fall würde dies bedeuten, dass sich das Vorstandsmitglied die entgangene Sanktionierung nach US-amerikanischem Recht im Innenverhältnis gegenüber der Gesellschaft im Rahmen des Schadensersatzhaftungsanspruchs anrechnen lassen muss. Die Haftung wegen der Legalitätspflichtverletzung würde in diesem Fall leerlaufen.

874 BGHZ 219, 193 = NZG 2018, 1189, 1193; BGH, NJW 2017, 1104; BGHZ 214, 360 = NVwZ-RR 2017, 608.

875 BGHZ 197, 304 = NZG 2013, 1021, 1025; BGH, NZG 2008, 783, 785; BGH, NZG 2007, 185, 186.

876 BGH, NZG 2018, 1189, 1193; BGH, NJW 2017, 1104, 1107; BGH, NVwZ-RR 2017, 608, 609 f.

Geschäftsleiter, die ihre Pflichten verletzen, sind der Gesellschaft gemäß § 93 Abs. 2 Satz 1 AktG bzw. § 43 Abs. 2 GmbHG zum Ersatz des daraus entstehenden Schadens verpflichtet. Der Schaden der Gesellschaft bemisst sich nach den §§ 249 ff. BGB und ist im Wege der Differenzhypothese zu ermitteln.[877] Ein Schaden liegt vor, wenn das Gesellschaftsvermögen infolge des haftungsbegründenden Ereignisses weniger wert ist als ohne dieses Ereignis.[878] Irrelevant ist bei dieser Betrachtung, ob die Vermögensbeeinträchtigung dem Unternehmenszweck widerspricht.[879] Das vorhandene Vermögen wird also mit der Vermögenssituation verglichen, die bestehen würde, wenn die pflichtwidrige Handlung hinweggedacht wird.[880] Die Differenz, die sich aus dem Vergleich der realen Vermögenssituation mit der hypothetischen Situation ergibt, die bei pflichtgemäßem Verhalten des Organmitglieds vorgelegen hätte, bildet dann den Schaden.

Eine Pflichtverletzung muss für das Unternehmen nicht notwendigerweise nur nachteilig sein. Der Umstand, dass ein pflichtwidriges Vorstandshandeln wirtschaftlich vorteilhaft sein kann, wurde bereits im Rahmen nützlicher Rechtsverstöße thematisiert.[881] Insbesondere im Bereich der Kartellbußgeldhaftung, bei der der Kartellverstoß u. U. beträchtliche Gewinne für die Gesellschaft bedingt, wird daher die Frage nach dem Vorteilsausgleich gestellt.[882] Aber auch im Falle des Widerspruchs zwischen dem Cloud Act und der DSGVO wird die Frage relevant. So hat eine Verletzung datenschutzrechtlicher Vorschriften und damit der Legalitätspflicht zur Folge, dass auf US-amerikanischer Seite kein Bußgeld für die Gesellschaft droht. Wie bereits im Rahmen der nützlichen Rechtsverstöße stellt sich auch hier die Frage, inwieweit die Abwendung eines Bußgelds als Vorteil begriffen werden kann. Ein Vorteil kann jedoch sowohl in einem Vermögenszuwachs als auch in der Vermeidung von Verlusten bestehen. Insoweit wird auf die vorstehenden Ausführungen verwiesen.[883]

Eine rechtliche Ausgestaltung hat das Rechtsinstitut der *compensatio lucri et damni* bisher nicht erfahren. Wenngleich der Vorteilsausgleich als solcher grundsätzlich anerkannt ist, sind die einzelnen Voraussetzungen umstritten. Inwieweit und unter welchen Voraussetzungen ein solcher Vorteilsausgleich möglich sein

---

877 *Hopt/Roth*, in: GroßKommAktG, § 93 Rn. 406.

878 Vgl. BGHZ 161, 361 = NJW-RR 2005, 611, 612; BGH, Urteil vom 31.5.1994 – VI ZR 12/94, NJW 1994, 2357, 2359.

879 Mittlerweile ganz herrschende Ansicht, statt vieler *Fleischer*, in: BeckOGK, AktG, § 93 Rn. 248; *Hopt/Roth*, in: GroßKommAktG, § 93 Rn. 407; *Spindler*, in: MüKo AktG, § 93 Rn. 195.

880 BGHZ 98, 212, 217 = NJW 1987, 50, 51; *Grüneberg*, in: Palandt, Vorbm. zu § 249 Rn. 9.

881 Viertel Teil, B. I. 2. b)

882 *Fabisch*, ZWeR 2013, 91, 106.

883 Viertel Teil, B. I. 2. b)

soll, ist daher Gegenstand intensiver rechtlicher Diskussionen in Rechtsprechung[884] und Literatur.[885] Nach der Rechtsprechung des BGH sind Vorteile, die dem Geschädigten aufgrund des schädigenden Ereignisses zufließen, dann auf den Schaden anzurechnen, wenn zwischen dem Vorteil und dem Schadensereignis ein adäquat-kausaler Zusammenhang besteht, die Anrechnung mit dem Zweck des jeweiligen Ersatzanspruchs übereinstimmt, sie dem Geschädigten zumutbar ist und den Schädiger nicht unangemessen entlastet.[886] Nach der mittlerweile gefestigten Rechtsprechung[887] ist daher von einem grundsätzlichen Vorteilsausgleich auszugehen,[888] sofern diese Voraussetzungen vorliegen. Allerdings ist aufgrund der einzelfallorientierten Rechtsprechung kein grundsätzliches Regel-Ausnahme-Verhältnis auszumachen.[889]

Problematisch erscheint im vorliegenden Fall anhand der vom BGH in ständiger Rechtsprechung entwickelten Voraussetzungen des Vorteilsausgleichs die Frage nach der unbilligen Entlastung des Vorstands. Die Gewährung sich im Rahmen der Schadensfeststellung auf die durch die Gesetzesverletzung entstandenen Vorteile zu berufen, bildet zunächst einen Wertungswiderspruch zur Ablehnung der nützlichen Rechtsverstöße.[890] Die Präventionswirkung der Schadensersatzpflicht und der in § 93 AktG verankerte Gläubigerschutz würden tendenziell unterminiert, wenn der Schädiger entgegen entsprechender öffentlicher Interessen den Nutzen aus seiner pflichtwidrigen Handlung behalten oder zum Ansatz gegenüber dem Geschädigten bringen könnte.[891] Nach Stimmen in der Literatur darf daher ein Vorteilsausgleich nicht uneingeschränkt vorgenommen werden.[892] Ein Vorteilsausgleich soll in den Fällen ausgeschlossen sein, in denen die verletzte Rechtsvorschrift einem öffentlichen Interesse dient.[893] Dagegen wird vielfach eingewendet, dass der

---

884 Vgl. zur Anwendbarkeit der Vorteilsanrechnung i. R. d. § 93 Abs. 2 AktG, BGH, Urteil vom 15.1.2013 – II ZR 90/11, NJW 2013, 1958, 1961; BGH, Urteil vom 20.9.2011 – II ZR 234/09, NZG 2011, 1271, 1274.

885 Vgl. allgemein *Möller*, Vorteilsanrechnung bei nützlichen Pflichtverletzungen, 2012; *Schiemann*, NJW 2007, 3037; für die Organhaftung *Hölters*, in: Hölters, AktG, § 93 Rn. 258; *Koch*, in: Hüffer/Koch, AktG, § 93 Rn. 49.

886 BGHZ 91, 206, 209 f. = NJW 1984, 2457, 2458; *Werner*, CCZ 2010, 143, 145.

887 Vgl. BGH, Urteil vom 15.1.2013 – II ZR 90/11, ZIP 2013, 455, 457; BGHZ 136, 52, 54 = NJW 1997, 2378; BGHZ 91, 206, 210 = NJW 1984, 2457, 2458; BGHZ 30, 29, 33 = NJW 1959, 1078; BGHZ 8, 325, 329 = NJW 1953, 618, 619.

888 So auch *Grüneberg*, in: Palandt, Vorbm. v. § 249 Rn. 70

889 *Grüneberg*, in: Palandt, Vorbm. zu § 249 Rn. 70; *Oetker*, in: MüKo BGB, § 249 Rn. 238; *Schiemann*, in: Staudinger, BGB, § 249 Rn. 137 ff., jeweils m. w. N.

890 *Blaurock*, in: FS Bornkamm, 2014, S. 113; *Thole*, ZHR 173 (2009), 504, 527.

891 *Spindler*, in: MüKo AktG, § 93 Rn. 107; *ders.* in: FS Canaris Bd. II, 403, 425.

892 *Thole*, ZHR 173 (2009), 504, 529.

893 *Mertens/Cahn*, in: KölnKommAktG, § 93 Rn. 63; *Möller*, Vorteilsanrechnung bei nützlichen Pflichtverletzungen, 2012, S. 174 ff.; *Spindler*, in: MüKo AktG, § 93 Rn. 107;

primäre Zweck der § 93 Abs. 2 AktG und § 43 Abs. 2 GmbHG in der Schadenskompensation liege.[894] Zwar kann der Schadensersatzpflicht eine verhaltenssteuernde Wirkung dahingehend nicht abgesprochen werden, dass künftige Schäden durch die persönliche Haftungsandrohung vorgebeugt werden soll.[895] Eine solche verhaltenssteuernde Präventionswirkung ist jedoch jeder Haftungsnorm immanent.[896] Insoweit ist fraglich, inwieweit dies eine normative Korrektur der Differenzmethode zu begründen vermag. So kommt der Präventionswirkung gegenüber dem Zweck des Schadensausgleichs nur eine untergeordnete Bedeutung zu.[897]

Gegen den Ausschluss der Vorteilsanrechnung im Falle der Legalitätspflichtverletzung spricht zunächst der Sinn und Zweck des Sanktionsmodells der DSGVO. Der Hauptzweck der europäischen Geldbuße nach der DSGVO besteht darin, Verstöße zu ahnen, ihrer Wiederholung vorzubeugen und abschreckend zu wirken.[898] Anders als im deutschen Recht wird die Verhängung von Geldbußen im Unionsrecht gegen Unternehmen vorgesehen, was sich aus einer Zusammenschau von Art. 83 Abs. 4 bis 6 DSGVO, ErwGr 150 sowie einem funktionellen Verständnis des Verantwortlichen in Art. 4 Nr. 7 DSGVO ergibt.[899] Am wettbewerbswidrigen Marktverhalten der wirtschaftlichen Einheit anzuknüpfen, soll zur Sicherung eines Systems unverfälschten Wettbewerbs zweckmäßiger sein.[900] Dieses Sanktionsmodell der DSGVO würde unterlaufen, könnte die Gesellschaft sich im Rahmen der Solvenz ihres Geschäftsleiters schadlos halten und Sanktionen, die in erster Linie die Gesellschaft treffen, auf ihre Organe abwälzen. Dies würde zu einer nahezu vollständigen Verlagerung des unternehmerischen Risikos auf den Geschäftsleiter führen.[901] Sofern argumentiert wird, dass andernfalls die Organmitglieder sanktionslos bleiben würden, kann dem entgegengehalten werden, dass das deutsche Recht keinen Strafschadensersatz kennt.[902] Sofern eine besondere Verantwortlichkeit des Geschäftsleiters vorliegt, kann eine Sanktionierung unmittelbar durch die Behörde erfolgen. Die Sicherstellung einer Sanktionierung im Innenverhältnis ist

---

Spindler, in: FS Canaris Bd. 2, S. 425; *Thole*, ZHR 173 (2009), 504, 529; offen *Fleischer*, ZIP 2005, 141, 151 f.

894 *Fleischer*, ZIP 2005, 141, 151 f.; *Werner*, CCZ 2010, 143, 146.

895 Vgl. hierzu *Beurskens*, in: Baumbach/Hueck, § 43 Rn. 1; *Fleischer*, in: BeckOGK, AktG, § 93 Rn. 3; *Thole*, ZHR 173 (2009), 504, 527.

896 *Lotze*, NZKart 2014, 162, 168.

897 *Fleischer*, ZIP 2005, 141, 152; *Marsch-Barner*, ZHR 173 (2009), 723, 729, der von einem gewünschten aber keinesfalls gesicherten Nebeneffekt spricht.

898 Erster Teil, B. VI. 2. a) bb).

899 Erster Teil, B. VI. 2. a) bb).

900 Erster Teil, B. VI. 2. a) bb).

901 Vgl. *Werner*, CCZ 2010, 143, 146.

902 Vgl. *Grigoleit/Tomasic*, in: Grigoleit, AktG, § 93 Rn. 20; *Hölters*, in: Hölters, AktG, § 93 Rn. 258.

gerade nicht erforderlich.[903] Eine vergleichbare Diskussion findet sich im Kartellrecht wieder, denn auch bei einem Kartellverstoß kann die Gesellschaft beträchtliche Gewinne erzielen. Zwar hat das Kartellbußgeldrecht zum Ziel sowohl den Kartellverstoß zu ahnden als auch die hieraus erwachsenden wirtschaftlichen Vorteile abzuschöpfen,[904] sodass idealtypisch für einen Vorteilsausgleich kein Raum bleiben sollte.[905] Allerdings ist nicht auszuschließen, dass die Gesellschaft durch den Kartellverstoß jahrelang oder sogar jahrzehntelang von den Marktverhältnissen profitierte und einen nicht unerheblichen Gewinn erwirtschaftet hat. Als Beispiel hierfür sind das Kartell für gasisolierte Schaltanlangen zu nennen, das 16 Jahre hielt, oder das sog. Reißverschluss-Kartell, das 21 Jahre lang hielt.

b) Zusammenfassung

Die vorherigen Erwägungen verdeutlichen, dass gute Argumente für die Zulässigkeit eines Vorteilsausgleichs sprechen, diese aber aufgrund umstrittener Ansichten in Rechtsprechung und Literatur nicht mit absoluter Sicherheit angenommen werden kann. Dies liegt darin begründet, dass die Entscheidung, ob ein Vorteil anzurechnen ist oder nicht, nicht auf einen einzigen Grundgedanken zurückzuführen ist,[906] sondern stets einer Wertung des Einzelfalls bedarf. Nicht zuletzt deshalb hat sich bisher weder in der Rechtsprechung noch in der Literatur eine herrschende Meinung herausgebildet. Dem Geschäftsleiter kann damit nicht das sichere Instrument an die Hand gegeben werden, sich im Falle des Widerspruchs zwischen dem Cloud Act und der DSGVO im Innenverhältnis auf den Vorteilsausgleich berufen zu können. Die praktische Bedeutung des Vorteilsausgleichs erfährt darüber hinaus eine nicht unerhebliche Einschränkung dadurch, dass ggf. anzurechnende Vorteile von dem in Anspruch genommenen Organmitglied darzulegen und zu beweisen sind.[907] Beweiserleichterungen kommen dabei nur ausnahmsweise zum Zuge.[908] So obliegt es regelmäßig dem Geschäftsleiter, eine drohende Sanktion aufgrund des Verstoßes gegen die Offenlegungspflicht nach 18 U.S.C. §§ 2703, 2713 darzulegen und zu beweisen. Insbesondere im Hinblick auf die Neuheit des Problems und fehlender Rechtsprechung in Bezug auf die Höhe drohender Sanktionen, ist fraglich, ob dem Geschäftsleiter dies gelingen kann. Daher ist festzuhalten, dass keine zuverlässige Aussage über die Zulässigkeit des Vorteilsausgleichs im Falle des Widerspruchs zwischen dem Cloud Act und der DSGVO getroffen werden

---

903 Ähnlich *Brock*, Legalitätsprinzip und Nützlichkeitserwägungen, 2017, S. 315; für das Kartellrecht *Thole*, ZHR 173 (2009), 504, 534.

904 *Blaurock*, FS Bornkamm, 2014, S. 113; *Bayer*, FS K. Schmidt, 2009, S. 94.

905 *Bayer*, FS K. Schmidt, 2009, S. 94.

906 So auch *Grüneberg*, in: Palandt, Vorbm. zu § 249 Rn. 70.

907 BGH, NJW-RR 2004, 79, 81; BGH, NJW-RR 2002, 1280 = NZM 2002, 737 m. w. N.; *Grüneberg*, in: Palandt, Vorbm. v. § 249 Rn. 75.

908 BGH, NJW-RR 2004, 79, 81.

kann. So bleibt ein im Zweifel erhebliches Risiko des Geschäftsleiters, dass (1) das Rechtsinstitut des Vorteilsausgleichs für zulässig erachtet wird und in der Praxis weitaus bedeutender (2) dem Geschäftsleiter die Darlegungs- und Beweisführung gelingen wird. Sollte sich das Verhalten des Geschäftsleiters *ex post* als nicht vorteilhaft herausstellen, z. B. weil das amerikanische Bußgeld sehr viel geringer ist als ein Bußgeld nach der DSGVO, kann er sich nicht darauf berufen, dass das Geschäft für einen ordentlichen und gewissenhaften Geschäftsleiter *ex ante* vorteilhaft zu sein schien. Anders als bei unternehmerischen Entscheidungen besteht für eine Entscheidung gegen einen Regelverstoß kein Geschäftsleiterermessen, das zu einer Exkulpation des Geschäftsleiters führen könnte.

Fünfter Teil: Ergebnisse

A. Stellungnahme

Die Offenlegung personenbezogener Daten aufgrund einer entsprechenden Anordnung von Seiten US-amerikanischer Behörden ist nach der DSGVO unzulässig. Eine solche Offenlegungspflicht setzt sich in Widerspruch zu den Vorschriften der DSGVO, wonach personenbezogene Daten nur unter den dort genannten Voraussetzungen verarbeitet bzw. übermittelt werden können. Der Widerspruch beider Regelungswerke kann *de lege lata* im Außenverhältnis mit den bestehenden Mechanismen des deutschen Rechts nicht aufgelöst werden. Dieses wohl unbefriedigende Ergebnis ist letztlich Ausdruck dafür, dass der Widerspruch zwischen dem Cloud Act und der DSGVO durch die Gesetzgebung nicht hinreichend erörtert und aufgearbeitet worden ist. Feststellungen der Bundesregierung, dass es zwischen Regelungen zu Rechtskonflikten kommen kann[909] oder die Möglichkeit bestehe, dass international tätige Unternehmen widersprechenden Rechtsvorschriften ausgesetzt sind,[910] verdeutlichen dies. Entgegen der Auffassung des Parlamentarischen Staatssekretärs *Christian Lange*[911] ist es im Falle des Widerspruchs zwischen dem Cloud Act und der DSGVO jedoch nicht grundsätzlich die Aufgabe der betroffenen Unternehmen, die betreffenden datenschutzrechtlichen Anforderungen zu kennen und einzuhalten. Es handelt sich vielmehr um eine Auseinandersetzung politischer Streitigkeiten zwischen Deutschland und den USA, bei der es Sache des Gesetzgebers ist, tätig zu werden. Bis dahin sind international tätige Unternehmen die Leidtragenden.

Für den handelnden Geschäftsleiter besteht jedenfalls im Innenverhältnis dann kein Haftungsrisiko, wenn er sich zur Einhaltung der Vorschriften der DSGVO und damit für die Legalitätspflicht entscheidet. Eine Verletzung ausländischen Rechts kann ihm dann nicht wegen Verletzung seiner Legalitätspflicht zum Vorwurf gereichen. Dies gilt selbst dann, wenn sich die Entscheidung, der Offenlegungspflicht nach dem Cloud Act nicht nachzukommen, als wirtschaftlich unvernünftig herausstellt. Der Geschäftsleiter wird sich in diesem Fall nicht auf die Unzumutbarkeit gemäß § 275 Abs. 3 BGB stützen können, da bei der Zuwiderhandlung gegen die Offenlegungspflicht nach 18 U.S.C. §§ 2703, 2713 in der Regel keine persönlichen Sanktionen für den Geschäftsleiter drohen.

Insgesamt bleibt eine unsichere Rechtslage, die ein legislatives Tätigkeitwerden wünschenswert erscheinen lässt, um so zumindest ein Stück weit für mehr Rechtssicherheit zu sorgen.

909 Vgl. BT-Drucks. 19/21510, S. 4.

910 Einleitung, A.

911 Einleitung, A.

B. Zusammenfassung in Thesen

1. Der Cloud Act regelt mit 18 U.S.C § 2713 i. V. m. 18 U.S.C. § 2703 eine Zugriffmöglichkeit von US-Behörden auf Informationen unabhängig von dem jeweiligen Speicherort und setzt sich damit über seine eigenen Jurisdiktionsgrenzen hinweg. Dem Cloud Act unterliegen Unternehmen bereits dann, wenn sie sog. Mindestkontakte in die USA pflegen. Die Anforderungen an solche Mindestkontakte sind dabei nicht besonders hoch. So reicht für einen Mindestkontakt bereits die Bereitstellung von Waren oder Dienstleistungen oder die Ausübung von Geschäften in den USA aus. Der Cloud Act umfasst damit nicht nur Internet-Provider, IT-Dienstleister, Cloud-Anbieter und andere Internetfirmen mit Sitz in den USA und deren europäischen Zweigstellen. Er erstreckt sich damit unmittelbar auch auf europäische Unternehmen.

2. Weil Deutschland bisher kein Durchführungsabkommen i. S. d. Cloud Act mit den USA geschlossen hat und dementsprechend nicht als qualifizierte ausländische Regierung gilt, stehen deutschen Unternehmen keine Rechtschutzmöglichkeiten gegen eine Offenlegungsverpflichtung einer US-amerikanischen Behörde zu.

3. Im Vergleich zu Ihrer Vorgängerin, der DSRL, enthält die DSGVO einige Änderungen, Ergänzungen und Neuerungen bzgl. derer in Rechtsprechung und Literatur Unsicherheiten bestehen.

4. Die verhängten Bußgelder für Verstöße gegen Datenschutzbestimmungen der DSGVO liegen nicht selten im Millionenbereich und stellen damit ein erhebliches wirtschaftliches Risiko für Unternehmen dar. Zwar liefert die Bemessung des Bußgelds an dem Umsatz eines Unternehmens greifbare Bemessungskriterien. Dass dies allerdings zu sehr hohen, teilweise unverhältnismäßigen Bußgeldern führt, wurde bereits vom LG Bonn gerichtlich bestätigt.

5. *De lege lata*besteht keine geeignete Rechtsgrundlage für die Datenübermittlung in USA aufgrund einer auf dem Cloud Act beruhenden Offenlegungspflicht. Weder hält Art. 6 DSGVO eine geeignete Rechtsgrundlage für die Offenlegung personenbezogener Daten an eine US-amerikanische Behörde bereit, noch liegen die Voraussetzungen der Art. 44 ff. DSGVO vor. Die DSGVO, die eine Datenübermittlung jedoch nur unter den in Art. 6 DSGVO i. V. m. Art. 44 ff. DSGVO genannten Voraussetzungen für zulässig erachtet, setzt sich in Widerspruch zu der im Cloud Act enthaltenen Offenlegungspflicht, welche Unternehmen zu einer Datenübermittlung unter Verstoß gegen die DSGVO zwingt.

6. Der Cloud Act setzt sich mit dem dort geregelten Auskunftsverlangen von US-Behörden über die territorialen Grenzen hinweg und schafft so ein Spannungsfeld zwischen US-Sicherheitsinteressen und europäischem Datenschutzrecht. Der extraterritorialen Jurisdiktion als solchen sind dabei kaum Grenzen

gesetzt. So lässt sich für beinahe jede Ausübung extraterritorialer Jurisdiktion ein entsprechender Anknüpfungspunkt finden.

7. Es bestehen derzeit keine Mechanismen, die Pflichtenkollision, die aus dem Aufeinandertreffen unterschiedlicher Rechtsordnungen resultiert, im Außenverhältnis zu bewältigen. So haben sich weder auf internationaler Ebene im Bereich des Internationalen Privatrechts und des Völkerrechts noch auf Ebene des nationalen Rechts durch die Möglichkeit, Rechtsverstöße zu rechtfertigen oder zu entschuldigen, rechtliche Ansätze zur Auflösung des Widerspruchs finden lassen. Auch die Lösungsansätze zur Vermeidung des Widerspruchs, insbesondere die Möglichkeit des Ausweichens auf ein Datentreuhandmodell, vermögen nach dem derzeitigen technischen Stand nicht zu überzeugen. Die Unternehmen und die Geschäftsleiter sind der Situation ausgesetzt, sich für eine der beiden Pflichten entscheiden zu müssen und die entsprechenden Konsequenzen zu tragen.

8. Auch die Lösungsansätze zur Vermeidung des Widerspruchs, insbesondere die Möglichkeit des Ausweichens auf ein Datentreuhandmodell, vermögen nach dem derzeitigen technischen Stand nicht zu überzeugen Das Datentreuhandmodell ist als Lösungsansatz zur Vermeidung des Widerspruchs nur dann vielversprechend, wenn der deutsche Datentreuhänder gegenüber dem Lizenzgeber bzw. Cloud-Anbieter nicht nur vertraglich unabhängig, sondern auch neutral dergestalt ist, dass keine sonstigen rechtsgeschäftlichen oder gesellschaftsrechtlichen Verbindungen zum Anbieter bestehen, über die US-amerikanische Gerichte letztlich doch einen Besitz, einen Gewahrsam oder eine Kontrolle über die Daten konstruieren können. Problematisch ist in diesem Zusammenhang, dass viele Anbieter eines solchen Datentreuhandmodells ein Verbindungsbüro oder sonstige Vertretungen in den USA haben, womit sie wiederum der US-amerikanischen Jurisdiktion unterliegen, sofern sich die Offenlegungspflicht an diese richtet.

9. Die Bewältigung des Widerspruchs zwischen dem Cloud Act und der DSGVO im Innenverhältnis orientiert sich maßgeblich an der Beurteilung der Reichweite der Legalitätspflicht. Diese beinhaltet die Einhaltung datenschutzrechtlicher Vorschriften. Verstößt der Geschäftsleiter gegen die DSGVO stellt dies zugleich eine Legalitätspflichtverletzung im Innenverhältnis dar. Der Cloud Act hingegen fällt nicht unter die Legalitätspflicht, weil er als ausländisches Recht, das im Widerspruch zu deutschem Recht steht, nicht geeignet ist, Pflichten für den Geschäftsleiter im Innenverhältnis zu statuieren.

10. Die Pflichtenbindung des Geschäftsleiters im Innenverhältnis kann anhand des Rechtsgedankens aus § 275 Abs. 1 BGB begrenzt werden. Die Erfüllung der Offenlegungspflicht nach 18 U.S.C. §§ 2703, 2713 ist rechtlich unmöglich und damit gemäß § 275 Abs. 1 BGB im Innenverhältnis gegenüber der Gesellschaft nicht geschuldet.

11. Im Falle der Pflichtenkollision zwischen Legalitätspflicht und Schadensabwendungspflicht kann es im Einzelfall zu einer Unzumutbarkeit gemäß § 275 Abs. 3 BGB der Legalitätspflicht kommen. Eine im Rahmen des § 275 Abs. 3 BGB vorgenommene Abwägung wird der Schadensabwendungspflicht jedoch nur dann den Vorrang gewähren, wenn sich die Leistungserbringung für den Geschäftsleiter im Einzelfall als in hohem Maße belastend darstellt. Dies wird regelmäßig erst dann anzunehmen sein, wenn dem Geschäftsleiter persönliche Sanktionen drohen, deren Nachteile nicht von der Gesellschaft im Innenverhältnis ausgeglichen werden können.

12. Es kann keine zuverlässige Aussage über die Zulässigkeit der Vorteilsanrechnung im Falle des Widerspruchs zwischen dem Cloud Act und der DSGVO getroffen werden. Es bleibt ein im Zweifel erhebliches Risiko des Geschäftsleiters, dass (1) das Rechtsinstitut der Vorteilsanrechnung für zulässig erachtet wird und in der Praxis weitaus bedeutender (2) dem Geschäftsleiter die Darlegungs- und Beweisführung gelingen wird.

Literaturverzeichnis

Abeltshauser, Thomas E., Leitungshaftung im Kapitalgesellschaftsrecht, Zu den Sorgfalts- und Loyalitätspflichten von Unternehmensleitern im deutschen und im US-amerikanischen Kapitalgesellschaftsrecht, Köln 1998.

Adler, David B., Die Anwendung und Durchsetzung US-amerikanischer Handelsbeschränkungen innerhalb der Europäischen Union – Wie schutzlos ist die EU?, Berlin 2016.

Akehurst, Michael, Jurisdiction in international law, in: 46 Brit YB Int'l L, 1972–1973, S. 145–258.

Albrecht, Jan Philipp, Das neue EU-Datenschutzrecht – von der Richtlinie zur Verordnung, Überblick und Hintergründe zum finalen Text für die Datenschutz-Grundverordnung der EU nach der Einigung im Trilog, in: CR 2016, S. 88–98.

Albrecht, Jan Philipp, The EU's New Data Protection Law – How A Directive Evolved Into A Regulation, in: CRi 2016, S. 33–43.

Allison, J. W. F., A Continental Distinction in the Common Law, A Historical and Comparative Perspective on English Public Law, Oxford 1996.

Altmeppen, Holger, Gesetz betreffend die Gesellschaft mit beschränkter Haftung, Kommentar, 10. Aufl., München 2021.

Ambrock, Jens / *Karg*, Moritz, Ausnahmetatbestände der DS-GVO als Rettungsanke des internationalen Datenverkehrs, Analyse der Neuerungen zur Angemessenheit des Datenschutzniveaus, in: ZD 2017, S. 154–161.

Ambrock, Jens: Nach Safe Harbor: Schiffbruch des transatlantischen Datenverkehrs?, in: NZA 2015, S. 1493–1497.

Arnauld, Andreas von: Völkerrecht, 4. Aufl., Heidelberg 2019.

Arnold, Michael, Verantwortung und Zusammenwirken des Vorstands und Aufsichtsrats bei Compliance-Untersuchungen, in: ZGR 2014, S. 76–106.

Artikel-29-Datenschutzgruppe, Arbeitsdokument „Festlegung eines Kooperationsverfahrens zwecks Abgabe gemeinsamer Stellungnahmen zur Angemessenheit der verbindlich festgelegten unternehmensinternen Datenschutzgarantien", 14.4.2005, 05/DE WP 107 [zitiert: *Artikel-29-Datenschutzgruppe*, Arbeitspapier vom 14.4.2005, WP 107, S.]

Artikel-29-Datenschutzgruppe, Arbeitsdokument „Muster-Checkliste für Anträge auf Genehmigungen verbindlicher unternehmensinterner Datenschutzregelungen", 14.4.2005, 05/DE WP 108 [zitiert: *Artikel-29-Datenschutzgruppe*, Arbeitspapier vom 14.4.2005, WP 108, S.]

Artikel-29-Datenschutzgruppe, Arbeitsdokument „Überwachung der elektronischen Kommunikation zu nachrichtendienstlichen und nationalen

Sicherheitszwecken“, 5.12.2014, 14/DE WP 228 [zitiert: *Artikel-29-Datenschutzgruppe*, Arbeitspapier vom 5.12.2014, WP 228, S.]

Artikel-29-Datenschutzgruppe, Arbeitsdokument, Guidelines on Article 49 of Regulation 2016/679 (Updated), 6.2.2018, 8/EN WP 261 [zitiert: *Artikel-29-Datenschutzgruppe*, Arbeitspapier vom 6.2.2018, WP 261, S.]

Artikel-29-Datenschutzgruppe, Arbeitsdokument, Guidelines on Article 49 of Regulation 2016/679, 6.2.2018, 8/EN WP 262 [zitiert: *Artikel-29-Datenschutzgruppe*, Arbeitspapier vom 6.2.2018, WP 262, S.]

Artikel-29-Datenschutzgruppe, Arbeitsdokument: Übermittlung personenbezogener Daten in Drittländer: Anwendung von Artikel 26 Absatz 2 der EU-Datenschutzrichtlinie auf verbindliche unternehmensinterne Vorschriften für den internationalen Datentransfer, 3.6.2003, 11639/02/DE WP 74 [zitiert: *Artikel-29-Datenschutzgruppe*, Arbeitspapier vom 3.6.2003, WP 74, S.]

Artikel-29-Datenschutzgruppe, Arbeitsdokument: Übermittlung personenbezogener Daten in Drittländer: Anwendung von Artikel 26 Absatz 2 der EU-Datenschutzrichtlinie auf verbindliche unternehmensinterne Vorschriften für den internationalen Datentransfer, 3.6.2003, 11639/02/DE WP 74 [zitiert: *Artikel-29-Datenschutzgruppe*, Arbeitspapier vom 3.6.2003, WP 74, S.]

Artikel-29-Datenschutzgruppe, Arbeitspapier über eine gemeinsame Auslegung des Artikels 26 Absatz 1 der Richtlinie 95/46/EG vom 24.10.1995, 25.11.2005, 2093-01/05/DE WP 114 [zitiert: *Artikel-29-Datenschutzgruppe*, Arbeitspapier vom 25.11.2005, WP 114, S.]

Artikel-29-Datenschutzgruppe, Leitlinien für die Anwendung und Festsetzung von Geldbußen im Sinne der Verordnung (EU) 2016/679, 3.10.2017, 17/DE WP 253 [*zitiert: Artikel-29-Datenschutzgruppe*, Leitlinien für die Anwendung und Festsetzung von Geldbußen im Sinne der Verordnung (EU) 2016/679, 3.10.2017, WP 253, S.]

Artikel-29-Datenschutzgruppe, Muster-Checkliste, Antrag auf Genehmigung verbindlicher Unternehmensregelungen, 25.11.2004, 12110/04/DE WP 102 [zitiert: Artikel-29-Datenschutzgruppe, Arbeitspapier vom 25.11.2004, WP 102, S.]

Artikel-29-Datenschutzgruppe, Recommendation 1/2007 on the Standard Application for Approval of Binding Corporate Rules for the Transfer of Personal Data, 10.1.2007, WP 133 [zitiert: *Artikel-29-Datenschutzgruppe*, Arbeitspapier vom 10.1.2007, WP 133, S.]

Artikel-29-Datenschutzgruppe, Stellungnahme 06/2014 zum Begriff des berechtigten Interesses des für die Verarbeitung Verantwortlichen gemäß Artikel 7 der Richtlinie 95/46/EG, 9.4.2014, 844/14/EN WP 217 [zitiert: *Artikel-29-Datenschutzgruppe*, Stellungnahme vom 9.4.2014, WP 217, S.]

Artikel-29-Datenschutzgruppe, Stellungnahme 10/2006 zur Verarbeitung von personenbezogenen Daten durch die Society for Worldwide Interbank Financial

Telecommunication (SWIFT), 22.11.2006, 01935/06/DE WP 128 [zitiert: *Artikel-29-Datenschutzgruppe*, Stellungnahme vom 22.11.2006, WP 128, S.]

Assistant Att'y Gen. Peter Kadzik, Brief an den Vizepräsidenten Joseph R. Biden, Präsident, United States Senate vom 15.7.2016, S. 1–15, abrufbar unter https://www.aclu.org/sites/default/files/field_document/doj_legislative_proposal.pdf, letzter Aufruf: 14.9.2021.

Baier, Jochen, Das Auswirkungsprinzip im Kartellrecht der USA, unter besonderer Berücksichtigung der Empagran-Rechtsprechung, Baden-Baden 2008.

Bareiß, Andreas, Pflichtenkollisionen im transnationalen Beweisverkehr, Offenbarungspflichten im Zivilprozessrecht der USA und Offenlegungsverbote nach deutschem und europäischem Recht, in: Studien zum ausländischen und internationalen Privatrecht 298, Tübingen 2014.

Bartels, Lorand, Article XX of GATT and the Problem of Extraterritorial Jurisdiction, The Case of Trade Measures for the Protection of Human Rights, in: Journal of World Trade 36, 2002, S. 353–403.

Basedow, Jürgen, Wirtschaftskollisionsrecht, Theoretischer Versuch über die ordnungspolitischen Normen des Forumstaates, in: RabelsZ, 52. Jahrgang, Heft 1/2, S. 8–40.

Baumann, Bastian: Datenschutzkonflikte zwischen der EU und den USA, Angemessenheit des Datenschutzniveaus am Beispiel der PNR-Abkommen, Berlin 2016.

Baumann, Jürgen / *Weber*, Ulrich / *Mitsch*, Wolfgang / *Eisele*, Jörg, Strafrecht Allgemeiner Teil Lehrbuch, 12. Aufl., Bielefeld 2016 zitiert: *Bearbeiter*, in: Baumann/Weber, § Rn.

Baumbach, Adolf (Begr.) / *Hueck*, Alfred (Hrsg.), Beck'sche Kurz-Kommentare, Band 20, Gesetz betreffend die Gesellschaften mit beschränkter Haftung, 22. Aufl., München 2019 [zitiert, *Bearbeiter*, in: Baumbach/Hueck, GmbHG, § Rn.]

Bayer, Walter, Die Innenhaftung des GmbH-Geschäftsführers de lege lata und de lege ferenda, in: GmbHR 2014, S. 897–907.

Bayer, Walter, Legalitätspflicht der Unternehmensleitung, nützliche Gesetzesverstöße und Regress bei verhängten Sanktionen – dargestellt am Beispiel von Kartellverstößen –, in: Bitter, Georg / Lutter, Marcus / Priester, Hans-Joachim / Schön, Wolfgang / Ulmer, Peter (Hrsg.), Festschrift für Karsten Schmidt zum 70. Geburtstag, Köln 2009, S. 85–103 zitiert: *Bayer*, in: FS K. Schmidt, 2009, S.

Beale, Sara Sun, Die Entwicklung des US-amerikanischen Rechts der strafrechtlichen Verantwortlichkeit von Unternehmen, in: ZStW 2014, S. 27–54.

Bechtel, Alexander, Schuldausschließungsgründe bei Täterschaft und Teilnahme, Berlin 2019.

Becker, Florian, Öffentliches und Privates Recht, in: NVwZ 2019, S. 1385–1392.

Becker, Philipp / *Nikolaeva*, Julia: Das Dilemma der Cloud-Anbieter zwischen US-Patriot Act und BDSG, Zur Unmöglichkeit rechtskonformer Datenübermittlung für gleichzeitig in USA und Deutschland operierende Cloud-Anbieter, in: CR 2012, S. 170–176.

Behling, Thorsten B., Die datenschutzrechtliche Compliance-Verantwortung der Geschäftsleitung, in: ZIP, 38. Jahrgang, 2017, S. 697–706.

Bellen, Francis / *Stehl*, Indra, Pflichten und Haftung der Geschäftsführer in der Krise der GmbH – ein Überblick, in: BB 2010, S. 2579–2585.

Bergt, Matthias, EuGH: Safe Harbor-Abkommen ist ungültig, Urteilsanmerkung zu EuGH, Urteil vom 6.10.2015 – C-362/14, in: MMR, 2015, S. 759–762.

Bergt, Matthias, Sanktionierung von Verstößen gegen die Datenschutz-Grundverordnung, in: DuD 2017, S. 555–561.

Bernstein, Herbert, Verfassungsschranken der Personal Jurisdiction in den USA – Eine Studie aus Anlaß des Asahi-Falls, in: Selmer, Peter / von Münch, Ingo (Hrsg.), Gedächtnisschrift für Wolfgang Martens, Berlin 1987, S. 751–768 zitiert: *Bernstein*, Gedächtnisschrift für W. Martens, 1987, S.

Bettinger, Torsten, Der lange Arm amerikanischer Gerichte: Personal Jurisdiction im Cyberspace, in: GRUR Int. 1998, S. 660–666.

Bicker, Eike, Legalitätspflicht des Vorstands – ohne Wenn und Aber?, in: AG 2014 S. 8–14.

Binder, Jens-Hinrich, Geschäftsleiterhaftung und fachkundiger Rat, in: AG 2008, S. 274–287.

Binder, Jens-Hinrich, Vorstandshandeln zwischen öffentlichem und Verbandsinteresse, Pflichten- und Kompetenzkollisionen im Spannungsfeld von Bankaufsichts- und Gesellschaftsrecht, in: ZGR 2013, S. 760–801.

Binder, Ulrike / *Kraayvanger*, Jan, Regress der Kapitalgesellschaft bei der Geschäftsleitung für gegen das Unternehmen verhängte Geldbußen, in: BB 2015, S. 1219–1230.

Blaurock, Uwe, Kartellbußgeldhaftung und gesellschaftsrechtlicher Rückgriff, in: Büscher, Wolfgang / Erdmann, Willi / Haedicke Maximilian W. / Köhler, Helmut / Loschelder, Michael (Hrsg.), Festschrift für Joachim Bornkamm zum 65. Geburtstag, München 2014, S. 107–119 [zitiert: *Blaurock*, in: FS Bornkamm, 2014, S.]

Bockelmann, Paul, Anmerkung zu BGH, Urteil vom 13.11.1958 – 4 StR 199/58 –, JZ 1959, S. 493–499.

Bohnert, Joachim (Begr.) / *Krenberger*, Benjamin / *Krumm*, Carsten (Hrsg.), Ordnungswidrigkeitengesetz, Kommentar, 6. Aufl., München 2020 [zitiert: *Bohnert/Krenberger/Krumm*, OWiG, § Rn.]

Boms, Wilfried, Ahnung von Ordnungswidrigkeiten nach der DS-GVO in Deutschland, in: ZD 2019, S. 536–540.

Börding, Andreas, Ein neues Datenschutzschild für Europa, Warum auch das überarbeitete Privacy Shield den Vorgaben des Safe Harbor-Urteils des EuGH nicht gerecht werden kann, in: CR 2016, S. 431–441.

Boston Consulting Group, "The Value of our Digital Identity", 11.2012, S. 1–125, abrufbar unter: https://2zn23x1nwzzj494slw48aylw-wpengine.netdna-ssl.com/wp-content/uploads/2017/06/The-Value-of-Our-Digital-Identity.pdf, letzter Aufruf: 14.9.2021.

Brand, Christian, „Weißt du wie das wird?" – Zum Verhältnis von § 266 a StGB und § 64 S. 1 GmbHG (§ 266 a StGB, § 64 S. 1 GmbHG), in: GmbHR, 2010, S. 237–244.

Brauneck, Jens, Europa-Cloud: Zwing der US CLOUD Act EU-Unternehmen zur EU-rechtswidrigen Datenherausgabe?, in: EWS 2019, Heft 6, S. 307–315.

Breitenfeld, Eva, Die organschaftliche Binnenhaftung der Vorstandsmitglieder für gesetzwidriges Verhalten, Eine Untersuchung der aktienrechtlichen Legalitätspflicht, Berlin 2016.

Brink, Stefan / *Wolff*, Heinrich Amadeus (Hrsg.), Beck'scher Onlinekommentar zum Datenschutzrecht, 37. Aufl., München 2021 [zitiert: *Bearbeiter*, in: BeckOK, Datenschutzrecht, Art. Rn.]

Brock, Karl, Legalitätspflicht des Geschäftsführers bei auslandsbezogenen Rechtsverletzungen, in: BB 2019, S. 1292–1296.

Brock, Karl, Legalitätsprinzip und Nützlichkeitserwägungen, Berlin 2017.

Brownlie, Ian, Principles of Public International Law, 6. Aufl., Oxford 2003.

Buchner, Benedikt, Grundsätze und Rechtmäßigkeit der Datenverarbeitung unter der DS-GVO, in: DuD 2016, S. 155–161.

Buchta, Jens, Haftung und Verantwortlichkeit des Vorstands einer Aktiengesellschaft – Eine Bestandsaufnahme, in: DB 2006, Heft 36, 2006, S. 1939–1943.

Buck-Heeb, Petra, Die Haftung von Mitgliedern des Leitungsorgans bei unklarer Rechtslage, Notwendigkeit einer Legal Judgment Rule?, in: BB 2013, S. 2247–2257.

Bullinger, Martin, Öffentliches Recht und Privatrecht: Studien über Sinn und Funktion der Unterscheidung, Stuttgart 1968.

Bundesregierung der Vereinigten Staaten, Whitepaper Information on U.S. Privacy Safeguards Relevant to SCCs and Other EU Legal Bases for EU-U.S. Data Transfers after Schrems II, 9.2020, abrufbar unter: https://www.commerce.gov/sites/default/files/2020-09/SCCsWhitePaperFORMATTEDFINAL508COMPLIANT.PDF, letzter Aufruf: 14.9.2021.

Bürkle, Jürgen, Aufsichtsrechtliches Legal Judgment: Sachlicher Anwendungsbereich und prozedurale Voraussetzungen, in: VersR 2013, S. 792–802.

Callaway, David / *Determann*, Lothar, The New US Cloud Act – History, Rules, and Effects, in: The Computer & Internet Lawyer, Vol. 35, No. 8, 2018, S. 1–14.

Calliess, Christian / *Ruffert*, Matthias (Hrsg.), EUV/AEUV Das Verfassungsrecht der Europäischen Union mit Europäischer Grundrechtecharta Kommentar, 5. Aufl., München 2016 [zitiert: *Bearbeiter*, in: Calliess/Ruffert, EUV/AEUV, Art. Rn.]

Casad, Robert, Jurisdiction in Civil Actions, Territorial Basis and Process Limitations on Jurisdiction of State and Federal Courts, Boston 1983.

Cichy, Patrick / *Cziupka*, Johannes, Compliance-Verantwortung der Geschäftsleiter bei Unternehmenstätigkeit mit Auslandsbezug, in: BB 2014, S. 1482–1486.

Colangelo, Anthony J., What is extraterritorial jurisdiction?, in: Cornell L. Rev., Vol. 99, No. 6, 2014, S. 1303–1352.

Cording, Sebastian / *Götzinger*, Lena, Der CLOUD Act aus europäischer Sicht, in: MMR, 2018, S. 636–640.

Dahm, Georg (Begr.) / *Delbrück*, Jost / *Wolfrum*, Rüdiger (Hrsg.), Völkerrecht, Band I/1 – Die Grundlagen. Die Völkerrechtssubjekte, 2. Aufl., Berlin 1988.

Dammann, Ulrich, Erfolge und Defizite der EU-Datenschutzgrundverordnung, Erwarteter Fortschrift, Schwächen und überraschende Innovationen, in: ZD 2016, S. 307–314.

Dauner-Lieb, Barbara / *Langen*, Werner (Hrsg.), Nomos Kommentar, BGB, Schuldrecht, Band 2/1: §§ 241–853, 4. Aufl., Baden-Baden 2021 [zitiert: *Bearbeiter*, in: NK-Komm, § Rn.]

Decker, Andreas, Organhaftung und Expertenrat – Umfang und Grenzen einer Haftungsvermeidung durch fachkundige Expertise – in: GmbHR 2014, 105. Jahrgang, Heft 2, S. 72–78.

Dencker, Friedrich, Der verschuldete rechtfertigende Notstand – BayOBLG, NJW 1978, 2046, in: JuS, 19. Jahrgang, Heft 11, 1979, S. 779–783.

Determann, Lothar / *Nebel*, Michaela, U.S. CLOUD Act – Wollen über der Datenschutz-Grundverordnung? – Neuigkeiten im Konflikt zwischen US-Recht und EU-Datenschutzrecht, in: CR 2018, S. 408–412.

Determann, Lothar / *Weigl*, Michael, EU-US-Datenschutzschild und Alternativen für internationale Datentransfers, in: EuZW 2016, S. 811–816.

Deutlmoser, Ralf / *Filip*, Alexander, Europäischer Datenschutz und US-amerikanische (e-)Discovery-Pflichten – Ein Praxisleitfaden für Unternehmen, in: ZD-Beilage 2012, S. 1–23.

Dietrich, Thomas, Rechtsdurchsetzungsmöglichkeiten der DS-GVO, Einheitlicher Rechtsrahmen führt nicht zwangsläufig zu einheitlicher Rechtsanwendung, in: ZD 2016, S. 260–266.

Doehring, Karl (Hrsg.), Völkerrecht, Ein Lehrbuch, 2. Aufl., Heidelberg 2004.

Dohna, Alexander Graf zu, Die Rechtswidrigkeit als allgemeingültiges Merkmal im Tatbestande strafbarer Handlungen, Ein Beitrag zur allgemeinen Strafrechtslehre, Halle 1905.

Dreher, Meinrad, Die kartellrechtliche Bußgeldverantwortlichkeit von Vorstandsmitgliedern – Vorstandshandeln zwischen aktienrechtlichem Legalitätsprinzip und kartellrechtlicher Unsicherheit, in: Dauner-Lieb, Barbara / Hommelhoff, Peter / Jacobs, Matthias / Kaiser, Dagmar / Weber, Christoph (Hrsg.), Festschrift für Horst Konzen, Tübingen 2006, S. 85–107 zitiert: *Dreher*, in: FS Konzen, 2006, S.

Drobnig, Ulrich, Das Profil des Wirtschaftskollisionsrechts, Einführende Bemerkungen zum Symposium, Extraterritoriale Anwendung von Wirtschaftsrecht, Hamburg 1986, in: RabelsZ, 52. Jahrgang, Heft 1/2, 1988, S. 1–7.

Dütz, Wilhelm, Gefahrgeneigte Arbeit, in: NJW 1986, S. 1779–1786.

Easterbrook, Frank H. / *Fischel*, Daniel R., Antitrust Suits by Targets of Tender Offers, 80 Mich. L. Rev., 1981–1982, S. 1155–1178.

Eckhardt, Jens / *Kramer*, Rudi, EU-DSGVO – Diskussionspunkte aus der Praxis, in: DuD 2013, Heft 5, S. 287–294.

Eckhardt, Jens, EU-DatenschutzVO – Ein Schreckgespenst oder Fortschritt?, in: CR 2012, S. 195–203.

EDSA, Leitlinien 2/2018 zu den Ausnahmen nach Artikel 49 der Verordnung 2016/679, vom 25.5.2018, S. 1–20, abrufbar unter: https://edpb.europa.eu/sites/edpb/files/files/file1/edpb_guidelines_2_2018_derogations_de.pdf, letzter Aufruf: 14.9.2021 zitiert: *EDSA*, Leitlinien 2/2018, S.

Ehmann, Eugen / *Selmayr*, Martin (Hrsg.), Beck'sche Kurz-Kommentar DS-GVO Datenschutz-Grundverordnung, 2. Aufl. 2018 [zitiert: *Bearbeiter*, in: Ehmann/Selmayr, Datenschutz-Grundverordnung, Art. Rn.]

Eisele, Jörg, Compliance und Datenschutzstrafrecht, Strafrechtliche Grenzen der Arbeitnehmerüberwachung, Baden-Baden 2012.

Ellger, Reinhard, Der Datenschutz im grenzüberschreitenden Datenverkehr – Eine rechtvergleichende und kollisionsrechtliche Untersuchung, Baden-Baden 1990.

Engel, David L., An Approach to Corporate Social Responsibility, 32 Stan. L. Rev., 1979, S. 1–98.

Europäische Kommission, kommissionsinterner Entwurf der DSGVO v. 29.11.2011 (Version 56), Proposal for a Regulation of the European Parliament and of the council on the protection of individuals with regard to the processing of personal data and on the free movement of such data (General Data Protection Regulation), abrufbar unter http://statewatch.org/news/2011/dec/eu-com-draft-dp-reg-inter-service-consultation.pdf, letzter Aufruf: 14.9.2021.

Europäische Kommission, Special Eurobarometer 359 – Attitudes on Data Protection and Electronic Identity in the EU, Report v. Juni 2011, abrufbar unter: http://ec.europa.eu/public_opinion/archives/ebs/ebs_359_en.pdf, letzter Aufruf: 14.9.2021.

Fabisch, Artur Robert, Managerhaftung für Kartellrechtsverstöße, in: ZWeR, 11. Jahrgang, 2013, S. 91–119.

Fehling, Michael / *Kastner*, Berthold / *Störmer*, Rainer (Hrsg.), Nomos-Kommentar Verwaltungsrecht, VwVfG, VwGO, Nebengesetze, Handkommentar, 5. Aufl., Baden-Baden 2021 [zitiert: *Bearbeiter*, in: Fehling/Kastner/Berthold, § Rn.]

Filip, Alexander, Binding Corporate Rules (BCR) aus der Sicht einer Datenschutzaufsichtsbehörde, Praxiserfahrungen mit der europaweiten Anerkennung von BCR, in: ZD 2013, S. 51–60.

Fischer, Thomas (Hrsg.), Strafgesetzbuch mit Nebengesetzen, 68. Aufl., München 2021 [zitiert: *Fischer*, StGB, § Rn.]

Flägel, Peter / *von Georg*, Jasper, E-Discovery nach US-Zivilverfolgungsrecht und deutsches Datenschutzrecht, in: RIW 2013, Heft 7, S. 439–443.

Fleischer, Holger (Hrsg.), Handbuch des Vorstandsrechts, München 2006 [zitiert: *Bearbeiter*, Hdb. Vorstandsrecht, § Rn.]

Fleischer, Holger / Goette, Wulf (Hrsg.), Münchener Kommentar zum GmbHG, Band 2, §§ 35–52 GmbHG, 3. Aufl., München 2019 [zitiert: *Bearbeiter*, in: MüKo GmbH, § Rn.]

Fleischer, Holger, Aktienrechtliche Compliance-Pflichten im Praxistest: Das Siemens/Neubürger-Urteil des LG München I, in: NZG 2014, S. 321–329.

Fleischer, Holger, Aktienrechtliche Legalitätspflicht und „nützliche" Pflichtverletzungen von Vorstandsmitgliedern, in: ZIP, 26. Jahrgang, 2005, S. 141–152.

Fleischer, Holger, Aktuelle Entwicklungen der Managerhaftung, in: NJW 2009, S. 2337–2343.

Fleischer, Holger, Reformperspektive der Organhaftung: Empfiehlt sich eine stärkere Kodifizierung von Richterrecht?, in: DB, 2014, Heft 35, 2014, S. 1971–1975.

Fleischer, Holger, Zum Grundsatz der Gesamtverantwortung im Aktienrecht, in: NZG 2003, S. 449–459.

Forgó, Nikolaus / *Helfrich*, Marcus / *Schneider*, Jochen (Hrsg.), Betrieblicher Datenschutz, Rechtshandbuch, 3. Aufl., München 2019 [zitiert: *Bearbeiter*, in: Forgó/Helfrich/Schneider, Betrieblicher Datenschutz, Teil, Rn.]

Forwick, Christian, Extraterritoriale US-amerikanische Exportkontrollen, Heidelberg 1992.

Freund, Stefan, Konturierung der Organpflichten von Geschäftsführern und Vorständen, in: GmbHR 2011, Heft 5, S. 238–243.

Gausling, Tina, Offenlegung von Daten aus Basis des CLOUD ACT, CLOUD Act und DS-GVO im Spannungsverhältnis, in: MMR 2018, S. 578–582.

Genz, Alexander, Datenschutz in Europa und den USA – Eine rechtsvergleichende Untersuchung unter besonderer Berücksichtigung der Safe-Harbor-Lösung, Wiesbaden 2004.

Georgieff, Alexander, Kollisionen durch extraterritoriale staatliche Regelungen im internationalen Wirtschaftsrecht, Eine Untersuchung zu jüngsten Entwicklungen auf den Gebieten des Exportkontrollrechts und des Kartellrechts, Köln 1989.

Giegerich, Thomas, Europäische Vorreiterrolle im Datenschutzrecht: Neue Entwicklungen in der Gesetzgebung, Rechtsprechung und internationalen Praxis der EU, in: ZEuS 2016, S. 301–343.

Giesen, Thomas, Kurzes Plädoyer gegen unser Totalverbot: Deine Daten gehören Dir keineswegs!, in: PinG, 2013, S. 62–64.

Glöckner, Jochen / *Müller-Tautphaeus*, Ken, Rückgriffshaftung von Organmitgliedern bei Kartellrechtsverstößen, in: AG 2001, S. 344–349.

Goeble, Thilo / *Scheuble*, Anne, USA: Microsoft erhält breite Unterstützung vor dem US-Supreme Court zur Sicherung des freien Datenverkehrs, in: ZD-Aktuell 2018, Nr. 06009.

Goette, Wulf / *Habersack*, Mathias / *Kalss*, Susanne (Hrsg.), Münchener Kommentar zum Aktiengesetz, Band 2, 5. Aufl., München 2019 [zitiert: *Bearbeiter*, in: MüKo AktG, § Rn.]

Göhler, Erich / *Gürtler*, Franz / *Seitz*, Helmut (Hrsg.), Gesetz über Ordnungswidrigkeiten, 18. Aufl., München 2021 [zitiert: *Bearbeiter*, in: Göhler, § Rn.]

Gola, Peter / *Heckmann*, Dirk (Hrsg.), Bundesdatenschutzgesetz Kommentar, 13. Aufl., München 2019 [zitiert: *Bearbeiter*, in: Gola/Heckmann, BDSG, § Rn.]

Gola, Peter (Hrsg.), Datenschutz-Grundverordnung VO (EU 2016/679) Kommentar, 2. Aufl., München 2018 [zitiert: *Bearbeiter*, in: Gola, Datenschutz-Grundverordnung, Art. Rn.]

Golla, Sebastian, Das Opportunitätsprinzip für die Verhängung von Bußgeldern nach der DSGVO, in: CR, 2018, S. 353–357.

Gottwald, Peter, Internationale Zuständigkeit kraft „business activities“ im geplanten Haager Übereinkommen über Zuständigkeit und ausländische Urteile in Zivil- und Handelssachen, in: Schütze, Rolf A. (Hrsg.), Einheit und Vielfalt des Rechts, Festschrift für Reinhold Geimer zum 65. Geburtstag, München 2002, S. 231–253 zitiert: *Gottwald*, in: FS Geimer, 2002, S.

Graf, Jürgen (Hrsg.), Beck'scher Onlinekommentar zum OWiG, 31. Aufl., München 2021 [zitiert: *Bearbeiter*, in: BeckOK, OWiG, § Rn.]

Grau, Timon / *Granetzny*, Thomas, EU-US-Privacy Shield – Wie sieht die Zukunft des transatlantischen Datenverkehrs aus?, in: NZA 2016, S. 405–410.

Graumann, Matthias, Der Entscheidungsbegriff in § 93 Abs. 1 S. 2 AktG – Rekonstruktion des traditionellen Verständnisses und Vorschlag für eine moderne Konzeption – in: ZGR 2011, S. 293–303.

Grigoleit, Hans Christoph (Hrsg.), Aktiengesetz Kommentar, 2. Aufl., München 2020 [zitiert: *Bearbeiter*, in: Grigoleit, AktG, § Rn.]

Grigoleit, Hans Christoph, Begründungslinien der Legalitätsverantwortung im Kapitalgesellschaftsrecht, in: Boele-Woelki, Katharina / Faust, Florian / Jacobs, Matthias / Kuntz, Thilo / Röthel, Anne / Thorn, Karsten / Weitemeyer, Birgit (Hrsg.), Festschrift für Karten Schmidt zum 80. Geburtstag, Band I, S. 367–390, München 2019 zitiert: *Grigoleit*, in: FS K. Schmidt, 2019, S.

Gropp, Walter, Die „Pflichtenkollision“: weder eine Kollision von Pflichten noch Pflichten in Kollision, in: Weigend, Thomas / Küpper, Georg (Hrsg.), Festschrift für Hans Joachim Hirsch zum 70. Geburtstag am 11.4.1999, S. 207–224, Berlin 1999 zitiert: *Gropp*, in: FS Hirsch, 1999, S.

Grünwald, Andreas / *Hackl*, Jens: Das neue umsatzbezogene Sanktionsregime der DS-GVO, Bußgeldbemessung nach kartellrechtlichen Maßstäben?, in: ZD 2017, S. 556–560.

Gsell, Beate / *Krüger*, Wolfgang / Lorenz Stephan / Reymann, Christoph (Gesamt-Hrsg.), Beck'scher Online-Großkommentar zum BGB, München 2021 [zitiert: *Bearbeiter*, in: BeckOGK, BGB, § Rn.]

Haas, Ulrich, Geschäftsführerhaftung und Gläubigerschutz, Unternehmerische Verhaltenspflichten des GmbH-Geschäftsführers zum Schutz Dritter, München 1997.

Habersack, Mathias, 19 Jahre „ARAG/Garmenbeck“ – und viele Fragen offen, in: NZG 2016, S. 321–327.

Habersack, Mathias, Perspektiven der aktienrechtlichen Organhaftung, in: ZHR, 173. Band, 2013, S. 782–806.

Habersack, Mathias, Die Legalitätspflicht des Vorstands der AG, in: Burgard, Ulrich / Hadding, Walther / Mülbert, Peter O. / Nietsch, Michael / Welter, Reinhard (Hrsg.), Festschrift für Uwe H. Schneider zum 70. Geburtstag, Köln 2011, S. 429–441 zitiert: *Habersack*, in: FS U.H. Schneider, 2011, S.

Habscheid, Walther J. / Rudolf, Walter (Hrsg.), Territoriale Grenzen der staatlichen Rechtsetzung, Referate und Diskussion der 12. Tagung der Deutschen Gesellschaft für Völkerrecht in Bad Godesberg vom 14. bis 16.6.1971, Berichte der Deutschen Gesellschaft für Völkerrecht, Heft 11, S. 47–74, Karlsruhe 1973 [zitiert: *Habscheid*, Territoriale Grenzen der staatlichen Rechtsetzung, S.]

Hanack, Ernst-Walter, Das Legalitätsprinzip und die Strafrechtsreform, Bemerkungen zu § 153a des Entwurfs für ein Erstes Gesetz zur Reform des Strafverfahrensrechts vom 13.4.1972, in: Lackner, Karl / Leferenz, Heinz / Schmidt, Eberhard / Welp, Jürgen / Wolff, Ernst Amadeus (Hrsg.), Festschrift für Wilhelm Gallas zum 70. Geburtstag am 22.7.1973, S. 339–364 zitiert: *Hanack*, in: FS Gallas, 1973, S.

Härting, Niko / *Schneider*, Jochen, Das Ende des Datenschutzes – es lebe die Privatsphäre, Eine Rückbesinnung auf die Kern-Anliegen des Privatsphärenschutzes, in: CR 2015, S. 819–827.

Hartmann, Matthias H., Internationale E-Discovery und Information Governance, Praxislösungen für Juristen, Unternehmen und IT-Manager, Berlin 2011.

Harzenetter, Tobias, Innenhaftung des Vorstands der Aktiengesellschaft für so genannte nützliche Pflichtverletzungen: Illegales Verhalten von Vorstandsmitgliedern in der Absicht, das Unternehmenswohl zu fördern, und die Haftung aus § 93 Abs. 2 AktG, Hamburg 2008.

Hasselbach, Kai / *Ebbinghaus*, Felix, Anwendung der Business Judgement Rule bei unklarer Rechtslage, in: AG 2014, S. 873–883.

Hau, Wolfgang / *Poseck*, Roman (Hrsg.), Beck'scher Onlinekommentar zum BGB, 59. Aufl., München 2021 [zitiert: *Bearbeiter*, in: BeckOK, BGB, § Rn.]

Hauff, Rebecca, Der Regress von Verbandsgeldbußen im Kapitalmarktrecht, Berlin 2019.

Hauschka, Christoph E. / *Moosmayer*, Klaus / *Lösler*, Thomas (Hrsg.), Corporate Compliance, Handbuch der Haftungsvermeidung im Unternehmen, 3. Aufl., München 2016 zitiert: *Bearbeiter*, in: Hauschka/Moosmayer/Lösler, § Rn.

Heermann, Peter W., Haftung des Vereinsvorstands bei Ressortaufteilung sowie für unternehmerische Entscheidungen, in: NJW 2016, S. 1687–1692.

Heidel, Thomas (Hrsg.), Nomos-Kommentar Aktienrecht und Kapitalmarktrecht, 5. Aufl., Baden-Baden 2020 [zitiert: *Bearbeiter*, in: Heidel, AktG, § Rn.]

Heintschel-Heinegg, Bernd von, Beck'scher Onlinekommentar zum StGB, 50. Aufl., München 2021 zitiert: *Bearbeiter*, in: BeckOK, StGB, § Rn.

Hellwig, Hans-Jürgen / *Behme*, Caspar, Die Verpflichtung von Vorstand und Aufsichtsrat zur Einleitung des Statusverfahrens (§§ 97, 98 AktG), in: Erle, Bernd / Goette, Wulf / Kleindiek, Detlef / Krieger, Gerd / Priester, Hans-Joachim / Schubel, Christian / Schwab, Martin / Teichmann, Christoph / Witt, Carl-Heinz (Hrsg.), Festschrift für Peter Hommelhoff zum 70. Geburtstag, Köln 2012, S. 343–368 zitiert: *Hellwig/Behme*, in: FS Hommelhoff, 2012, S.

Hemeling, Peter, Organisationspflichten des Vorstands zwischen Rechtspflicht und Opportunität, in: ZHR, 175. Band, 2011, S. 368–387.

Henkel, Heinrich, Zumutbarkeit und Unzumutbarkeit als regulatives Rechtsprinzip, in: Engisch, Karl / Maurach, Reinhart (Hrsg.), Festschrift für Edmund Mezger zum 70. Geburtstag, 15.10.1953, München 1954, S. 249–309 zitiert: *Henkel*, in: FS Mezger, 1954, S.

Henssler, Martin (Gesamt-Hrsg.), *Spindler*, Gerald / *Stilz*, Eberhard (Hrsg.), Beck'scher Online-Großkommentar zum AktG, München 2021 [zitiert: *Bearbeiter*, in: BeckOGK, AktG, § Rn.]

Henssler, Martin / *Strohn*, Lutz (Hrsg.), Gesellschaftsrecht, 5. Aufl., München 2021 [zitiert: *Bearbeiter*, in: Henssler/Strohn, GesR, § Rn.]

Herdegen, Matthias, Internationales Wirtschaftsrecht, 12. Aufl., München 2020.

Herdegen, Matthias, Völkerrecht, 20. Aufl., München 2021.

Hess, Burkhard, Transatlantische Justizkonflikte, in: AG 2006, S. 809–818.

Hirte, Heribert / *Mülbert*, Peter O. / *Roth*, Markus (Hrsg.), Aktiengesetz, Großkommentar, 5. Aufl., 4. Band, Teilband 2, §§ 92–94, Berlin 2015 [zitiert: *Bearbeiter*, in: GroßkommAktG, § Rn.]

Hoffmann-Becking, Michael (Hrsg.), Münchener Handbuch des Gesellschaftsrechts, Band 4, Aktiengesellschaft, 5. Aufl., München 2020 [zitiert: *Bearbeiter*, in: MünchHdbAG, § Rn.]

Hoffmann, Andreas / *Schieffer*, Anita, Pflichten des Vorstands bei der Ausgestaltung einer ordnungsgemäßen Compliance-Organisation, in: NZG 2017, S. 401–407.

Hoffmann, Bernd von / *Thorn*, Karsten, Internationales Privatrecht einschließlich der Grundzüge des Internationalen Zivilverfahrensrechts, 9. Aufl., München 2007.

Holle, Philipp Maximilian, Die Binnenhaftung des Vorstands bei unklarer Rechtslage, in: AG 2016 S. 270–280.

Holle, Philipp Maximilian, Legalitätskontrolle im Kapitalgesellschafts- und Konzernrecht, Tübingen 2014.

Holly, Hans G. / *Friedhofen*, Peter Die Abwälzung von Geldstrafen und Geldbußen auf den Arbeitgeber; in NZA 1992, S. 145–153.

Holsterhus, Till Patrik / *Mittwoch*, Anne-Christin, *El-Ghazi*, Mohamad, Die Einwirkung internationalen und ausländischen Rechts in die deutsche Rechtsordnung, in: JuS 2018, S. 313–325.

Hölters, Wolfgang (Hrsg.), Aktiengesetz Kommentar, 3. Aufl., München 2017 [zitiert: *Bearbeiter*, in: Hölters, AktG, § Rn.]

Hornung, Gerrit, Eine Datenschutz-Grundverordnung für Europa? Licht und Schatten im Kommissionsentwurf vom 25.1.2020, in: ZD 2012, S. 99–106.

Horwitz, Morton, The History of the public / private distinction, in: University of Pennsylvania Law Review, Band 130, 1982, No. 6 (June 1982), S. 1423–1428.

Hruschka, Joachim, Extrasystematische Rechtfertigungsgründe, in: Jescheck, Hans-Heinrich / Lüttger, Hans (Hrsg.); Festschrift für Eduard Dreher zum 70. Geburtstag, Berlin 1977, S. 189–210 zitiert: *Hruschka*, in: FS Dreher, 1977, S.

Huck, Winfried, Extraterritorialität US-amerikanischen Rechts im Spannungsverhältnis zu nationalen, supranationalen und internationalen Rechtsordnungen, in: NJOZ 2015, S. 993–1001.

Hüffer, Uwe (Begr.) / *Koch*, Jens (Hrsg.), Aktiengesetz, 15. Aufl., München 2021 [zitiert: *Bearbeiter*, in: Hüffer/Koch, AktG, § Rn.]

Ihrig, Hans-Christoph, Reformbedarf beim Haftungstatbestand des § 93 AktG, in: WM 2004, S. 2098–2107.

Immenga, Ulrich, Extraterritoriale Rechtsanwendung zwischen Recht und Politik, in: Barfuß, Werner / Dutoit, Bernard / Forkel, Hans / Immenga, Ulrich / Majoros,

Ferenc (Hrsg.), Festschrift für Karl H. Neumayer zum 65. Geburtstag, S. 323–353, Baden-Baden 1985 zitiert: *Immenga*, in: FS Neumayer, 1985, S.

Ipsen, Knut, Völkerrecht, 7. Aufl., München 2018.

Jennings, R. Y., Extraterritorial Jurisdiction and the United States Antitrust Laws, in: Brit YB Int'l L 33, 1957, S. 146–175.

Jensen, Sarah, EuGH erklärt Safe Harbor-Abkommen für ungültig, in: ZD-Aktuell 2015, Nr. 04877.

Joecks, Wolfgang / *Miebach*, Klaus (Hrsg.), Münchener Kommentar zum StGB, Band 1, §§ 1–37 StGB, 4. Aufl., München 2020 [zitiert: *Bearbeiter*, in: MüKo StGB, § Rn.]

Joelson, Mark R., International Antitrust: Problems and Defenses, in: Law & Pol'y Int'l Bus., Vol. 15, No. 4, 1983, S. 1121–1134.

Joerges, Christian, Zum Funktionswandel des Kollisionsrechts, Die „Governmental Interest Analysis“ und die „Krise es Internationalen Privatrechts“, Tübingen 1971.

Karg, Moritz, Die Renaissance des Verbotsprinzips im Datenschutz, in: DuD 2013, S. 75–79.

Karg, Moritz, Gegenwart und Zukunft der Angemessenheit des Datenschutzniveaus im außereuropäischen Datenverkehr, in: VuR 2016, S. 457–465.

Kaufmann, Noggie C., Meldepflichten und Datenschutz-Folgenabschätzung, Kodifizierung neuer Pflichten in der EU-Datenschutz-Grundverordnung, in: ZD 2012, S. 358–362.

Kaulich, Matthias, Die Haftung von Vorstandsmitgliedern einer Aktiengesellschaft für Rechtsanwendungsfehler, Berlin 2012.

Kersting, Christian, Die Rechtsprechung des EuGH zur Bußgeldhaftung in der wirtschaftlichen Einheit, in: Wettbewerb und Recht, Heft 12, 2014, S. 1156–1173 [zitiert: *Kersting*, WuW 2014, 1156].

Kienapfel, Diethelm, Anmerkung zu BGH, Urteil vom 27.1.1976 – 1 StR 739/75 –, in: JR 1977, S. 26–28.

Kindhäuser, Urs / *Neumann*, Ulfrid / *Paeffgen*, Hans-Ullrich (Hrsg.), Nomos Kommentar, Strafgesetzbuch, 5. Aufl., Baden-Baden 2017 [zitiert: *Bearbeiter*, in: NK-StGB, § Rn.]

Klöhn, Lars, Kurzkommentar zu BGH, Beschluss vom 18.1.2010 – II ZA 4/09 (OLG Braunschweig), in: EWiR, 26. Jahrgang, 2010, S. 223.

Kment, Martin, Grenzüberschreitendes Verwaltungshandeln, Transnationale Elemente deutschen Verwaltungsrechts, Tübingen 2010.

Knöfel, Oliver L., Anmerkung zu US District Court Utah, AnmeElectronic Discovery im deutsch-amerikanischen Rechtsverkehr, in: RIW 2010, Heft 6, S. 402–407.

Koch, Jens, Beschränkungen des gesellschaftsrechtlichen Innenregresses bei Bußgeldzahlungen, in: Hoffmann-Becking, Michael / Hüffer, Uwe / Reichert, Jochem (Hrsg.), Liber Amicorum für Martin Winter, Köln 2011, S. 327–350 [zitiert: *Koch*, in: Liber Amicorum M. Winter, S.]

Koch, Jens, Das Gesetz zur Unternehmensintegrität und Modernisierung des Anfechtungsrechts (UMAG), in: ZGR 2006, S. 769–804.

Kocher, Dirk, Zur Reichweite des Business Judgment Rule, in: CCZ 2009, S. 215–221.

Kokott, Juliane / *Doehring*, Karl / *Buergenthal*, Thomas: Grundzüge des Völkerrechts, 3. Aufl., Heidelberg 2003.

König, Franz, Haftung für Cyberschäden, Auswirkungen des neuen Europäischen Datenschutzrechts auf die Haftung von Aktiengesellschaften und ihrer Vorstände, in: AG 2017, S. 262–271.

König, Franz, Haftung für Cyberschäden, in: AG 2017, S. 262–271.

Kopp, Thomas / *Pfisterer*, Valentin, Vorauseilender Gehorsam? Die Übermittlung personenbezogener Daten durch Unternehmen im Rahmen freiwilliger Kooperation mit Aufsichts- und Ermittlungsbehörden – Teil 2, in: CCZ 2015, S. 151–156.

Korch, Stefan / *Chatard*, Yannick, Datenschutz als Vorstandsverantwortung, in: AG 2019, S. 551–560.

Kort, Michael, Compliance-Pflichten von Vorstandsmitgliedern und Aufsichtsratsmitgliedern, in: Grundmann, Stefan / Haar, Brigitte / Merkt, Hanno / Mülbert, Peter O. / Wellenhofer, Marina (Hrsg.), Festschrift für Klaus J. Hopt zum 70. Geburtstag – Band I, Berlin 2010, S. 983–1003 zitiert: *Kort*, in: FS Hopt, 2010, S.

Kotzur, Markus, Grenznachbarschaftliche Zusammenarbeit in Europa: Der Beitrag von Art. 24 Abs. 1a GG zu einer Lehre vom kooperativen Verfassungs- und Verwaltungsstaat, 2004.

Krcmar, Helmut / *Eckert*, Claudia / *Roßnagel*, Alexander / *Sunyaev*, Ali / *Wiesche*, Manuel (Hrsg.), Management sicherer Cloud-Services, Entwicklung und Evaluation dynamischer Zertifikate, Wiesbaden 2018.

Kress, Claus / *Herbst*, Jochen, Der Helms-Burton-Act aus völkerrechtlicher Sicht, Zum Gutachten des Inter-Amerikanischen Juristenausschusses vom 23.8.1996, in: RIW 1997, Heft 8, S. 630–641.

Krieger, Gerd, Wie viel Rechtsberater braucht ein Geschäftsleiter? Ein kritischer Zwischenruf zu Strohn ZHR 176 (2012), 137, in: ZGR 2012, S. 496–504.

Krieger, Gerd / *Schneider* Uwe H. (Hrsg.), Handbuch Managerhaftung, 3. Aufl., Köln 2017 [zitiert: *Bearbeiter*, in: Krieger/U. H. Schneider, Hdb. Managerhaftung, § Rn.]

Kropholler, Jan, Internationales Privatrecht, 3. Aufl., Tübingen 1997.

Krüger, Philipp-L., Datensouveränität und Digitalisierung, Probleme und rechtliche Lösungsansätze, in: ZRP 2016, S. 190–192.

Kühl, Kristian, Strafrecht Allgemeiner Teil, 8. Aufl., München 2017.

Kühling, Jürgen / *Buchner*, Benedikt (Hrsg.), Datenschutz-Grundverordnung BDSG Kommentar, 3. Aufl., München 2020 [zitiert: *Bearbeiter*, in: Kühling/Buchner, DS-GVO BDSG, Art. Rn.]

Kühling, Jürgen / *Martini*, Mario, Die Datenschutz-Grundverordnung: Revolution oder Evolution im europäischen und deutschen Datenschutzrecht?, in: EuZW 2016, S. 448–454.

Kuner, Christopher, Data Protection Law and International Jurisdiction on the Internet (Part 1), in: Int'l J.L. & Info. Tech, Vol. 18 No. 2, 2010, S. 176–193.

Kuner, Christopher, Data Protection Law and International Jurisdiction on the Internet (Part 2), in: Int'l J.L. & Info. Tech, Vol. 18 No. 3, 2010, S. 227–247.

Kuner, Christopher, Foreign Nationals and Data Protection Law: A Transatlantic Analysis, in: Hijmans, Hielke / Kranenborg, Herke (Hrsg.), Data Protection Anno 2014: How to Restore Trust? Contributions in honour of Peter Hustinx, European Data Protection Supervisor (2004–2014), Cambridge 2014, S. 213–224 zitiert: *Kuner*, in: FS Hustinx, 2014, S.

Kuner, Christopher, Regulation of Transborder Data Flows under Data Protection and Privacy Law – Past, Present and Future, in: OECD Digital Economy Papers No. 187, 2011.

Küper, Wilfried, Der „verschuldete" rechtfertigende Notstand: Zugleich ein Beitrag zur „actio illicita in causa", Berlin 1983.

Küper, Wilfried, Grundsatzfragen der „Differenzierung" zwischen Rechtfertigung und Entschuldigung, in: JuS, 27. Jahrgang, Heft 2, 1987, S. 81–92.

Küper, Wilfried, Zum rechtfertigenden Notstand bei Kollision von Vermögenswerten, zugleich Anmerkung zu BGH, Urteil vom 27.1.1976 – 1 StR 739/75 –, JZ 1976, S. 515–519.

Kuschnereit, Rouven, Die aktienrechtliche Legalitätspflicht, Vorstandspflichten zwischen Unternehmens- und Drittinteresse, Wiesbaden 2019.

Lackner, Karl / *Kühl*, Kristian / *Heger*, Martin (Hrsg.), Strafgesetzbuch, Kommentar, 29. Aufl., München 2018 [zitiert: Bearbeiter, in: Lackner/Kühl, StGB, § Rn.]

Langenbuchner, Katja, Rechtsermittlungspflichten und Rechtsbefolgungspflichten des Vorstands – Ein Beitrag zur aktienrechtlichen Legalitätspflicht, in: Bitter, Georg / Ott, Claus / Schimansky, Herbert (Hrsg.), Bankgeschäfte zwischen Markt, Regulierung und Insolvenz, Festschrift für Hans-Jürgen Lwowski zum 75. Geburtstag, S. 333–347, München 2014 zitiert: *Langenbuchner*, in: FS Lwowski, 2014, S.

Laufhütte, Wilhelm / *Rissing-van Saan*, Ruth / *Tiedemann*, Klaus (Hrsg.), Strafgesetzbuch Leipziger Kommentar, Großkommentar, Band 2, §§ 32–55, 12. Aufl., Berlin 2006 [zitiert: *Bearbeiter*, in: LK-StGB, § Rn.]

Lejeune, Mathias, Anmerkung zu Court of Appeals for the Second Circuit 14.07.2016, USA: No Authorization for Warrant Enforcement as to Customer Contend Stored in Ireland, in: CRi, 2016, S. 118–126.

Lejeune, Mathias, Datenaustausch mit den Vereinigten Staaten von Amerika, Was gilt und was nach EU-Datenschutz-GVO und für eine Freihandelszone gelten soll, in: CR 2013, S. 822–828.

Lejeune, Mathias, Datenschutz in den Vereinigten Staaten von Amerika, in: CR 2013, S. 755–760.

Lejeune, Mathias, Der US CLOUD Act: eine neue Rechtsgrundlage für den internationalen Datenzugriff?, in: ITRB 2018, S. 118–122.

Lenckner, Theodor, Das Merkmal der „Nicht-anders-Abwendbarkeit" der Gefahr in §§ 34, 35 StGB, in: Küper, Wilfried / Puppe, Ingeborg / Tenckhoff, Jörg (Hrsg.), Festschrift für Karl Lackner zum 70. Geburtstag am 18.2.1987, Berlin 1987, S. 95–112 zitiert: *Lenckner*, in: FS Lackner, 1987, S.

Lepsius, Oliver, Verwaltungsrecht unter dem Common Law, Amerikanische Entwicklungen bis zum New Deal, Tübingen 1997.

Lindemann, Silvio, Haftung des Geschäftsführers: Weisungsgemäße Weiterleitung der Gelder von Konzerngesellschaften an deren Gläubiger bei Insolvenzreife der eigenen GmbH, Kommentar zu BGH, Urteil v. 5.5.2008 – II ZR 38/07, in GmbHR 2008, 99. Jahrgang, Heft 15, S. 813–815.

Lohse, Andreas, Schmiergelder als Schaden? Zur Vorteilsausgleichung im Gesellschaftsrecht, in: Kindler, Peter / Koch, Jens / Ulmer, Peter / Winter, Martin (Hrsg.), Festschrift für Uwe Hüffer zum 70. Geburtstag, München 2010, S. 581–601 zitiert: *Lohse*, in: FS Hüffer, 2010, S.

Looschelders, Dirk, Internationales Privatrecht – Art. 3–46 EGBGB, Berlin 2004.

Lotze, Andreas, Haftung von Vorständen und Geschäftsführern für gegen Unternehmen verhängte Kartellbußgelder, in: NZKart 2014, S. 162–170.

Louven, Christoph, Die Entwicklung der Legalitätspflicht des Vorstands – Fortschreitende Beschränkung unternehmerischer Entscheidungsfreiheit oder notwendiges Korrektiv?, in: KSzW 2016, S. 241–248.

Lowe, Vaughan, Jurisdiction, in: Evans, Malcolm (Hrsg.), International Law, Second Edition, Oxford 2006.

Lutter, Marcus / *Hommelhoff*, Peter (Begr.) / *Bayer*, Walter / *Kleindiek*, Detlef, GmbHG, Kommentar, 20. Aufl., Köln 2020 zitiert: *Bearbeiter*, in: Lutter/Hommelhoff, GmbHG, § Rn.

Lutter, Marcus, Haftung und Haftungsfreiräume des GmbH-Geschäftsführers, 10 Gebote an den Geschäftsführer, in: GmbHR 2000, S. 301–312.

Lutter, Marcus, Zur persönlichen Haftung des Geschäftsführers aus deliktischen Schäden im Unternehmen, in: ZHR 157 (1993), S. 464–482.

Lux, Johannes / *Glienke* Tobias, US-Discovery versus deutsches Datenschutzrecht, in: RIW 2010, Heft 9, S. 603–607.

Mahret, Andreas, Pflichtenkollisionen von Geschäftsleiter, Frankfurt am Main 2017.

Mann, Frederick August, The Doctrine of Jurisdiction in International Law, in: RdC, Band 111 (1964-I), Leyde 1964, S. 9–162.

Marsch-Barner, Reinhard, Vorteilsausgleich bei der Schadensersatzhaftung nach § 93 AktG, in: ZHR, 173. Band, 2009, S. 723–734.

Masing, Johannes, Herausforderungen des Datenschutzes, in: NJW 2012, S. 2305–2311.

Matscher, Franz, Gibt es ein Internationales Verwaltungsrecht?, in: Sandrock, Otto (Hrsg.), Festschrift für Günther Beitzke zum 70. Geburtstag am 26.4.1979, S. 641–649, Berlin 1979 zitiert: *Matscher*, in: FS Beitzke, 1979, S.

Matt, Holger / *Renzikowski*, Joachim *(Hrsg.)*, Strafgesetzbuch, Kommentar, 2. Aufl., München 2020 [zitiert: *Bearbeiter*, in: Matt/Renzikowski, StGB, § Rn.]

Maunz, Theodor / *Dürig*, Günter (Begr.), Grundgesetz Kommentar, Band 3, München 2020 zitiert: *Bearbeiter*, in: Maunz/Dürig, GG, Art. Rn.

Maurach, Reinhart / *Zipf*, Heinz, Strafrecht Allgemeiner Teil, Teilband 1, Grundlehren des Strafrechts und Aufbau der Straftat, Ein Lehrbuch, 8. Aufl., Heidelberg 1992 zitiert: *Maurach/Zipf*, Strafrecht AT I, § Rn.

Meessen, Karl Matthias, Völkerrechtliche Grundsätze des internationalen Kartellrechts, Baden-Baden 1975.

Meier, Werner, Grenzüberschreitender Durchgriff in der Unternehmensgruppe nach US-amerikanischem Recht, Jurisdiktions- und Prozeßrecht, Kollisionsrecht, materielles Recht, Frankfurt am Main 2000.

Meng, Werner, Extraterritoriale Jurisdiktion im öffentlichen Wirtschaftsrecht, Berlin 1994.

Meng, Werner, Neuer Entwicklungen im Streit um die Jurisdiktionshoheit der Staaten im Bereich der Wettbewerbsbeschränkungen, in: ZaöRV 1981, S. 469–513.

Meng, Werner, Völkerrechtliche Zulässigkeit und Grenzen wirtschaftsverwaltungsrechtlicher Hoheitsakte mit Auslandswirkung, in: ZaöRV 1984, S. 675–783.

Meng, Werner, Wirtschaftssanktionen und staatliche Jurisdiktion – Grauzonen im Völkerrecht, in: ZaöRV 1997, S. 269–327.

Merkt, Hanno, Managerhaftung im Finanzsektor: Status Quo und Reformbedarf, in: Erle, Bernd / Goette, Wulf / Kleindiek, Detlef / Krieger, Gerd / Priester, Hans-Joachim / Schubel, Christian / Schwab, Martin / Teichmann, Christoph / Witt, Carl-Heinz (Hrsg.), Festschrift für Peter Hommelhoff zum 70. Geburtstag, Köln 2012, S. 711–729 zitiert: *Merkt*, in: FS Hommelhoff, 2012, S.

Merryman, John Henry, The public law-private law distinction in European and American Law, in: J. Pub. L., Band 17, 1968, S. 3–19.

Metz, Martin / *Spittka*, Jan, Datenweitergabe im transatlantischen Rechtsraum – Konflikt oder Konsistenz? Eine Betrachtung unter Berücksichtigung der „Microsoft-Entscheidung" und der DS-GVO, in: ZD 2017, S. 361–367.

Meyer, Jürgen / *Hölscheidt*, Sven (Hrsg.), NomosKommentar Charta der Grundrechte der Europäischen Union, 5. Aufl., Baden-Baden 2019 [zitiert: *Bearbeiter*, in: Meyer/Hölscheidt, Charta der Grundrechte der Europäischen Union, Art. Rn.]

Michalski, Lutz (Begr.) / *Heidinger*, Andreas / *Leible*, Stefan / *Schmidt*, Jessica (Hrsg.), Kommentar zum Gesetz betreffend die Gesellschaft mit beschränkter Haftung (GmbH-Gesetz), Band 2, §§ 35–85 GmbHG, §§ 1–4 EGGmbHG, 3. Aufl., München 2017 [zitiert: *Bearbeiter*, in: MHLS, GmbH-Gesetz, § Rn.]

Miller, C. J., Contempt of Court, New York 1989.

Misera, Karlheinz, Anmerkung zu BAG, Urteil vom 22.12.1982 – 2 AZR 282, 82 (LAG Hamm – 2 (11) SA 1604/81) – Kollision zwischen Arbeitsleistungspflicht und Wehrdienstpflicht türkischer Arbeitnehmer – Drohungsanfechtung, in: SAE, Heft 7 Oktober/November 1983, S. 271–273.

Mitsch, Wolfgang (Hrsg.), Karlsruher Kommentar zum Gesetz über Ordnungswidrigkeiten, 5. Aufl., München 2018 [zitiert: *Bearbeiter*, in: KK-OWiG, § Rn.]

Mitsch, Wolfgang, Rechtfertigung und Opferverhalten, Hamburg 2004.

Möller, Jochen, Vorteilsanrechnung bei nützlichen Pflichtverletzungen im Kapitalgesellschafts- und Kartellrecht, Frankfurt am Main 2012.

Molnár-Gábor, Fruzsina / *Kaffenberger*, Laura, EU-US-Privacy-Shield – Bedeutung des Angemessenheitsbeschlusses der EU-Kommission, Rechtsschutz bei der transatlantischen Verarbeitung personenbezogener Daten, in: ZD 2018, S. 162–168.

Momsen, Carsten, Die Zumutbarkeit als Bedeutung strafrechtlicher Pflichten, Baden-Baden 2006.

Moos, Reinhard, Der allgemeine übergesetzliche Entschuldigungsgrund der Unzumutbarkeit in Deutschland und Österreich, in: ZStW 2004, Band 116, Heft 4, S. 891–914.

Müller, Harald, Die Gerichtspflichtigkeit wegen „doing business". Ein Vergleich zwischen dem US-amerikanischen und dem deutschen Zuständigkeitssystem, Köln 1992.

Nebel, Maxi / *Richter*, Philipp, Datenschutz bei Internetdiensten nach der DS-GVO, Vergleich der deutschen Rechtslage mit dem Kommissionsentwurf, in: ZD 2012, S. 407–413.

Neuhaus, Paul Heinrich, Die Grundbegriffe des internationalen Privatrechts, Tübingen 1962.

Neumann, Ulfried, Der Rechtfertigungsgrund der Kollision von Rettungsinteressen – Rechte, Pflichten und Interessen als Elemente der rechtfertigenden

„Pflichtenkollision", in: Schünemann, Bernd / Achenbach, Hans / Bottke, Wilfried / Haffke, Bernhard / Rudoplhi, Hans-Joachim (Hrsg.), Festschrift für Claus Roxin zum 70. Geburtstag, Berlin 2001, S. 421–440 zitiert: *Neumann*, in: FS Roxin, 2001, S..

Neun, Andreas / *Lubitzsch*, Katharina, EU-Datenschutz-Grundverordnung – Behördenvollzug und Sanktionen, in: BB 2017, S. 1538–1544.

Nietsch, Michael, Geschäftsleiterermessen und Unternehmensorganisation bei der AG, Zur haftungsbegrenzenden Wirkung des § 93 Abs. 1 S. 2 AktG im Bereich gesetzlicher Pflichtaufgaben unter besonderer Berücksichtigung von Compliance, in: ZGR 2015, S. 631–666.

Nink, Judith, Datenweitergabe im Rahmen von E-Discovery, in: Taeger, Jürgen (Hrsg.), Tagungsband Herbstakademie 2015, Internet der Dinge – Digitalisierung von Wirtschaft und Gesellschaft, S. 283–297 zitiert: *Nink*, DSRITB 2015, 283.

Noak, Torsten, Einführung ins Ordnungswidrigkeitenrecht – Teil 1, Ahndungsvoraussetzungen, in: ZJS 2012, Heft 2, S. 175–183.

Ohler, Christoph, Die Kollisionsordnung des Allgemeinen Verwaltungsrechts, Tübingen 2005.

Orientierungshilfe Cloud Computing der Arbeitskreise Technik und Medien der Konferenz der Datenschutzbeauftragten des Bundes und der Länder sowie der Arbeitsgruppe Internationaler Datenverkehr des Düsseldorfer Kreises, Version 2.0, 9.10.2014, S. 1–41, abrufbar unter: https://www.bfdi.bund.de/DE/Infothek/Orientierungshilfen/Artikel/OHCloudComputing.pdf;jsessionid=6E7546F7625D2A962EE14F9CFBF61402.2_cid329?__blob=publicationFile&v=7, letzter Aufruf: 14.9.2021.

Otto, Hansjörg, Anmerkung zum Beschluss v. 27.09.1994 – GS 1/89 (A), Haf-tung des Arbeitnehmers, in: AuR 1995, S. 72–76.

Otto, Harro, Pflichtenkollision und Rechtswidrigkeitsurteil, 3. Aufl., Marburg 1978.

Paal, Boris P. / *Pauly*, Daniel A. (Hrsg.), Datenschutz-Grundverordnung Bundesdatenschutzgesetz, 3. Aufl., München 2021 zitiert: *Bearbeiter*, in: Paal/Pauly, DS-GVO BDSG, Art. Rn..

Paefgen, Walter G., Unternehmerische Entscheidungen und Rechtsbindung der Organe in der AG, Köln 2002.

Paefgen, Walter, "Compliance" als gesellschaftsrechtliche Organpflicht?, in: WM 2016, S. 433–444.

Paefgen, Walter, Organhaftung: Bestandsaufnahme und Zukunftsperspektive, Ein kritischer Werkstattbericht vor dem Hintergrund der Beratungen des 70. Deutschen Juristentages 2014, in: AG 2014, S. 554–584.

Palandt, Otto (Begr.), Bürgerliches Gesetzbuch, 79. Aufl., München 2020 zitiert: *Bearbeiter*, in: Palandt, § Rn.

Peine, Franz-Joseph / *Siegel*, Thorsten, Allgemeines Verwaltungsrecht, 13. Aufl., Heidelberg 2020 zitiert: *Peine/Siegel*, Allg. Verwaltungsrecht, § Rn., S..

Pelz, Christian, We observe local law – Strafrechtskonflikte in internationalen Compliance-Programmen, in: CCZ 2013, S. 234–240.

Plath, Kai-Uwe (Hrsg.), DSGVO/BDSG, Kommentar zu DSGVO, BDSG und den Datenschutzbestimmungen des TMG und TKG, 3. Aufl., Köln 2018 [zitiert: *Bearbeiter*, in: Plath, DSGVO/BDSG, Art. Rn.]

Poelzig, Dörte / *Thole*, Christoph, Kollidierende Geschäftsleiterpflichten, in: ZGR 2010, S. 836–867.

Rahlmeyer, Niklas, Vorstandshaftung zwischen traditionellem deutschen Aktienrecht und kapitalmarktorientierter Corporate Governance, Baden-Baden 2010.

Raiser, Thomas / *Veil*, Rüdiger, Recht der Kapitalgesellschaften – Ein Handbuch für Praxis und Wissenschaft, 5. Aufl. München 2010 zitiert: *Raiser/Veil*, KapGesR, § Rn..

Rath, Michael / *Kuß*, Christian / *Maiworm*, Christoph, Die neue Microsoft Cloud in Deutschland mit Datentreuhand als Schutzschild gegen NSA & Co.?, Eine erste Analyse des von Microsoft vorgestellten Datentreuhänder-Modells, in: CR 2016, S. 98–103.

Rath, Michael / *Spies*, Axel, CLOUD Act: Selbst für die Wolken gibt es Grenzen, in: CCZ 2018, S. 229–230.

Räther, Philipp / *Seitz*, Nicolai, Ausnahmen bei Datentransfer in Drittstaaten, Die beiden Ausnahmen nach § 4c Abs. 2 BDSG: Vertragslösung und Code of Conduct, in: MMR 2002, S. 520–528.

Räther, Philipp / *Seitz*, Nicolai, Übermittlung personenbezogener Daten in Drittstaaten, Angemessenheitsklausel, Safe Harbor und die Einwilligung, in: MMR 2002, S. 425–433.

Rauscher, Thomas, Internationales Privatrecht, mit internationalem Verfahrensrecht, 4. Aufl., Heidelberg 2012.

Rehbinder, Eckard, Zur Politisierung des Internationalen Privatrechts, in: JZ 1973, S. 151–158.

Rehbinder, Eckart, Extraterritoriale Wirkungen des deutschen Kartellrechts, Baden-Baden 1965.

Reichert, Jochem, Das Prinzip der Regelverfolgung von Schadensersatzansprüchen nach „ARAG/Garmenbeck", Eine kritische Würdigung, in: Erle, Bernd / Goette, Wulf / Kleindiek, Detlef / Krieger, Gerd / Priester, Hans-Joachim / Schubel, Christian / Schwab, Martin / Teichmann, Christoph / Witt, Carl-Heinz (Hrsg.), Festschrift für Peter Hommelhoff zum 70. Geburtstag, Köln 2012, S. 907–926 [zitiert: *Reichert*, in: FS Hommelhoff, 2012, S.]

Rieder, Markus S. / *Holzmann*, Daniel, Die Auswirkungen der Finanzkrise auf die Organhaftung, in: AG 2011 S. 265–274.

Röhl, Klaus F. / *Röhl*, Hans Christian, Allgemeine Rechtslehre – Ein Lehrbuch, 3. Aufl., Köln München 2008 zitiert: *Röhl/Röhl*, S.

Rönnau, Thomas, Die Strafbarkeit des Vorenthaltens von Arbeitnehmersozialversicherungsbeiträgen in der Krise des Unternehmens, in: NJW 2004, S. 976–981.

Roßnagel, Alexander / *Richter*, Philipp / *Nebel*, Maxi, Besserer Internetdatenschutz für Europa – Vorschläge zur Spezifizierung der DS-GVO, in: ZD 2013, S. 103–108.

Roßnagel, Alexander (Hrsg.), Handbuch Datenschutzrecht, Die neuen Grundlagen für Wirtschaft und Verwaltung, München 2003 [zitiert: *Bearbeiter*, in: Roßnagel, Hdb. Datenschutzrecht, S.]

Rothmann, Robert / *Buchner*, Benedikt, Der typische Facebook-Nutzer zwischen Recht und Realität, in: DuD 2018, Heft 6, Volume 42, S. 342–346.

Rotsch, Thomas, Criminal Compliance, Handbuch, Baden-Baden 2015 zitiert: *Bearbeiter*, in: Rotsch, Criminal Compliance, § Rn., S.

Rowold, Johannes, Pflichten und Handlungsmöglichkeiten von Vorstandsmitgliedern bei internationalen Normenkonflikten, Baden-Baden 2020.

Roxin, Claus / *Greco*, Luís, Strafrecht Allgemeiner Teil, Band 1, Grundlagen – Der Aufbau der Verbrechenslehre, 5. Aufl., München 2020 zitiert: *Roxin*, Strafrecht AT I, § Rn.

Roxin, Claus, „Schuld" und „Verantwortlichkeit" als strafrechtliche Systemkategorien, in: Roxin, Claus / Bruns, Hans-Jürgen / Jäger, Herbert (Hrsg.), Grundfragen der gesamten Strafrechtswissenschaft, Festschrift für Heinrich Henkel zum 70. Geburtstag am 12.9.1973, Berlin 1973, S. 171–197 zitiert: *Roxin*, in: FS Henkel, S.

Ryan, Patrick J., Strange bedfellows: Corporate Fiduciaries and the General Law Compliance Obligation in Section 2.01(a) of the American Law Institutes Principles of Corporate Governance, 66 Wash. L. Rev., 1991, S. 413–502.

Säcker, Franz Jürgen / *Rixecker*, Roland / *Oetker*, Hartmut / *Limperg*, Bettina (Hrsg.), Münchener Kommentar zum Bürgerlichen Gesetzbuch, Band 2, Schuldrecht – Allgemeiner Teil I, 8. Aufl., München 2019 zitiert: *Bearbeiter*, in: MüKo BGB, Bd. 2, § Rn..

Säcker, Franz Jürgen / *Rixecker*, Roland / *Oetker*, Hartmut / *Limperg*, Bettina (Hrsg.), Münchener Kommentar zum Bürgerlichen Gesetzbuch, Band 5, Schuldrecht – Besonderer Teil II, 8. Aufl., München 2020 zitiert: *Bearbeiter*, in: MüKo BGB, Bd. 5, § Rn..

Säcker, Franz Jürgen / *Rixecker*, Roland / *Oetker*, Hartmut / *Limperg*, Bettina (Hrsg.), Münchener Kommentar zum Bürgerlichen Gesetzbuch, Band 12, Internationales Privatrecht I, Europäisches Kollisionsrecht, Einführungsgesetz zum Bürgerlichen Gesetzbuche (Art. 1–26), 8. Aufl., München 2020 [zitiert: *Bearbeiter*, in: MüKo BGB, Bd. 12, § Rn.].

Sander, Stefan / *Kremer*, Sascha, Datenübermittlungen in die USA und die Unmöglichkeit rechtmäßigen Handelns, in: Taeger, Jürgen (Hrsg.), Tagungsband Herbstakademie 2012, IT und Internet – mit Recht gestalten, S. 657–674 zitiert: *Sander/Kremer*, DSRITB 2012, 675.

Savigny, Friedrich Karl von, System des heutigen römischen Rechts, Berlin 1849.

Schack, Haimo, Einführung in das US-amerikanische Zivilprozessrecht, 5. Aufl., München 2020.

Schäfer, Carsten, Die Binnenhaftung von Vorstand und Aufsichtsrat nach der Renovierung durch das UMAG, in: ZIP, 26. Jahrgang, 2005, S. 1253–1259.

Schantz, Peter / *Wolff*, Heinrich Amadeus (Hrsg.), Das neue Datenschutzrecht, Datenschutz-Grundverordnung und Bundesdatenschutzgesetz in der Praxis, München 2017 [zitiert: *Bearbeiter*, in: Schantz/Wolff, DatenschutzR, Rn.]

Schantz, Peter, Die Datenschutz-Grundverordnung – Beginn einer neuen Zeitrechnung im Datenschutzrecht, in: NJW 2016, S. 1841–1847.

Schaub, Günter (Begr.), Arbeitsrechts-Handbuch, Systematische Darstellung und Nachschlagewerk für die Praxis, 18. Aufl., München 2019 [zitiert: *Bearbeiter*, in: Schaub, ArbR-HdB, § Rn.]

Scheja, Gregor, Datenschutzrechtliche Zulässigkeit einer weltweiten Kundendatenbank, Eine Untersuchung unter besonderer Berücksichtigung der §§ 4b, 4c BDSG, Baden-Baden 2006.

Schiemann, Gottfried, Vorteilsanrechnung beim werkvertraglichen Schadensersatz, in: NJW 2007, S. 3037–3039.

Schlaus, Wilhelm, Auskauf opponierender Aktionäre, in: AG 1988, S. 113–117.

Schlochauer, Hans-Jürgen, Die extraterritoriale Wirkung von Hoheitsakten nach dem öffentlichen Recht der Bundesrepublik Deutschland und nach internationalem Recht, Frankfurt am Main 1962.

Schlosser, Peter, Der Justizkonflikt zwischen den USA und Europa, Berlin 1985.

Schmahl, Stefanie: Zwischenstaatliche Kompetenzabgrenzung im Cyberspace, in: AVR, Band 47, 2009, S. 284–327.

Schmidt, Karten / *Lutter*, Marcus (Hrsg.), Aktiengesetz, 1. Band §§ 1–132 AktG, 4. Aufl., Köln 2020 [zitiert: *Bearbeiter*, in: K. Schmidt/Lutter, AktG, § Rn.].

Schmoeckel, Mathias / *Rückert*, Joachim / *Zimmermann*, Reinhard (Hrsg.), Historisch-kritischer Kommentar zum BGB, Band II, Schuldrecht: Allgemeiner Teil, 1. Teilband §§ 241–432, Tübingen 2007 [zitiert: *Bearbeiter*, in: HKK-BGB, § Rn.].

Schneider, Mathias, Cloud Computing und US-amerikanische Ermittlungs-Befugnisse nach dem Patriot Act, in: Taeger, Jürgen (Hrsg.), Tagungsband Herbstakademie 2012, IT und Internet – mit Recht gestalten, S. 759–772 zitiert: *Schneider*, DSRITB 2012, 759.

Schneider, Sven H., Pflichtenkollision und Gewissenskonflikte im Vorstand, in: NZG 2009, S. 1413–1416.

Schneider, Uwe H. / *Brouwer*, Tobias, Die Verantwortlichkeit der Gesellschaft und ihrer Geschäftsleiter bei Delegation öffentlich-rechtlicher Pflichten, in: *Hommelhoff*, Peter / *Rawert*, Peter / *Schmidt*, Karsten (Hrsg.), Festschrift für Hans-Joachim Priester zum 70. Geburtstag, Köln 2007, S. 713–735 zitiert: *U. H. Schneider/ Brouwer*, in: FS Priester, 2007, S.

Schneider, Uwe H., Die Haftung von Mitgliedern des Vorstands und der Geschäftsführung bei Vertragsverletzungen der Gesellschaft, in: Kindler, Peter / Koch, Jens / Ulmer, Peter / Winter, Martin (Hrsg.), Festschrift für Uwe Hüffer zum 70. Geburtstag, München 2010, S. 905–916 zitiert: *U.H. Schneider*, in: FS Hüffer, 2010, S..

Schneider, Uwe H., Die Wahrnehmung öffentlich-rechtlicher Pflichten durch den Geschäftsführer – Zum Grundsatz der Gesamtverantwortung bei mehrköpfiger Geschäftsführung in der konzernfreien GmbH und im Konzern, in: *Lutter*, Marcus / *Ulmer*, Peter / *Zöllner*, Wolfgang (Hrsg.), Festschrift 100 Jahre GmbH-Gesetz, Köln 1992, S. 473–499 zitiert: *U. H. Schneider*, in: FS 100 Jahre GmbHG, 1992, S..

Schnyder, Anton, Wirtschaftskollisionsrecht, Sonderanknüpfung und extraterritoriale Anwendung wirtschaftsrechtlicher Normen und besonderer Berücksichtigung von Marktrecht, Zürich 1990.

Schöbener, Burkhard (Hrsg.), Völkerrecht, Lexikon zentraler Begriffe und Themen, Heidelberg 2014.

Scholz, Franz (Begr.), Kommentar zum GmbH-Gesetz, Band 2, §§ 35–52, 11. Aufl., Köln 2021 zitiert: *Bearbeiter*, in: Scholz, GmbHG, 11. Aufl., § Rn.

Scholz, Franz (Begr.), Kommentar zum GmbH-Gesetz, Band 2, §§ 35–52, 12. Aufl., Köln 2021 zitiert: *Bearbeiter*, in: Scholz, GmbHG, § Rn..

Schöne, Torsten / *Petersen*, Sabrina, Regressansprüche gegen (ehemalige) Vorstandsmitglieder – quo vadis?, in: AG 2012, S. 700–706.

Schönke, Adolf / *Schröder*, Horst (Begr.) / *Lencker*, Theodor / *Cramer*, Peter / *Stree*, Walter / *Heine*, Günter (Hrsg.), Strafgesetzbuch Kommentar, 30. Aufl., München 2019 zitiert: *Bearbeiter*, in: Schönke/Schröder, StGB, § Rn.

Schröder, Christian / *Spies*, Axel, Bezirksgericht SDNY: Microsoft muss Daten in Irland herausgeben, in: ZD-Aktuell 2014, 04315.

Schröder, Christian / *Spies*, Axel: Anmerkung zu Bezirksgericht Southern District of New York (SDNY): US-Beschlagnahmebeschluss kann auch Cloud-Daten im Ausland umfassen, in: ZD 2014, S. 346–350.

Schurig, Klaus, Kollisionsnorm und Sachrecht, Zu Struktur, Standort und Methode des internationalen Privatrechts, Berlin 1981.

Schuster, Gunnar, Die internationale Anwendung des Börsenrechts, Völkerrechtlicher Rahmen und kollisionsrechtliche Praxis in Deutschland, England und den USA, Berlin 1996.

Schütze, Rolf A., Zum Stand des deutsch-amerikanischen Justizkonflikts, in: RIW, Betriebs-Berater International 2004, Heft 3, S. 162–172.

Schwartz, Paul M. / *Peifer*, Karl-Nikolaus, Datentreuhändermodelle – Sicherheit vor Herausgabeverlangen US-amerikanischer Behörden und Gerichte? in: CR 2017, S. 165–174.

Schweizer, Peter, Der Schutz der Rechtsverwirklichung im angelsächsischen Rechtskreis, Die Lehre vom Contempt of Court, Zürich 1974.

Seibt, Christoph H. / *Cziupka*, Johannes, Rechtspflichten und Best Practice für Vorstands- und Aufsichtsratshandeln bei der Kapitalmarktrecht-Compliance, in: AG 2015, S. 93–109.

Seibt, Christoph H., Bewältigung von Normenkonflikten durch Vorstandsmitglieder, ZIP 2016, Beilage zu Heft 22, S. 73–78.

Selmayr, Martin, Europa wagt die digitale Selbstbehauptung, in: ZD 2018, S. 197–198.

Semler, Johannes, Leitung und Überwachung der Aktiengesellschaft, Die Leitungsaufgabe des Vorstands und die Überwachungsaufgabe des Aufsichtsrats, 2. Aufl., München 1996.

Siemen, Birte, Datenschutz als europäisches Grundrecht, Berlin 2006.

Simits, Spiros / *Hornung*, Gerrit / *Spiecker* Gen. / *Döhmann*, Indra (Hrsg.), Nomos Kommentar Datenschutzrecht, DSGVO mit BDSG, Baden-Baden 2019 zitiert: *Bearbeiter*, in: Simits/Hornung/Spiecker, Datenschutzrecht, Art. Rn..

Simon, Stefan / *Merkelbach*, Stefan, Organisationspflichten des Vorstands betreffend das Compliance-System – Der Neubürger-Fall, Kommentar zu LG München I v. 10.12.2013 – 5HK O 1387/10, in: AG 2014, S. 318–321.

Sinn, Arndt, Missachtung der Insolvenzantragspflicht und Vorenthalten von Arbeitsentgelt, Anmerkung zu BGH, Beschluss vom 09.08.2005 – 5 StR 67/05, in: NStZ 2007, S. 155–157.

Sodan, Helge / *Ziekow*, Jan (Hrsg.), Nomos Kommentar, Verwaltungsgerichtsordnung, Großkommentar, 5. Aufl., Baden-Baden 2018 [zitiert: *Bearbeiter*, in: Sodan/Ziekow, VwGO, § Rn.].

Späth, Florian Jochen, Rechtfertigungsgründe im Wirtschaftsstrafrecht, Berlin 2016.

Specht, Louisa / *Mantz*, Reto (Hrsg.), Handbuch Europäisches und deutsches Datenschutzrecht, Bereichsspezifischer Datenschutz in Privatwirtschaft und öffentlichem Sektor, München 2019 [zitiert: *Bearbeiter*, in: Specht/Mantz, DatenschutzR-Hdb., § Rn.]

Spies, Axel / *Schröder*, Christian, Anmerkung zu US District Court Utah, Deutsches Datenschutzrecht blockiert nicht die US-Beweiserhebung (E-Discovery), in: MMR 2010, S. 275–277.

Spies, Axel, Anmerkung zu US District Court, Southern District of California: Datenübermittlung in die USA zu Beweiszwecken (Discovery), in: ZD 2013, S. 271–273.

Spies, Axel, EuGH: Safe Harbor-Abkommen ist ungültig, Anmerkung zu EuGH, Urteil vom 6.10.2015 – C-362/14 Maximillian Schrems / Data Protection Commissioner, in: ZD 2015, S. 549–556.

Spies, Axel, USA: Gesetzgeber billigt Datenzugriff außerhalb der USA (CLOUD Act), in: ZD-Aktuell, 2018, S. 04291.

Spindler, Gerald / *Schuster*, Fabian (Hrsg.), Recht der elektronischen Medien, Kommentar, 4. Aufl., München 2019 [zitiert: *Bearbeiter*, in: Spindler/Schuster, Art./§ Rn.].

Spindler, Gerald / *Stilz*, Eberhard (Hrsg.), Kommentar zum Aktiengesetz, Band 1, §§ 1–149 AktG, 4. Aufl., München 2019 [zitiert: *Bearbeiter*, in: Spindler/Stilz, § Rn.].

Spindler, Gerald, Datenschutz- und Persönlichkeitsrechte im Internet – der Rahmen für Forschungsaufgaben und Reformbedarf, in: GRUR 2013, S. 996–1003.

Spindler, Gerald, Die Haftung von Vorstand und Aufsichtsrat für fehlerhafte Auslegung von Rechtsbegriffen, in: Heldrich, Andreas / Prölss, Jürgen / Koller, Ingo (Hrsg.), Festschrift für Claus-Wilhelm Canaris zum 70. Geburtstag Band II, München 2007, S. 403–428 zitiert: *Spindler*, in: FS Canaris Bd. II, 2007, S.

Spindler, Gerald, Organhaftung in der AG – Reformbedarf aus wissenschaftlicher Perspektive, in: AG 2013, S. 889–904.

Staudinger, Julius von (Hrsg.), Kommentar zum Bürgerlichen Gesetzbuch mit Einführungsgesetz und Nebengesetzen, Buch 2, Recht der Schuldverhältnisse §§ 255–304 (Leistungsstörungsrecht 1), Berlin 2019 [zitiert: Bearbeiter, in: Staudinger, BGB, § Rn.]

Stebbings, Robert Y., Export Controls: Extraterritorial Conflict-The Dilemma of the Host Country Employee, in: Case W. Res. J. Int'l L., Vol. 19, 1987, S. 303–341.

Stein, Torsten / *v.Buttlar*, Christan, Völkerrecht, 13. Aufl. München 2012 zitiert: *Stein/v. Buttlar*, Völkerrecht, 2012, S.

Stratenwerth, Günter / *Kuhlen*, Lothar, Strafrecht Allgemeiner Teil, Die Straftat, 6. Aufl., München 2011 [zitiert: *Stratenwerth/Kuhlen*, AT, § Rn.]

Streinz, Rudolf, Europarecht: Kein dem EU-Recht angemessenes Datenschutzniveau („safe harbor") in den USA, Keine Bindung für Datenschutzbehörden der Mitgliedstaaten an eine Kommissionsentscheidung, die in den USA angemessenes Datenschutzniveau bescheinigt, in: JuS 2016, S. 182–185.

Sydow, Gernot (Hrsg.), Nomos Kommentar Europäische Datenschutzgrundverordnung, Handkommentar, 2. Aufl., Baden-Baden 2018 [zitiert: *Bearbeiter*, in: Sydow, Europäische Datenschutzgrundverordnung, Art. Rn.]

Taeger, Jürgen / *Gabel*, Detlev (Hrsg.), Kommentar DSGVO – BDSG, 3. Aufl., Frankfurt am Main 2019 [zitiert: *Bearbeiter*, in: Taeger/Gabel, DSGVO BDSG, Art. Rn.].

Thallinger, Gerhard, Grundrechte und extraterritoriale Hoheitsakte, Auslandseinsätze des Bundesheeres und Europäische Menschenrechtskonvention, Wien 2008.

The Sedona Conference, Commentary on Possession, Custody, or Control, Volume 17, August 2016, abrufbar unter: https://thesedonaconference.org/sites/default/files/publications/TSC%20Journal%20Vol%2017%20No%202%202016.pdf, letzter Aufruf: 14.9.2021.

Thole, Christoph, Managerhaftung für Gesetzesverstöße – Die Legalitätspflicht des Vorstands gegenüber seiner Aktiengesellschaft, in: ZHR, 173. Band 2009, S. 504–535.

Tiedemann, Klaus, Wirtschaftsstrafrecht, 5. Aufl., München 2017.

Tinnefeld, Marie-Theres / *Buchner*, Benedikt / *Petri*, Thomas / *Hof*, Hans-Joachim, (Hrsg.), Einführung in das Datenschutzrecht, Datenschutz und Informationsfreiheit in europäischer Sicht, 7. Aufl., Berlin 2019 [zitiert: *Bearbeiter*, in: Tinnefeld/Buchner/Petri, Datenschutzrecht, S.].

TMT team Trilegal, India's New Data Protection Bill: Based on GDPR, But Different, in: CRi, 2020 S. 1–7.

Uecker, Philip, Extraterritoriale Regelungshoheit im Datenschutzrecht, Baden-Baden 2017.

Ulen, Thomas S., Firmly Grounded: Economics in the Future of the Law, Wis. L. Rev., 1997, S. 433–463.

Verse, Dirk A., Organhaftung bei unklarer Rechtslage – Raum für eine Legal Judgment Rule?, in: ZGR 2017, S. 174–195.

Voigt, Paul / *Klein*, David, Deutsches Datenschutzrecht als „blocking statute"? Auftragsdatenverarbeitung unter dem USA PATRIOT Act, in: ZD 2013, S. 16–20.

Voigt, Paul, Weltweiter Datenzugriff durch US-Behörden, Auswirkungen für deutsche Unternehmen bei der Nutzung von Cloud-Diensten, in: MMR 2014, S. 158–161.

Volz, Markus, Extraterritoriale Terrorismusbekämpfung, Berlin 2007.

Votteler, Moritz, Praxis der Geldbußbemessung der CNIL, Kurze Übersicht zu den Entscheidungen der französischen Datenschutzaufsichtsbehörde von Mai 2018 bis Juni 2019, in: ZD 2019, S. 431–435.

Vranes, Erich, Die extraterritoriale Durchsetzung politischer Interessen im Wege der Ausübung extraterritorialer Jurisdiktion und unilateralen Drucks, in: JRP, 16, 2008, S. 38–49.

Vranes, Erich, Durchsetzung US-amerikanischer außenpolitischer Interessen in der EU und Österreich, in: EuZW 2007, Heft 11, S. 325 / Europa-Report.

Wabnitz, Heinz-Bernd / *Janovsky*, Thomas / *Schmitt*, Lothar (Hrsg.), Handbuch Wirtschafts- und Steuerstrafrecht, 5. Aufl., München 2020 [zitiert: *Bearbeiter*, in: *Wabnitz/Janovsky/Schmidtt*, Hdb. Wirtschaftsstrafrecht, Kap. Rn.]

Wandt, Manfred, Gesetzliche Schuldverhältnisse – Deliktsrecht, Schadensrecht, Bereicherungsrecht, GoA, 10. Aufl., München 2020 zitiert: *Wandt*, Gesetzliche Schuldverhältnisse, § Rn.

Wandt, Manfred, Versicherungsverbote im Rahmen von Embargomaßnahmen, in: VersR 2013, S. 257–296.

Weichert, Thilo, EU-US-Privacy-Shield – Ist der transatlantische Datentransfer nun grundrechtskonform? Eine erste Bestandsaufnahme, in: ZD 2016, S. 209–217.

Weichert, Thilo, Privatheit und Datenschutz im Konflikt zwischen den USA und Europa, in: RDV 2012, Heft 3, S. 113–166.

Weichert, Thilo, Wider das Verbot mit Erlaubnisvorbehalt im Datenschutz? zugleich Besprechung von „Bull, Hans Peter, Netzpolitik: Freiheit und Rechtsschutz im Internet, 2013, 154 Seiten“, in: DuD 2013, S. 246–249.

Weller, Matthias, Persönliche Leistungen, Tübingen 2012.

Wengler, Wilhelm, Völkerrecht, Band II, Dritter Teil, Berlin 1964.

Werkmeister, Christoph / *Mirza-Khanian*, Frederic, Internationale Pflichtenkollision – widersprüchliche Rechtsordnungen und damit einhergehende Haftungsrisiken, in: CCZ 2016, S. 98–102.

Werner, Rüdiger, Die zivilrechtliche Haftung des Vorstands einer AG für gegen die Gesellschaft verhängte Geldbußen gegenüber der Gesellschaft, in: CCZ 2010, S. 143–147.

Weusthoff, Jan-Niklas, Die Organhaftung der Aktiengesellschaft bei fehlerhafter Rechtseinschätzung, Grundlage und Bewältigung von Legalitätspflichtverstößen im Kontext unternehmerischer Entscheidungen unter Unsicherheit, Frankfurt am Main 2016.

Wilske, Stephan, in: CR 1993, S. 297–308.

Wochner, Lucius N., Der Persönlichkeitsschutz im grenzüberschreitenden Datenverkehr, Zürich 1981.

Wolff, Heinrich Amadeus / *Brink*, Stefan (Hrsg.), Datenschutzrecht in Bund und Ländern – Grundlagen, Bereichsspezifischer Datenschutz, BDSG, Kommentar, München 2013 [zitiert: *Bearbeiter*, in: Wolff/Brink, Datenschutzrecht, § Rn.]

Wortmann, Lars, Inhalt und Bedeutung der „Unzumutbarkeit normgemäßen Verhaltens“ im Strafrecht, Baden-Baden 2002.

Wybitul, Tim / *Neu*, Leonie / *Strauch*, Martin, Schadensersatzrisiken für Unternehmen bei Datenschutzverstößen, Verteidigung gegen Schadensersatzforderungen nach Art. 82 DS-GVO, in: ZD 2018, S. 202–207.

Wybitul, Tim / *Rauer*, Nils, EU-Datenschutz-Grundverordnung und Beschäftigtendatenschutz, Was bedeuten die Regelungen für Unternehmen und Arbeitgeber in Deutschland?, in: ZD 2012, S. 160–164.

Wybitul, Tim / *Ströbel*, Lukas / *Ruess*, Marian, Übermittlung personenbezogener Daten in Drittländer, Überblick und Checkliste für die Prüfung nach der DS-GVO, in: ZD 2017, S. 503–509.

Wybitul, Tim, Immaterieller Schadensersatz wegen Datenschutzverstößen – Erste Rechtsprechung der Instanzgerichte, in: NJW 2019, S. 3265–3269.

Wybitul, Tim, Stellungnahme Art. 29-Datenschutzgruppe: Überblick, Checkliste und Bewertung der Lösungsmöglichkeiten, in: ZD-Aktuell, 2015, S. 04856.

Ziegenhain, Hans-Jörg, Extraterritoriale Rechtsanwendung und die Bedeutung des Genuine-Link-Erfordernisses, Eine Darstellung der deutschen und amerikanischen Staatenpraxis, München 1992.

Ziegenhain, Hans-Jörg, Extraterritoriale Reichweite des US-amerikanischen und des reformierten deutschen Exportkontrollrechts, in: RIW 1993, S. 897–907.

Ziemons, Hildegard / *Jaeger*, Carsten / *Pöschke*, Moritz (Hrsg.), Beck'scher Onlinekommentar zum GmbH, 49. Aufl., München 2021 [zitiert: *Bearbeiter*, in: BeckOK, GmbHG, § Rn.]

Zimmer-Helfrich, Anke, Bußgelder wegen Datenschutzverstößen – aus Sicht von Aufsichtsbehörden und Unternehmen, ZD-Interview mit Barbara Thiel und Tim Wybitul, in: ZD 2020, S. 3–7.

Zimmermann, Martin, Kartellrechtliche Bußgelder gegen Aktiengesellschaften und Vorstand: Rückgriffsmöglichkeiten, Schadensumfang und Verjährung, in: WM 2008, S. 433–442.

Zöllner, Wolfgang / *Noack*, Ulrich (Hrsg.), Kölner Kommentar zum AktG, 3. Aufl., Bd. 2/1 §§ 76–94 AktG, Köln 2010 [zitiert: *Bearbeiter*, in: KölnKommAktG, § Rn.]

Zuleeg, Manfred, Öffentliches Kollisionsrecht tut Not, in: *Geis*, Max-Emanuel / *Lorenz*, Dieter (Hrsg.), Festschrift für Hartmut Maurer zum 70. Geburtstag, München 2001, S. 1067–1075 zitiert: *Zulegg*, in: FS Maurer, 2001, S.

Zweigert, Konrad, Internationales Privatrecht und öffentliches Recht, in: Sørensen Max (Hrsg.), Fünfzig Jahre Institut für internationales Recht an der Universität Kiel, Hamburg 1965, S. 124–157 zitiert: *Zweigert*, Fünfzig Jahre Institut für internationales Recht an der Universität Kiel, 1965, S.

www.ingramcontent.com/pod-product-compliance
Ingram Content Group UK Ltd.
Pitfield, Milton Keynes, MK11 3LW, UK
UKHW021932290926
8980IPUK00016B/1583

9 783631 877616